普通高等教育
"十一五"
国家级规划教材

大学中国史 _(第二版)

王家范　张耕华　陈江　编著

中国教育出版传媒集团
高等教育出版社·北京

1840年

清

明

元

五代辽宋西夏金

隋唐

三国两晋南北朝

秦汉

春秋战国

夏商西周

大学中国史（第二版）
目录

第三章
历史大变动：春秋战国

第四章 ———————————————————————— 117
大一统帝国的创制：秦汉

第七章   259

帝制成熟与社会转型：五代辽宋西夏金

第八章   315

大一统的再实现：元

第九章 ———— 345
君主极权的帝国体制：明

第十章
夕阳西下的帝国统治：清（至1840年）

空间、时间与经济理性

空间：活跃的历史大舞台

时间：变迁不在一朝一夕

"经济理性"：在鸟笼子里跳舞

历史是什么？讲故事，讲过去的经历。这本书讲的不是一个人的故事，是全体中国人的故事，1840年以前中国人经历过的许多事情。

许多中学生觉得历史要死记硬背，不喜欢。准确地说，他们感到厌烦的不是历史本身，而是那种上课读课文、考试背答案的历史课。教师和学生又常常发现标准答案不"标准"，对高考试卷提出异议的每年都有。我多次建议中学的历史课程取消期末书面考试，而通过平时经常进行课堂讨论来考核，不要让老师和学生戴着镣铐跳舞。想不到刚启口，连历史课老师都不乐意了。他们说：这么一来，中考、高考的次等地位都没有了，谁还来理睬历史课？我无言了。但是，我至今不悔，仍然坚持历史课如果能从教学内容到教学方法进行一些有效的改革，就不信跌宕起伏、故事连篇的历史，不能吸引求知欲和好奇心都很强的初、高中学生。五十五年前，我考大学选择历史专业，就是受高中老师的影响。老师姓刘，苏州人，每次上课都乘火车来昆山，大概是学校特聘来的。矮矮胖胖，对学生很和气。每次上课，先让大家打开课本，用红笔把重点、要点标好，叫我们回去背熟，好应付考试。20分钟过后，开始选择课本里的内容讲故事，"天马行空"，有点苏州"评话"的风味，学生听得忘乎所以。下课铃响，老师掉头走时，我们还没有回过神来。一次，老师讲法国大革命攻占巴士底狱，破例地给我们唱了《马赛曲》。男中音，音色醇厚，余音绕梁。一堂课影响甚至可以说改变了我一生。后来，我一直向人推荐这一聪明的权变——既顾全了"教学要求"，又传递了历史动人的魅力。

怎样读历史才能有滋有味？专门家谈过各种各样的经验。我比较欣赏那个叫卡尔的英国人的说法：历史，是读历史的人与历史事实永无休止的对话，是现在与过去从不间断的问答。

对由中学升入大学的你们，下面的劝告或许有些"另类"，这就是：若为学分、为考试而读历史，享受不到智力锻炼的兴味，不如不去选修历史课。为什么不能尝试用另一种生动的方式，像读小说、听故事那样地去接近历史事实，把自己的经历和思想放进去，自然自在地生发出许多感受与联想，改进和完善自己的思维方法，体会一下什么叫"读史使人明智"？

历史的功能有层次深浅之分。业余喜欢历史的人实在不少。我在医院结识了一位在医药与临床结合上极有成就的著名教授，闲谈中，他对我说："不学历史，不能做人"。他的话令我很感动，真觉得"人生得一知己足矣"。也有另外一类人，停留在浅层次的"古为今用"，例如做官的看以前如何做官，经商的看以前如何经商。一些人争着阅读高阳写的慈禧太后、红顶商人（胡雪岩），但真正有大收获的甚少。因为他们抱有太强的实用主义目的，专注于配自己胃口的细微末节，一味揣摩模仿，而对历史大局缺乏应有的敏感与合格的认知度。

中国历史不是一泓清澈的泉水。它像滚滚东去的长江黄河，夹带泥沙俱下，奔流到海不复回；又像浩渺无垠的太平洋，水面波浪起伏，海底深不可测。没有长远的历史眼光，缺乏沉潜探底的功夫，不容易参透历史的真正奥秘。有些人把历史学歪了，热衷于成王败寇的"历史经验"，不走正路，而醉心于歪门邪道。一些历史剧和主题曲，激情万分地宣扬推崇帝王心理，传播了十分错误的历史观。诸如此类形象生动、深入人心的"历史"，无疑助长了某些人贪恋官位和权力的灰暗心理，以致为恶性"竞争"、打败对方而丧失理智，直至动刀动枪。这些人只顾膨胀个人意志，就是不肯下功夫好好体会：决定社会走向、掌握人们命运的，是历史的"合力"，即由大众力量综合形成的历史趋势。他们的自作聪明，就像当年司马迁批评楚霸王项羽所说的，"自矜功伐，奋其私智……乃引天亡我也，非用兵之罪也，岂不谬哉"！

什么叫参透历史奥秘？"历史"最初靠代代口耳相传，用以保存祖辈人与事的记忆，以求"不坠祖业"，因此难以做到超越。到后来，先进者的眼光高一层，想从人与事的众多经历里寻找一些看待和处理人事的根本道理，使后代比祖辈有更多的智慧，至少也学得更聪明些。司马迁的"究天人之际，通古今之变"（《史记》），王夫之的气运学说（《读通鉴论》)，都属于古代超凡脱俗的代表。这样的史学眼光在古代虽属罕见，但已经敏感到把一连串"短时段"历史通贯起来，能够透视出"长时段"所蕴含的大道理，里面包藏有关人性世道与民族兴亡的许多哲理。从这个意义上我们也可以说，西人的所谓"长时段"理论，曾被中国古代先进者思考并用中国的语言方式表述过。

从长时段看历史，对编纂历史教材是个高远的目标。需要在讲清人与事的基础上，进一步提高、升华，汇聚各个方面的事实及其变化，给出各个时期的历史总体格局以及变化发展的趋势，方能有望逐渐接近峰顶。前者是综合形成的整体感，后者是通贯前后的历史脉络。要把这两个要求落到实处、讲到点子上，有极高的难度。所以，一说出来，挨批评、被嘲笑是经常有的事。

现在借着写"序论"的机会，以身试法，说说我这个老朽多年阅读历史品尝出来的一些味道。绝不是要大家全部接受我所表达的思想观点；相反，若是你对这些说法有疑问或不满意，我会从心底里感到高兴——你也读出自己的味道来了！

空间：活跃的历史大舞台

研究历史的人喜好寻根索源，摸清来龙去脉，从历史的尘埃里设法打捞起各种情节，尽力拼合，复原在时空中已经消逝的先人活动轨迹。混迹当下，不能瞻前顾后；计较结果，不能用心检讨过程，都属于世俗浮浅一类。历史教育要用自己的资源优势，努力帮助人们摆脱世俗心态，学会理智冷静地看待世事人情。

追溯中国历史，劈头第一问是：中国人从哪里来？教材以《中国境内的远古人类》开篇，引证考古统计材料说：至20世纪90年代末，在中国境内发现的直立人化石和遗址有22处，智人化石和遗址为59处。晚期智人已经十分接近现代人，他们的化石和遗址遍布于东西南北许多省份。中国境内有着一个独特的古人类演化进程。

细心的读者不难发现：教材没有深入下去，具体交代中国境内各地发现的古人类，有哪些是前后相承或相互关联，有哪些则是各自独立生存发展的？有没有一个共同的古人类始祖？有个学生非常聪明，狡黠地问我："北京人"是"巫山人"或"元谋人"经过一百多万年慢慢跑到北京来落户的吗？距今18000年周口店居住的"智人"，是"北京直立人"进化变过来，还是从别处搬来的另一支？中国"现代人"是否都是"山顶洞人"一脉相传的后裔，或者各地的"现代人"都起源于当地的"直立人",例如安徽"现代人"的始祖是"和县人"吗?

天下没有问不倒的老师。史学大师顾颉刚先生从母亲非正规的历史教育里养成了一种习惯——"打破砂锅问到底"。这位学生无意之中接过衣钵,甩出了至今还没有能力完全破题的中国人与中国史的初始之谜。

从人类学得到的知识,我们目前只知道从几百万年至几十万年前,古人类受自身能力和生态环境的双重制约,生存下来的艰难程度远远超出现代人想象。考古迹象表明,在亚洲和非洲,有些古人类抵御不了外界的威胁而从历史上消失了,有些则是采取"大搬家"的方式,翻山越岭,长途跋涉,寻找到新的空间,重图生存和发展。空间大流动的严峻考验增强了他们的发展能力,也使他们付出过沉重的代价;考古线索上的缺环和空白,背后可能隐藏着不少惨烈的故事。因此,有越来越多的科学家相信,古人类漫长的进化过程,并非类似亚当、夏娃故事或女娲、伏羲交合图暗示的单一起源形式,走的是多元、多线、多样发展的道路。中间充满了此起彼伏、交错发展以及相互融合的曲折情节,不少模糊空缺的环节只能等待更多的考古发现来充实填补。

大约到距今一万年前农业起源以后,中华文明早期历史的面貌变得相对清晰起来。十分丰富的新石器考古发现揭示出中国境内文明起源呈现满天星斗、八方雄起、方邦林立、天下万国的壮观场面,东西南北各地域文化色彩斑斓,风格各异,互有短长。至此,中华文明多中心起源的论点终于得到了学界多数人的认同。

以上展示的是静态的平面格局,动态的变化更耐人寻味。在各个地域,氏族部落间不断发生分化与聚合的双重运动,出现过不同规模的中心型方邦,超地域的流动更是促成了不同文化间的融合,悲欢离合,故事不断。极盛一时的良渚文化,在距今四五千年时突然消失,形成某种考古文化的断层(后继的马桥文化较之落后)。然而,良渚文化的"因子"却在苏北、安徽、山东存活,并融入了当地文化之中。红山文化曾因发现"中国蒙娜丽莎"的女神像和神庙名闻中外,大约也是在良渚文化消失的同时在西辽河流域失踪。有研究者称:红山文化先民群体向外流动,大致有三个走向:有一支沿"医巫闾山"(今辽宁西部、大凌河以东)进入辽东半岛;另一支顺大兴安岭余脉越过蒙古草原进入现俄国贝加尔湖以东的远东南部;主体部分则通过河北逐步进入河南,经过相当长时间与中原诸多文化的碰撞、交融,最后成为先商文化的重要构成部分。

某些地域远古文化的突然消失,原因目前还不能完全确定。主要有两种猜测：一是"繁盛"过头，方邦首领和部族贵族的奢华超出了当时生产力水平所能承受的限度，引起内乱或战争；二是自然灾变不可抗拒，例如海侵、洪水、地震或气候异常等。我认为，内乱与战争的诱因，还可能包含生物资源枯竭的因素，如采集渔猎资源急剧减少，地力衰竭（原始农业），由此引发饥荒性的群体骚动与相互争夺。文化的空间转移有主动与被动两种形式，良渚文化似属后者（突如其来的海侵，只有少数幸存者逃逸转移），而红山文化更像是前者（发生群体性骚乱，撤离原地，各奔前程）。在动态变化中，凡是能主动应对生存挑战的，就会在空间运动中搏取新的生命能量，变得更为坚强。大凡上古时代强悍的部族都经历过长期迁徙并合的奋斗史，由此在众多的部族中占据领先的地位。商族和周族都是经历了这样的磨炼，终于崛起称雄。

在这个"战争与和平"不断交替、居地动荡不定的漫长时期里，留下来的传说多聚焦于黄帝、炎帝、蚩尤、共工、三苗等部族间的战争胜负上。深一层次的提问应该是：在部族兴亡背后，决定性的因素有哪些？我以为主要是两大要素：生态与经济。摆脱采集、渔猎结合的有限食物供给方式，发展出农耕与家畜饲养结合、食物供给较为持续稳定的新经济，是中国文明史上的第一个重大事件。一些氏族、部落从森林走出，先后经历山前台地、河谷至大河流域的流徙，永不停步地进行空间大流动，最后来到适宜锄耕农业开发的良好生态环境里。而那些在不同阶段止步不前的，则成了时代的"落伍者"，逐渐淡出历史，不被人注意，成为边缘群体，即被前者称为"蛮夷"。气候温暖湿润、黄土沃壤覆盖的渭河、汾河、伊洛平原，即人们通常所说的"中原"地带，吸引了东西南北一些勇敢的部族纷纷进入。于是人类学上的一条定律在这里得到了应验：凡是部族混合杂处与相互冲突最活跃的地区，多种文化碰撞、融合内容最丰富的地区，历史发展的速度总是最快，也最具活力。因此，我认为在文明与国家产生的初始阶段，中原已经成为全国最先进的地区，长江流域屈居其后。这里正是中国多种文化融合的核心地区，雪球将越滚越大，并为最终形成"多元一体"的中华文化奠定了坚实的基础。

先是"多中心"，后来又怎么会走向"大一统"的呢？距今一万年到四五千年间，在这个被我们称为"部族时代"的几千年里，最重大的事件，莫过于上面所说的，众多部族通过空间的大流动，由接触、冲突、兼并、交融等多种形式产生更高级的"共同体"。虽然在各个地域出现过规模不等的方邦联盟，多由强者兼并其他方邦或部落而成，成为某一地域的"中心王国"（浙江余杭"良渚古国宫殿"、辽宁朝阳"牛河梁积石冢群"以及四川"三星堆遗址"都释放出这样的信息），我称之为"小统"，但只在中原地区出现了更高一级的"中统"（商、周王国），并且最后在这里成功实现了由"小统""中统"向"大一统"的转变。

有直接文字记载确证的王国是商与周。大量甲骨文的释读使商史成为世界公认的文明信史。商、周都是有久远历史渊源的古老部族，从东、西两个不同方向先后"入主"中原。在商王国（自称"天邑商"）全盛时代，周是属于商方邦部族联盟中的一个西陲"属邦"，自谦"小邦周"，后期与商的关系逐渐恶化。

从部族分合聚散的历史运动的连续性来看，西周取代殷商，是中原"共同体"核心的一次重大转移。当孔子说出夏商周三代的文化是相递"损益"时，可能没有想到他正在表达一种深刻的历史理念——只有把历史放在长时段里加以考察，才能对中华文化既连续、又变革的发展特点有真切的体验。商周易代相替，并非只是简单的"天下共主"地位转移，更为重要的是，多元文化在冲撞交融过程中爆发出巨大的能量，推动了重大变革的产生。良好的文化交融往往具有提升创造的"化学"效果，一加一大于二。如果说周王国实施"存亡国、继绝世"的政治策略（如"分封"焦、祝、蓟、陈、杞、宋等小国诸侯），具有容纳保存先前各类部族文化传统的宽大胸怀，那么比较完备的礼仪制度与宗法制度的设置，就是升华部族文化的内涵，把它提高到一个全新的文明境界。无论"礼仪"或"宗族"的一些内容，都起源于早先氏族、部族文化的古老习俗，不是无源之水。周公的创造性，在于他用敬天保民的"重德"观念作为指导思想，建立起有等级层次的社会制度与有严格操作性的行为规范体系。我认为，对周公以"德"为中心的思想体系，放在漫长的文化演进过程里，无论给予多么高的评价都不算为过——褪去和革除的是"野蛮"的习俗与"酋长"的霸道，新创的是文明治国与国王应该接受道德制约的先进理念，为中华文明作出了奠基性的贡献。在以农业为主体的古代中国，经济的持续发展，必须依靠安定平稳的社会环境，以及社会成员间行为的节制协调。周公创制的意识形态满足了上述两个基本要求，怪不得身处乱世的孔子会以不再能梦见周公为莫大的遗憾和悲哀！

继殷商与西周两次强化与完备，历时八百余年，成熟的宗法旧制度越过巅峰而开始下坠，再经春秋战国"乱世"的竞争，逐渐孕育出新的郡县制度。秦始皇作为"大一统"的皇帝，也就瓜熟蒂落地出现了，政制完成重大转型，开出"帝国"历史新阶段。

　　写到这里，我想到了"综合国力"这一概念的颇多玄妙，不是望文生义地可以用数字相加或相减来计算的。过去常说秦统一六国是"落后战胜先进"，这是受了所谓"秦始小国僻远，诸夏宾（摈）之"，"秦与戎翟同俗，有虎狼之心"一类敌国傲慢偏见的影响，掉进了六国"心战"的圈套里。但掉过头来改说：秦国赢得"大一统"的胜利，是靠军事、外交、经济、文化、民心的综合实力占优，恐怕质疑的声音会更多。

　　文化的先进与落后，从来都是相对而言的；而各种文化互有短长，却是绝对的。三晋（韩、赵、魏）与齐、鲁，当时都以先进者自居。齐、鲁保存正宗周公文化最为虔诚，有众多"吾道一以贯之"的学术"守园人"。三晋宗法贵族则多沉溺于权力争夺与生活享受，对意识形态的信仰已被利欲污染而趋弱化；政坛失意的边缘人则转而攻乎异端，另创法家学说，实质是利欲熏心的另一种表现。地旷人稀、与"戎翟蛮夷"杂处的秦、楚，在西周文化覆盖下，成为被边缘化的角色，保留有较多"蛮夷之风"，勇武豪放，风格自异。秦较之楚"野性"更为浓烈，"虎狼"之讯专指秦国治道与民风的"落后"，却未涉及楚国。因此，当我们在说到文化的交融与统一的时候，千万不要遗漏了文化的多样性与文化在空间上发生的差异。差异可能产生冲突，但差异也可以产生出比较与互补的效果，冲突又往往是促进这种比较与互补的"压迫性"动力。没有这种"压迫"，任何一种文化都会因停滞凝固而丧失更新的活力。

　　秦族历史同样久远，后又居于周族故地，多受西周文化的陶冶，中原"诸夏"将其排斥在外是没有道理的。但在气质上，秦族保留有不少旧习俗，周公的"宗法制"未能深入其地，因此身上带有明显的"戎翟"一类游牧部族的"野性"。"野"相对于"文"，说好听点是进取心强，习于变动，不安分；往坏处贬就叫做"虎狼之心"，喜好对外劫取掠夺。进取心上升的秦，相对于自满自负的六国，更有发展活力，表现在引进人才、文化开放方面则较少心理障碍。引进的重心倾向于功利主义法家，对儒家无有多大兴趣，也合乎其"国情"。战国纷争，强者胜，弱者亡，讲究的是实力与智力的结合。当时打仗，一靠武器精锐，二靠粮食充足，三靠士兵"勇于公战"（外交需靠实力做底才有效果）。以军功奖励农地开垦，即能一箭双雕，兼收耕战之利。这一带有战略意义的政策设计，源出于三晋法家思想。谁能把这一思想落实到举国体制上，谁就占领了制胜的战略高地。所谓秦国"阻山带河，四塞之地"，关中有利的地形只能说明六国攻入秦地不易，却不能解释秦人最终"振长策而御宇内"，"履至尊而制六合"。秦人之得"势"，其根本不在地势，而在对事势变动关键点的把握：耕战政策实施坚决，士气旺盛，故而所向无敌。总之，秦统一六国绝非仅靠"蛮力"，贾谊《过秦论》有比较全面的总结，不可不读。

部族时代就开始崇尚"民惟邦本，本固邦宁"，西汉初流行"治国之本，务在安民"，权力的稳固需要以"安""宁"的社会环境作为保障，或"野"或"文"的统治者都懂得这个大道理。秦帝国经济政策服从这种政治需要，强调农为本、商为末，把稳定农业和农民放在第一位。至今犹在的秦始皇琅邪山刻石上写得分明："上农除末，黔首是富"，堪称两千年帝国揭幕后的"一号文件"，看不到儒法对立的色彩。西汉士人指责秦始皇言不由衷，背仁义之道而行。这批评没有错，秦朝的致命性错误确实是因大胜利冲昏小头脑，对实现统一后亟须"抚众安民"的重要性缺乏足够认识，迁徙六国豪富与民众，大兴土木，"力役三十倍于古"，树敌众多，扰民不息，终致吞食了"一夫作难而七庙隳"的苦果。汉初实施"休养生息"实是受益于前朝覆亡教训，做得还算比较认真。然而，遍读"帝国"全史，得到的感觉多少有些异样："休养生息"真正得到切实贯彻的时间都不会太长。从刘邦称帝到武帝即位大约有六十五年，其中近三十年的"文景之治"，史称"轻徭薄赋，与民休息"，被推为历史典范。其实就在文帝"休养生息"执行之初，晁错的内心是悲观的："今法律贱商人，商人已富贵矣；尊农夫，农夫已贫贱矣。"到董仲舒"民无立锥之地"的泣诉，"盐铁会议"上桑弘羊们赢得胜利，从两个不同的侧面等于宣布"重农抑商"政策终告失败。对后者，或许有人会质问：这难道不是抑商达到极端的标志性事件？读书多的人知道历史上常有"正论反读"的现象：凡叫喊抑商声音越响，越是表明商人的暴富已经达到高峰，连统治高层都不能再容忍了，结果是"以商制商"，捉襟见肘。这样算来，西汉统治二百年，满打满算执行"休养生息"的时间远低于三分之一。下一个"减轻赋役、与民休息"的典范是"贞观之治"，言行集中在《贞观政要》一书里，翻版古人思想，少有新意。"贞观之治"虎头蛇尾，总计二十三年，占近三百年唐史不足十分之一的时间；如果把"开元之治"等勉强连上，最多也不会超过三分之一。此后，宋、元、明三朝都没有出现算得上正宗的"某某盛世"，"休养生息、轻徭薄赋"只是一纸空文；清朝的"康乾盛世"，与文景、贞观之治风味全然不同。由此可知，农业的特点是需要安定的环境，统治者的意识形态也反复强调稳定的重要性，然而"休养生息"却可求而不易得，历朝历代的农业多数是在不稳定的状态里才艰难寻觅到一个又一个发展转机。这是一个常被人忽视，却很值得深究的中国历史悖论。

20世纪曾经流行"中国封建社会长期停滞"的说法。"停滞"之说，在哲学上不成立。无论个体生命还是社会生命，变动是绝对的，"大化流行，生生不息"，静态的"停滞"等于死亡，还能有历史的延续吗？人，年轻时生病少，即有病痛恢复得也快。至年迈体衰，病痛不断，每况愈下，"日暮途穷"，终有一死。每个王朝的命运也类似于此，但作为王朝寄生的社会超有机体，则不同于生命个体。个体逃不出"生老病死"的生理规律，社会超有机体则可以通过人的努力越过生死界限，不断调整，不断改善，不断转型。帝国时代的"政治病"不少，如君主昏庸，政治腐败，内争频繁，等等；"经济病"不轻，如赋役繁重苛细，政府财政大幅超支，土地流转兼并剧烈，统治层奢靡挥霍，贫富悬殊不公，等等。社会生态的种种病患，遇上自然生态的灾变，雪上加霜，王朝休克。生即死，死即生，老庄说的哲理放在社会变动上就是空间的转移。某姓王朝灭亡，另一姓杀入京都，"新桃换旧符"，王朝体制的生命延续。汉人统治没有生气，近乎僵死，被贬为"蛮夷"的周边民族活跃起来，"入主中原"，再现多元一体。真所谓"东方不亮西方亮，黑了南方有北方"。历史上王朝都城也是变动不居的，趋势逐渐自西向东、再向北转移；关中衰落，洛阳代之，再转至开封，最后落脚于北京。经济发达地区则先是由西向东，而后由北向南大转移。后者始自三国，历经东晋南北朝、五代十国，至南宋，经济重心南移的大变局完成，东南地区成为国家财赋征收的重地。各式各样的空间转移，类同于社会有机体的肺部运动，借一呼一吸以吐故纳新，用新的发展弥补旧有的不发展。靠了"大一统"提供的特有空间优势，历史在运动中永不会终结，不论灾难有多么严重，中国社会都能周旋于巨大的空间里，新陈代谢，起死回生，中国人的生命力是坚韧的。

"变"是历史永恒的主题。就说现实生活里的地域歧视、种族歧视、族群歧视乃至职业歧视，通过各种途径污染我们的视觉和听觉，泄露的是知识的浅薄与人格的缺损。何谓"知识浅薄"？因为压根儿不知道这些东西都是"历史地形成的"，活跃在不断变化的时空之中，绝非从来如此，也非从此不变。

追溯古人类以来，世界上所有民族都经历过长时段时空的转换，经历过交往接触、冲突兼并、交融整合等大悲大喜，纯而又纯的所谓"血统论"是虚构的。以中华民族人口最多的"汉族"来说，即使在"大一统"之后，多源融合的过程仍在进行之中。明清以前，战乱大多肇始于政治中心所在的中原，人口大迁徙运动的主要方向是由北向南。不妨以今天著名的东南"客家人"为例说明。今天的"客家人"多认同自己是来自河南，始于西晋灭亡，北方大乱，中原民众大量南下。其时北人南下有三个方向，江淮是其中的一个大站，在该地区形成了由北方通语与吴地方言混合形成的"金陵话"，为"客家方言"的初源。这次移民运动到唐代稳定期暂时"休止"。南迁的第二浪潮发生于唐末五代，"黄巢之乱"、五代军阀混战，江淮残破，民众再度大量南下逃亡，进入闽、粤、赣三省边界的三角地带，"金陵话"再与当地语言融合，初步形成"客家方言"，揭开了"客家"立足于南方三省的历史序幕。宋元之际的战乱又引发过一次东南地区的内部移民运动，福建移民大量进入遭受严重破坏的粤东、粤北人口稀少地带，与当地居住的畲、瑶等族融合。鉴于"主客"矛盾尖锐，"客家"的观念被逐渐强化成一种"族群"意识，大概完成于清前期。此外，由北向南的移民落脚于四川、湖广、云贵者也不少。

中国历史的一个特点，就是所有的变化都是连续中的变化，变中有不变。就拿"客家"为代表的东南移民来说，时势逼着他们从平原一步一步地退入山区，但仍以农业为主，甚至比平原民众更"农业"（受生态条件限制，更具封闭性，商品经济不活跃，全靠小块坡地为生），生活方式无大变。"不变"更突出地反映在文化上的"中原认同"。这正好印证前面所说的，自进入文明时代，中原是"中国"的中心，即使在经济重心南移之后，文化中心的地位没有动摇。这种文化稳固的特点可以超越地缘的差别，深层的原因就在"中原"所创造的文化普适于农业的中国，或者说自战国以来形成的多源文化及其整合的中心地始终在中原。这种文化普适于"大一统"农业中国的民众心理需求，只要农业社会的特点还在，就有扎根于地气的生命力。按这样的思路，也就比较容易解释辽、金、元、清入主"中国"后仍然坚持以汉族文化为核心的意识形态（旧称"汉化"），以上四朝"汉化"程度各有差异。清代比其他朝代做得更有成绩。

我们再反观北方地区。北部地区长期处于农业民族与游牧民族毗邻状态，导致军事性冲突频繁发生，乃至有长达三百年的混乱与分裂。坏事也会变为好事。秦汉时期的匈奴、西晋末期的"五胡"，凡是南下进入"中原"地区的，最后都在文献视野内基本消失，与原住民不断交错杂居，直至变为与汉人无异的农业民众。陈寅恪先生由隋唐制度渊源考证获得具有中国特色的人类学创见，为大唐文化的繁荣提供了"动力"来源与历史根据。细看唐太宗的一幅画像，脸部有鲜明的"胡汉融合"特征，不必怀疑在他身上流有鲜卑人的血液。而"贞观气象"因民族融合获得活跃的生命力，挣脱了西晋以来汉族统治层萎靡沉沦的宿习，一变而为进取与开放。到了明清时代，又产生了一种与过去"由北向南"反方向的空间移民。学者赵世瑜说道："两千年以来北方民族南下牧马的趋势到18世纪至19世纪时戛然而止，开始另外一种由南向北的移民运动。这种反向运动其实从明中叶就开始了，当时这种方式叫'雁行'，主要是山西和陕西北部的老百姓，春天的时候跑到边外去开垦土地，收了粮食赚了钱又返回老家。这种从南到北的浪潮一直持续到清代，西北的广袤区域也成为迁徙的方向。而从当地的档案中可以看出，这种'雁行'的方式逐渐变成一种定居的模式。随着定居，他们把内地中原的文化传统以至很多社会组织形式带到草原，这样经过长时间的融合，才从组织上保证了帝国的版图。"此外山东、河北民众"闯关东"的故事，已为大家熟知，不赘说了。

这里选择耕地拓殖事例再稍加引申，说明移民除战乱"非常事件"外，还有经济方面的动因；经常性的、小规模的移民也在长期起作用。前面所说的早期"多中心"，省略去了发展高度不平衡的情节，而选择"满天星斗"作为形容，实际已经包含着耕地稀疏和多有空隙的底色，只是没有点明而已。观察影响农业发展程度的诸要素，可主要归纳为四项：劳动力（人口）、农具、耕作制度（含品种、肥料、灌溉）与耕地，其中人与地的结合是起码的必要条件。尽管我们有理由在中国农业起源很早、精耕细作传统形成于战国、领先于世界等方面大做文章，但从今天中国广阔的领土往前追溯，直到西汉前期，农地开垦比较发达的地区仍然有限，耕地可供进一步开拓的空间十分广阔。中国农业在近两千年里，正是通过一次又一次空间的横向扩展，获得新的发展生机，从而弥补了生产力水平纵向上升缓慢的不足。

从西周分封历春秋战国至西汉前期，在中国耕地第一次拓殖高潮里，黄河中下游的开发成绩最为显著，"三河"（河东、河内、河南）与关中最为风光。司马迁称三河地区已经到了"土地小狭、民人众"的临界状态，而"关中之地于天下三分之一，而人众不过什三，然量其富，什居其六"，地位尤在三河之上。广义的中原又称"关东"，还包括西周分封后得到迅速开发的齐、鲁，形成沿黄河中下游由西东走的宽阔经济带，是当时中国农业经济最先进的地区。同一时期的南方，在司马迁的笔下，被描述为"江南卑湿，丈夫早夭"，基本上处于半开发状态，人口稀少，大部分地区为原始森林所覆盖。

继后的耕地拓殖高潮出现在魏晋南北朝，重心已由黄河流域转向长江流域，所以也可以称之为南方耕地拓殖的第一次高潮。自秦末直到隋初，北方地区遭受到三次大规模的政治军事动乱，其中东汉末到隋统一动乱长达三个半世纪以上，北方经济遭受重创。关中、关东传统农业经历兵燹之灾的破坏，耕地荒芜，迫使北方人口大量流徙。大规模的人口流动沿着三条路线进入巴蜀、湖广与江淮，促成新的三大农业经济区形成，揭开了中国经济重心由北向南转移的序幕。

唐宋为我国黄河流域耕地衰退老化与南方耕地拓殖第二次高潮时期。江南地区借助唐末五代、北宋亡国两次北方动乱，获得进一步开发的契机。这一时期，耕地的拓殖已由长江流域推向珠江、闽江流域，整个南方兴起筑圩田、墱田、湖田、涂田、沙田、畲田等开发风潮。在太湖流域、湖广平原之外，又增加了粤、闽农业经济区。到南宋，中国经济重心南移过程终于得以完成。

明清时期耕地拓殖仍在缓慢发展。虽然南方耕地到两宋时期几乎也到达合理开发临界点的边缘，但由于帝国政府财政向南方倾斜的强压，以及多次人口南迁，造田运动已跳出平原河网地区，向江、湖、海、山要地，拦截水面，砍伐林木，利害相兼，开始付出生态破坏的代价。其中"南方地区"还发生了内部移民流动的过程，例如福建农民向广东、江西、浙江等毗邻地带的移民，江苏北部向南部的移民，规模不等，因时势而异。清代除承接前代耕地遗产外，对东北与新疆地区的开发最有成绩（如东北柳条边内农垦区的垦田数，从顺治到雍正年间，由2.7万顷增至170万顷，拓殖幅度达60余倍之多），但也标志帝国耕地拓殖到了"收官"的阶段。

根据我国现存官方统计，最早的耕地总数是西汉平帝元始二年（公元2年）的57645万亩（已折算为今亩），到清宣统三年（1911）上升为84048万亩。即使以光绪十三年（1887）较高的数据91197万亩计，经过1900年，中国耕地总数仅增长58%，与同时期人口的高速增长极不协调（从公元2年的6000万人到1850年的4.3亿人，增长600%），人均耕地从9.6亩急剧减少为2亩左右。

造成这种难堪的结果，有生态条件的限制。尽管中国以农立国，但自然生态提供给我们的可耕地其实并不富裕。依据现代地理学家的统计，我国与欧洲的总面积大体相近，但欧洲适宜于农耕的平原面积约为100亿亩，为中国平原面积（12亿亩）的8.3倍。1979年我国的耕地面积为15亿亩，说明已经包括山地丘陵的利用在内，耕地的开发临近极限。由此逆推，清光绪年间官方数据的9亿余亩，大概不算太少。骄傲的精耕细作农业以劳动力密集为前提，人地矛盾尖锐，在没有产生有效转移剩余劳动人口通道的情况下，吞食苦涩无比的酸果是"命中注定"的。

当然更必须追究帝国政权在制度与施政方面的种种失误。战争起于人祸，耕地开发过度破坏生态，带来又一种人祸（河南至山东黄泛区盐碱化为最典型事例）。天灾人祸之下，耕地虽然有过多次拓展高潮，但往往一方面耕地在继续拓展，一方面不少耕地却在退化荒芜，有时简直就似狗熊掰棒子，摘一个丢一个，加加减减、进退盈缩下来的总体成绩，就是上面计算的结果：1900 年里仅增长 58%。

上面概要地回顾了中国耕地拓殖的长期过程，借以说明古代中国历史的空间运动，同时也是农业的空间运动，无农不成中国。但我在这里写出，也还包含有提示国人珍惜耕地"生态空间"的意思，请勿忽略。地球就那么点大，耕地的开拓总会有限度，而中国到"帝国时代"结束之前，耕地拓展的余地其实已经很小了。作为后代，没有理由把祖先好不容易积累起来的那些"老本"不断扒掉、吃光。现今各地都在圈地造房，将耕地争相浇筑成"水泥房"，土壤不可逆地被人欲不加节制地废了"武功"，后果堪忧。这可是祖祖辈辈用千年血汗换得来的"命根"啊！"大跃进"的当年，领导要我们这些大学生做"共产主义畅想"梦。犹记得一位同伴突发奇想，说是到那时已经发明出了"空气面包"，不需种粮。此乃无知梦呓！我们要活下去，还是离不开古老的命根：粮食。

时间：变迁不在一朝一夕

"历史时间"，比起当下生活中的"时间"，两者的单位长度相去不能以道里计。研究历史的人，兴奋点莫过于发现历史进步的时间坐标。然而，回溯走过的漫长历史征程，免不了会感到心酸。凡具有转折意义的重大进步，所需要的"时间单位"每每在千年、百年以上。

今人如果修炼不到阅读"历史时间"所需要的足够耐心，想论定功过是非，恐怕"历史"不太会轻易应答"芝麻开门"的请求！

　　粗粗算一笔历史大账。中国从直立人到现代人的"古人类进化过程"在三四百万年以上。从晚期智人狩猎采集"攫夺经济"转变为农业畜牧"生产经济"的进步过程，花费了一二十万年时间。从部族时代、"万国林立"到大一统郡县制国家成立，前后约一万年（正宗的"封建时代"最多不过三四百年）。从"君主专制"大一统再到民国"共和"，花费的时间达两千余年，期间大的王朝寿命二三百年，其余都在百年以下。再往下，最重大的转变就是由农业社会走向工业社会（也称"传统社会"向"现代社会"转型），中西历史"进步"的差距开始拉开。鉴于社会体制的比较与认定太过复杂，还是以有较多共识的"工业革命"作为现代工业社会确立的坐标，从瓦特发明蒸汽机（1776年）算起，到工业革命完成、英国成为"世界工厂"、世界市场形成（19世纪中叶），总计不过二百年，此后财富的增长以惊人的速度上升。中国是在"第一次工业革命"的尾声才赶上了使用机器生产的步伐（洋务运动中军用与民用工业相继创办），是为"百年落后"中国情结产生的根据。

　　总体看来，也许有一点会令我们感到乐观：历史上完成重大进步的时间速率在加快，"历史时间单位"变得越来越小。然而，正是在上面所说"历史时间"坐标系统的比较上，"中国封建社会长期停滞"的话题也被提了出来。两千年里，中国的"历史时间"完全停转，"超稳定"地凝固在一个时间节点上停滞不动？我想，学者的头脑不会简单到这等幼稚的地步。那么，问题的症结在什么地方？主要根据是什么？这样的历史观念有没有陷入某种认识误区的可能性呢？我想到了两个很可以反思的问题，这就是：历史的共性与个性，历史连续性与社会变革。

　　社会形态转型学说创始于西方，用来标识社会变革，划分历史时代。19世纪以来，这些眼花缭乱的理论形态随着全球史眼光的打开，逐渐暴露出它们原有的短处与缺陷，至少有：

　　（1）注意力过分集中于"突变"性的事件，忽略了长期渐进、"潜移默化"的历史过程。例如在西欧，以"第一次工业革命"的完成为标志，实现"现代化"转变有二百来年，但这样的计算也还是有问题。暂且不考虑古代、中世纪与现代的时间连续关系，就是以资本主义萌芽、市民社会兴起、文艺复兴、启蒙运动等"前现代"渐进过程来计算，总计完成的"历史时间单位"决不会少于五六百年，也够长的了。这就说明，世界上不存在"社会突变"的美丽神话。迷信以奇迹式的"突变"获取"只争朝夕"的转型，容易坠入激进主义圈套，欲速则不达。

（2）以西方历史为样板，忽略历史的多样性，以为世界上存在着一个标准的、统一的"转型"模式。接受这种"价值观念"，以欧美为标准来衡定别的国家先进落后，如同后发展国家拿欧美的"现代化指标集"依样画瓢地设计"现代化"进程一样，都是违反了"历史主义"的原旨。中国老百姓有句俗话："一家不知一家愁"，"自病自得知"。历史上的中国有许多迥异于西方的殊相，制度、文化、意识形态等传统和历史走向都极具个性，以欧洲看中国常容易走入认识误区。美国著名汉学家费正清在经历了许多挫折后，放弃用"欧洲中心史观"衡量中国社会变迁的视角，也认为必须"以中国看中国"。然而，想理清中国社会如何一步一步地走到今天，需要从细节处着眼，又要善于跳将出来，看清并把握住大关节，这绝非一件容易的事。个人不敢有这种非分妄想，下面拉扯的只是平时所得的读史随感。

秦始皇统一中国是关系中国社会历史长期走向的重大关节。从散漫的封建的"王国"转变为统一的集权的"帝国"，郡县制"大一统"格局由此奠基。世界史上出现过的"帝国"有好多个，像秦王朝创立的"大一统"体制则独一无二，的确算是中国历史的一个骄傲。林语堂借此还幽默了一下"中国"，说道："不管怎样，无论怎样混法，能混过这上下五千年，总是了不起的，说明我们的生命力很顽强。"

秦始皇有幸亲尝"开幕式"的甜头，傲慢地宣称："乃今皇帝，壹家天下。"扬言在他之后，子孙必将二世、三世地"传诸万代"。好景不长，他家族"自私"的美梦没有成真，但帝制王朝一代又一代地长期延续下去却是真的。有人说秦王朝失败在"缺乏统治经验"上，汉初人批评"秦孤立而亡"，实是别有用心地鼓吹"封建复辟"。我想也有些道理，"封建"列国的老路是走不回去了，末路"霸王"项羽的悲剧意味就在这里。至于秦始皇，不懂得"大有大的好处，大有大的难处"的辩证法，他是第一个吃螃蟹的，天真幼稚也情有可原。

大的好处明显，不多说了。大有大的难处：大了，必须"统"起来，不统就神散形乱，还不如小国寡民好管。地域广袤，人口众多，"统"必须讲求章法，统死了生气全无。这个"统"字，学问可大了，历代执政者"摸着石头过河"，通过不断补苴罅漏，把他们的经验教训都写进了中国特色的政治学教材里。

诸子百家，经史子集，都是中国式的古代政治学教材。但从源头上说，首先必须归功于西周建国时的周公，然后才有诸子百家多样化的出色发挥。周公与亚里士多德可以比肩为古代政治学开创时期中西对峙的双峰。有关中国治国理念的"神韵"，周公早早就完成了"画龙点睛"中的点睛一笔。农业的特点决定了中国社会运行追求的是稳定与平衡，当国者都期望长治久安，国富民强。周公从商亡的教训中悟得"天命靡常"，天从民愿，提出"皇天无亲，惟德是辅"，老天只会给"有德者"于"永命"的承诺；"德"必须落实到"裕民"，"裕，乃以民宁"。所以，周公在中国历史上第一个把"国家政权合法性"的命题摆到治国者的桌面上，第一个交代清楚"合法性"不能靠天命吃饭，不是碰运气、混日子，而是要实实在在地做好"裕民"这件头等大事，"裕民"才能国泰民安。

周公的一套治国理念（"神韵"），来源于宗族社会的实践（"形体"）。"形具而神生"，在"部族"时代，基层同姓聚居，血缘纽带联结上下，生产分配以大家族为单位，在同姓部族内部比较容易实现和谐共处；出此范围，则"非我族类，其心必异"。在氏族血缘亲情的原始基础上，周公创建的理念既有以前宗族社会实践的基础，也有人类普遍关怀的理想。西周实践的成功，在于用王朝的框架创造了"天下"与"分治"结合的国家形态，以"共主"为核心，分国（诸侯列国）而治。二三百年过去，虽不尽理想，上层、中层添了公卿大夫上下权利"不安分"（僭越）的许多麻烦，但宗族制的基层结构未变，较之后来也还比较容易治理。所以，中国的"民本"，与西方的"民主"，都是很好的理念。但恰如亚里士多德揭示"民主"易于在城邦实现，中国的"民本"也只有在典型的"宗族社会"较小的区域内方能较为有效地实现。"天高皇帝远"，"皇帝"高悬于头顶，离百姓越来越远，中央政令由上而下传递过程产生"耗散"现象，效率与距离成反比例递减。老子最先敏感到这一点，认为"鸡犬之声相闻，民至老死不相往来"的"村落社会"，才有理想的和谐世界。这是现实求之不得，靠久已消逝的"原始"梦境自慰。直到陶渊明时代还舍弃不了这类"桃花源"情结，说明中国文化有连续、执著的一面。

战国是治国理念形神变化的酝酿时期。孔子是周公治国"神韵"的守护人，但面对世局"变乱"拿不出新的办法，靠"知其不可为而为之"的悲情支撑。荀子是儒门里最有创新精神的一个，通过乱世把人情世事看得比较透。他认为要把"神"守住，就得变"形"。这个变形，就是礼治精神须有一个法治的骨架支撑住，当时叫"明分"，很有理论色彩。所谓"明分"，既有财富、权力如何分配"合理"的意思，更有使这种分配适乎"有度"、人人懂得节制的意思。因此，荀子不满足于提出新观念，更强调要靠制度的建设来保证"明分"的落实，叫做"处国有制"。"明分"与"处国有制"，是荀子对中华文明发展做出的思想贡献，但也只能停留于提出一些原则性的要求。秦以后基本上也就是学着荀子的路子，一软一硬，一明一暗，礼法兼治有制。至于软得抓空，硬得过头，九泉下的荀子大概不会承认他们是真正的荀学传人。

到"大一统"时代，坚持周公治国理念的原先条件变化了，必须要有适合时势的"形变"，方可"形神兼备"。这对历代执政者都是严峻考验，必须靠实践不断摸索。这不是一般的"难"，而是世界级水平的大难题。消化这个世界大难题，需要足够长的"历史时间"。一部中国古代史说明：在"大一统"演变的动态过程中，经历过反复动荡和多次分裂，有许多转危为安的关节，在不变中有变，万变不离其宗。为着实现有效的高度集权，从中央到地方"一统到底"，付出过昂贵的"学费"。

下面只能粗线条地说点变迁情节。但在作出交代之前，先得改变看问题的思路。治史者过于执著于长期理念（价值评判），当政者过于执著于眼下利害（功利考虑），这是非常不同的思考路线。所以，考察历史事实，先得去"价值化"，从设身处地的角度去追寻施政实践的轨迹，然后再回到我们考察的理念目标上来。

从"废封建"、立郡县起，凝固不变的"贵族阶级"没有了立足的合法根据，从此中国是一个"君—臣—民"的三角关系。"地主"是不稳定的，"官僚"也是高度流动的（特别是在科举制之后），帝国的顶端，最大头目是皇帝，君临天下，一言九鼎，所以有"君主专制"之说。这么大的国家，皇帝也是人，一个头脑、两只手，怎么也想不过来、管不过来，所以必须有一套官僚班子辅佐助理，具体实施。战国至秦汉，宰相"一人之下，万人之上"，权力最重。威胁皇权的第一号敌人就是宰相，其次才是外戚、宦官、后妃。这些有条件染指宫廷最高权力的隐患，在荀门弟子韩非的书里早说得明白，秦汉以来皇帝也多加防范不松劲。西汉以后，皇帝不断变着法子，目标首先就是削弱与分化相权，然后是中央各部门间互相牵制，由此官僚机构的部门、成员不断增繁增多，事权分化，叠床架屋，发展到唐宋的三省六部制算是比较完备了。这个与大一统帝国配套的"官僚工程"建设，前后花费至少有七八百年时间。

自唐至宋，官员主要靠科举制来选用，有点像外国的"文官制"。皇帝将国家大事交付高级官僚开会商议，由自己来最终拍板。这个机构叫做"政事堂会议"，有宰相与各部负责长官参加。国外研究中国史的看到了这一点，有些人神经突然亢奋，以为中国人在古代早就有了比较完整的文官制度和集体议事的"内阁"机构（国务院前身），比西方还早，"东方专制主义"与西方中心论都是一种偏见。然而，历史再往下看，他们恐怕都会失望：朱元璋废除宰相，六部直接隶属于皇帝，此后无论是"内阁""军机处"，都徒有"相"的习惯称呼，已堕落为皇帝的私人秘书；说好听些，也可叫"智囊"，收转文件，代拟决定。试看明代嘉靖、万历皇帝可以十余年不见"内阁"大臣，深藏不露地把"首辅"（首相）玩得没命似的"你方唱罢我登场"，操生杀予夺之权于己，可见他们打心眼里就瞧不起"内阁"。入至清代，军机大臣为首的一班臣僚觐见皇帝，必长跪而受旨，口称"奴才"，更是莫大羞辱。消除皇权切身威胁的隐患是成功了，换来的却是"出工不出力"，官僚上下多的是阳奉阴违，敷衍塞责，不求有功，但求无过。一旦国家出大事，越是高官溜得越快。崇祯皇帝临死前"上朝"，空荡荡无一官出席，是这种高层权力运作无效率最富戏剧性的悲哀。

　　笼统说中国古代没有权力监督机制，也多少有点冤枉。由汉代御史台发展出的监察机构，逐代扩展，到明代已经规模不小，有好几个分支，还不包括皇帝直接掌握的"非常"机构（厂、卫）。除监察长官外，一般监察官员（御史，兼及给事中乃至翰林院后备官员）品级不高，但有权弹劾各等官僚大吏，这是中国古代的"监察"特色。唐宋以前以进谏皇帝为主，宋以后就专以监察弹劾百官为目标，这是一大转折。表面看起来，这有似于西方议员对部长们提出"弹劾案"，很是神气，但最终裁决的是皇帝，是非好歹都由皇帝说了算。在明代，皇帝不高兴了，御史常被扣上"说错话"、犯上不恭等罪名，给"廷杖"打得半死不活，有的当庭就"呜呼哀哉"。这就比较容易理解嘉靖、万历何以能"无为无不为"，任御史们不断挑起"内斗"，足可坐收渔人之利。清代皇帝看清这一点，讨厌"御史"异化成朋党相互攻击的道具，索性改用"密折"制度。由此皇帝不怕没有耳目消息，朝野官员人人自危，就怕身边有同僚告密者"潜伏"，直通皇上。

　　"大一统"做到明清的份上，从高层政权稳定的层面上说已经相当成功了。明清五百多年间，再没有出过全国大分裂，连南北分治也没有，不容易。宫廷政变，大臣篡权，苗头有一些，但都被消灭于萌芽状态，权力分化、相互牵制是收到了实效的。民国以后，出现混乱，有些水平不低的人主张中国还是要有皇帝（君主立宪），"假如人人都想做总统，闹得天下大不安，还不如先前的帝制"，就是基于这样的历史情结。

中国地域广阔，地情千差万别，中央政令如何落实到地方施政效果上，实践"邦固民宁"，这件事难度最大。凡属头脑清醒的皇帝，都不容许地方官吏和地方势力离心离德，分裂割据更罪不容诛。帝国初期对地方治理还比较"迂阔"（详后），到宋以后相当严密。从体制上说，先是郡—县两级，而后经历"道""路"的酝酿试验，到元代正式确定行省为地方最高一级行政建置，从此就实行州县—府（道）—行省垂直的三级地方行政体系。三级政府都要对六部和皇帝负责，也都实行军、政、监察分治的原则。总的精神：有一官必须有另一官牵制，于是管官的官越来越多，条条块块交叉重叠，"条块"千条线，最终汇总到县，就靠一个县衙门小班子具体实施。这是一个奇怪的倒三角的"形体"：中央官员数目最多，省、府、县三级官员设置均不多，而知县一级才是直接管民的官。所以古人说："亲民之官莫如州县。州县造福易，作孽亦易，其造端甚微，而身家民命皆系之。"

到古稀之年，我读方志笔记稍多，方懂得古代做一个县官难处多多。但这里面也还有个随历史衍变的过程。宋代以前，没有后来那么难当。原因是郡县制度产生于战国，新旧体制转换不可能干脆利落，尤其在基层，"宗族制"拖泥带水延续了相当长时期。两汉郡守、县令有权独立聘用僚佐和乡官，其中多数为本地宗族人士，特别是到了基层，"里（长）胥（吏）者皆乡县豪吏，族系相依"。流水的（外地）官，靠铁打的（本地）"吏"辅助，在乡村基层仍然由宗族来包办赋税与治安的管理，所以那时县令还直接下乡收粮，显得很"悠闲"（《安阳金石录》刻石载唐咸通年间县令禹璜事）。你可以说这是对"封建贵族"革命的不彻底，但何以不能说更是一种尊重现实、务实权变的聪明？中央法令可以通过四通八达的驿站飞传至全国各地，政策文本可以把革旧鼎新说得非常强硬，但基层人群聚合的初始方式，即家庭、家族结构的变动很慢，想通过一次"革命性"的国策改变，全面彻底干净地铲除旧基地，历史上从来不曾有过。

有一利必有一弊。大约到东汉、魏晋南北朝，"豪强""世族"逐渐壮大，危及"国家安全"。豪强世族未必都是原来的宗法贵族"复辟"，更多的是原有土壤上滋生出来的宗族"新贵"，逐渐称霸一方，与中央的离心倾向增加，直闹到纷纷武装割据，天下分崩离析，统一局面被彻底破坏。经此重大挫折，就有了宋以来对地方政制的许多改革。特别是实行职业兵制后，军权归国家统一掌握、全面调配，皇帝操纵着用兵的最后决定权，地方分裂割据的最大隐患得以消除。

　　另外，经过长时间的演变，基层社会结构也有了很大的变化。大约到宋代以后，异姓杂居的多起来，分家立户，迁徙流动，田地变换，贫富分化，使得上古沿袭下来的"宗族制度"从社会基层的根基上被逐渐销蚀弱化（魏晋南北朝时期出现若干姓氏合居的"村"，是最早的例子）。特别是战乱分裂时期的几次人口大迁徙，中原不少古老宗族离开原有基地，南下"侨寓"客乡，与本土居民混处，即使努力抱团，昔日的大场面也难以再现。在经历了宗族关系多种名实逐渐分离的长期"异化"过程，待到一夫一妻制的小户成为行政基层最小单元的主流（学术界称"原子化"），社会基层总体格局遂发生变化，社会观念也随之大变，亲情逐渐淡薄，政权由上而下直插到底始成为真正的现实——到那时，州县用收容、同化宗族制度来改变后者的功能，使之低首匍匐地为其服务。政府通过行政系统，直接面对名副其实的一袋袋"马铃薯"（民户），没有什么"中间群体"敢于插手捣乱。一个个利益分离、各自谋生的个体家庭，再也无力对抗强大统一的国家政权，由国家"大我"主宰民众"小我"的命运的格局就这样地被确定了下来。这种格局大约肇始于宋代，显著于明清时期。

　　压抑宗族权力使地方无集团性对抗力量，改革军制又使地方无滋生军阀的土壤，唐末以前造成地方分裂的重大隐患消除了，照理说政令的通达和执行不会有太多的阻碍，效率也会上来。可是，当我们把视线从正史转到各类地方《官箴书》，亦即有关府县做官的经历和经验的书籍上来，就知道明清中央政府最头疼、最闹心的就是地方施政的无效率，知道知县最不好当。

　　明清县级政府主要有财税徭役、司法治安、教化救济三大任务，前两者是硬任务，《官箴书》称之为"钱谷刑名"。重中之重是"钱谷"，每年必须按户部规定的额数把田粮赋税收上来，极小部分"留成"归县级支出（包括各类官吏杂职人员工薪在内的行政费用），绝大部分则必须如数上交中央（部分须由地方负责直接送达中央各部以及省、府机关与地方军队仓库，多数上纳于户部验收）。偏偏就是"钱谷"这项硬任务，如期如数完成变成老大难问题，不足与拖欠是常事，府县长官常常为"逋欠"丢掉官帽。虽然屡经严查监管或改革操作方法，但成效都不显著。在读《官箴书》之前，怎么也想不到情况会这样糟糕。阅读下来，才发现大约有以下几方面的原因：

　　（1）田赋是国家财政的最大头，不管是交纳实物还是折变银两（明中叶后逐渐货币化），征收的单位都按田亩（分等级）来计算。从道理上说，只要把交税的田亩单位真实地落实到户，盯住户主（纳税人）不放，不就行了吗？问题是当时的田地是自由流转的，贫富分化与时俱进，时间一长，有些田产不属该地民户所有，而该地民户的好多田产可能在别处，更有许多"主户"变成了佃户或是"无主户"（逃亡），逸出交税范围。据以收税的原有户册、田册失效，各类隐漏逃避严重，查核清楚费时费力，必须靠有"公心"者负责去做，这在当时都属操作上的难题。

（2）那时县级政府管事的人有多少？有资格领国家俸禄的官员（属九品官范围，习称入流）是知县、县丞、主簿，加上巡检，最多也只有七八个人。其余均被称"不入流"者，有书吏、杂职、衙役以及知县自用的师爷、家丁等。他们的薪酬归根到底都须由地方自支，从"留成"里支取不足，这就必得巧立名目，额外征收。这些人总是嫌县府给的"工食"待遇太低，于是纷纷靠敲诈勒索、捞"外快"自肥。我从乾隆《吴江县志》统计所得，这些编制内吃公家饭而拿地方"工资"的，竟有955人之多。

即便有近千个吃"公粮"的，但对管理复杂的田粮赋税仍远不济事。这些人多数在县城负责刑名、治安、送往迎来等事务，其中六房"书吏"对口中央六部，仅有"户房"书吏直接掌管田粮赋税的监收与上纳。绝大部分纳税人在乡村，居处高度分散，山川地形复杂，交通不便，山区尤甚。如此众多且极其分散的纳税户怎么交田粮？怎么保证收齐汇拢到县府？过去读史一概都把这些操作情节忽略了。

明代朱元璋编制的地方行政基层系统，是按10户一单位组成11甲（110户），称之为一里。"里"是纳税的基本单位，有"里长"督促"甲首"负责征收与上纳。县与里之间，自明至清前期，除保持了传统的"乡"名称之外，设置了许多收纳赋税的"中间单位"，如都、区、扇、图、保、圩、庄等，在所划定的纳税范围内，监督、汇总所管赋税，负责解纳至县上，许多时候还参与解运至中央（或中央指定地区）仓库的任务。这些名目繁多、时有变化的"管理"等级，有主管人员、却无正式机构，有人以为凭此驳倒了"古代帝国行政设置仅到县一级"的判断，是不明细节实情。这些"管理人员"都在"徭役"的名义下由政府"选派"，说是没有"工资"，实际上还是要从"役费"里支付少量津贴，属于县政府"编制外"人员。按上述乾隆《吴江县志》统计，总数为12761人。总之，县政府除正式拿官俸的，还有编制内外的人员共计13716人，当时直吓了我一跳。所以，许多书上津津乐道说古代县府机构十分精简，是知其一，不知其二。

（3）中国古代史研究的重心已经逐渐从国家层面下移到基层社

会，然而起步不久，任重道远，有许多细致的工作要慢慢做。限于篇幅，我简单再说一个要点：不少西方学者认为中国古代田粮赋税率最多不过在10%左右，较西方同时期为低。这是他们不了解当时田粮赋税征收与解纳的操作环节非常繁杂，每增加一个环节就增加一笔"费用"，环节越多，费用越高。其中就包括上述地方人员的费用以及这些人另立名目、暗诈明索添加的"腐败"费用，总计超过原赋税额的三四倍乃至十余倍。明末苏松巡抚王象恒报告，他所管辖地区负担的漕粮加耗费，米199.8万石，银151万两，再有加派"辽饷"21万两，阔白布32余万匹。这就证明苏松乡绅所说的并非夸张："愚历观往古，自有田税以来，未有若是之重者也。以农夫蚕妇，冻而织，馁而耕，供税不足，则卖儿鬻女。又不足，然后不得已而逃。以至田地荒芜，钱粮年年拖欠。"在《官箴书》以及官员给朝廷的奏疏里都揭露过这种情况，只是我们过去忽略了。从明中叶起到清前期的各种赋税操作方法改革，到头来都是把"费"不断地叠加到"税"上。明末浙江海盐县胡震亨为《海盐县图经》编制赋役，特意写了一段感慨很深的"序"："凡赋役以户口田土编里甲，出税粮与泛差，其正也。税粮改为增耗，为均则，泛差改为甲首钱，为均徭，为条鞭银，与今之为均甲，为敛解，其变矣。而课程，而盐课，又其余焉。凡此皆东南所同，宁独余邑。法之弊，递相为救，而渐调于平者，率渐倚于重。数十年来有一厘改，定有一增派，征敛之日繁，亦时势所必趋也。"这是较黄宗羲还早三十余年说出了类似"黄宗羲定律"的意思。所以在中国古代，地方上的老百姓不仅苦于税，更苦于费，因为费比税重。

（4）痛恨贪官污吏，人同此心。但对于研究历史的人来说，这是远远不够的。皇帝也恨，正直的官僚士大夫也不乏激烈抨击，中国史书上写得太多了！谓予不信，请看朱元璋亲撰的《大诰》第一篇文告，发布于洪武十九年正月，请细心阅读：

> 粮长：往常民间不便，盖是有司官不肯恤民，止是通同刁诈之徒，生事多端，取要财物，民人一时不能上达。如今教你每户家做粮长，民有事务，粮长除纳粮外，闲中会乡里……今民有数千亩、万亩，或百亩、数十顷、数十亩者，每每交结有司，不当正差。此等之家不知千万亩田，千万亩天覆，数百十顷亩者如是，其风雨霜露与地相合，长养五谷。其家食其利以安生，往往不应正役，于差靠损小民，于粮税洒派他人。买田不过割，中间恃势，移丘换段，诡寄他人；又包荒不便，亦是细民艰辛。你众粮长会此等之人使复为正，毋害下民，了毕，画图贴说。果有荒田，奏知明白

除豁。粮长：依说办了的是良民，不依是顽民。民有不遵者，具陈其所以。

　　皇帝责怪地方官吏（有司），知府、知县痛骂手下书吏、衙役以及粮长等"编外"，士大夫更是详细罗列"胥吏之害"，言辞愤慨。深刻一点的则进一步说根子是在知县，有好知县就不会有恶胥吏。如果只是照抄这些史料，我们也只能达到这样的水平，六七百年过去了，有什么长进？我到了这把年纪，有了一点见识，才想到是不是还有可以反思的其他方面？

　　如果从"设身处地"的角度考虑，联系前面所说的各种情节，"大一统"帝国的财政不可能不庞大。查阅《明实录》财政官员的历次"岁支"报告，中央政府各种支出浩大，仅北部边防地带（九边）各项军事费用支出额就达每年350万～450万两；皇室消费及各项赏赐220万～250万两。明末三饷加派后，除正税外，各项加派每年不下2000万两。清初名义上取消"加派"，实则国库财政年收入提高到1900多万两，其中兵饷一项高达1700余万两，文武百官俸禄（加养廉银）451万两。前几年，西方学者津津乐道：16世纪中期到17世纪中期全世界白银流入中国总数在7000～10000吨，占有世界白银产量的1/4到1/3。一万吨白银即三亿二千万两，以百年计，年平均流入中国为320万两白银。初看很惊人，然而对照上面的数据就知道，实在是小巫比大巫，所谓西方"白银注入中国经济所造成的经济扩张更为壮观"的估计，实在是太天真了。

　　所以，自明至清，户部总在叫喊入不敷出，连年赤字（查明朝最后一任财政部长给皇帝的报告，那时全国各项财政的总收入是2100余万两白银，收支相抵，赤字还有537万两之多），地方也叫"留成"太少，苦于税外筹钱应付。许多钱都有"合法"（不能不用）出处，那时有贪污，有腐败，但还达不到影响财政大局的程度。从中央到地方，为应付局面，只能不断地做财政加法，因此下面的考虑是不切实际的：财政能不能做些减法？减什么？减机构，减官员，减"管理人员"，都办不到。两千年经验积累，长时间构筑起来的官僚制度，"存在就是合理"，谁也动不了。

　　这里我想摆脱价值观念，回到历史过程里冷静地考察我们走过的"历史时间"。不怕贻笑大方，我先把头脑里曾冒出过的所谓"灵感"拿出来现丑。中国民间俗话说："三岁见大，七岁见老"。这话不是没有一点道理。对照西方人格心理学的观点，幼年时期形成的性格雏形对一生都会产生深刻的影响，"江山易改，本性难移"。再从社会结构变迁的理论来说，有一种现象叫做"路径依赖"，一开始采取什么样的路径，往后的惯性力量会使其一直沿着这样的轨道滑行下去，改变路线非常难、非常难。当然把这些"感觉"性的东西看做绝对的宿命，肯定不合适。但是我想：恐怕也不好截然否认"早年经历"对以后的发展过程会发生重大影响吧？

回过头来说，祖宗留给我们的经历和经验，有些是绕不开的；只要认真地从现实生活里去体验，会明白"脱胎换骨"是一种空想。但如果一直靠吃老本，变成"啃老族"，只能说明后代子孙没出息。

理念毕竟是理念，理念要变为现实，必须靠制度运作，不断地化为实践上的操作。所以，我一直对"文化决定论"不感兴趣，因为长期的历史进程不断警示我们：中国历史上不缺思想与文化的高度，但实践起来却不那么简单。从个体说，有个言必信、行必果的难题。对施政者而言，具体实践是需要学习的，但每每具有滞后性，非要等到时势穷极、利益大损，才下决心进行一些"变革"。走一步，看一步，"历史时间"都花费在各种挫折的积累上；当个事后诸葛，吃一堑长一智，算得上是聪明人了。由上面"大一统"实践过程来看，留给子孙需要继续消化的学问多着呢。例如内外的应对，上下的平衡，中央与地方的协调，集权与分权的互补，等等。所以有一种感觉在我头脑里久久盘旋：医治中国传统社会许多"病理"、转型为现代社会所需要的"历史时间"之长，只有中国人才能比较真切地体验其中的复杂滋味。归根到底，因为她是一个世界上罕见、历史长期连续、文化底蕴深厚的人口大国。

"经济理性"：在鸟笼子里跳舞

"食色，性也"，这是与孟子同时代的告子在辩论"仁义"时说出的一句名言。凭这一点，中国人对马克思和恩格斯的论述不应感到意外："一切人类生存的第一个前提，也就是一切历史的第一个前提，这个前提是：人们为了能够'创造历史'，必须能够生活。但是为了生活，首先就需要吃喝住穿以及其他一些东西。"[1] 人与其他动物的区别之一，是他有"经济"的头脑。现在许多人喜欢把"经济理性"说成是现代独有的，我是不太迷信这种说法的。

两千多年里，农业是全社会赖以生存发展的基础。创造辉煌的古代文明，第一大功臣无疑是农民。他们终年耕耘不辍，斗天斗地，男耕女织，利用一切可能为自己谋生计，也为社会提供衣食之源，直至无奈逃亡，远走异乡，重建"绿色家园"，什么样的代价都付出过。历代皇帝对农民的劳苦也承认，也知道没有农业创造的财富，帝国的财政就会枯竭，也就不可能有政权的稳定。这是铁打的事实。读读唐太宗和朱元璋的言论，凡说到"民为邦本"的老话上，必包含有上面这层意思。

有人说，中国人不懂得成本—报酬（利益最大化）的经济学法则。粗粗看，这话很有些道理。最近李昌平就拿出了一组吓人的数据：中国用全球7%的土地，养活了全球1/5的人口，却消耗了全球35%的氮肥。查看历史，中国单位亩产数据一直居高不下，农业史家为之骄傲是有根据的；但问到人均粮食产量数据，就有口难言了。能不能更上一层楼：扩展耕地面积，增加人地比例，实行（农场）规模生产，这些都是有可能促使农业转型的良方。然而，由于种种历史原因，人均耕地不增反减。这就不是主观愿望的问题，而是有世势发展所以然的难处，不能不探究。

在中国古代农业经济结构中，"人"是最活跃的"因素"，因为我们有能力从主观上将其作用发挥到最大极限。基本办法有二：一是增加家庭劳力，用提高人口自然增殖率来弥补生产资料匮乏、耕地不足的缺陷；二是延长劳动时间，用扩大剩余劳动对必要劳动的比例，争取占有更多的剩余劳动。在上述两个条件的基础上，才可能充分发展出称为精耕细作的发达农业，不断提高粮食亩产。于是"路径依赖"通过历史的积累产生出了一个悖论：农业发展需要人力多，但人力多粮食需求就多；粮食需求增长率提高，就需要人力的相应增长率更

---

[1]　马克思、恩格斯：《德意志意识形态》，《马克思恩格斯选集》第一卷，人民出版社2012年版，第158页。

高。"多子多孙"不只是观念，更是农民非常务实的"经济理性"。结果是：粮食总量与单位亩产量水平居世界前列，人均粮食占有量却令人无比苦涩。这是历史时间结下的苦果，不管你说好还是说坏。

农民的"经济理性"还体现在他们对市场经济的参与程度上。农民与市场经济的关系，是近30年史学研究开拓出的新课题，这是过去被忽视的农业经济发展的一个重要侧面。记得20世纪80年代中期，是方行等学者率先打破传统观点，指出中国古代经济整体格局，在自然经济大树的旁边，还生长着商品经济另一棵大树，它们是相互攀附依存的。小农经济不仅不排斥商品经济，而且也是商品经济的参与者。假若说在宋代以前，这种新的见解还需要细找史料、力加论证，那么，在宋以后，特别到了明清时期，已经成了显而易见的社会风气，史料遍处皆是。养蚕、植棉以及种植城镇居民生活所需的其他经济作物，农民家庭手工业兼业丝、棉，都为农民增加了收入来源，可以聊补田赋、徭役沉重所造成的生产生活费用的不足。徐光启《农政全书》卷三五《蚕桑广类·木棉》说得最明白不过："（松江府）壤地广袤不过百里而遥，农亩之入非能有加于他郡邑也。所繇共百万之赋，三百年而尚存视息者，全赖此（棉织）一机一杼而已。非独松也，苏、杭、常、镇之币帛枲苎，嘉、湖之丝纩，皆恃此女红末业，以上供赋税，下给仰俯，若求诸田亩之收，则必不可办。"但需要说清楚的是，农民经济的这种发展新态势，是有前提条件的。这要依赖于丝、棉市场的城镇消费能力增长，也取决于该区域商贸经济的活跃水平。因此，在城镇经济发达的地区，商贸经济活跃的区域，那里的农民兼业与商品化的程度就高，家庭手工业也相对较为普及。凡事都不能一概而论。说中国古代农业经济是"单一"的粮食生产不妥，但在上述前提条件不充分的地区，农民多种经营以及兼业等商品经济活跃程度相对低下，却也是事实。这同样是农民出于经济理性的无奈选择。经济作物产品卖不出去，或卖不了好价钱（利润风险太大），自然也就只能返回到比较稳定的粮食耕种老路。有力的例证是，即使在粮、棉兼业的地区，当棉花、棉布价格上涨的时候，农民弃粮植棉，而在价格大幅下降，产品滞销时，他们又弃棉种粮。总之，新的研究不断提示，古代中国农民也有一定的对市场经济的敏感度，也内在地具有计算"成本—收益"的经济本性，这就打破了过去总是认定农民性格为保守愚昧的那种陈旧偏见。

在机器生产进入纺织行业之前，明清江南的纺织业生产规模和总量超过欧洲，我们完全相信。在这里，充分显示了中国人口数量众多和劳动密集型家庭经济模式的"优越性"。当时欧洲人口数量整体比中国少得多，任何一个国家棉、丝生产"从业人员"的数量，怎么也比不上明清中国的江南。在苏松、嘉湖地区，城乡家庭兼业棉、丝生产，形成一种社会风气（连地主、官绅家庭的女性也在养蚕缫丝、纺纱织布），"从业人员"（实则兼业人员）总数，现在的计算结果恐怕还是属于低估的。然而，我们能否不要过分沉溺于数字，改换一下思维方向，想一想：这样的纺织业生产方式和生产效果，有没有局限性？阻碍其进一步发展的因素有哪些？尽管目前的研究很薄弱，对此有兴趣的人不多，但这些问题却是不能不加追究的。

我觉得在五口通商之前，至少有下面几点局限是值得加以认真考虑的：

（1）家庭兼业生产的普及与规模化专业生产（作坊与手工工场）的稀疏形成鲜明反差，是一个抹不掉的"时代"色彩。当时手工作坊只限于染、踹等第二道加工环节，染色加工还是由商家兼营居多。至于手工工场，官营织造似乎有点像，严格说也只是扩大化了的作坊集合。民间真正具有专业分工、流水作业特征的手工工场几乎是空白。

（2）这一现象的背后隐藏着另一个重要信息，即消费的有限性。仅是研究生产数量（数量多少永远是相对的），不去辨析销售的方向，是哪些人在购买，购买力来自哪里，购买力的增长是否有潜力，就不可能进入消费能力是否有限以及如何限制生产进一步发展这样一个几乎是"未知"的认识领域。作个假设：如果消费有很大的潜力，这些潜力又得以发挥出来，使实际消费需求远远超过现有的生产能力，就一定会激发扩大生产规模和提高生产效率的获利动机，迫使旧的生产方式得到改进，甚至促使重大技术革新的发生。可惜在我们考察的时段里，几乎看不到这样的"曙光"。

（3）为说明上述观点，再谈一下消费来源问题。全面考察江南丝、棉产品的购买者情况，不难发现政府公款购买是一个不可忽视的大头。明代军队特别是北部边防军事装备对棉的需求量之大，已有学术专题研究揭示。丝织品乃是皇帝赏赐、官场贿赂必备的"礼品"。"物以稀为贵"，丝绸贿赂的流行最能反映这种产品消费的有限性。至于官府织造，纯为皇家服务，其外包工生产（明中期至清前期多已交付"机户""机工"外包）的数量及其消费量，理应归入"政府公款生产与消费"一类。至于民间消费，主顾大户都为各地官僚、缙绅、富商乃至边缘地区部落贵族（土司、酋长），一般民众的消费比例极低。生产者不舍得自用，多用以换钱交税、补贴生计，明清文集感叹这种消费"不公平"现象的史料，不难找到。这样一种以国家财政作为市场购买力重要来源的情况，暴露出了市场繁荣背后虚假、灰暗的一面，普通民众内需严重不足更是个死结。最近引起高度重视的海外贸易，确实是"消费"的一个重要渠道。以前研究不充分，现在有了显著改观，但仍以材料描述为主，所占生产总量比例多少，因目前统计尚有难度（海外直接资料不易寻觅），难有确切估算。另需注意的是，这种对外销售多借菲律宾、日本、印度为中介，总利润相当部分被外人从流通环节分沾而去，因此缩小了国内经济的实际受益面。

（4）与以上状况相关，购买潜力增长的空间很小，这从丝棉产品数量增长的幅度上可以得到验证，可惜喜欢夸大的研究者几乎避而不论。增长空间受限于以下几种因素：产地不平衡，江南以外地区呈不发展态势，就是江南地区发展也不平衡。购买者身份不平衡，已如前述。外贸多以走私形式出现，政策上的限制导致主动占领欧洲市场的最好机遇丧失。在当时条件下，内需的增长是不切实际的奢望，唯有扩大外贸、占领海外市场才是求发展的一步好棋。设想强大的走私"海盗船"一旦获得合法"开放"，主动走向大西洋、太平洋，冲向欧美市场，一定可以大大拉动国内生产量的增长，反过来促进内需的增长。有些研究者揭示，"反走私"并没有使走私活动真的被完全遏制，这种形式的"外贸"一直在继续。但应该看到，这与正常合法的开放，不仅增量上差别很大，社会效果更是迥然相异。前者滋长了贿赂腐败与奢靡消费，恶化了吏治，而后者则可能合法地增加政府财政收入，也有利于民间生产的扩大生产规模。这些都属于体制（政治的、经济的）的局限，当权者决策上的严重失误。有一个反证：清前期北方在技术上解决了棉纱纺织的难题后，棉织业开始有所发展，然而江南的棉布贸易却因此而下滑。这说明当时市场棉布购买力的国内盘子就那么大，江南的市场被北方分割去，生产量就相应退缩。待到五口通商，丝织、棉业的外贸需求迅速增长，不仅促进北方的棉织业有更显著的发展，天津港继上海成为出口大港，就是在江南地区，原来不种植棉花、不养蚕缫丝的地区（如浙东宁波、绍兴，苏南无锡、江阴，还包括宜兴、句容）也纷纷赶此潮流，加入丝棉原料外贸的供给行列，棉、丝业的生产数量远远超过鸦片战争前。希望有研究者能够对五口通商前后的产量与贸易销售量做一个对比统计，相信上述的假设是可以得到实证支撑的。

我在很长的一段时间里疑惑不解：照理说，北宋以来商品经济的发展态势一直趋升，城镇工商业经营者逐渐进入富裕阶层行列，到了明清，官僚、地主也纷纷经商致富。但国家的财政还是死盯住田地不放，把绝大部分财政负担压在农业产出一头上。为什么不能来个转变，调整税收目标，增加工商税比重，以减轻农业税收负担？我和我的学生多年来追踪明清财政史，看的书不算少，却发现有关工商税的史料少得可怜，《官箴书》里少有交代，连市镇怎么收税的情节也摸不着边际。这里不敢强以不知为知之，十分期待学界多加研究。这里说一点我们所看出的门道：许多工商税收入都是归地方政府掌握，不列入上纳中央财政的范围，属于地方经费"小金库"。其中也不乏地方官吏和"管理人员"借此捞"外快"。所以，田赋有《赋役全书》"实征册"这样的文件留下，细则、账目比较清楚，而工商税的细节隐去不载，成了一笔"糊涂账"。这情况要到民国以后才发生大的转变，田赋变成地方财政，而国家把财税重点逐渐转向工商领域。由此生出感慨：政策常落后于形势，其中有观念僵化的因素，也有执政者夹带"私心"的因素。凡是政策疏漏的地方，正是官吏借以自肥的"后门"，既得利益促使他们对不能利己的改革抱着能拖则拖的"机会主义"立场。

现在西方有些学者对明清商品经济的发展评价越来越高，但是他们不太注意中西商品经济背后的政治背景、社会生态条件有很大差别。两宋以来，在经济态势上确实出现了新的局面，明显的是货币经济逐渐取代实物经济的地位，"商业资本主义"在若干地区获得较快的发展，特别是在江南地区。"商业资本主义"下货币积聚的强烈刺激，贪欲（这里是使用中性意义上的"贪欲"）必然扩张。它有两条出路：一条是革新生产技术与生产组织，调整经济结构，扩张实体经济，创新出"工业资本主义"，使社会财富增长走上更高一级台阶。一条是引导消费畸形增长，权力与财富的勾结更趋紧密，有权者愈富，无权者愈贫，生产者停滞在简单再生产的境地，实体经济的经营者又缺乏改革的动力，社会财富增长滞缓。明清的状态只能是属于后者。现在研究明清商人的人越来越多，试问在所谓的"近代早期"，中国有多少商人投资于生产领域？有多少资本实力和投资冲动？商界的所谓豪富，有多少称得上真正的"资本阶级"？大都是靠官商勾结，靠政策的"特许优惠"，异常活跃于流通领域。他们在"成功"后，又去模仿官僚消费情态，用钱交结或转化为官僚，稍有头脑者即使将部分资金转移于购买田产，也只是为自己留后路，坐收租金，不思经营。政局大变或权力背景一倒，他们的财富也往往灰飞烟灭。不少还是"死"于"杀富"政策，成为政局变动的牺牲品（明初与清初打击豪富就是显例）。

总之，"中国封建经济长期停滞"说显然过时了，因为经不起历史事实的推敲。做一番系统细致的考察就不难看到：中国人不缺发展经济的能力。两千年的"大一统"中国，社会经济始终处在发展与变化之中，情节非常丰富；但也不是一路顺风，发展与不发展成一体两面。自始至终，制约经济正常发展的隐患消除不掉。只有在新的历史条件下，将限制经济进一步发展的"笼子"逐渐拆除，才能开出新天地。这个任务将怎样由近代的人接过去，做得又怎样，已经超出我们教材的范围，就此打住。

最后，我想说的是：假如文学催人产生爱憎，哲学要人思考"存在"，那么历史则是教人学会冷峻。离开了故事不会有真实的历史，但阅读历史绝不只是讲故事、听故事，更需要冷静思考这些故事是怎样发生的，为什么会发生，对当时以及后人有什么样的影响。历史学不同于社会学，对于社会历史的变迁，关注过程重于计算结果，辨析过程的个性重于辨识理论上的共性。借助于这两种方法，历史学常常能显示出某种观察的"冷峻"或判断的深刻性。所以，请大家相信，读历史还是有用的。

第一章

多中心起源：
部族时代

　　迄今为止的考古资料表明，中国境内原始先民的足迹，最早可追寻到距今约200万年，已经发现的"巫山人""元谋人""蓝田人""北京人""山顶洞人"等，分属于旧石器时代的早、中、晚期。中国境内的原始先民，在人种属性和石器文化上，具有自己的独特性，表明此地可能曾存在人类发展史上的一个独立体系。

　　距今一万年前后产生的原始农耕，是中国历史上的重大事件。在全世界少数几个农耕起源中心中，唯独中国的农耕起源地占据其二。以谷物的驯化种植为特征的生产性经济活动，在中国的黄河中下游地区和长江中下游地区，各自经历了独立的起源和发展历程。至迟在新石器时代，中国境内"南稻北粟"的经济格局已初露端倪。

　　农耕的产生和发展，改变了原始先民的生活方式。由此起步，原始先民的生活共同体大致经历了"农耕聚落—中心聚落—都邑国家形态"三个阶段。考古资料显示，大约在距今四五千年间，原始先民的社会萌生了新的变化，诸如领袖人物的出现、社会成员间的分化、战争的频繁、大型城堡的建筑等，均表明中华先民即将跨入文明时代的门槛。

第一节
中国境内的远古人类

　　自达尔文的进化论问世以来，"人猿共祖"已成常识。但是，迄今为止的考古研究只能帮助我们追寻到400万年前的南方古猿。至于现代人类的源头，学术界尚有"单一说"和"多元说"的分歧。为数众多的学者认为现代人类源于非洲，再逐渐向世界各地迁徙。然而中国的古人类学家、考古学家认为，人种属性和石器文化的特殊性已经表明，中国及其邻近地区可能在人类发展史上存在着一个独立体系。

一、直立人

　　中国历史的开端，当从中国境内最早的远古人类说起。随着古人类学、考古学的发展，中国历史的开端随着新材料的不断发现而一再向前延伸。古人类学家将最早的人类称为直立人。直立人也称猿人，分早、晚两期，他已经具有人的体质特征，已有适应直立行走的身体结构，脑容量也比较大，但仍留存着一些猿类的原始特征。直立人能制作工具，已懂得用火，学者推测其生存年代在距今约300万—200万年或150万年。早期直立人的化石，目前在非洲、欧洲和亚洲都有发现，而以非洲东部的发现为最早；亚洲的早期人类化石，主要集中在中国境内。

　　▽　古人类学家认为，在直立人之前，人类有一个漫长的演化阶段，他们把处于这个演化阶段的人属动物称为能人。就目前所发现材料来看，世界上最早的能人化石仅发现于非洲东部。1959年，古人类学家路易斯·利基和他的妻子玛丽·利基在东非坦桑尼亚北部的奥杜威峡谷发现了能人的化石，以及共存的石器工具。1972年，利基夫妇的儿子理查德·利基在肯尼亚特卡纳湖一带发现了两个比较完整的头骨和颌骨、牙齿、肢骨等其他化石，其中一具编号为ER1470的能人化石距今约290万—200万年。利基夫妇及其儿子的这些发现，掀起了一场有关人类起源研究的世界性热潮，利

基及其家族也因此被美国《时代》周刊选入影响20世纪100人。

迄今为止，中国境内最早的直立人化石是"巫山人"。1986年，古人类学家在四川省巫山县（今属重庆市）龙骨坡发掘出直立人的数枚牙齿和带有牙齿的颌骨一块。据测定，"巫山人"的时代距今约204万—201万年。❶比"巫山人"稍晚的还有"元谋人"（发现于云南省元谋县上那蚌村）、"蓝田人"（发现于陕西省蓝田县的公王岭和陈家窝）和"郧县人"（发现于湖北省郧县〔今十堰市郧阳区〕青田镇弥陀村）等，在"元谋人""蓝田人"和"郧县人"的遗址里，还发现了一些打制的石器。这些直立人的生存时代都处在距今170万—50万年。在山西芮城县西侯度村的一个遗址里，发现有距今180万年的打制石器30多件，但没有发现早期直立人的化石。

被称为20世纪古人类学和考古学上最重大发现之一的"北京人"（图1-1），出土于北京西南周口店龙骨山的一个山洞里。"北京人"的学名为"北京直立人"，也称"北京猿人"。1929—1966年，古人类学家、考古学家在此遗址内总共发现了6个比较完整的头盖骨，以及头骨、面骨碎片、下颌骨、股骨、胫骨、牙齿等人骨化石，它们分属于40多个不同年龄和性别的个体。同时出土的还有数以万计的石器和石制品。文化堆积层内有成堆的灰烬、烧骨和烧焦的朴树籽，以及动物化石100多种。这个被称为"北京人之家"的周口店（第一地点）遗址，是我国目前所发现的资料最丰富的古人类遗址。数量众多的人类化石、石制品，以及伴出的动物化石，为我们推测"北京人"的生存环境与其生活、生产的状况提供了可能。

图1-1
依据残骸化石复原的北京人头像

▽ 北京人的牙齿与头骨比现代人要原始，脑量平均为1088毫升，远低于现代人的平均脑量（1400毫升），具有颧骨高、鼻骨宽、鼻梁低、扁平脸的头部特征。上肢骨完全具有现代人的形式，下肢骨与现代人相似，仍具有若干明显的原始性。

1918年、1921年，时任地质调查所矿业顾问的瑞典地质学家安特生两次来到北京西南周口店访问调查，发现该地有丰富的哺乳动物化石。他预言该地区将会发现人类化石及遗物。1927年，中外科学家正式组成工作小组，开始考古发掘研究。1929年12月，中国古人类学家裴文中发现了第一个完整的头盖骨，其后陆续有新的发现。发掘工作一直延续到1937年。周口店的发掘与研究经费，由美国洛克菲勒基金会提供，故出土的化石也由美国人开办的北京协和医学院负责保存。1941年，日美关系日趋紧张，因担心北京人化石的安全问题，美方将"北京人"头盖骨及其他化石材料装入两只白木箱，计划运送到美国自然博物馆保存。是年12月太平洋战争爆发，日军迅速占领了包括北京协和医学院在内的美国在北京、天津和秦皇岛等地的机构，转移途中的"北京人"化石从此下落不明、杳无音讯。

大约在距今70万—23万年前，周口店地区的气候要比现在温暖，附近的地理环境与现在相差不多。遗址的背后是巍峨的西山，层峰叠翠，有虎豹出没其间，它们常常下到山前觅食，给"北京人"的生命造成威胁。在山前的丘陵地带长着高大的朴树，这里是"北京人"采集的场所之一。再往前是平坦的华北平原，那里生活着牛、羊、鹿，还有鸵鸟等动物。在"北京人"遗址里发现鹿的化石有5万余具，它们看似数量巨大，如果以"北京人"在此居住的时间加以平均，大约几年才能获得一头。生存的困难，不仅来自食物的稀缺，还有疾病的折磨和野兽的侵袭。"北京人"的寿命很短，在发现的40多个个体中，有半数是夭折的，大多数死于40岁以下。

　　据学者的统计，至20世纪90年代末，在中国境内发现的直立人化石及其遗址总共有22处。除了较早的"巫山人""元谋人"和较晚的"北京人"外，还有安徽的"和县人"、山东的"沂源猿人"等。在山西芮城的匼河村和贵州黔西的观音洞村，出土了大量属于直立人时期的石制品及动物化石。在辽宁营口永安乡（今大石桥市永安镇）金牛山的洞穴里发现的"金牛山人"，以及在陕西大荔甜水沟发现的"大荔人"，被认为是直立人向早期智人过渡的代表。中国境内的直立人化石分布虽然还很分散，但仍明显具有如铲形门齿之类的一些共同性特征。

❶　关于"巫山人"究竟是仍停留在猿的阶段，还是已成为直立人，目前国内外的学术界尚有很大的分歧和争论。

二、智人

大约在距今25万年至1万年间，古人类的体质又有了明显的变化。与"北京人"相比，他们脑容量较大，脑内动脉支较复杂，颅骨变高，厚度减薄，眉弓变矮，吻部后缩，牙齿变小，总之，与现代人已经很接近了。古人类学家将这一时期的古人类称为"智人"。"智人"也分早、晚两期，早期智人也称"古人"，晚期智人称"新人"。中国境内的智人化石极为丰富，文化遗址分布于全国各地。❶ 其中，"许家窑人"和"丁村人"是早期智人的代表。

"许家窑人"是1976—1977年在山西阳高许家窑村一带发现的，遗址内发掘出分属于十余个个体的人类化石顶骨11块及枕骨、颌骨、牙齿等。1954年在山西襄汾丁村一带的汾河岸边发现了十余个古人类文化遗址，考古学家在遗址内发掘出一个头盖骨和三颗牙齿，它们分属两个不同年龄段的儿童。与"北京人"的化石相比较，"许家窑人"的头骨厚度与"北京人"大致相当，而"丁村人"的牙齿则明显地比"北京人"细小，据此可以排列出一个逐步演化的顺序。

▷   与直立人的遗址分布相比，智人尤其是在距今4万至1万年间的晚期智人，其文化遗址已星罗棋布地遍布全国。其中发现于南方地区的智人化石，主要有广西的"柳江人"、四川的"资阳人"、云南的"丽江人"、台湾的"左镇人"、江苏泗洪的"下草湾人"等。此外，在浙江的建德、广西的来宾、贵州的水城、桐梓和兴义、云南的昆明市呈贡区、四川的汉源、重庆铜梁、台湾台东的长滨等地，都发现了晚期智人的化石和遗址。北方地区晚期智人的发布也较广泛，有内蒙古的"河套人"，山西朔州的"峙峪人"，黑龙江的"哈尔滨人"和"学田人"，辽宁东港的"前阳人"、海城的"小孤山人"和"建平人"，吉林的"安图人"，北京周口店的"山顶洞人"等。在辽宁喀左的鸽子洞、河南安阳的小南海、河北阳原的虎头梁、山西沁水的下川、甘肃泾川、内蒙古呼和浩特等地，都发现有晚期智人的化石和遗址。

晚期智人的体貌特征已与现代人基本相似，故有时也称"现代人"，但与严格意义上的现代人类（仅指近一万年新石器时代以来的人类）在文化内涵上仍有重大的区别。晚期智人的遗址在中国境内南北各地都有大量的发现。出土于北京周口店龙骨山山顶洞遗址的"山顶洞人"，因其材料的丰富而成为晚期智人的代表之一。

　　龙骨山山顶洞人的遗址分为洞口、上室、下室等几个部分，上室宽8米，长14米，地面中部有一堆灰烬，洞口和上室内还发现一些零星头骨、骨针和石制品，学者推测这是"山顶洞人"住宿的地方。下室比较集中地摆放着3具完整的人头骨和部分骨架，人骨周围散布着许多红色的赤铁矿粉末及石制的装饰品，学者推测这里可能是"山顶洞人"的墓葬区。山顶洞遗址发现的人类化石，代表了近

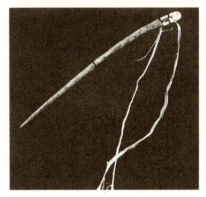

图1-2
山顶洞人的骨针

十个男女老少不同的个体，其中有一个成年个体是年龄已经超过60岁的老人。男性身高约174厘米，女性身高约159厘米，其体质特征已与现代中国人种基本一致。古人类学者的研究表明，大约在距今5万年前，即人类体质发展到晚期智人的时期，世界上的三大人种即白色人种、黄色人种和黑色人种基本形成。黄色人种又称蒙古人种，包括"山顶洞人"在内的中国境内的晚期智人，全都呈现出原始蒙古人种的特征。因此，学者一般认为晚期智人可以称为现代中国人的祖先。

　　▽　"山顶洞人"遗址内出土的骨针和装饰品，最引人注目。骨针（图1-2）保存完好，仅针孔残缺，长约82毫米，最大直径3.3毫米，针尖锐利，通体光滑，系刮削磨制而成。这是目前所见的年代最早的骨制缝纫工具。"山顶洞人"的装饰品非常丰富，有钻孔小石珠、穿孔海蚶壳、穿孔兽牙，以及刻有道痕或纹饰的骨角器等。装饰品都被赤铁粉染成红色，因长期佩带使用，装饰品的孔和边缘都磨得很光滑。一件鹿角制成的骨棒，其截断面和主干都经过刮削和磨制，并刻有花纹，学者推测它是一件原始的艺术品。装饰品或艺术品的出现，或许表明当时人已有美的观念，穿孔兽牙的佩带可能象征着勇武。"山顶洞人"在人体遗骨旁撒下的红色赤铁矿粉末，自然不是随意的举措，一定具有特殊的含义。凡此种种，都表明了晚期智人的思想观念已经有了新的变化。

　　晚近以来，一些学者尝试用现代生物化学、分子生物学等理论方法来研究现代人类的起源。他们发现人类的线粒体DNA来源于母体，

---

❶　据吴汝康、吴新智等主编的《中国古人类遗址》一书的统计，至20世纪90年代末，在中国境内发现的直立人化石和遗址有22处，智人化石和遗址为59处。

不发生重组，并以一种稳定的速度发生变化。借此理论，学者对现代人类的线粒体DNA进行大量的样本分析，结果发现现代人类的线粒体DNA可能都源自非洲20万年前的一位妇女。这就是著名的"线粒体夏娃理论"。根据这个理论，学者提出了一种假设：这位非洲母亲是所有现代人类的共同祖先，她的后裔出走非洲以后，一支进入到欧洲，成为现代欧洲人的祖先；一支进入亚洲，成为现代亚洲人的祖先。"线粒体夏娃理论"与非洲、欧洲等地的古人类学、考古学的材料基本吻合，因而得到大部分分子生物学家和西方古人类学家的赞同。❶然而，这一假设与中国境内出土的古人类化石不能契合。中国境内丰富的古人类化石材料，表明中国现代人与中国境内远古人类有着未曾中断的连续性，尤其是在诸如铲形门牙、头骨矢状脊等蒙古人种体质形态上一脉相承，说明中国境内可能有着一个独特的古人类演化进程。不过，中国境内的古人类化石，在距今30万至3万年间，还存在着一些资料空白，未能形成一个古人类演化的完整证据链。故不少学者仍同意"现代人类源于非洲"的观点。究竟是"现代人类源于非洲"，还是中国境内早期人类有着相对独立的发展历程？这仍是一个有待古人类学家、考古学家继续研究的历史之谜。

　　▽　1987年，两位美国学者在《自然》杂志上发表了《线粒体DNA与人类进化》的论文，他们分析了来自非洲、亚洲、欧洲等地的140多份现代人胎盘线粒体DNA，发现非洲人样本的变异最多，其次是亚洲、欧洲人。线粒体DNA的突变速度是每100万年为2%～4%，由此计算出非洲线粒体DNA的平均年限是18万—9万年，亚洲是10.5万—5万年，欧洲是4.5万—2.3万年等。考虑到线粒体DNA源自母体，因此他们提出现代人类源自20万年前的一位非洲母亲的"线粒体夏娃理论"。此理论提出后，也遭到一些分子生物学者的质疑，有学者认为，人类起源的研究应更注重核DNA的研究，因为遗传信息主要存在于核DNA。也有学者分析PDHA1基因及其突变，结果表明PDHA1基因有两个祖先，一个来自非洲，一个来自非洲以外的地方。❷国际人类基因组织——泛亚SNP计划协作组的研究成员则在《科学》杂志上发表论文提出：现代人类的老祖宗，大约在距今10万年前第一次走出非洲，那时的人口总数不到1万人，其中走出非洲的不超过50人。大约在距今4万—3万年前，他们到达了亚洲大陆的最南端，并逐渐开始一场由南向北的大迁移。❸

第二节
石器时代

　　自人类和人类社会诞生以来，绝大部分的历史时间都处于石器时代。在这数百万年的漫长的历史时期里，人们制作和使用石器工具，结成大小不一的群体，在自然界里艰难地谋生和繁衍。在石器时代，人类生产力的发展和进步是极其缓慢的，只是到了距今一万年前后，原始农业的出现，才使得人类逐渐摆脱了蒙昧状态，人类的历史出现了文明的曙光。

一、旧石器时代

　　考古学家依据人类制作、使用工具的质料、方式等差异，将人类的历史划分为石器时代、青铜时代和铁器时代。人类生存的首要基础是从事谋生活动，与动物的本能活动不同，人能进行有意识、有目的生产活动。这种生产活动的基本特征是制作和使用工具，工具既是劳动的产物，又是人类的劳动发展水平以及社会进步程度的指示器。以直立人的形成为起点，❹到距今4000年前后，包括直立人、智人在内

---

❶　人类起源于非洲的理由之一是迄今为止只有在非洲大陆发现了能代表人类进化各个阶段的化石，而非洲之外的其他大陆，至今还没有发现直立人以前的化石。

❷　参见周慧、朱泓：《现代人起源问题与DNA——"线粒体夏娃理论"述评》，《考古》2002年第3期。

❸　该论文的通讯作者之一金力说：这就意味着，亚洲人最初的迁移是从南向北的，"因此，虽然黄河文明早于长江文明，但在没有文明之前，我们的先人，是先过了长江再过黄河的"。（《亚洲人起源于亚洲大陆最南端》，《新民晚报》2010年1月4日）

❹　1978年以后，古人类学家重新研究了在非洲坦桑尼亚的莱托里尔出土的骨化石，测定其生存年代应该是约距今400万—300万年，平均350万年。学界一般认为，人属（早期直立人）的出现约在300万年以前，自人属出现之后，各种类型的南猿便逐渐灭绝。林耀华：《原始社会史》，中华书局1984年版，第25—26页。

的漫长的300多万年的历史时期都属于石器时代。石器时代又分旧石器和新石器两个阶段，前者以打制石器为基本特征，后者以磨制石器为主要标志。❶

　　▽　由于缺乏文字的记载，对远古历史的研究，需要建立一种不借助于文字材料的年代学方法。1819年，丹麦皇家委员会邀请考古学家汤姆森负责整理博物馆的藏品。汤姆森根据石、铜和铁这个技术发展的框架确立了三个连续发展的历史阶段。1836年，他将石、铜、铁的三段分期法写入他的著作《北欧古代学入门》并出版，为其他考古学家赞同和接受，并对后来的考古学研究产生了深远的影响。虽然石、铜、铁的三期论并非始于汤姆森，但汤姆森第一次正式用于实际研究，从而确立了科学考古学的基础。在古代中国，战国时代的风胡子也曾用"以石为兵""以玉为兵"和"以铜为兵"来描述远古历史的三期演变，他说："轩辕、神农、赫胥之时，以石为兵……至黄帝之时，以玉为兵……禹穴之时，以铜为兵"（《越绝书·越绝外传记宝剑》）。风胡子的历史分期受到考古学家张光直的激赏，称赞他正确地提炼出中国远古历史演进的本质，且与历史实际相吻合。

　　在旧石器时代的初期，人们以天然石块稍加修整就用作工具，所制的石器比较粗糙，种类也较单一。后来，石器制作有了第二次或多次加工，工具种类也逐渐增多。到旧石器时代的晚期（即晚期智人时期），工具制作上出现了许多新变化，诸如复合技术和复合工具、细石器的打制和镶嵌技术、磨制和穿孔技术等，这些重要的变化为新石器时代的来临做好了准备。旧石器时代的主要文化成就有两项：首先是人类学会了打制石器工具，掌握了石器或骨器工具的制作方法。另一项被恩格斯称为"人类对自然界斗争的第一个伟大胜利"，那就是人类学会了使用火、管理火，并最终掌握了取火的方法。❷

　　在周口店"北京人"的洞穴遗址内，有厚达6米的灰烬堆积，灰烬的底部是黑色的草木炭素，灰层中还埋有烧石、烧骨和被火烧过的朴树籽，烧石呈龟裂纹，已成酥散状。从这些遗存下来的用火遗物、遗迹来看，中国远古人类最迟在"北京人"时已经懂得用火，并能保存火种。由于有了火，早期人类摆脱了"茹毛饮血"的生活，开始熟食。熟食不仅扩大了食物的范围和来源，更能增加营养，减少疾病。火还可用来取暖和照明，这为洞穴生活提供了条件。由于懂得了用火，到新石器时代，人类最终学会了制作陶器。

▽　在山西芮城西侯度遗址里，学者发现有带有切痕的鹿角和烧骨。在元谋人的遗址里，也发现有零星散布的炭屑和烧骨。考古学家据此判定，元谋人和西侯度文化的主人可能已经学会了用火。在山顶洞人的遗址里，学者发现有两件火石石器和待加工的燧石石片，还有一些灰烬、炭块以及因燃烧而变黑的兽骨片。考虑到山顶洞人已经学会了钻孔，考古学家贾兰坡推测山顶洞人已经掌握了人工取火的方法。至于保存火种和人工取火的具体方法，现在只能借助民族学的资料做点推测：如用不间断的篝火来保存火种，用朽木来贮存火种等，取火的方法则有摩擦取火、钻木取火以及使用燧石取火等。

二、新石器时代

考古资料表明整个石器时代的绝大部分时间都处于旧石器时代，仅仅到了距今1万年左右，历史才进入到新石器时代。新石器时代分为早、中、晚三期。早期约公元前7000—前5000年，考古学文化的要素是定居村落、农业、陶器和磨制石器，可以东北地区的兴隆洼文化、河北地区的磁山－北福地文化、黄河中游河南境内的裴李岗文化、长江中游的彭头山文化和长江下游的小黄山－跨湖桥文化为代表。中期约公元前5000—前3000年。其时，农业已成为食物的主要来源，人口有所增长，村落规模增大，出现了等级化迹象；代表性的考古文化有东北地区的红山文化、山东大汶口文化、黄河中游仰韶文化、长江下游河姆渡文化和马家浜－崧泽文化等。晚期约公元前3000—前2000年。此时，集约农业开始广泛分布于黄河和长江流域，人口高度集中、复杂社会已出现；代表性的考古文化有黄河中下游的龙山文化、黄河上游马家窑文化以及长江下游的良渚文化等。❸

---

❶　整个石器时代都存在着木制和骨制的工具，前者易腐烂，考古学上缺乏实证材料；后者与石器工具相比，数量较少，故不单列为一个时代。

❷　恩格斯曾说："毫无疑问，就世界性的解放作用而言，摩擦生火还是超过了蒸汽机，因为摩擦生火第一次使人支配了一种自然力，从而最终把人同动物界分开。"《反杜林论》，《马克思恩格斯选集》第三卷，人民出版社2012年版，第492页。

❸　刘莉、陈星灿：《中国考古学：旧石器时代晚期到早期青铜时代》，生活·读书·新知三联书店2017年版，前言第2页，第131、136、179、183、223、228页。有关中国新石器时代的分期，也有分为早、中、晚、末四期的，见刘庆柱：《中国考古发现与研究（1949—2009）》"中国新石器时代考古研究"，人民出版社2010年版，第94—186页。

▽　由于受历史文献记载的限制，长期以来，学术界一直认为中国文化的起源仅限于黄河中游的中原地区，中原以外其他地方的文化，都是从中原传播过去的。这种文化起源的"单一中心"说，使得"黄河是中华民族的摇篮""中原是中国文化的发祥地"成为广为流传的常识。但是，随着考古资料的大量发现，文化起源的"单一中心"说，日益受到学者的质疑。据统计，到20世纪90年代末，已发现的新石器遗址达8000余处，正式发掘的也有100多处。❶随着各地考古资料的不断增加，不同地区石器制作上的差异逐渐显现，考古学的视野由关注时间顺序而更多地转向了空间分布，对不同区域的文化进行分类研究遂成为中国新石器时代的研究重心。晚近的研究表明，中国文化的奠基阶段在新石器时代，而新石器时代的文化发祥地呈现出多元性、多样性的特征。

中国境内的原始先民，由于活动地域的自然环境不同，他们的生活、生产方式也各有特色。这些不同的特色，程度不同地保留在原始先民遗留下来的遗物、遗址里。中国新石器时代的文化，从其开始就呈现出地域上的多样性和不平衡性。考古学家将新石器时代的考古文化分为六个区系，即北方区系、中原区系、东方区系、东南区系、西南区系和南方区系。

北方区系主要分布在燕山南北长城一带，可以主要分布在内蒙古的兴隆洼文化和分布在内蒙古东南部、辽宁西部和河北东北部的红山文化为代表。兴隆洼文化处于新石器早期，遗址发现于内蒙古赤峰市敖汉旗的兴隆洼村，这是一个宜农宜牧的区域。在遗址中出土的工具以大型石器为主，也有磨盘、磨棒等粮食加工工具，显示出当地居民农业、狩猎兼营的特色。遗址内的居住区环以圆形的围壕，也与半坡文化的聚落有所不同。红山文化为北方区系新石器晚期的典型，遗址内彩陶与细石器共存，在凌源与建平交界处发现的牛河梁遗址，出土有"女神"庙、大型祭坛和积石冢，以及真人大小的"女神"塑像等，为其他区系所罕见。

中原区系以陕西、晋南、豫西为中心，可以河南的裴李岗文化和仰韶文化为代表。裴李岗遗址位于河南新郑裴李岗村，距今约9000年，属新石器早期，遗址内出土的遗物有石斧、石镰、石磨盘、石磨棒等农具及粮食加工工具，体现北方农业的特色。仰韶文化因首次发现于河南渑池仰韶村而得名，属于新石器的中期，该文化在本区系内分布甚广，而以西安的半坡遗址和姜寨遗址为典型，两个遗址都保存有相对完好的聚落遗迹，可以帮助学者复原新石器时代北方民居聚落的大致面貌。

图 1-3
仰韶文化的彩陶盆

▽　出土于河南三门峡庙底沟的彩陶盆（图1-3），绘有花瓣纹、花叶纹、豆荚纹、旋花纹等花纹图案，是仰韶文化的典型代表器物。

　　东方区系以山东为中心，范围包括与山东相邻的江苏、河北、河南、安徽等省的部分地区，主要分布在山东的大汶口文化可以作为本区系的典型代表。大汶口文化得名于今山东省泰安市岱岳区和宁阳县交界的大汶口遗址，已发现的遗址有200余处。大汶口文化的经济生活以农业为主，主要的农作物是粟，胶州三里河遗址的一个窖穴出土了约1立方米的朽粟，出土的家畜骨骼有猪、狗、牛、鸡等，说明农业、家禽饲养都已相当发达。大汶口文化属新石器的中期，其后续发展是龙山文化，已属新石器时代的晚期。

　　东南区系主要包括以太湖为中心的长江下游一带，在距今7000年左右，该区系内的河姆渡文化和马家浜文化都已经出现。河姆渡遗址发现于浙江余姚河姆渡村，遗址内出土有成批的骨耜和丰富的稻谷遗存，体现了宁绍平原的经济特色。遗址内的干栏式房屋，也与中原地区的民居样式不同。马家浜文化得名于浙江嘉兴马家浜，其后续发展有崧泽文化和良渚文化，都有稻作遗存的发现，表明这一区系的新石器文化源远流长，自成系统，具有鲜明的地域特色。

❶　宿白：《中华人民共和国重大考古发现》序，文物出版社1999年版，第12页。近20多年来，新发现的新石器遗址又有不少。据学者统计，中国境内已发现的新石器时代的文化遗存有1万多处。

图 1-4
黑衣灰陶双层罐

▽ 黑衣灰陶双层罐（图1-4）为崧泽文化的典型代表器物，于1966年在上海青浦的寺前村遗址出土，距今5000多年。该陶罐高14.5厘米，内外两层，内层为罐形盛器，外层镂刻出三角形和圆形的孔。器口与圈足皆呈花瓣状，整件器物似一朵含苞待放的花朵，堪称新石器时代的陶制透雕艺术品。

西南区系以江汉平原与四川盆地为中心，重要的文化遗址有重庆巫山的大溪遗址。大溪文化主要分布在湖北、湖南的长江沿岸和主要支流沿岸、重庆东部，遗址中出土陶器也以稻壳为掺合料，遗址的堆积物普遍夹有鱼骨渣，不少墓葬使用鱼、龟及狗为随葬品，可见大溪居民以稻作农业为主，渔猎饲养也有一定发展。大溪文化的先导是湖北的城背溪文化，大溪文化的后续有屈家岭文化，从这些文化遗址里出土的陶器，在形制、纹样上自成系统，一直延续、影响到春秋时期的楚文化。

南方区系包括江西、广东、广西、福建和台湾，大致以鄱阳湖—珠江三角洲一线为其中轴线。在这个区系里，较早的文化遗址有江西万年仙人洞遗址等。万年仙人洞的遗址，除了打制和磨制的石器外，出土的陶器已有几何印纹的萌芽。分布于广东的石峡文化，位于江西樟树的筑卫城遗址、修水的山背遗址等，时间上属于新石器的中期，都延续了几何印纹陶的特色。印纹陶作为本区系的文化特征，自新石器时代一直延续到秦汉时期。

▽ 对新石器时代的文化进行区系的划分研究，是近三四十年来中国考古学研究的新课题。中国境内的新石器文化，究竟可以划分为几个区系，各个区系的中心区域和界限究竟如何划定，学界尚未取得一致的看法，除六大区系说外，还有三大系统说等不同看法。❶考古学家苏秉琦认为：区系的划分研究，旨在揭示新石器时代文化源头和特色的多样性、多元性，并不否认各区系文化的交流和联系，随着各区系的文化内涵、特征和范围的逐渐确定，各文化区系间的交流影响也具体地显现出来了，这就为进一步探索中华文明的起源打下了一个坚实的基础，以解开中国古代文明是如何从星星之火成为燎原之势、从涓涓细流汇成长江大河这一千古之谜。

虽然磨制石器是新石器时代的标志，但磨制石器本身还不足反映新石器时代的文化成就。在新石器时代的六七千年间，人类社会获得了突飞猛进的发展。考古学家柴尔德称它为"新石器革命"，人类学家摩尔根将这个发展进步称为由"蒙昧时代"进入"野蛮时代"。恩格斯沿用了摩尔根的这一对术语，对旧石器和新石器时代做了这样的比较："蒙昧时代是以获取现成的天然产物为主的时期；人类产品主要是用做获取天然产物的辅助工具。野蛮时代是学会畜牧和农耕的时期，是学会靠人的活动来增加天然产物的方法的时期。"❷当代学者认为，新石器时代人类文化的成就应该包括三方面的内容：（1）陶器的制作；（2）原始农耕的起源；（3）人类开始定居生活和聚落的产生。其中，原始农业的起源和发展，起着关键性的作用。

第三节
早期的农耕文明

　　中国是世界上诸多农业发源中心地之一，而中国本土的原始农业也存在着多个起源点。在距今10000—8000年，中国早期农业已形成了以粟为代表的北方旱作农业和以水稻为代表的南方水田农业两大系统，以及与手工制作、家畜饲养业相结合的南稻北粟格局。考古研究表明，农业的出现、生活聚落的普及，是新石器时代的主要特征。我国境内新石器文化，恰似满天星斗，八方雄起，呈现出多中心的壮观局面。

❶　"三大系统说"由考古学家石兴邦提出，认为新石器时代的文化当分为（一）东方沿海及长江以南地区的东南原始文化系统，（二）黄土高原的西北原始文化系统，（三）北方沙漠草原地区的细石器文化系统（见《中国文化与文明形成和发展史的考古学探讨》，《亚洲文明》集刊第三集，安徽教育出版社1995年版）。

❷　恩格斯：《家庭、私有制和国家的起源》，《马克思恩格斯选集》第四卷，人民出版社2012年版，第35页。

一、南稻北粟及其起源

从世界范围的考古材料看，人类早期的农业文明在新石器时期已经普遍产生。由于气候和地理条件的不同，早期农业出现的时间有早有晚，种植的谷物品种也不尽相同。晚近的研究表明，亚洲西部的小麦、大麦，中国黄河流域的粟和黍，长江流域的水稻，印度恒河流域的水稻以及中美洲墨西哥地区的玉米等，是世界上最早的几个农业发祥地及其种植的农作物品种。

▷   距今10000年左右，西亚地区的原始先民已经种植小麦、大麦；距今8000年左右，印度次大陆上的居民开始种植水稻；距今6000年左右，美洲居民在今墨西哥、秘鲁境内开始种植玉米。中国境内的原始先民在距今10000—8000年前开始种植粟、黍和水稻。农业起源以人工驯化和栽培谷物的产生为标志，驯化过的谷物与野生谷物区别明显，它们不仅颗粒饱满，排列紧密结实，籽实在碰触之下，不会像野生谷物的籽实那样掉落飞散，这就为早期先民提供了收获的保障。

大约在距今8000—7000年前，生活在中国北方黄河流域的原始先民，已经开始了早期的谷物种植栽培。考古学家在河北武安磁山遗址、河南新郑裴李岗遗址、甘肃秦安大地湾遗址、山东滕州北辛遗址都发现有早期的黍或粟的遗存。在这些遗址里，同时还发现了比较发达的农业工具和贮存食物的窖穴。大地湾遗址、磁山遗址和北辛遗址，分别处于黄河的上游、中游和下游，彼此虽有交流和影响，却不存在源流或传承的关系，可以看作北方旱地农业的三个独立起源地。从谷物的驯化水平来看，中国北方农业起源还可以追溯到更早的年代。

▷   新石器时代的粟作遗存，在北方有较广泛的分布。迄今为止，考古学家已经在甘肃秦安大地湾、临夏的马家湾、兰州的白道沟坪，青海海东市乐都区的柳湾，陕西宝鸡的北首岭、西安的半坡和姜寨、渭南市华州区的泉护村、长武的下孟村，河南洛阳的王湾、新郑的沙窝李，河北武安的磁山，山东滕州的北辛等新石器文化遗址中，发现有粟粒、粟壳等遗存，它们有的放在窖穴里；有的储存于陶罐中，随葬于墓内。时间最早的武安磁山遗址（距今8000年），不仅储存着大量的粟，还发现有猪、狗、羊等家畜遗骸，表明原始的饲养业也已经产生。

　　北方的原始农耕以旱地农业为特色，这与黄河流域的自然条件有密切关系。黄河流域属暖温带半干旱季风气候，春、秋、冬三季干旱寒冷，夏季高温多雨。该区域普遍存在的黄土，持水和保肥能力较低，但有较好的毛细作用，能将下部的水分肥力吸引到地表。这样的自然条件制约了原始先民选择、驯化农作物品种的方向，即选择那些对肥力水分要求不高，幼苗期能耐旱，生长期需要高温多雨的作物。粟（和黍）正好符合这些条件，而且它们在北方地区又有大量的野生祖本。于是，粟（和黍）成为北方原始农耕的首选，并一直是北方主要的农作物。

　　南方的原始农耕以稻作农业为其特色，这也与南方的自然条件有关。水稻是喜水作物，需要有适宜的气候、土壤和生态环境，长江中下游地区具备水稻生长的自然条件。距今1万年前后，生活在南方的原始先民开始从事水稻的种植，考古学家在湖南道县玉蟾岩遗址、江西万年仙人洞和吊桶环遗址，发现近万年前的栽培稻遗迹。在湖南澧县的彭头山遗址、八十垱遗址、李家岗遗址也都发现了稻谷和稻壳遗存，时间距今8000年左右。在淮河上游的河南舞阳的贾湖遗址，也发现有距今8000年左右的稻谷遗存。

　　▽　以长江中下游为核心的华中、华南水田农业区，一直以稻作物为主，在缺水的丘陵地带，后来引入了部分旱地作物。此地区的家禽家畜主要有猪、狗、水牛和鸡，后来也从北方引入了羊。长江流域及南方地区居住形式大都采用干栏式房屋，在浙江湖州钱山漾、江苏苏州市吴江区梅堰、江苏海安青墩等遗址里都发现了埋在地下的木桩以及底架上的横梁和木板，说明当时干栏式建筑已很普遍。这种房屋样式的产生和流行，与南方地区多雨潮湿的自然环境有关，至今在我国西南地区的广西壮族、苗族等少数民族的民居，仍盛行干栏式的建筑。

　　在长江下游地区，考古学家在浙江的河姆渡、罗家角等遗址也发现有稻谷、稻壳和稻草遗存，其年代距今约9000—7000多年。这些稻谷遗存都远远早于我国其他地区的发现，也早于或同期于印度恒河流域和东南亚山地所发现的稻谷遗存，长江中下游地区不仅是中国、也是世界上最早的稻作农业的起源地之一。

　　▽　在我国，野生稻最集中的分布区在广东、广西和海南，长江流域较少。这就为有关的研究带来疑问 ——为什么长江中下游在稻作农业起源的

地位反而要比华南地区重要？为什么广泛存在着野生稻的华南地区没有出现人工栽培稻？对此，学者的解释是：我国的华南地区大都处于北回归线以南，气候炎热，雨量充沛，天然食物十分丰富。尽管野生稻随处可见，但因其收获与加工都比较麻烦，人们不一定食用它，更无必要把它发展成一种可继续生产的稻作农业。长江流域的情况有所不同，那里有较长而寒冷的冬季，迫切需要有能够长期储藏以备冬天之需的食物。人们一旦发现野生稻的食用价值和能够储藏的优点，就会留意驯化培植它。长江流域的史前文化较为发达，人口多而生活资源少，这就有进行人工栽培的必要性和迫切性，这或许是生活在长江中下游地区的原始先民较早进入稻作经济的原因。

从目前的考古材料来看，长江中游与长江下游的稻作种植，也没有传播和源流的关系，彼此间甚至缺乏密切的交往。无论是中游还是下游，其栽培的稻谷都已远离祖本而具有充分发展的形态。因此，中、下游两地的稻作农业均可以看作独立经历了起源与发展的道路。这样，由于自然条件的差异，中国在新石器时代就形成了南北两大农业起源的文化区，而南北又各有若干个独立的起源点。"南稻北粟"，各具特色，形成了南北两大经济文化区和两种不同的、但又相互影响乃至发生互动作用的农业体系。距今7000—5000年左右，栽培稻的种植范围已经遍布长江流域，以及华南、闽台地区，甚至传入黄河流域的陕西、河南和山东。同样，在石家河文化—良渚文化时期，除了水稻之外，北方的粟和黍也开始在南方栽培耕种。

▽　　最初的农业生产方式非常简单，学者称之为"刀耕火种"：人们将树木砍倒，放火焚烧灌木杂草，然后撒下种子，任其生长。这是原始农业的最初阶段。在北方，继"刀耕火种"之后是点穴耕作，学者称为"点耕农业"。那时，人们发明和使用的工具叫木耒，那是一种尖木棒，有的还安有脚踏的横木。北方的黄土质地疏松，将木耒插入地里成一孔穴，然后撒入种子。这样，作物播种疏密有序，易于生长。在南方，人们较多地使用的工具是骨耜或木耜，河姆渡遗址出土的骨耜多达200余件，这是因为南方地区雨量充沛，土壤湿润，水稻种植有除草、翻土、平地、引水、排水等生产环节，需要一种更为结实而有力的工具，安有木柄的骨耜是水稻耕作的主要农具，学者把这种耕作方式称为"耜耕农业"。

二、早期的原始聚落

农业的起源，使人类不再单纯依靠自然界提供的食品，依靠采集与渔猎来谋生，谷物种植及家畜的饲养标志着生产性经济活动的产生，这个被称为人类历史上重大的经济革命，对人类社会发生深远的影响。农业生产为人类提供了可以持续供给的食物来源，使比较稳定的居住有了保障。随着生产能力的提高和人口的增加，人们聚族定居，形成最初的农耕聚落。大量的考古材料显示，中国境内大多数旧石器时代的先民都居住于天然的洞穴，洞穴遗址到旧石器的晚期逐渐减少，随之而来的是在新石器文化遗址内出现了的住房、聚落遗存，如彭头山遗址、八十垱遗址、兴隆洼遗址等。

　　▽　澧县八十垱遗址是目前发现较早的一个原始聚落，聚落呈正方形，四周有壕沟、堆筑的土围和天然河道为护围，总面积约3万平方米，聚落内有十余座房址，都为地面建筑，百余座土坑墓葬散布于房址四周，尚未发现有专门的墓葬区。位于内蒙古敖汉旗的兴隆洼原始聚落，距今8000余年，聚落位于河流岸边的一个小台地上，面积约2.4万平方米，四周也围以壕沟。聚落内平行排列有八排房子，每排约有十座单室居所，均为半地穴式的房屋，一般为50～80平方米，居室中央有一个圆形的土坑，有的土坑还有石块铺垫——这是火塘的遗迹。聚落中间有两个大型的房址，面积近150平方米，大房屋外面有较大的空地，学者认为这里应该是聚落成员聚集活动的场所。

　　距今约8000—7000年，我国境内新石器的农耕聚落有了一次较大的扩展，考古材料中所见的聚落遗址还有磁山遗址、裴李岗遗址、老官台遗址（陕西渭南市华州区）、姜寨遗址、河姆渡遗址、罗家角遗址等。至距今7000—6000年时，聚落遗址几乎遍及南北各地。聚落遗址可以直观地复原出早期人群的居住安排方式，从一个侧面反映出当时的社会组织与结构。所以，部分保存相对完好的聚落遗址，就成为我们了解早期农耕聚落社会状况的一个窗口，其中典型而保存完整的是陕西西安市临潼区的姜寨遗址（图1-5）。

　　姜寨遗址所显示的整个聚落布局呈圆形、向心和内聚的格局，其边缘用壕沟把整个聚落包围起来，这既是一种防卫上的需要，也加强了聚落的整体感和内聚力。遗址的中央部位是一个很大的墓地，所有的房屋都是背对壕沟而面向中央墓地。遗址内有五组房屋群，每一组以一个大房屋为中心，周围分布着十几或二十几个小房屋。大房屋

内没有发现生产工具和生活用品，而有可睡二三十人的对称的土床，说明大房屋是大家族的公房，供家族集会议事、或未婚男女夜宿使用；小房屋是小家庭使用的。学者据此推测，若每个小家庭的人口为3～4人，那么每个大家族在早期有40～50人，中晚期有70～90人。合五个大家族的人口，姜寨聚落早期总人口约为200～250人，后来发展到350～500人。

　　▽　姜寨遗址的中央部位，学界早先多认为那是一个广场，但随着研究的深入，学者发现这里曾是一个早期的墓葬区。姜寨遗址内已有专门的墓葬区，遗址内的墓葬和房屋的分布被分为五组一群，也被分为若干区。比较明确的有四区，即遗址中心为一区，遗址外东北、东部和东南各一区，另外遗址北部也发现过墓葬区。这样，姜寨遗址的五组房屋正好与五组墓区相互对应。学者推测，遗址中心的墓区可能属于姜寨最初的氏族，而村外的墓区则属于这个氏族派生的女儿氏族。由于母亲氏族是整个胞族的核心，所以其墓区便安排在聚落中心。

　　姜寨遗址内不仅有专门的墓葬区，还有四个牲畜圈栏，分别安置在各组大房屋附近；陶窑比较分散，有的设置在大家族的房屋群中，有的设置在村外。可见牲畜饲养和陶器制作都是大家族的事业。遗址中有大量用来储藏粮食或其他食物的窖穴，它的设置一定程度上可以反映储藏物的归属，由此帮助我们去推测当时的分配制度和劳动方式及性质。姜寨遗址中的窖穴密集地分布在遗址的西北、东北、东面、东南等不同方位，有不少窖穴是设置在大房屋周围的；有些窖穴（通常只有一两个）则在小房屋附近。这种普遍存在的窖穴设置，说明当时储藏的粮食分为大家族、小家庭两级所有，大约农业生产、分配、消费也在这两个层次上进行。总之，姜寨遗址所反映的共耕关系和平均分配制度，表明了这时候的原始聚落大体还是一种平等的、尚没有分化的社会共同体，它们还是处在文明起源和国家形成过程的最初阶段。

大约到新石器晚期的后段，聚落的大小规模出现了分化，如甘肃秦安大地湾乙址遗址面积约36万平方米，河南郑州大河村遗址面积约30万平方米，山东泰安大汶口遗址面积约80万平方米，而同期的一般性聚落遗址，面积仅有几万乃至几千平方米。同时，聚落内的整齐划一的居所安排逐渐减少，出现了一些大型乃至特大型的房屋，而普通居所的分布显得零乱分散。这些特大型的房屋，规模较大，建筑讲究，超出一般居家生活的需要而具有特殊的政治、宗教上的功能。这样，在原先平等、内敛式聚落的基础上，开始出现由中心聚落与从属聚落组合而成的社会大单元。

▽　在大地湾乙址的聚落遗址内，发现有特大型的房址，标号为F901号房屋由主室、后室、东西两侧室组成，占地面积达420平方米。其中主室面积131平方米，房屋前有100多平方米的地坪，地面留有两排柱洞，每排六个。房址内出土的遗物有直径46厘米大型四足陶鼎、大石匕、平底釜等罕见的器物。尤其是房址中央的一个直径2.5米、残高约0.5米的火塘，显然不是供一般居家炊事、取暖之用。学者推测，此间大型房屋及其周围场地或许是首领们集会、议事、祭祀和举行重大活动的场所，而大地湾乙址聚落在当时众多聚落群里应处于核心地位的中心聚落。

第四节
中华文明的曙光

原始先民的生活共同体大致经历了"农耕聚落—中心聚落—都邑国家形态"三个演变阶段。距今4000多年，历史进入"都邑国家形态"时期。此时，在黄河中下游地区，涌现出许多带有城垣的都邑遗址，遗址所反映的是社会管理的分工，巫师与军事领袖的出现，贫富悬殊的墓葬，以及早期国家政治实体的存在。早期国家处于一种邦国林立的格局，文献中所记载的万邦林立、相互战争，正是聚落和都邑邦国错综杂处、频繁战争的反映。

一、文明源头的多元性

近三四十年来，考古学界发现的一系列新材料表明，距今约6000—4500年，中国境内的南北各地大致同步地产生了一些前所未有的新现象、新因素，这些新现象、新因素的逐步积累，不断发展，最终引起了社会结构及其性质的大转变，种种迹象显示：史前时代行将结束，中华文明的曙光已经来临。

▷　文化与文明是两个容易混淆的术语，文化是指人类社会历史实践中所创造的物质和精神财富的总和，文明是指人类历史在继史前社会之后出现的一个更高的社会阶段。传统的观点多以文字、铜器和城市的出现作为进入文明时代的标志，但固守这三个标志，很难适应世界各地文明起源的多样性和差异性，也难以揭示社会结构上的巨大转变。有学者提出，应将国家的出现作为考量文明社会产生的标志。而国家形成的标志，一是社会成员分化成不同的阶层等级，二是强制性的权力系统的设立或王权的出现。从历史上看，国家的形成是一个漫长的过程，此时出现的文明因素如同黎明前的曙光初现，意味着一个新的历史阶段即将来临。

首先是社会组织内部出现了较为明显的贫富差异和等级分化。比如，在山西襄汾陶寺遗址发现的千余座墓葬，按墓地的大小，随葬品的有无、多寡，以及品类优劣等，可明显地分为大、中、小三个类别，且呈"金字塔"式的比例。在山东大汶口遗址里，130余座中、晚期的墓葬，按其墓坑大小，随葬品的多寡，也可分为大、中、小三个级别。大墓有木制葬具，随葬品达一二百件，大都系玉器、象牙器和精制的陶器；小墓无葬具，墓坑仅能容身，随葬品少，有的甚至一无所有。墓葬规制上的不同，反映了墓主生前社会地位的差异，可见先前社会成员间的平等关系已被破坏，贫富有差、贵贱有别和高下有序的等级分层已经出现。

图1-6
陶寺遗址的俯视图

▽　襄汾陶寺遗址（图1-6）距今约4500—3900年，在已发现的1000多座墓葬中，大型墓葬有9座，不到墓葬总数的1%。大墓都用木棺，棺底用朱砂铺垫，墓主均为男性，随葬品有彩绘陶器、彩绘木器、玉或石制的礼器、装饰品、工具、武器，以及整副猪骨架等，数量有一二百件不等。中型墓葬有80余座，约近总数的10%，墓坑比大型墓稍小，分布在大型墓附近。墓主有男性，也有女性。有些也有木棺，底部也铺有朱砂，随葬品有陶器、木器，以及玉、石礼器，数量为几件至一二十件不等。小型墓葬占总数的90%以上，墓坑小而窄，掩埋也极浅，大都没有木棺和随葬品。

其二，一种掌握有政权、军权或宗教权的"王者"已经出现。陶寺遗址大墓的主人，身份特殊、地位崇高，尤其是随葬品中的鼍鼓、石磬等乐器，彩绘蟠龙纹陶盘，以及陶制的成套礼器，在后世均为王者或贵族所享有。这样的大墓在龙山文化的山东临朐西朱封遗址，良渚文化的浙江杭州市余杭区反山遗址、瑶山遗址等都有发现。西朱封遗址发现有三座重椁大墓，反山遗址发现有漆棺、木椁及大量漆器、玉器的随葬品。这些大墓的规模和形制表明了墓主的特殊身份，尤其是随葬品中普遍存在着大量真玉精制的玉器，如玉钺、玉琮、玉璧等，都不是一般部落成员可佩带或占有的。玉钺是王权、军权的象征，玉琮、玉璧作为一种祭天礼器，表明持有者具有与天交流通话的特权。学者认为，上述现象的出现，表明了一种集中神权、军权、超然高居于众人之上的"王者"已经出现。

▽　良渚文化是中国长江下游地区的新石器时代文化，因首次发现于浙江杭州市余杭区的良渚遗址而得名，主要分布在环太湖地区，南至钱塘江，西北

波及江苏常州一带，已发掘的重要遗址还有江苏苏州草山鞋和昆山张陵山、常州市武进区寺墩，上海青浦福泉山等，年代距今约5300—4200年。1991年发掘的良渚文化汇观山遗址，已清理出四座墓葬，随葬品达1700余件套，玉器以钺、琮、璧为大宗，其在墓中的组合关系，有的是有钺无琮，或有琮无钺，或钺、琮共见于一墓。这种组合差异，反映墓主人的身份或是军事领袖（王），或为巫师，或既是军事领袖（王）又兼巫师之职。

其三，各地新石器文化遗址发现的城墙、围壕和祭祀遗址，表明专供统治者或统治集团居住的，具有政治、文化、宗教中心的城邑已经出现。从考古材料来看，已发现的有山东章丘城子崖、寿光边线王、邹平丁山，河南淮阳平粮台、登封王城岗、安阳后岗遗址，内蒙古、辽宁红山文化的祭祀群遗存，以及夏家店下层文化的壕沟、石墙等。上述遗址都呈现出类似的特征：遗址内有高台夯土基址，当是类似宫殿宗庙建筑的所在地，普遍存在着规模较大的宗教祭祀遗址，遗址外围都有夯土或石砌的围墙，中心城址之外都存在着一些小聚落的遗址，是普通民众的集居处。一些较大的城邑遗址，如湖北石家河遗址、良渚文化莫角山古城遗存等，已经有生活、墓地、手工作坊等不同功能的有意规划。

▽　红山文化晚期祭祀遗存集中分布在内蒙古东南部、辽宁西部地区，其中辽宁建平与凌源两地交界的牛河梁遗址规模宏大，遗迹众多，遗址东西1万米、南北5000米的范围内，依山势按主次分布有"女神"庙、祭坛和积石冢共16个遗址点。"女神"庙为平面呈"亞"字形的半地穴式土木结构，主体由主室、东西侧室、北室和南三室连为一体，另有南单室。墙壁上画有彩绘，内出大小不一的人体和动物泥塑以及祭祀专用的特殊陶器。人物和动物的泥塑，多以木和草秸做成骨架，而后涂泥塑成，已发现的人像至少有6尊，最大的一尊为真人身体的3倍。位于湖北天门的石家河遗址，面积约120万平方米，是一处大规模的古城遗址。城内中部是生活区，有大批平地起建的单间、分间式房屋；城外东南角为非居住区，发现有石料、半成品的石器、玉器及铜渣、铜片等，专家认为这是手工生产场地。

从上述遗址的分布来看，地域不限于中原，而是北至今长城地带，南至长江以南的水乡，东至黄海之滨，西至秦晋黄土高原。在距今四五千年前，中华大地文明之起源，已如满天星斗，八方雄起。城邑、祭坛、"女神"庙、积石冢等出现，表明与社会分工、社会分化相应的、区别于一般聚落，并凌驾于其上的政治实体已经产生。其中，地处黄河中游的中原地区是部落迁徙、分合、冲突的最为集中、最为突出的地区，是中华文化融合的核心地区。

▽　中华文明的起源是一个动态的历史过程，充满着兴衰起伏、不断流徙与融合的情景。太湖流域早期先民的历史便是一个例证。距今5000—4000年，良渚文化一度达到过较高的水平，农业、纺织、竹编、制陶、酿酒、琢玉业都比较发达。继此之后的马桥文化却较为落后，与前者明显存在着文化上的断层。不少学者认为，距今4000年左右，气候变暖，海平面上升，这里出现了被称作"海浸"的重大自然灾害。被水淹没的良渚文化遗址，有些后来又露出地面，有些至今仍在湖底。在今日的太湖、芙蓉湖、阳澄湖、淀山湖等湖底都发现良渚文化的遗址或遗物。在自然灾变时期，良渚文化的先民迁往哪里去了？考古学家发现，部分良渚先民经今天的苏北、山东、安徽逐渐北上，与中原居民共处同居，为华夏文明的融合作出了一定的贡献。

▽　据学者研究，在新石器后期，各地的文明因素的兴起已如满天星斗，但往后的发展命运却不尽相同。如果将距今6000年至4000年的文化遗址加以排比，可以明显地划分出三个不同的历史阶段，体现出文明发展进程的断裂和不平衡性：在第一阶段（距今6000—5300年）里，中原仰韶文化庙底沟期和长江中下游地区的先民社会都呈现繁荣状态，其他地区则相对沉寂；到第二阶段（距今5300—4500年）里，中原地区转入沉寂，长江中下游地区的社会继续发展，黄河下游的海岱文化区、辽西地区的红山文化区的发展势头强劲；在第三阶段（距今4500—4000年）里，辽西地区、长江中下游地区的社会急转直下，快速凋零，除了成都平原又突然涌现一批城址外，中原地区的社会再度崛起，形成以后文明发展的"中原中心"。

二、方国林立

这些具有文明因素的考古文化，学者称其为古国或方国。大约距今四五千年前，中国境内大多数新石器中、晚期的考古文化，都已进入了古国或方国时代。古国还处于原始的国家形态，如辽西牛梁河遗址所显示的文明程度。古国之后的方国，则是比较成熟、比较发达的国家形态，如江南的良渚文化、北方的夏家店下层文化。数量众多的古国或方国的存在，表明那是一个万国林立的时代，这正与先秦文献中的"古有万国"（《荀子·富国》）、"天下万国"（《战国策·齐策》）的记载相吻合。

先秦文献里经常有"古有万国"的记载，学者称其是中华先民"集体无意识"的记忆。所谓集体无意识，就是一种代代相传的无数同类经验在某一种族全体成员心理上的沉淀物。如"禹合诸侯于涂山，执玉帛者万国"（《左传·哀公七年》）；"协和万国"（《尚书·尧典》）；"古大禹之时，诸侯万国"（《战国策·齐策》）；"古者四海之内分为万国"（《战国策·赵策》）；"古有万国"（《荀子·富国》）；"先王以建万国"（《易·比·象辞》），等等。撇开后人增饰附加的如"先王建万国""万国归于一"等的观念，其中带有普遍性的"天下万国"的远古记忆，就是千百年来先民祖先经验的沉积物而得以保存，为后人探索国家产生前的社会状况，提供了非常有价值的历史信息。

▷   苏秉琦认为，中国国家起源问题可以概括为发展阶段的三部曲和发展模式的三类型。发展阶段的三部曲是：古国—方国—帝国；发展模式的三类型是：原生型：北方地区的红山文化，夏家店下层文化，秦（6000年前、4000年前、2000年前）；次生型：中原，以夏商周三代为中心，包括之前的尧、舜，其后的秦，从4000年前到2000年前；续生型：北方草原民族，于秦汉后入主中原的鲜卑、契丹、清朝三代为代表，同样在此两千年间，重复、立体交叉形式，各自经历过三阶段模式的国家。……中华民族的各支祖先，不论其社会发展有多么不平衡，或快或慢，大多经历过从古国到方国，然后汇入帝国的国家发展道路。❶考古学家张光直也认为：龙山晚期的中国，在大小河谷的平原地带，分布着千千万万的有方形或长方形的夯土城墙的城邑。每个城邑都有它的首领或统治者。有的城邑只管他自己的一个城邑，也有些城邑的首领的政治势力范围包括两三个或更多的城邑。每个统治者治下的城邑就形成一个或大或小的"国"或"邦"。龙山时代中国的政治景观，便可以说是那时的平原河谷中分布着成千上万的大小古国。❷

万国林立的时代，也是战争日益频繁、激烈的时代。如炎帝与蚩尤的战争，黄帝、炎帝与蚩尤的战争，黄帝与炎帝的战争，颛顼、帝喾与共工的战争，共工与高辛的战争，尧、舜与三苗的战争，等等。文献记载炎黄战争说："炎帝欲侵凌诸侯，诸侯咸归轩辕，轩辕……教熊、罴、貔、貅、貙、虎，以与炎帝战于阪泉之野，三战，然后得其志。"（《史记·五帝本纪》）又说"炎帝无道，黄帝伐之涿鹿之野，血流飘杵，诛炎帝而兼其地，天下乃治。"(《新书·益壤》)说尧、舜时的战争："流共工于幽州，放驩兜于崇山，窜三苗于三危"(《尚书·舜典》)。可见当时战争规模颇大，参与战争的有许多方国和部族；战况惨烈，战败的一方，首领被诛杀，土地被兼并，民众或被驱逐，或被纳入新的方国或部族。

▽　文献中记载的上古史事，往往是以神话传说的形式流传下来的，但其中仍包含着历史的真实。方国时代的"用兵无已，诛战不休，并兼无亲"(《逸周书·史记解》)以及"血流飘杵"的惨烈战况，在新石器晚期的考古遗址中得到证实。在江苏邳州大墩子遗址和山西绛县周家庄遗址发现带有箭头的人骨，在邯郸涧沟龙山文化遗址中的一个口径1.37米，深约1.25米的土坑中，发现有10副人骨架，尸骨、头骨上都有被人砍杀的痕迹，还有一些无尸身骨架的人头骨，也留有明显的砍击、切割痕迹。在陕西西安市长安区沣西、客省庄村西的龙山文化遗址中，发现灰坑中的人骨凌乱叠放，有些身首异处，有的人骨散乱。这种现象在河南洛阳王湾、矬李、妯娌、小潘沟等处龙山文化遗址中都有发现。墓葬中出土的武器也逐渐增多，如石峡文化的石钺、石镞，齐家文化的铜刀、铜匕和铜斧。甘肃永昌鸳鸯池墓地出土的石护臂和骨护臂，则是用于护身的装束。

频繁而惨烈的战争促使了首领地位的强化和变化。首领的主要职责是维系群体内的社会秩序，统领和协调群体活动，他们在体质、智力、才能、性格等的方面体现出超乎常人的优异素质，仅在声望、荣誉方面获得民众的信任和拥护，而在财富的获得方面并没有明显的特权。随着农业经济的形成和财富的增长，以及战争频率和强度的增加，首领的角色愈发重要和突出，战争不仅强化首领角色并逐渐制度化，更使他们能合法地控制社会的人力、物力资源。与此同步的是，首领地位、职责的神圣化。从新石器时代晚期开始，原始先民的首领逐渐被赋予神化的色彩。传说中的"三皇五帝"，那种由人（首领）经神化而变为具有特异色彩的"伟人"的演化过程，可在考古资料中获得生动直观的印证。

❶ 苏秉琦：《中国文明起源新探》，生活·读书·新知三联书店1999年版，第130—163页。
❷ 张光直：《中国古代王的兴起与城邦的形成》，王仁湘主编：《中国考古人类学百年文选》，知识产权出版社2009年版。

图1-7
河南汝州出土的鹳
鱼石斧彩陶缸

▽   出土于河南汝州阎村仰韶文化遗址的"鹳鱼石斧彩陶缸"（图
1-7），距今约5000年。这是一只用以埋葬成人的瓮棺葬具（习
称"伊川缸"），据专家考证，此陶缸应是部族首领的葬具，画中
的两种动物应该是部族图腾。对于图案的含义，专家有许多不同
的解释。有人认为鹳与鱼隐喻两个氏族间的联姻与和好；也有人
认为此图案歌颂强者的胜利，表现了一个部族对另一个部族的征
服。其中石斧即是权威的象征。河南濮阳西水坡遗址墓地出土的
仰韶文化"蚌壳龙虎图"，距今6000多年，墓主人居中，为一老
年男性，其左右两侧即为用蚌壳堆贴而成的一龙一虎图像，在墓
主人的脚边正北还摆贴出由人的两根胫骨和蚌壳组成的勺形图案，
左龙右虎的图案，同中国古代"左青龙右白虎"观念完全吻合，宗教意味
浓厚。蚌图右上方摆放的石斧，同临汝彩陶缸上的"鹳鸟石斧图"相合，
无疑是军事"权力"的象征，集宗教、军事职能于一身，其气势则远胜于
阎村的那位首领。

总之，距今5000年左右是中国远古历史上的一个关键性的转型
阶段。其时，中国境内部族、方国林立，其内部已有结构性的社会分
层，其外部则部族、方国间冲突已成常态，征战频繁而激烈，一个凌
驾于整个社会之上的政治实体及其代表人物——国王即将产生。"国
家是文明社会的概括"❶，中国境内的早期文明正将跨入国家的门槛。

┌─────────┐
│ **阅读书目** │
└─────────┘

1. 苏秉琦：《中国文明起源新探》，生活·读书·新知三联书店1999年版。

2. 王宇信等：《中国古代文明与国家形成研究》，中国社会科学出版社2007年版。

3. 王震中：《中国文明起源的比较研究》，陕西人民出版社1994年版。

4. 陈文华：《中国古代农业文明史》，江西科学技术出版社2005年版。

❶   恩格斯：《家庭、私有制及国家的起源》，《马克思恩格斯选集》第四卷，人民出版社2012
年版，第193页。

第二章

上古三代:
夏商西周

　　自公元前2070年起，至前771年，是中国历史上的夏商周三代。这个被历代政治家、思想家视为中国政治理想模式的"上古三代"，现今的历史学家都将其划为一个独立的历史阶段，在这1300年间，中国社会的统治模式是与秦以后统一王朝全然不同。

　　迈进文明时代的夏朝是中国历史上第一个王朝，国家的历史由此开始。当时存在的众多并行的方国部落，表明夏王朝与秦汉以后的统一王朝存在较大不同。商朝的统治机构和国家制度都已比较完备，其国家政体是以商部族为共主的方国联盟，但联盟的部族方国仍有较大独立性。周朝的疆域较商朝更为辽阔，故采取"封邦建国"的分封制。这一制度虽克服了方国联盟的松散性，但仍具地方分权的特征，是松散的方国联盟向中央集权统一王朝发展演变的过渡环节。

　　夏商周时代也是中国历史上的青铜时代。中国的青铜铸造可追溯到夏以前，至商周达到鼎盛。所铸青铜器不仅种类繁、数量多，尤其是成套青铜礼器的制作和使用，与文献中的"器以藏礼"相印证，表明青铜器在社会政治生活中的重要性。商代的甲骨文已是一种较为成熟的文字，这种形声表意的方块字，历千年而不废，一直沿用至今。二者都是夏商周的时代性标志。

第一节
寻觅中的夏

夏朝向称中国历史上第一王朝。文献记载中的夏朝是"公天下"转到"家天下"的开端，故被视为上古史的一大转折点。夏并非后来意义上的统一王朝，由于王权的出现和权力系统的存在，夏已进入王国时代。以二里头文化为代表的考古学意义上的夏文化，表明当时已有初步的青铜冶炼和简单的青铜工艺，"宫殿""宗庙"等建筑的存在，似乎表明已有早期国家的都邑。但考古材料的如何解读以及与文献互相印证，仍是夏史研究上的难题。

一、文献传说中的夏朝

文献传说中的夏朝是中国历史上第一个朝代。夏的历史，最早在周人留存的文献中有零星而简略的记载，《诗经》中还说到大禹治水的功绩。至战国和秦汉时代，文献中有关夏史的记载逐渐增多。西汉司马迁的《史记·夏本纪》，第一次系统而具体地记述了夏代的历史，但此时离夏代已有1500多年，其中难免会有后人附会和增饰的内容。

夏人姒姓，相传是黄帝的后裔，早年定居在河南嵩山地区和伊洛平原，与周围部落曾有过频繁的争夺邦国首领的战争。部落首领禹由于治水有功，又取得了征伐三苗的胜利，最后征服了其他部落，文献中所谓"禹合诸侯于涂山，执玉帛者万国"（《左传·哀公七年》)，正是后人对他成为邦国首领情景的追述。

▽　大禹治水虽是历史传说，但也保留着远古时代的一些历史真实。据文献记载和考古资料的证明，距今六七千年至两千五百年前，我国大部分地区的气候较今天为温暖，雨量较今天为充沛。由于纬度、地形和季风气候的影响，我国水资源的分布极不均衡。在东亚季风的控制下，降雨主要集中在夏秋两季，汛期在6月至9月，这一时期的降雨量往往占全年的60%~80%。我国地形西北高、东南低，河流大都是自西向东流，地势低洼

或平坦地区较易受到洪水的威胁。早期先民自进入农耕时代后，由于定居生活方式和农业灌溉的需要，首选的居住地便是水源丰沛地区，但随之而来的便是洪水灾害以及人们为治理水灾的种种斗争，大禹治水的传说正反映了早期先民与洪水斗争的历史史实。

文献传说中的夏代，正处于由"天下为公"到"天下为家"的历史转折点。《礼记·礼运》说：大禹之前的社会是"天下为公"的大同时代，大禹之后社会是"天下为家"的小康时代。传说中的尧舜时代，首领的推举选定采取的是"禅让制"，到大禹死后，情况发生了变化。禹子启发兵攻杀禹选定的继承人伯益，尧舜以来的"禅让制"遭到破坏。启死后，子太康继位，一度因奢侈淫乐而"失国"，由有穷氏部族首领后羿"因夏民以代夏政"（《左传·襄公四年》）。直到少康继位后，才招纳余众，恢复"夏政"。少康子杼立以后，夏朝形成复盛的局面。其后的王位更迭已看不见选举和罢免的痕迹，"天下为公"的"禅让制"遂为"大人世及以为礼"的世袭制所替代。

▽　《礼记·礼运》对历史上的"大同""小康"社会有一段非常精彩的描述："大道之行也，天下为公，选贤与能，讲信修睦。故人不独亲其亲，不独子其子；使老有所终，壮有所用，幼有所长，矜寡、孤独、废疾者皆有所养；男有分，女有归。货，恶其弃于地也，不必藏于己；力，恶其不出于身也，不必为己。是故谋闭而不兴，盗窃乱贼而不作。故外户而不闭，是谓大同。今大道既隐，天下为家，各亲其亲，各子其子，货力为己；大人世及以为礼，城郭沟池以为固，礼义以为纪，以正君臣，以笃父子，以睦兄弟，以和夫妇，以设制度，以立田里，以贤勇知，以功为己。故谋用是作，而兵由此起。禹、汤、文、武、成王、周公，由此其选也。此六君子者，未有不谨于礼者也。以著其义，以考其信，著有过，刑仁讲让，示民有常。如有不由此者，在执者去，众以为殃。是谓小康。"

自夏朝开始，在邦国联盟首领的身上，已经呈现出许多后世"君""王"的影子。禹曾以"天之瑞令"的名义征讨三苗；他又曾招集各部族首领在会稽会盟，防风氏的首领因迟到而被杀戮。启即位之后，地处陕西关中地区的有扈氏不服，启遂率众讨伐，战前的誓师之辞，竭力谴责有扈氏的罪行，宣称自己是"恭行天之罚"，"剿绝其命"（《尚书·甘誓》）。古书上说夏杼"作甲""作矛""征于东海"，可见杼时已很注重兵器的制造，军事力量也颇强，故东夷诸族都臣服于他。帝泄的时候，夏的势力向西发展，西方的畎夷氏受其"爵命，由是服从"（《后汉书·西羌传》）。泄子不降在位时，再次率兵讨伐西方的九苑，巩固了夏在西方的影响。随着军事战争越来越频繁，首领权力也更加集中、更为膨胀，原先邦国联盟的首领逐渐演变成"国君"或"国王"了。

《礼记·礼运》的作者非常敏锐抓住了社会转型时代的标志性特征，除了上文论及的"天下为家，各亲其亲，各子其子，货力为己"和"大人世及以为礼"之外，"城郭沟池以为固""礼义以为纪"及"以设制度"等变化，也在夏朝社会里有所体现。从传世文献的记载来看，夏朝已有了设官分职。《尚书·甘誓》中的"六卿"，当为夏王左右的大臣；《左传》有"赋纳以言，明试以功，车服以庸"（《左传·僖公二十七年》）的记载，很可能是夏代设官分职、选拔官员情况的记载。夏朝还有一定数量的军队，设置了监狱，并制定刑法以镇压反抗者。

　　▽　文献中有不少记载，说到夏代已经有了刑法。《尚书·吕刑》云："穆王训夏《赎刑》作《吕刑》"，意思是说周代制定刑法时，曾将夏代的《赎刑》用作重要的参考。《左传·昭公六年》记有春秋时期晋国叔向的话，云"夏有乱政而作《禹刑》"。《左传·昭公十四年》引《夏书》云"昏、墨、贼、杀"，意为犯有"昏、墨、贼"罪行的，当杀。这都是有关夏代刑法的记载。关于夏代的官职，见之于史籍的有掌管天文历法及图籍的"太史令"，专司造车的"车正"，掌管酋长首领饮食的"庖正"，作为牧官之长的"牧正"，专司卜筮的官员"官占"，以及属于地方小吏的"啬夫"，等等。

夏朝的势力范围，大致西起今河南西部与山西南部，东至河南、山东的交界，北入河北，南抵湖北。夏代的积年，历代的文献有不同的记载。❶晚近的研究把夏代的起讫年代定于公元前2070年至前1600年，夏代的积年为471年❷，共传14世，17王。夏朝的末代君王桀，史书上说

---

❶　古本《竹书纪年》说"自禹至桀十七世，有王与无王，用岁四百七十一年"。《汉书·律历志》引《帝系》说"天下号曰夏后氏。继世十七王，四百三十二岁"。

❷　夏商周断代工程专家组：《夏商周断代工程1996—2000年阶段性成果·简本》，世界图书出版公司2000年版，第86、74页。

他为政残暴，又滥用民力，百姓诅咒他"时日曷丧，予及汝皆亡"（《尚书·汤誓》）。其时，夏与周边邦国的关系也分崩离析、众叛亲离。商汤乘机起兵，夏商战于鸣条（今山西运城安邑镇北，一说在今河南封丘东），桀战败，逃至南巢（今安徽巢湖西南）死。夏遂亡。

▽   史学家夏曾佑在他的《中国古代史》中说："中国言暴君，必数桀纣，犹之言圣君，必数尧、舜、汤、武也。今案各书引桀、纣事多同，可知其必多附会。"史学家吕思勉也赞同夏氏的说法，并进一步分析了附会之原因。他说：然谓附会之由，由于兴者极言前王之恶，则误以后世事度古人。古本无信史，古人又不知求实，凡事皆以意言之，正如希腊荷马之《史诗》，宋、元以来之平话耳。或侈陈而过其实，或臆说而失其真，皆意中事。然附会之辞，虽或失实，亦必有由，不能全无根据也。就桀、纣言之，则纣之世近，而事之传者较详，桀之世远，而事之传者较略，故以纣之恶附诸桀者必多，以桀之恶附诸纣者必少。❶

二、夏文化的考古探索

文献传说中的夏朝虽言之凿凿，但始终未能获得地下实物史料的佐证。半个多世纪以来，考古学家一直在寻找与文献记载中的夏朝地域和积年相一致的遗址和遗物，以便获得真正属于夏代的地下实物资料。现今，学界一般将公元前21世纪至前16世纪定为夏代的积年，而夏代的地理区域，大致在今山西西南部（汾河、涑水流域）、河南西北部（伊、洛、黄河间的三川之地），及河南东部黄河南北平原。❷因此，考古学家发现于河南西部和伊洛、颍汝流域的数十个文化遗址，因时间和地域上的大体吻合，已成为学者追寻夏文化的主要对象，其中最重要的是二里头文化遗存。

▽   二里头文化遗存最初发现于河南登封的玉村，后来在豫西、晋西南地区又发现了数十处，其中以河南偃师二里头遗址发现的材料，最丰富而典型，考古学界遂以"二里头"来命名此类考古文化的遗存。河南偃师二里头遗址，位于河南偃师翟镇乡，总面积约300万平方米。据学者研究，遗址内的主体堆积可分四期，其中第一、二期通常称为早期，三、四期称为晚期。遗址的绝对年代，经碳十四测定，大约在公元前1850—前1560年，与夏朝的晚期相合。❸

在二里头文化遗存中，第三期的文化内涵最为丰富。在迄今已发现的遗址的中心部位，经发掘有两座类似"宫殿"的遗迹，其规模和结构与商前期的类似。这两座由堂、庑、庭、门等组成的建筑群，是迄今所知中国最早的"宫殿"建筑，其布局和结构与文献所记载的宗庙相似，联想到文献中"凡邑有宗庙先君之主曰都"（《左传·庄公二十八年》）的记载，有学者认为此遗址当是都邑的所在地。大型"宫殿"的建筑要动员、组织和协调大量的人力物力，这都需要凭借一定的政治权力和相应的组织协调才能完成。

▽ 河南偃师二里头遗址的中心部分，有两座"宫殿"建筑的遗址，这两座"宫殿"都建筑在夯土台基之上，一号"宫殿"遗址（图2-1）坐南朝北，南北99米，东西107米，中有一方长宽二三十米的高起台基，分布着一圈长方形的柱洞，可复原出一座面阔八间、进深四间的双开间建筑。台基周围的柱洞，可以复原出与之相毗连的庑廊、中庭等建筑。其正南面是"牌坊式"的正门。二号"宫殿"的形制略小，其结构与一号相似，遗址中还发现了用作地下水道的陶水管。二号"宫殿"的后部，还有一座大型的地下墓葬。

二里头文化所反映的民居遗址有半地穴居址、地面建筑和窑洞式居址等几种类型，平面形状也有圆形、方形圆角和长方形等几种，一般居室的直径在3米左右，较大的长方形居址长约10米，宽约5米，中间有

图2-1
河南偃师二里头
"宫殿"复原图

---

❶ 吕思勉：《先秦史》，上海古籍出版社2005年版，第119—120页。

❷ 严耕望：《夏代都居与二里头文化》，《严耕望史学论文选集》（上册），中华书局2006年版。

❸ 刘庆柱主编：《中国考古发现与研究（1949—2009）》，人民出版社2010年版，第207页。

隔墙分开，地基和隔墙都经夯筑。居民的经济生活大体以农业为主，农具主要是石器、蚌器和骨器，有铲、镰、斧、锛、凿等种类。饲养的家畜有猪、狗、鸡、马、牛、羊等。二里头文化已进入青铜时代，属于第三期的墓葬发现不少青铜器和玉器，遗址中还发现了不少铸铜的坩埚、陶范、铜渣以及铸器的石范，钺、戈、刀等青铜器都用单范铸造，爵则运用合范铸成，工艺较为复杂。青铜器和玉器大都属于礼器和祭器，大致与《礼记·礼运》中的"礼义以为纪"的记载相吻合。

图 2-2
二里头出土青铜爵

▽　　1984年在河南偃师二里头出土的青铜爵（图2-2），爵带流长14.5厘米，高13.5厘米，是迄今发现的中国历史上最早的青铜爵之一。二里头文化的两个类型即"东下冯类型"与"二里头类型"都有青铜器的发现，表明当时已经进入青铜时代。其中"东下冯类型"出土的青铜器较少，"二里头类型"的青铜器主要出土于偃师二里头遗址，铜器种类有铜爵、铜钺、铜戈、铜镞、铜刀、铜鱼钩、铜凿等，据统计总共有18个种类100余件。青铜爵已采用合范铸造，制作规整，厚薄均匀，显示出一定的工艺水平。遗址墓葬中还出土了一种形制特殊的青铜牌饰，用绿松石镶嵌在青铜片上，组成兽面纹的装饰纹样。铜饰的背面有穿孔纽，可穿绳系挂或佩戴，铜牌用200多块绿松石镶嵌而成，是目前已知最早的铜镶玉（石）制品，具有较高的工艺水平。二里头遗址的青铜爵胎壁较薄，表面较粗，无装饰纹样，表现出早期青铜器的工艺特点。

考古发掘的资料表明，在夏代纪年的同时，我国各地还同时存在着许多各具特色的古代文化。如东部的岳石文化，北部的下七垣文化，更北部的夏家店文化，西部的齐家文化，西南部的三星堆文化，东南部的马桥文化等。四方各地的这些考古学上的古代文化的存在，说明了文献传说中的夏代还处在一个"多中心"的时代，各部族发展不甚平衡，中原地区的文化优势尚不十分明显。此时的中国还没有形成统一的政治体系和文化体系，把夏朝描述为中国统一王朝的说法，那是秦汉以后人们的主观想象。

▽　　迄今为止，考古学对夏文化的发掘探索，还未找到能与文献记载相印证的夏代的直接材料。根据地层学、类型学而进行的遗址、遗物的研究，可以较直观地推测当时的社会生活状况，但难以判明政治事件、军事活动、

政权更替，以及夏商分界等历史史实。文献传说与考古资料的互相印证，又因传说材料本身的局限而存在着诸多疑点。所以，虽然考古学界大多称二里头文化为"夏文化"，但它还只是考古学上的"夏文化"，不能完全等同于文献记载中的夏朝。有学者认为，考古学是一门独立的科学，在方法上不能把中国史前文化与古史传说随意加以联系。

▽　考古学家安志敏对古史研究中的一些现象，提出了批评。他说："某些历史学家或部分考古学家，往往着眼于古文献的记载，侈谈考古学文化的渊源，如把史前时期的仰韶文化或龙山文化，作为传说上的黄帝时代，甚至三皇五帝的传说，也都从考古发现中找到了归宿。事实上，这些传说与考古学研究毫无共同之处。目前信古和疑古的论战又在回潮，即使利用了一定的考古资料，但不符合考古学实证的要求。以'夏文化的探索'为例，便把龙山文化、二里头文化或年代相当的遗存，都作为夏文化来处理。这同样不属于考古学研究的成果，至少目前的若干考古发现，还无从证实孰者为夏文化。"❶

第二节
东亚雄邦：商

因甲骨文的发现和解读，商成为中国历史上第一个有直接文字记载的王国。商代年限自公元前1600至前1046年，以盘庚迁殷为界，分前后两期。商之国家政体为共主式的方邦联盟，商王国为政治中心，其政治实体的发展程度高于其他方邦，而方邦相对独立、联系松散，其强弱松散与商之盛衰关系密切。考古所见之商文化，内容丰富，大都邑、青铜器、甲骨文等，足以表明商是当时东亚最强大的一

❶　安志敏：《考古学的定位和有关问题》，《东南文化》2002年第1期。

个王国。通常所说的商代历史，也包括商纪年范围内周边部族、方邦的历史文化。

一、商代的信史

孔子曾云："夏礼，吾能言之，杞不足征也；殷礼，吾能言之，宋不足征也。文献不足故也。足，则吾能征之矣。"（《论语·八佾》）可见距今2500多年前的孔子，已经感慨商代文献的不足了，而《尚书》《诗经》《楚辞》《史记》等文献记载的可靠性，也受到历代学者的怀疑。直到1899年，金石学家王懿荣首次辨认出来自河南安阳殷墟的甲骨文是商代、也是中国历史上最早的文字资料，才确定了商代已经进入我国有文字记载的历史时期。历史学家王国维用甲骨卜辞印证《史记·殷本纪》所载商王世系大体可信。这样，经过学术界一百多年的研究，商朝的历史终因文献、卜辞和考古资料的双重印证而成为信史。

▽　王国维（1877—1927），字静安，号观堂，浙江海宁人。毕生从事中国古代史料、古器物、古文字学、音韵学考订，尤致力于甲骨文、金文和汉晋简牍之考释，主张以地下史料参订文献史料，即用新发现的地下材料，如甲骨文字、殷周金文、汉晋简牍、古器封泥等和传统的史书典籍相印证，以获得对古史的新证新解。所著《殷卜辞中所见先公先王考》《殷卜辞中所见先公先王续考》，用卜辞所见殷王室世系证实《史记·殷本纪》的可靠性，为古史考证开拓了新途，也将中国历史的信史推前到殷代。王氏一生著作60余种，代表作有《宋元戏曲考》《人间词话》等，收入《海宁王静安先生遗书》，考证文章汇编为《观堂集林》。

在商灭夏之前，商部族已有很悠久的历史。传说商的始祖契与舜、禹同时，曾协助禹治水。夏建立之后，商部族便成为夏在东方的一个方邦附庸。相传商族早期的首领冥曾任夏朝的水官。冥之子亥，甲骨卜辞称"王亥""高祖王亥"，是商族历史上第一位以"王"为称号的首领。公元前1600年，成汤灭夏，建立了商朝。其后，成汤四出征伐，灭掉了许多方邦部族。《战国策·齐策四》说："古大禹之时，诸侯万国……及之时，诸侯三千"。这里所说的"诸侯"，其实就是夏商时期的方国部族，由"诸侯万国"到只剩"三千"，便是成汤向外征伐的结果，商朝的版图也随之不断扩张。

▽　关于商族的起源地，学界仍有不同看法，一般把商族的兴起之地追溯到辽西、河北东北一带，后沿太行山东侧逐渐南移。❶文献记载表明，商族早期经常迁徙，其迁徙的范围大体在今之河南、山东境内。在灭夏之前（一般称为先商时期），商族的发展稍逊于以二里头为代表的"夏文化"水平。商灭夏之后，其疆域中心地区仍是黄河中下游地区，商中期以后势力范围有较大发展，东土达山东一带，南土已跨过长江到达五岭以南，西土扩展到四川，北土抵达吉林、内蒙古东南部和辽东半岛。

商朝的历史以盘庚迁殷为界，分早晚两期。早商时期，王位继承的争夺仍十分激烈，"弟子或争相代立"，一度出现"九世"之乱、"诸侯莫朝"的局面（《史记·殷本纪》）。早商时期的都城也屡屡搬迁，文献中有"殷人屡迁，前八而后五"（张衡《西京赋》）的记载。直到公元前14世纪，商王盘庚迁都于殷（今河南安阳小屯），从此270余年不再迁都，社会秩序趋向稳定，史书上也不再有王位纷争的记载。据学者的考证，早商时期，王位的继承主要还是兄终弟及的方式，自武丁以后，则实行父子相承为主、兄弟相继为辅的王位继承法。

▽　文献上说："殷人屡迁，前八而后五"。意思是说，商族屡屡迁徙，建国前迁徙了八次，建国后迁徙了五次。其最后一次迁徙，即商王盘庚将都城迁移到殷，史称"盘庚迁殷"，自此以后270余年，皆定居于殷，不再迁徙。所以，商代又称殷代，或者称为殷商。商族何以屡屡迁徙，学术界尚无一致的解释，有认为是受到其他方国的压迫，有认为是为逃避水旱灾害的影响，也有学者认为，此前之所以迁徙无定，主要是未能找到一个对内、对外都非常有利的地方作王都，而迁殷之后，无论是内部的安定、对外的征伐，还是对农耕生产的发展，殷都地区体现出前所未有的优势。

武丁统治时期，对外战争频繁，甲骨卜辞记载有武丁对土方、羌方、龙方、马方、虎方等方国部族的讨伐，战争的规模和持续时

❶　有关商族的起源地域，学术界尚有不同的看法，主要有东方说（今河南商丘），西方说（今陕西一带，或晋南地区）和北方说（红山文化是商先史史事遗迹）三种。

间都较长，如对鬼方的用兵，"三年克之"，武丁之妻妇好曾率众"三千""旅万"外出征战。商朝末代君王纣继位后，倾全力对东夷用兵，虽然获胜，但消耗了大量人力物力，加剧了社会矛盾（"纣克东夷而陨其身"（《左传·昭公十一年》））。纣王又是个暴虐的君王，生活腐朽，好酒淫乐，"以酒为池，悬肉为林"（《史记·殷本纪》），修造离宫别馆及鹿台、林苑等宫苑，还以严刑苛法来对付反对他的人。正当内外矛盾重重、众叛亲离之时，西边的周族乘机而起，与商战于牧野（今河南淇县西南），商军大败，纣王逃至朝歌（今河南淇县）自焚，商遂亡。商自成汤建国起，共传17代、31王，晚近研究将商代的历史年限断为公元前1600至前1046年，前后550余年。

二、"大邑商"下的方国联盟

与秦汉以后的大一统王朝不同，商朝仍处在我国历史上的方国联盟阶段，其时的政治体制还是一种以殷商为中心的方国联盟。殷商是方国联盟里的核心，商王自称"余一人""一人"，是居于"中央"地位的天下共主。商的都邑称"大邑商""商邑"，又称为"天邑商""王邑"等，为商王直辖的统治区。商朝的职官按政治区域分为外服和内服两类，商王直接统治的王畿区域，其职官称为内服；王畿之外的区域泛称"四土""四方"，由诸多方国邦伯管辖，其职官称为外服。其时，部族众多，方国林立。各方国境内也都有自己的"都邑"或"鄙邑"，有些方国还有其所辖的方国部族群。方国之归附于商，有些是通过战争方式强制实现，有些是借助政治联姻而联结，有些是通过册封的形式予以认定，彼此形成一种较为松散的方国联盟。

▽　商时的方国数量很多，见于卜辞记载的方国就有六七十个，实际数量远不止这些。当时并无后世那样的版图疆域，商王朝与诸方国在地域上犬牙交错。商王国与诸方国的关系较为松散，大致可分敌对、臣服和时服时叛三种情况，方国中较为强大的有西北和北方的舌方、鬼方、土方和羌方等，它们常常与商王国处于敌对状态，殷墟甲骨中刻有舌方、土方及羌方的入侵和商王率兵对其征伐的卜辞达数百条。

早商时期的方国联盟，还具有较为浓厚的民主、平等的特征。到了晚商时期，商王朝与诸方国之间的联盟，更多地表现为一种支配性的主从关系，商王朝向诸方国征收物品、调集人力，也越来越频繁了。此时，对于被征服的方国，多不再让其以平等地位加入方国联盟，而直接纳入殷商的版图。如羌方被征服后，商王就命令众人"入羌方垦田"（《甲骨文合集》第6片）。祭方被征服后，就成为商王管辖的一个地方。

    ▽　　成汤灭夏后，对方国施行的是一种较为平等、自主的原则，所谓"欲左，左；欲右，右"（《史记·殷本纪》）。方国向殷商赠送礼物，成汤则还赠以更丰盛的礼品（《诗经·长发》）。对于弱小的方国，商王还得辅助和支援。如商之近邻葛伯因"无以供牺牲""无以供粢盛"而"放而不祀"，成汤就为其送去供祭祀的牺牲，并派人为之耕田以供其粢盛（《孟子·滕文公下》）。一些被征服的方国，也允许其以平等的方式加入商的邦国联盟，而不是将其夷为废墟，或纳入商的版图。如方国"大彭"原是夏伯，入商后成为南方的"商伯"。在殷商"联邦"的最高层，商王也吸收一些亲近的方国首领来担任"中央"官职（他们同时也还保持着对原邦国的统领权）。❶

　　学界一般认为，夏朝虽建立了国家机器，设置有官职、刑法，但夏朝的军队和军事制度尚处于初创阶段。在商朝的前期，兵制仍延续以方国部族为单位的征集制，属于商王国的常备军尚处次要地位。商王的许多军事征战，往往要征集诸多方国部族的族众参与，故卜辞中常有商王联合某方、某侯进行征伐的记载。至于本王国内的族众，战时征集打仗，平时则从事"穑事"。大约自商王康丁以后，兵制趋于规范，常备军的数量大增，临时征集族众以应付战事的记载日趋减少。

    ▽　　商朝的军队建制主要有"师""旅""戍""行""马""射"等，其中以"师""旅"为最重要。卜辞中记载商王直接统率的军队有左、中、右三师，"行"为步兵，"马"为骑兵或马队，"射"为射手组成的军队。史书记载牧野之战时，"殷商之旅，其会如林"（《诗经·小雅·大明》），纣王"发兵七十万人距武王"（《史记·周本纪》）。虽然这里所记的人数不尽可信，但包括常备军在内的军队数量大增，当是史实。卜辞记载表明，商朝军队已

---

❶　晁福林：《夏商西周的社会变迁》，北京师范大学出版社1996年版，第85、86页。

使用战车。在殷墟出土的遗物中，还发现许多铜戈、铜镞、马头刀、兽头刀等武器。

商王国的兴盛衰败，可以方国部族的向背为晴雨表。《史记·殷本纪》记载了商与周边方国的分合聚散，时而是"诸侯毕服"，"诸侯咸归殷"；时而则"诸侯或不至"，"诸侯莫朝"；方国的聚合与商之盛衰息息相关。至商末年，"诸侯叛殷会周者八百"（《史记·殷本纪》），方国联盟的分崩离析，实为商周更替的一大原因。

三、青铜器与甲骨文

商朝已进入了我国历史上青铜时代的全盛时期，青铜器的铸造和使用已成为商文化的一个时代性标志。中国青铜时代，通常是指青铜器皿在考古记录中有显著重要性的时期，即考古发现的青铜器物，不仅种类繁、数量多，而且青铜器的制作和使用在当时社会生活里占有重要地位。中国历史上金属器物（包括青铜器物）的出现远在青铜时代开始以前，但到了二里头文化时期，青铜器的显著重要性已成为不争的事实，尤其是青铜礼器在社会政治生活中所显示的重要性，为其他青铜文化所罕见。学者一般认为，中国青铜时代的开始不会迟于公元前2000年，至春秋晚期逐渐走向式微，持续约1500年之久。

▷　自丹麦学者汤姆森将人类早期历史划分为石器时代、青铜时代和铁器时代后，考古学家戈登·柴尔德将这三大时代解释为"在技术的发展、生产力的进化上的一串的相连续的阶段"。他又将青铜时代分为三个演进阶段：先使用在武器和装饰品上，工具器具甚少；其次是手工业中使用，出现了青铜制作的刀、锯、斧等；再次是使用农业工具等，表现为金属镰刀、锄头，甚至锤头等。但并非所有地区都是按照这个顺序演化。柴尔德很强调生产领域采用青铜工具的重要性。世界范围里的青铜时代，其编年范围大约是从公元前4000年至前1000年。在这期间，世界上形成了几个重要的青铜文化地区，以伊朗南部、土耳其和美索不达米亚一带使用青铜器最早，大约在公元前4000年初；其后，欧洲、印度先后在公元前4000—前3000年出现了铜器，非洲约不晚于公元前1000年，美洲则于公元11世纪前在今秘鲁和玻利维亚开始形成冶铜中心。

商朝青铜器物的种类、数量，都表明了青铜器
的制作和使用在当时社会生活中占有显著的重要
性。青铜铸造业是殷王和贵族控制的官府手工业，
主要用于礼器、兵器、工具和车马器等制作。盘庚
迁殷后，王都殷墟集中了大量的作坊，成为当时青
铜铸造业的中心。商周以降，出现了成套组合的青
铜礼器，其数量、形制、大小都与拥有者的社会地
位、政治身份相匹配，所谓天子九鼎八簋，诸侯七
鼎六簋，大夫五鼎四簋，元士三鼎二簋。孔子所说
的"器以藏礼"（《左传·成公二年》），正道出了青
铜礼器在上古社会生活中的政治功能。

图2-3
司母戊大方鼎（后
母戊大方鼎）

◿ 在殷墟的铸铜作坊的遗址里，考古学家发现了专门用作熔铜的炼铜坩
埚——将军盔（一次能熔铜12.5公斤），还有大量的陶范、坩埚块、木炭、
铜锭、铜渣等。到晚商时期，青铜铸造技术达到鼎盛，铸范、合范的技术
高超，工场规模有一二百人的。现出土和传世的商代青铜器数以万计，其
中数量最多的是礼器，著名的"司母戊鼎"（也有学者称之为"后母戊鼎"，
图2-3）、"四羊方尊"等大型青铜器，制作精良，造型独特，纹饰瑰丽，
为古代世界青铜文化史上罕见之瑰宝。

现有的考古资料证明，晚商时期的青铜冶炼和制作的分布地域极
为广泛，北从长城以北的辽宁东部，南至长江流域的大部分地区，西
到陕甘一带，东抵江浙沿海，都有青铜制品的发现。值得注意的是商
王国之外的一些方国，其青铜铸造的技术也同样璀璨夺目。如江西新
干大洋洲商代大墓出土青铜器480余件，其时代相当于殷墟早期，器
物成组成套，造型纹饰与中原明显有异（图2-4）。在距今4800年至
2800年（从新石器时代晚期延续至商末周初）的四川广汉三星堆文

图2-4
江西新干大洋州商
墓伏鸟双尾青铜虎

化遗址，出土了大量的人头像、人面具以及神树造型的青铜制品，具有鲜明的古蜀地域特色。这些与商王国平行发展的青铜文化的存在，表明了中华文明源头的多元性。

▽　江西新干大洋洲商代大墓，于1989年被取土修护赣江大堤的农民意外发现，同年经考古专业人员的发掘，在近40平方米的墓室中，出土铜器、玉器、陶器等达1300多件，其中青铜器数量之多，造型之美，铸工之精，为我国南方地区所少见。通过对青铜器的造型及纹饰特点的分析，专家认为大洋洲出土的青铜器以本地生产的数量为多，有着显著的地方特点。犁、耸、耒、耜、铲、镰等青铜农具的集中出土，更是同时期其他青铜文化少见。从这一地区诸多商代遗址发现的大量铜渣、木炭及炼炉遗迹可以判断，殷商时期，在赣江—鄱阳湖地区有着先进的青铜冶铸业。有些大型器物是先分铸部件然后再合铸而成的，显示其高超的铸造技术，表明南方地区在商代同样存在着高度发达的"青铜文化"。

图2-5
甲骨卜辞

商文化的另一个时代性标志是甲骨文的创制。甲骨文是古汉字的一种书体名称，因写刻在龟甲、兽骨上而得名（图2-5）。商代盛行占卜，故在龟甲上留下了大量的占卜刻辞。到目前为止，已发现的甲骨文单字近5000个，其中可辨认隶定的1700余字。甲骨文的基本词汇、语法、字形结构与后代汉语文字一致，文字构造以象形、指事、形声、会意为主，转注（义近通用）、假借（音近通用）也已有运用。卜辞记事，已经包含时间、地点、人物和结果诸要素，卜辞记事中也有170余字的长文。从字形构造与运用水平看，甲骨文已超越了汉字的初创阶段，是一种比较成熟的文字。成熟文字的创制和运用，加强了商文化在中原地区的优势（北方的夏家店和南方的吴城文化，当时仅发展出一些刻画符号）。以青铜器和甲骨文为代表的商代物质和精神文明，是东亚历史上最早的先进文明，与古代埃及、巴比伦、印度文明比肩，合称古代世界的四大文明。

▽　历史学家黄仁宇对甲骨文字的创造及其对中华文化的影响有很高的评价。他说："甲骨上所记载的不同文字，为数共约3000，其中1000字已可以辨识。这种古代书法，乍看起来变化万千，可是因为其由原始的天才人物设计，引用永恒不变的意义为根柢，当中之一部分今日可能为熟悉东亚文物的人士一眼看出。下图所列，其最基本的原则可谓出人意外（料）的简单：……象形，日圆月弯，一经画出，不待解释。会意由象形稍加引申而成，例如日在树后上升，是为东。双手执鸡放在樽俎之内，是为祭。……这些原则一经推广，今日之汉字为数二万，又经日文与韩文采用，无疑的已是世界上最具有影响力的文字之一。它的美术性格也带有诗意，使书写者和观察者同一的运用某种想象力……上海人的沪语发音软如法语，广东人的粤语发言硬如德语，也能用同一文字互相会意。所以这种书写的方式促成中国人文化上的团结，其力量不可权衡。"❶

第三节
文明的奠基：西周 "封建"

　　西周始于公元前1046年，终于前771年。"封邦建国"的分封制，以血缘关系为基础、嫡长子继承制为核心的宗法制，以及"溥天之下，莫非王土"（《诗经·小雅·北山》）的井田制，是西周制度建设的三大支柱。以德治为核心的意识形态改造，克服了殷商天命政治的不足。西周封邦建国的体制虽因诸侯分解而告结束，但华夏文明重要制度建设与意识形态的基调却由此时奠定，影响深远。

❶　黄仁宇：《中国大历史》，生活·读书·新知三联书店2001年版，第7—8页。

一、周族与西周

周人的祖先后稷（弃），也是与尧、舜、禹同时代的人，夏、商、周原也是同时代的三个部族。周人的始源地在山西南部的汾水流域，故因地而称其国为"汾"，到公亶父时，因避戎狄的威胁而迁到陕西泾渭流域的周原（今陕西境内，西起汧河左岸，东濒漆水河，北倚岐山，南至渭河，包有今凤翔、岐山、扶风、武功四县大部和宝鸡、眉县、乾县、永寿四市县小部地），始改称为"周"。周人屡屡自称"有夏"❶，可见周族与夏关系密切，或认为周族原是夏族的一个分支。早商（祖乙）时期，商周已有初步的联系。臣服之后，周作为商王国的一个属邦，一直在今山西对戎狄展开征战，且连连获胜，但也由此导致了商周关系的紧张、反目并日趋恶化。

> ▽　为表彰周人对戎狄征战的获胜，商王曾赐予周人土地、玉和马匹，又任命周人的首领季历为商之"牧师"。然而，征战的获胜，使周人的势力伸张到商王国的北境，由此也导致了商周关系的冲突。史书上说商王武丁猎于河渭之间而遭暴雷震死。学者怀疑武丁到河渭田猎，似也有以兵威慑周人之意图，而遭暴雷震死，恐怕只是掩饰之辞。季历后为商王文丁所杀，季历之子昌（文王），仍为商之朝臣，一度也被商王纣囚禁。

周族兴盛始于公亶父迁至岐下周原，周人在此进行了大规模的民居、宗庙和宫室的建造。考古学家在今陕西岐山、扶风一带，发现有大型的宫室、民居建筑的基址，以及甲骨卜辞等周人文化遗存。文王即位后，周族势力大增，文王后期已经开始积极进行灭商的准备，并与许多与商有隙的方国结盟，至灭商前，多数方国部族已归服于周，史称"三分天下有其二"（《论语·泰伯》）。武王继位后，迁都于镐（今陕西西安市长安区西北）。公元前1046年，武王率军东进伐纣，与商军决战于牧野，周军大胜，遂灭商，建立周朝。

武王死时，子成王年幼，由武王之弟周公旦摄政，引起"三监"叛乱，周公率军东征，经过三年的讨伐，最终把叛乱平定。至此，周朝的势力才扩展延伸到东方。东征结束后，周公开始在伊雒地区营建东都雒邑，历两年而建成。同时，他还将许多殷商遗民迁徙到成周一带，以加强对他们的控制。周公辅政七年，政绩斐然，除了东征、平定叛乱之外，还有一项影响深远的贡献是制定礼乐制度。西周是封建等级社会，一切人的身份、地位、权力、义务都因其所在社会等级的不同而有严格的差异，社会生活中所有的礼仪制度以及与之相配合的舞乐仪式，都按等级差别来设计和规范。

　　▽　周公主持制定的礼仪制度，范围极其广泛，除了各种政刑制度、外交盟誓礼制之外，还涉及祭祀、婚姻、丧葬、服饰器用等各个方面，故通过对礼乐制度的研究，正好可以揭示出西周等级社会的本质特征。比如，按祭祀之礼的规定，自天子以至于庶人，都当祭其祖先，以昭孝报恩。但不同等级的所祀有所不同：天子有七庙、诸侯有五庙、大夫有三庙、士有二庙，大约地位越高，所祀越远；所祭的次数也不同，天子有日祭、月享、时类、岁祀，诸侯无日祭而有月享，卿大夫无月享而以时祭祀，至于士、庶人则只能岁祀。按祭祀的对象而论，天子可以祭天地、祭大山河海，诸侯则无资格祭之；诸侯可祭祀其封地内的山川，卿大夫虽有封邑，但无社稷之奉，故不可祭祀土地山川；士、庶人则全是无寸土之封，所"祭不过其祖"。祭祀时所有的舞乐，也有很具体的规定，不可僭越。所以，后来当季氏以鲁国卿大夫的身份而用天子之乐时，孔子便叹曰："是可忍也，孰不可忍也！"（《论语·八佾》）

　　周公还政成王后，周朝进入成王、康王时期，国力强盛，史称"成康之治"。孔子所谓的小康社会，大约也就到此为止。《孟子·梁惠王下》云："昔者文王之治岐也，耕者九一，仕者世禄，关市讥而不征，泽梁无禁，罪人不孥。老而无妻曰鳏，老而无夫曰寡，老而无子曰独，幼而无父曰孤。此四者，天下之穷民而无告者，文王发政施仁，必先斯四者。"大约当时井田制度还能维持，山泽之地还属公有，商品买卖不行收税，而社会分配首先顾及特别困难的人群。成王、康王在位时，社会仍能保守这种状态，史称"天下安宁，刑错四十余年不用"（《史记·周本纪》）。故孔子论小康之世，只到成王、周公而止，《史记》也说周昭王以后，王道微缺，而时移世易了。❷

　　自武王、周公直到成王、康王，周朝对外的拓展重点始终放在东方，到周昭王时，曾两次对南方用兵，虽然最后"昭王南征而不复"

❶　关于"有夏"一词，学界尚有多种解读，参见杨宽《中国上古史导读》第十篇之四《"有夏"解》，吕思勉、童书业编著：《古史辨》第七册（上），上海古籍出版社1982年版，第286—292页。
❷　吕思勉：《中国史》，上海古籍出版社2006年版，第21页。

（《左传·僖公四年》），周朝对南方的拓展大致还是获得了成功。周穆王在位时，为继续扩大周的疆域，频繁发动对外战争，连年的征战，消耗了周之国力，周之国势也日趋衰败。公元前9世纪中叶，周王实行"专利"政策，独占山林川泽，又任用佞臣行"弭谤"之策，凡有"谤王"者即加杀戮，造成"国人莫敢言，道路以目"（《国语·周语上》）的恐怖形势。公元前841年，镐京发生国人暴动，厉王仓皇外逃。朝政由周公（周定公）、召公（召穆公虎）共同执掌，史称"共和行政"❶。共和元年（即前841年）为中国历史有确切纪年之开始。

> 　　据文献和考古资料来看，灭商之前，周人的经济实力和生产力水平，尚无突破性的发展，至多与商比肩。周最终能以蕞尔小邦而克"大邑商"，促使周人警觉反思、追寻殷周革命的原因，由此衍化出一套周人特有的"天命靡常"（《诗经·大雅·文王》），"惟德是辅"（《尚书·蔡仲之命》）的历史观。周人认为殷人耽于逸乐，所以失去了天命；周人勤俭、文王有德，最终获得了天命。有德就是敬天、孝祖、保民，这一套"敬天保民"的新意识，成为周朝政治统治的指导思想，并对后世儒家学说产生了深远的影响。

公元前827年，宣王当政，内修政事，外治武功，号称"中兴"，然周之国力已是强弩之末。一度被慑服的犬戎势力重振，渐次东逼，构成威胁。早在夷王之时，诸侯已不再定期来朝，即或来朝，周王竟屈尊"下堂而见诸侯"（《礼记·郊特牲》），共主的权威已是日趋低落、风光不再。公元前771年，以幽王废申后和太子宜臼为导火索，申侯联合缯国及犬戎进攻镐京，幽王兵败而死，西周覆灭。

二、分封制与中原的统一

周灭商后，为对商朝的广大地区实行有效统治，分封诸侯到指定的地区进行统治，建立起群星拱月般的统治结构，此即史书上所称的"封建亲戚，以藩屏周"（《左传·僖公二十四年》），后世简称为分封制。分封制的核心内容是"授民授疆土"（大盂鼎铭文）。天子通过一定的隆重仪式将一方的土地和人民授予诸侯，他们与周王建立一种君臣关系，需执行周王之命令，定期朝见周王，并承担出兵、戍守、纳贡等义务。而诸侯在封国内握有军、政、财权，职位世袭。

▽　史书中的"封建"起源甚早，文献上的"封"字，原意是"累土"，即堆高土地以为标识，也有以树林为界的，或掘土为沟以示疆界，也都可以称为"封"。考古发现证实，新石器晚期的聚落遗址，已有用壕沟、围墙甚至石墙为标识的群落间的"疆界"。据文献的记载，商王已对其亲近宗族实行过分封，并有派遣他们到别的方国实施监督的事例。只是到西周才发展成一种成熟的政治权力体系，因它与秦以后的大一统郡县制迥然有别，特别为后代史家所关注。

西周分封的诸侯国数量很多，其中有同姓诸侯，也有异姓诸侯，还有一些原属商后改属周的诸侯国，或是由周王予以承认，或是通过军事征服后新封。通过分封制度，西周的疆域比商代更为扩大，其政治军事的据点和文化的影响遍及全国各地，在今北到辽宁、南至长江以南、西从甘肃东部、东达海滨的广阔地域，考古学者发现了许多西周诸侯的遗迹、遗物和遗址。

西周"封建"与殷商时有很大的不同。由同姓子弟所封的"诸侯国"是以武力为后盾，在原有的邦国部族区域强行揳入，如同往原方邦部族里"掺沙子"，这些新建的"殖民基点"成为地域性的次级"统治中心"，有监临督察之责，故称"封建亲戚，以蕃屏周"（《左传·僖公二十四年》）。与殷时对方邦臣属表面性承认不同，周人的分封制一方面是自上而下——天子、诸侯、卿大夫的逐级分封（西周之分封，主要是周天子对诸侯的封建，诸侯在其国内对卿大夫的分封，要到春秋时才逐渐发育起来），是自下而上的层层拱卫和藩屏，这种由周人新创的统治方式，极大地提高了周代王权的地位，此时的周王"非复诸侯之长而为诸侯之君"❷，俨然是天下之共主了。

▽　上古历史的演进，大致由部族时代进入封建时代，部族时代是方国多封国少，至封建时代则是方国少而封国多。史学家缪凤林说：部落时代，酋长各私其土，各子其民，有大部落起，势不能取诸部一一而平之，故挞伐与羁縻之策并行，凡举部族以从号令者，即因其故土封之，使世袭为诸侯；边远之国，政策有所不加，刑戮有所不及，则亦因仍旧俗，自主其国；

❶　一说由"共国"国君名和者（即共伯和）代行王政。

❷　王国维：《殷周制度论》，谢维扬、房鑫亮主编：《王国维全集》第8卷，浙江教育出版社、广东教育出版社2010年版，第312页。

即受封于天子者，如泰伯之为吴，熊绎之为楚，箕子之为朝鲜，亦由其行义德化，足以孚信一方，子孙因之遂君其地；而古代部族，迁徙无常，随其所居，皆成国邑。名曰封建之诸侯，实则疆土无定，兴灭无恒，天子徒建空名于其上，非真能建置而统治之也。❶

　　封邦建国、"授民授土"，诸侯国是"受民受疆土"的地方政治实体，仍实行贵族世袭统治，而不是像后世那样由中央直接委派官员实行统治。地方性政治实体的存在，使西周的分封制仍带有上古三代"方国联盟"松散性的特征，可视为由"方国联盟"走向"郡县制"的一个过渡性环节，是政治体制由分权向集权转变过渡的一个中间阶段。西周的分封，始于武王、周公，至成康之世达到鼎盛，到此完成了以华北黄土平原为核心区域的政治上的直接控制，实现了中原地区的大体"统一"。成康之后，因空间上的限制，大规模的分封不再推行，但文化上的"拓展"仍在继续，以军事征服为主要方式的向外扩张，将周边诸多邦国部族，如南方的淮夷等纳入了周的文化圈。

　　▽　　西周时最重要的封国有：武王弟康叔的封国卫，武王弟叔度的封国蔡，武王弟叔振铎的封国曹，周公子伯禽的封国鲁，周开国重臣召公的封国燕，成王弟叔虞的封国晋，宣王弟郑桓公的封国郑，协助武王灭商的吕尚的封国齐，以及以古帝王后裔的身份而授封的，如陈（虞舜的后代）、杞（夏禹的后代）、宋（殷商贵族微子）等，这些重要的封国，随着时间的推移，逐渐分化，到春秋战国时代，有的成为称霸主、行兼并的强国，有的则沉寂无闻，日益衰弱。

三、井田制下的宗族社会

　　周人是一个古老的农业部族，向以擅长农耕而著称，相传周人的祖先曾任尧舜禹的农官。从《诗经》的许多诗篇描述的情景来看，周人在耕作、土地整治、灌溉、施肥、选种和除病虫害等方面都有一定的技术积累。《诗经·小雅·北山》云："溥天之下，莫非王土"，周王名义上是最高的土地所有者，通过逐级的分封或赏赐，诸侯、卿、大夫等贵族成为土地的占有者。西周时代，农村的基层由村邑组成，村邑的农人便是这些土地的实际耕种者。文献中有关西周"井田制"的记述，学界尚无定论，从甲骨金文中"田"字的方块状看，学者相信在早期历史上存在过一种规划比较整齐、有一定亩积、一定沟洫系统的方块田制，而在具体实施时则不会像孟子所说的那样整齐划一，必定会根据实际情况有所变通。

▽　自部族时代以来，古老的聚落作为先人生活的根基，始终没有太大的变化，而土地归整个部族共同体所有的传统，也一直沿袭未变。不过，传统在此时已悄悄地发生了变化，原先的"集体共有"逐步成为"部族国家所有"，并最终归属为国君及各级贵族的占有。收益权逐级向上集中，由卿大夫、诸侯，直至周天子；而供奉的义务则逐级向下分摊，其最基层的则是农耕生产的基本单位，即落在个体家庭的身上。这一变化的结果，便形成了"金字塔"式的"上尖下宽"的分配结构以及"倒金字塔"式的产权关系。产权的"集体"性质越来越远离基层共同体，"共有"的关系越来越被稀释而淡化。

西周时代，农村的基层村邑，仍保持着按族聚居的习俗。对大量考古遗址、青铜铭文与文献资料的研究表明，"井田制"下的村邑成员仍保持着原先的按族聚居，血缘关系仍然是整合全体社会成员的纽带，这是中国的"封建制"不同于西欧"feudalism"的地方。部族时代盛行的维系共同体的宗族血缘关系，至此成为一种维系社会各阶层关系的制度，即宗法制。宗法制的核心是嫡长子继承制。周王自称天子，为天下共主，王位世代由嫡长子继承，奉祀始祖，是天下的大宗。嫡长子的兄弟受封为诸侯，为小宗，尊王室为宗周。诸侯（包括异姓）在其封国又为大宗，君位世代由嫡长子继承。其兄弟分封为卿大夫，为诸侯国的小宗，在其本族为大宗。世袭的嫡长子称为宗子、宗主，为本族的族长，在本族有祭祖的资格，有掌管财产与族人的权力，受族人尊敬。周王则是处于最高地位的总族长。

▽　周代的贵族分王室、诸侯、卿大夫、士等等级，其中士"一身而二任"，分属贵族的下层和平民的上层。他们是治者阶级，也是政治、法律、经济上的特权阶级。平民则有国人、庶人、工、商等等级。周代也有为数不少的、属于社会最底层的奴隶，但多数不务农耕。平民与奴隶构成了

❶　缪凤林：《中国通史要略》，东方出版社2008年版，第29页。

西周社会的被治者阶级。史书云："君子劳心，小人劳力"（《国语·鲁语下》），"劳心者治人，劳力者治于人，治于人者食人，治人者食于人"（《孟子·滕文公上》），正是西周社会治者与被治者、贵族与平民对立的写照。

　　分封与宗法的相互配合，将宗法血缘关系与分封的权利义务相联系，成为当时社会成员共同遵守的原则：小宗围绕大宗，卿大夫拱卫国君，诸侯藩屏周王，周天子则处于等级社会顶端的"天下"共主。宗法制、分封制、井田制构成了西周社会三足鼎立的制度主干，由此形成了以血缘关系来辨亲疏、定身份的社会等级结构。

⬭ 阅读书目

1. 瞿同祖：《中国封建社会》，上海人民出版社 2003 年版。

2. 晁福林：《夏商西周的社会变迁》，北京师范大学出版社 1996 年版。

3. 王家范：《中国历史通论》，华东师范大学出版社 2000 年版。

4. 宋镇豪：《夏商社会生活史》，中国社会科学出版社 1994 年版。

5. 张光直：《中国青铜时代》，生活·读书·新知三联书店 1983 年版。

第三章

历史大变动：
春秋战国

　　自公元前770年周平王东迁，至前221年秦统一中国，凡550年，是我国历史上的春秋、战国时期。"春秋"的名称源于鲁国编年史书《春秋》，"战国"一词，本指当时参与战争的强国，自汉刘向编《战国策》后，才以此作为时代名称。

　　春秋以后，周王渐失天下共主的地位，王室衰微，诸侯坐大。面对"礼崩乐坏"、下僭于上的局面，孔子喟然而叹"天下有道，则礼乐征伐自天子出。天下无道，则礼乐征伐自诸侯出"（《论语·季氏》），历史遂进入一个大动荡、大变革的时代：经济上，铁工具的使用提高了生产力，提升了自耕小农的地位，也促使土地关系、赋役制度的变革；政治上，国内权力纷争，政权下移，诸侯间强国纵横，迭为霸主，旋而造成七国争雄的态势；时势的激荡，促进了文化思想界的活跃，呈现出诸子百家竞相争鸣的局面。

　　春秋战国时代的变革，并非局部的、一事一物的兴替，而是由一系列相关性变迁运动构成的大变局。不仅涉及治道、政术、教化，更关系到政体，即国家根本体制的大变局。其动荡之激烈，变革范围之深广，为中国五千年历史所仅见。这一时期的变革是决定中国历史走向的一个大关节，由此而下，中国走向一条有别于西方的独特道路。

第一节
社会秩序的急剧变动

　　春秋战国时期，王室衰微，权力下移，政治重心由周天子逐渐转移到公室、卿大夫集团。以统治阶级"内争"为特色的社会秩序的急剧变动，最终造成了社会结构的统治者与被统治者两极化；道德标准新旧杂陈、行为伦理失去规范；军事征战日益酷烈，所有这一切都表明了历史进入一个大转型的时期。

一、诸侯争霸，政权下移

　　西周末年，周幽王废申后和太子宜臼，另立褒姒与伯服，申后之父申侯纠集缯侯、犬戎进入镐京，幽王被杀。申侯和诸侯立宜臼为王，是为周平王。此时，镐京已残破，京畿一带都为夷戎所有。平王无力恢复，于公元前770年，东迁都城于雒邑（今河南洛阳市洛水北岸、瀍水东西），史称东周。镐京原为西周时文化最发达的区域，周王所以能维持天下共主的局面，因其保有西、东两都之地。东迁之后，岐西之地尽与秦伯（即秦襄公），周王所辖仅剩雒邑周围一带，地小势弱，"晋郑是依"，王室衰微的大局已定，故后人常谓平王东迁为一大失策。❶

　　▽　春秋的起始年代，以前依鲁《春秋》的记事起于鲁隐公元年，即公元前722年，现多以周平王东迁雒邑之年为起始。至于春秋战国间的划分，史学界尚有不同的看法，或依司马迁《史记·六国年表》所载周元王元年（前476）为战国时代的开始，或以鲁哀公十四年，即鲁《春秋》记事至鲁

---

❶　吕思勉：《历史上之迁都与还都》，《吕思勉遗文集》（上），华东师范大学出版社1997年版，第48—49页。

哀公十四年（前481）为春秋战国间的划界。也有依《资治通鉴》所记韩、赵、魏三家分晋（前403）为战国开端。至公元前221年，秦完成对六国的兼并，统一中国，战国时代结束。

由分封制、宗法制和井田制三大制度所维系的西周社会秩序，经过270余年的时光腐蚀，到公元前8世纪末，已经是千疮百孔、支离破碎了，仅靠着历史的惯性还得以维持。平王东迁后，周王室表面上虽保持着"天下共主"的名义，实际上已丧失了对诸侯的控制。王室的财政拮据，不得不依赖诸侯的资助，政治上也受制于诸侯。周平王时，因与郑国发生矛盾，双方居然互派质子，史称"周郑交质"。王室的地位与诸侯相差无几。

▽　东迁雒邑之后，周王还经常用王畿的土地来赏赐功臣。不久，王畿从方圆六百里逐渐缩小至一二百里，地盘日小，人口日少，王室的财政也日见拮据，不得不向诸侯求助。史书中就有周王向诸侯"求赙"（丧葬费）、"告饥"、"求车"、"求金"的记载。王室衰微的同时，诸侯实力日渐强盛，原先诸侯有定期向天子朝聘、贡献的义务，现在转向对"霸主"朝贡。据《春秋》等书的记载，200多年间，鲁国朝见晋国33次，朝见齐国40次，而朝见周天子仅7次。周郑交恶时，周王率蔡、卫、陈三国之师前去讨伐，郑国国君居然率军抵抗，不仅大败王师，还射中周王肩膀。这在以前是不可想象的事。

春秋初期，大量戎狄由边境进入中原腹地，对各诸侯造成不小的威胁，中原诸侯国间也常有争端冲突。周天子既无实力、也无威望来号令天下，取而代之的是诸侯中称为"霸主"的强国。公元前7世纪中，齐桓公任管仲为相，实施改革，国力大增。旋以"尊王攘夷"为号召，首次以霸主的身份，挟天子以令诸侯。其间，列国间发生什么争端，都有齐国来调停或声讨；灭国绝世，桓公也要兴兵往救帮助复国。随后，宋襄公、晋文公、楚庄王等国君竞相仿效，霸主兴代迭出，史称"春秋五霸"。此等事情，原先只有周天子可以号令，现在却出自诸侯中的"霸主"，这便是古书上说的"礼乐征伐自天子出"向"礼乐征伐自诸侯出"的转变。

▽　后人以齐桓公、宋襄公、晋文公、秦穆公、楚庄王为"春秋五霸"，但诸国的霸业各有不同。齐桓公称霸时，山戎侵燕，桓公率军北伐，保卫燕

国；狄人灭邢国、卫国，桓公为之迁都复国，史称"邢迁如归，卫国忘亡"（《左传·闵公二年》）；又主持召陵会盟，阻止楚国的北进，重申周天子的共主地位；"兴灭国，继绝世"（《论语·尧田》），其举措、信誉颇得诸侯各国赞赏。桓公死后，诸子争位，齐之霸业即衰。宋襄公以二等之国欲谋称霸，泓之战被楚国大败，襄公图霸未成而被世人耻笑。晋国的霸业始于文公，时周王室内乱，靠晋文公之力得以平定。城濮之战，阻止楚国北进；殽之战，遏止秦国东进。后虽一度中衰，旋又恢复霸业，在五霸中称霸时间最长。秦国霸业与齐、晋不同。平王东迁，秦襄公勤王有功，被赐予旧都关中地区，并封为诸侯。故春秋早期秦国主要致力于关中一带与戎、狄争夺土地，到秦穆公时欲图向东发展，却遭到晋国的遏止，于是转而向西，"伐戎王，益国十二，开地千里，遂霸西戎"（《史记·秦本纪》）。楚庄王早有问鼎中原、代周而王天下之意。邲之战，楚大败晋军，中原主要小国纷纷倒向楚国。其后，楚与晋、齐、秦等十二诸侯会盟，中原诸国承认楚庄王的霸主地位。至春秋晚期，吴王阖闾、越王勾践也先后遵循楚庄王的方式北上争霸，故另一种说法是将齐桓公、晋文公、楚庄王、吴王阖闾、越王勾践列为"春秋五霸"。

到春秋中期，晋、楚争霸进入相持阶段。参与争霸的诸国，因连年的攻战，不仅消耗了国力，也引发各国内乱不断。而地处中原的诸多小国，经常只能在夹缝中求生存，饱受战争之苦。普遍的厌战、休战的思想最终促成了"弭兵"运动。公元前6世纪中，宋国的大夫华元、向戌两次呼吁召开列国间的"弭兵盟会"，至公元前546年，各国达成弭兵之盟。弭兵盟会是春秋政局的一个转折点，前此的北方大国争霸的战争暂告结束，而诸侯国的内争日趋激烈。

▽　宋国位于黄河下游，地处平原地带，地形难守易攻，争霸战事起，宋国便常常处于四战之地。与其近邻卫、郑、陈、蔡等小国一样，宋国对外不得不采取"二亲"政策，即楚强则亲楚，晋强则亲晋。但不管是亲晋、亲楚，附属国对霸主是"无岁不聘，无役不从"（《左传·襄公二十二年》），大国出兵攻战，附属国要陪着出兵，供应赋役。春秋前期七八十年的大国争霸，宋国被卷入战事达40多次，故较早就萌发了弭兵的要求。公元前579年，宋大夫华元首倡弭兵休战。公元前546年，宋大夫向戌再次约合晋、楚等国结盟。此后，延续100多年的大国争霸战争，终以"弭兵"结盟而告结束。

诸侯僭于天子，天子不能制；卿大夫僭于诸侯，诸侯也不能制。到春秋时代的中期，诸侯国内部的政治格局发生很大的变化。其时，卿大夫的势力已经养成，逐渐凌驾于诸侯之上。齐国的卿大夫田氏取代齐国国君，变姜齐为田齐，是为"田氏代齐"；鲁国的卿大夫季氏、叔氏、孟氏，取代鲁之国君而执掌鲁政，是为"三桓专鲁"。公室卑，私家强，政权的重心再次下移，出现了"礼乐征伐自大夫出"甚至"陪臣执国命"的局面，西周以来严整的政治秩序至此已经荡然无存。

▷ 齐国的田氏原是陈国贵族的后裔，因避陈国内争，逃奔齐国，遂立足于齐，并改姓为田。齐景公时，田桓子用大斗出贷，小斗收回，借以笼络人心。又联合鲍氏、栾氏、高氏灭掉执掌国政的庆氏，旋又联合鲍氏攻灭栾氏、高氏（齐惠公后代）。齐景公死后，田桓子之子田乞攻灭执掌国政的国氏和高氏（齐文公后代），拥立齐悼王，执掌国政。旋又杀齐悼王，立齐简公。田乞之子田常又杀齐简公，另立齐平公。到田常之曾孙田和，将齐康公迁到海边一小城，自己当上了国君。到公元前386年，周安王封田和为齐国诸侯，田氏代齐彻底完成。同样的情况也发生在鲁国。季氏、叔氏和孟氏，都是鲁桓公的后代，史称"三桓"。他们利用执政卿的身份，控制了公室的政权，又将原公室的二军改为三军，由季、叔、孟各领一军，掌握了鲁国的军权。到鲁悼公时，"三桓胜，鲁如小侯，卑于三桓之家"（《史记·鲁周公世家》），鲁国完全为"三桓"所控制。明末清初的思想家顾炎武在《日知录·周末风俗》中专论春秋战国间的社会巨变，他说："春秋时，犹言祭祀、重聘享，而七国则无其事矣；春秋时，犹论宗姓氏族，而七国则无一言及之矣；春秋时，犹宴会赋诗，而七国则不闻矣；春秋时，犹有赴告策书，而七国则无有矣。邦无定交，士无定主，此皆变于一百三十三年之间。史之阙文，而后人可以意推者也。不待始皇之并天下，而文武之道尽矣。"

二、春秋时期的改革

"尊王攘夷"❶、"兴灭国，继绝世"（《论语·尧曰》），齐桓公的称霸多少还带有西周时代的烙印，到后来秦、楚的争霸，问鼎中原，兼灭弱小，表明历史已进入一个以军事征战为特征的"霸道"时代。不管是主动发起争霸，还是被迫应战，军事征战关系到国家的生死存亡，国家的政治、经济等设置被纳入战争的轨道。战争需要大量人力、物力的投入，原先的财政征收、军队设施、人员数量等，都因不能适应大规模兼并战争的需要而发生变化。

▽　西周时，天子六军，诸侯三军，各级贵族虽然都有宗族成员和私属人员组成的军队，但人数上都有一定规定。春秋以后，为了适应日益激烈的战争，军队的数量不断扩大，人数急遽增加。如晋国，在晋武公时建有一军，晋献公时建有二军，晋文公建三军，后扩充到五军，到晋景公时建有六军，即不到100年间，晋国的军队便由一军扩充到六军之众。到战国时，各国普遍实行征兵制度，大致上，一个男子到达"傅"（成年登记户籍）的年龄，国家便可随时将他征调入伍，时间视战役的长短需要。一些大规模的战争，往往征调全国的壮丁而成倾国之师。此时，各国还建立起常备兵制度，选练一批勇士、力士充当常备的军队。

从"礼乐征伐"自天子出、诸侯出，逐级下移到大夫出，乃至"陪臣执国命"，随着政权重心的下移，新的执政者为了争取民众的支持，废除旧有的制度，推行一些有利于民众的新政策。如晋国在韩原之败后的"君命赏"而"作爰田"，六卿分晋时的推行大亩制等。春秋战国时期生产力的突飞猛进，冲击和突破了原来的社会组织和经济制度。齐国的"相地而衰征"，晋国的"作爰田"，鲁国的"初税亩""作丘甲"，秦国的"初租禾"等，虽然名目不同，其实质都是在军事战争、政治夺权和生产力发展的实际要求这三重压力之下而推行的土地、赋税制度方面的改革。

▽　公元前645年，秦晋在韩原（一说在今陕西韩城西南，一说在今山西芮城）交战，晋军大败，晋惠公被秦军俘虏，晋国"兵甲尽矣"。其时，晋地又发生饥荒，内外交困的晋国，为了挽回战败的颓势，采取了"作爰田""作州兵"两项措施。"作爰田"就是承认国人已经开垦的私田和新变动的田地疆界为合法，"作州兵"就是承认民众在州（国野间的中间地带）里开垦的荒地为合法，并要求他们同国人一样负担军赋。这两项措施都是

❶　《春秋公羊传·僖公四年》云："——夷狄也，而亟病中国。南夷与北狄交，中国不绝若线。桓公救中国而攘夷狄，卒怗荆，以此为王者之事也。"《论语·宪问》也云"管仲相桓公，霸诸侯，一匡天下，民到于今受其赐。微管仲，吾其被发左衽矣。"后人遂以"尊王攘夷"来赞许齐桓公的霸业。

为了增加军赋和甲兵。鲁国的"作丘甲"，也是出于"为齐难"，与晋为秦难而"作州兵"相同。在政权更替的过程中，新当政者总会颁布一些取悦民心的措施，如晋国的"君命赏"而"作爰田"，史书记载说是"赏以悦众"。到春秋晚期，六卿分晋，赵氏、魏氏、韩氏、知氏、范氏和中行氏废除了"步百为亩"的井田制，推行大亩制。其中，赵氏为获取民众的支持，所设的亩制最大，且不按亩征税；范氏、中行氏的亩制最小，且按五分抽一来征税。当时的孙武就说：赵氏的亩制最大，又不收地税，可以"富民"，因而可以得到民众的支持。他预测亩制最小的范氏、中行氏先亡，其次是知氏，再次是韩氏、魏氏，唯有赵氏能获得成功，"晋国归焉"。后来的历史发展大体如孙武所料，范氏、中行氏、知氏均亡，而赵、韩、魏三家分晋。

三、区域统一与民族融合

据《春秋》所记，自鲁隐公到哀公的240多年，列国间爆发的大小战争480余次，朝聘会盟也有四百几十次。孟子云："春秋无义战"，论其实质，都是大国霸主对弱小国家的侵占、掠夺和兼并。经过齐、晋、楚、秦等大国轮番的争霸战争之后，处于大国周围的许多小国相继被灭：齐国兼灭了30余国，成为东方的大国；晋国兼灭了20余国，成为中原的大国；楚国兼灭的国家最多，达到40余个，成为南方的大国；秦向西兼灭10余国，成为西方的大国。其他鲁、宋、吴、越等，也各灭数国。春秋初的140余个诸侯国，到春秋末，仅留下齐、楚、晋、秦、越、燕等数个强国，以及宋、鲁、郑、卫、蔡等小国。大国的称霸和兼并，拓展了中国的疆域，完成了区域性的统一，为以后全国的统一奠定了基础。

▽ 整个春秋战国时期，楚国所兼灭的小国最多。楚国以军事征服并灭他国之后，尤其是并灭一些北方小国后，将所灭之国的遗民迁移到南方地区、或其他地广人稀的地方去从事开发。如将郧国（原在湖北安陆，一说在湖北十堰市郧阳区）的遗民迁移到今江苏如皋东；将缪国（原在河南固始东北）的遗民迁移到今湖北应山西，后又迁到湖南资兴、武冈一带；将罗国（原在湖北宜城西二十里的罗川城）的遗民迁到湖北枝江、湖南汨罗及江苏南京市六合区等地。这种强制性的迁移，对亡国的遗民造成极大的痛苦和灾难，但客观上却加速了南方及一些地广人稀地方的开发。

在春秋初期，居住在中原地区的主体居民是华夏族，这是夏商周以来，逐渐吸纳许多不同来源的氏族部落而融合的族体。散布其周围或杂居其间的，还有许多尚未融合的氏族部落，文献上称其为夷、蛮、戎、狄等，或按大致方位称为东夷、南蛮、西戎、北狄，合称"四夷"。春秋大国称霸和兼并的过程，也是中原民族与周边民族融合同化的过程。如分布在今山东境内和淮水流域的夷族小国或部落，大都并入齐、鲁、楚等国；分布在今陕西、山西境内的狄族，大都并入晋、秦等国；分布在今甘肃、青海及陕西北部的戎族，大都为秦、晋所兼并；分布在今西南地区的巴、蜀、濮等少数民族，大都为楚国征服。而原先被中原诸侯视为"蛮"的楚、吴、越等南方大国，通过北上的争霸，一度与中原诸侯会盟，成为称霸时间或长或短的霸主，逐渐加入了诸夏的集团，俨然已是华夏族的一分子了。

    ▽　春秋时代的华夏与诸夷区分，并非种族上的不同，而是文化上的差异。按当时人的看法，大抵文化水平比较高，或遵行周礼的那些地区及其居民，都属于夏，或诸夏；那些文化水平比较低，不遵循周礼的地区及其居民，都属于夷，或称蛮夷等。如姬姓戎族与周人同源，而诸夏仍视其为戎，他们也自称为戎。越国的公室是夏人之后，吴国的公室是周人之后，但诸夏都视其为蛮，他们也自认为蛮。所谓"饮食衣服不与华同，贽币不通，言语不达"（《左传·襄公十四年》）。这些夷蛮小国或部落，星罗棋布地散布在中原诸侯国的周围，或成为其附属国，或直接被其兼并。据《左传·哀公十七年》所记，卫国太子蒯聩一日登城赏景，望见一处部落，问知是戎州，便说："我，姬姓也，何戎之有焉？翦之。"卫国初封在"殷墟"一带，后受狄族的侵扰，迁至今河南滑县一带，又迁至今河南濮阳。可见当时中原一带仍杂居着许多夷蛮部落或小国。

华夏与诸夷的区分，不在种族、地域，而在文化上的差异，"诸侯用夷礼则夷之，进于中国则中国之"[1]，这是春秋时期民族大融合的特点。大约在春秋前期，中原诸国强调华夷之别，主张华夏诸国应该团结一致，共同对敌，故有"尊王攘夷"之议，有"德以柔中国，刑以威四夷"（《左传·僖公二十五年》）的观点。至春秋后期，中原诸

---

[1]　韩愈：《原道》，《韩愈集》，严昌校点，岳麓书社 2000 年版，第 147 页。

夏更强调华夷的转化，从单纯的讨伐征战转向与其互利交往，如晋国的"和戎"政策。孔子云："远人不服，则修文德以来之，既来之，则安之"（《论语·季氏》）。其实，长期的杂居、交流，四夷已深受华夏文化的影响，像楚、吴、越等国原来文化水平较高，并非真正的蛮民，彼此融合同化就更容易了。总之，上古历史上的不同民族，至此逐渐融合成一个华夏民族了。

　　▽　自商周以来，戎狄一直在西北部与华夏族对立，时战时和，其中受其影响最深的当属晋国。故春秋前期，晋国对狄人的对策，主要是讨伐征战。狄族有白狄、赤狄和长狄三支，晋襄公时与白狄在箕（今山西太谷东）的会战，晋景公时对赤狄的讨伐，都是当时规模较大的战争。公元前569年，戎族无终部落派人向晋贡物求和，晋悼公想不应允，大臣魏绛陈说与戎和好的五大好处：戎人重货物，轻土地，可以以货物与之换土地，此一利；戎人不来侵扰，边境安宁，不害农事，此二利；戎人臣服晋国，足以震动四邻，诸侯知道晋国有实力，也倾心归服，此三利；用德政去安抚戎人，不动干戈，不耗国力，此四利；以德服远人，戎人来朝贡，国内也安宁和睦，此五利。晋悼公听了大喜，便派人与戎讲和结盟。从此晋国无后顾之忧，倾全力与楚争霸，故有晋悼公的复霸。

第二节
经济的突飞猛进与社会组织的改变

　　战国时期，铁制工具、耕牛的使用，不仅提高了生产力，繁荣了社会经济，也使一般民众政治身份、社会地位发生了变化。贵族因经济实力的下降而日趋没落，手工业者、商人获得了独立的经济地位，小农则摆脱了身份束缚而成为数量众多的自耕小农，并逐渐成为诸侯各国的立国基础。

一、铁器、牛耕与耕地拓殖的高潮

考古资料的显示，至少在春秋时期，我国历史已进入了铁器时代。尤其是春秋中晚期，如同雨后春笋一般，考古学家在许多考古遗址上发现铁器（图3-1）。这似乎表明，铁器制作及其使用，在春秋战国时期有一个突飞猛进的发展。从时间上看，大约春秋早期的铁器使用还较少，中晚期逐渐增多，进入战国以后，冶铁业已成为当时发展最快的一门产业。从地域分布上看，铁器的制作、使用由西向东、由北向南推进扩展，早期仅集中在西北地区和河南西部的秦、虢等国，中晚期已遍及周、郑、燕、齐、鲁、吴、越、楚、蜀等各地。

图3-1
春秋战国时代的铁器工具

▽　人工冶铁术的出现，标志着历史已进入铁器时代。1987年在甘肃灵台景家庄秦墓中出土了一把铜柄铁剑，1990年在河南三门峡虢国贵族墓中也发现了一把铜柄铁剑，时间上都属于春秋早期，是迄今为止发现的较早的铁器制品。在古代世界，我国人工冶铁的出现时间是较迟的，但是由于发明了生铁的冶炼和生铁的柔化技术，故在冶炼技术上反而走到了世界的前列。柔化技术成功地克服了生铁硬而脆的缺点，为铁器制品的广泛使用提供了条件。

《国语·齐语》云："美金以铸剑戟，试诸狗马；恶金以铸锄、夷、斤、斸，试诸壤土。"❶大约早期的铸铜冶铁，主要用于制造武器、礼器；春秋中晚期以后，则普遍地使用于农具、手工业工具、礼器、日常用具等。考古资料也证实，当时铁制农具的种类颇多，有铁舌、铁铲、铁镰、铁锄、铁钁、铁锛等，吴、越地区还出土过成批的青铜农具和制作陶范。孟子与许行辩论，曾质问："许子以釜甑爨，以铁耕乎？"（《孟子·滕文公上》）可见战国中期铁农具的使用已经很普遍了。虽然铁质农具还不能完全取代木、石、骨等农具，但它的出现和逐步推广普及，对于农田的开垦和耕作方式的进步具有划时代的意义。

---

❶　"恶金"是铁与否，学界也有不同的意见。

与铁农具同时出现的，还有牛耕。《国语·晋语》云："夫范、中行氏不恤庶难，欲擅晋国，今其子孙将耕于齐，宗庙之牺为畎亩之勤"。说内争失败的晋国贵族的后代，逃到齐国当农民，将宗庙中用作牺牲的牛改用来耕地。❶《论语·雍也》云："犁牛之子骍且角，虽欲勿用，山川其舍诸？"这明确表明一般耕牛已不用作祭品了。《史记》等古书记述孔子弟子的名字，其中就有"冉耕，字伯牛"，"司马耕，字子牛"。学者认为，将牛、耕、犁用于人名字号，可以想象以牛拉犁耕地是当时新出现的一种生产场景。

▽ "大田多稼，既种既戒，既备乃事。以我覃耜，俶载南亩。播厥百谷，既庭且硕，曾孙是若。"这是《诗经·小雅·大田》篇的诗句，《诗经》中保存着很多这类歌咏农事的诗，从中可见当时农人的耕作状况。据《管子·轻重乙》所云，战国时代的小农，其必备的种地工具是"一耜、一铫、一镰、一耨、一锥、一铚"。可见春秋战国之际，农业耕种主要还是以人力为主，耕牛的使用尚未普遍。当时耕种的方式，大概先是刈草伐木，疏凿沟洫，辟荒野为耕地。耕种时两人推耜以翻土（称为"耦耕"），除草翻土之后，按节候播种不同的谷物，还要除虫、去莠（称为"耘"）、培土（称为"耔"）、施肥，等等。到了收获时节，农人"筑场圃""纳禾稼"，再将谷物加以舂治，入仓收藏。

春秋初年，中国境内还存在着大量瓯脱抛荒地，即使是在中原地区，国与国之间的空隙荒地也到处可见。这些野兽出没、树木丛生的瓯脱荒地，因铁器与耕牛的使用而获得了开发，从而引发了春秋战国年间土地拓垦的风潮。《管子·牧民》云："地辟举，则民留处"，"野芜旷，则民乃营"。《商君书·算地》也云："为国之数，务在垦草"。战国时代的学者大都呼吁政府重视荒地、泽薮的开辟，各国也纷纷颁布关乎土地垦辟的法令，鼓励民众开垦荒地。经过春秋战国时代的持续垦殖，国与国之间的隙地以及周边的荒地、林地、草场等，都变为农田，有些地方甚至出现了许多新城邑。

▽ 平王东迁时，郑国迁到位于中原中心的新郑（今属河南），这里还是一片荒野，郑人还得"斩之蓬蒿藜藿而共处之"（《左传·昭公十六年》）。晋国用来处置姜戎的"南鄙"，靠近黄河，也是中原之地，初时也是"狐狸所居，豺狼所嗥"，后来经过戎人"除翦其荆棘，驱其狐狸豺狼"（《左传·襄公十四年》），才能居住。经过春秋战国年间数百年的持续开垦，黄河中下

游地区的荒地、林地纷纷变为农田，关中地区河流两侧的森林也消失了。河北中部平原黄河下游漫流经过的地区，春秋时期还有宽七八十里的渺无人迹的地带，到战国时已经为新出现的几十个城邑填满。❷

铁器工具、耕牛的使用，以及施肥技术、农田水利技术的应用，提高了农业的单位面积产量。农业生产水平因自然与历史条件上的差异，各地的发展水平很不一样。在当时较为先进的魏国，一般每亩可产出粟一石半，最好的年成可达六石。冬小麦在中原地区种植后，夏季还可播种秋熟的谷物，故早在春秋初年成周地区已经施行了一年两熟制。齐国地区则在收割大麦之后再播种粟苗，也施行一年两熟制。一年两熟制的推广，提高了农业的产量，大致一夫百亩，"百亩之粪，上农夫食九人，上次食八人，中食七人，中次食六人，下食五人"（《孟子·万章下》）。农业财富的增加，为春秋战国之际的人口增殖提供了保证。

二、社会基层组织的变化

农业生产力的大幅提升和私田、荒地的不断开垦，西周以来的井田制度发生了危机，井田制下的公田耕作荒芜了，"维莠骄骄""维莠桀桀"（意为野草丛生，《诗经·齐风·甫田》），"民不肯尽力于公田"（《春秋公羊传·宣公十五年》何沐注）。《吕氏春秋·审分览》云："今以众地者，公作则迟，有所匿其力也；分地则速，无所匿迟也"。井田制下的公田共耕制不能维持，统治者只得另行安排赋税征收的新办法。于是，诸如"相地而衰征""作爰田""初税亩"等一系列新的赋税制度应运而生。新的赋税制度的推行，不仅加速了井田制的瓦解，也促使社会组织尤其是农村里的基层组织"村社"发生了变化，出现了大批"一夫百亩"式的自耕小农。

▽ 《汉书·食货志》云："今一夫挟五口，治田百亩，岁收亩一石半，为粟百五十石，除十一之税十五石，余百三十五石。食，人月一石半，五人

---

❶ 也有学者认为，这里的"牺"是指人非指牛，意为原是宗庙祭祀的主人，现在被放逐于畎亩之中。

❷ 谭其骧：《西汉以前的黄河下游河道》，《长水集》（下），人民出版社1987年版。

终岁为粟九十石，余有四十五石。石三十，为钱千三百五十，除社闾尝新春秋之祠，用钱三百，余千五十。衣，人率用钱三百，五人终岁用千五百，不足四百五十。不幸疾病死丧之费，及上赋敛，又未与此。此农夫所以常困……"《汉书·食货志》这一段记载，是战国初年李悝对"一夫百亩"的估计。当时自耕小农家庭一般都是"五口之家"，一年所获，除去"十一之税"和衣食支出，已所剩无几。这还是如墨子所说的："以其常正（征），收其租税，则民费而不病。"（《墨子·辞过》）实际上，战国年间由于连年的征战，统治者除了"常征""常役"之外，还要"厚作敛于百姓，暴夺民衣食之财"（《墨子·辞过》）。孟子也云："有布缕之征，粟米之征，力役之征。君子用其一，缓其二。用其二而民有殍，用其三而父子离。"（《孟子·尽心下》）所以孔子说："耕也，馁在其中矣。"（《论语·卫灵公》）

自鲁国施行履亩而税的"初税亩"之后，到春秋后期，中原各国都已采用了按亩征税的制度。一方面国家承认自耕小农对私田、荒地的开垦占有，另一方面国家凭借对土地的最高所有权，对自耕小农实施按亩而税的租税征收。到战国时代，魏、秦等国都推行按户籍身份授田的制度。按《魏户律》规定，除了赘婿、贾门等，根据户籍上所立的户，按户授给田地和宅基。秦自商鞅变法之后，也施行按户籍身份授田制，规定"百亩给一夫"，耕作者必须每年按授田之数上缴定量的租税，包括禾稼（粮食）、刍（饲料）和稾（禾秆）三项。租税入仓库，必须登记簿籍，上报到内史。战国时期，与内史并列的另一个财政机构少府，在秦、赵、韩等国都已创设[1]，其职责之一就是征收人口税，秦的"初为赋"就是按户征收的人口税。这种按身份授田的自耕小农，在战国时已普遍存在。由于小农人口众多，个人承担的看似数量不多的租税、人口税，如同"涓涓流水汇成江河"，汇总到国君手里，就成为国家财政收入的主要来源。[2]自此以后，自耕小农成为各国君主乃至历代皇朝政权的立国基础。

▷　自井田制瓦解之后，统治者需要找到一种新的财政来源，以保证国家机器的正常运转，这就是出自土地的租税和出自人头的人口税。到战国中后期，迫于战争的压力，各国所征获的赋税越来越多。《史记·张仪列传》说"积粟如丘山"。《战国策》说楚、赵、燕诸国都有"粟支十年"的积累。韩国素称地狭土瘠，"一岁不收，民不厌糟糠"，居然养着"带甲数十万"（《战国策·韩策一》）。魏国养有"武士二十万，苍头二十万，奋击二十万，厮徒十万，车六百乘，骑五千匹"（《史记·苏秦列传》）。如此庞大的军队，自然需要高额赋税来供养。为了保证财政赋税的顺利入库，督促缴纳的官员及其法令也应运而生。《史记·廉颇蔺相如列传》记载赵国平原君家不肯出租，赵之田部吏赵奢"以法治之，杀平原君用事者九人"。作为赵国的贵公子平原君尚且如此，至于一般的自耕小农只能是俯首听命了。

第三节
"大一统"的前奏：各国变法

春秋时期开始的改革初潮，到战国时蔚然成风。由于战争的加剧，各国改革遂以富国强兵为主旋律。早先的改革大都出于一时考量和一时一事的应对，至商鞅变法，才有全面改革和通盘规划，达到改革的高潮。各国的改革，虽然各有侧重，却大致同步地体现政治体制的全盘转型，并预示着历史逐渐由分立走向统一。

一、改革的初潮

公元前8世纪起的争霸战争，催生出诸侯各国的改革初潮。其时，各国君主都能礼贤下士，起用有才能之人，内理国政，外争霸主，遂成各国仿效的一种风潮。齐桓公得风气之先，即位后任用管仲进行改革，一跃而成春秋时期的首霸。晋文公重耳即位后，重用狐偃、赵衰，整顿内政，外事勤王，继齐国之后而成第二个霸主。秦穆

---

❶ 少府掌管君王的财政收入，秦称"少内"。

❷ 程念祺：《大一统与国家财政的"大国效应"》，《国家力量与中国经济的历史变迁》，新星出版社2006年版，第148—163页。

公在位时，任用百里奚、蹇叔等名臣治国，称霸西戎。到春秋晚期的吴越争霸，吴国任用伍子胥、孙武来整顿、治理国家，越国则以文种、范蠡为辅佐。即使是一些中小诸侯国，也积极图谋改革，以求自保。如处于四战之地的郑国，起用子产为执政，进行内政改革，在列强争霸的夹缝中图得生存。

　　▽　春秋战国时代，一些有远见的统治者都懂得，要在列国纷争的局势下称霸占先，必须先进行国内的政治、经济、军事等方面的变法改革，变法需要有才能之士。他们认识到，列国间争胜之关键在于变法改革、强盛国力；而变法改革的关键在于能否得到有治国兴邦的才能之士。所谓"夫争天下者，必先争人"（《管子·霸言》），"夫尚贤者，政之本也"（《墨子·尚贤》）。所以，到战国初年，礼贤下士已成为普遍的风气。统治者招贤纳士，往往直接委以政治重任，进行国内改革。

春秋时期开始的改革初潮，其重点在于落实赋税的征收和扩大士兵的来源，这主要是应对争霸战争的需要。进入战国以后，列国竞争、兼并的形势更加严峻。与春秋时代的大国争霸不同，战国时代的战争异常激烈和残忍。各国都倾其全力于战争，征发的军队动辄就是几十万，甚至"带甲百万"。骑兵、步卒的野战代替了原来的车阵战，征战的目的也由原先的以取俘夺货、屈服敌方为主，转变到占夺土地、歼杀敌方有生力量为主。邦国的数量逐渐减少，大国的幅员一再扩大，国与国之间缓冲地的消失，最终形成魏、韩、赵、齐、燕、秦、楚七个大国，史称"战国七雄"。七国间的攻城略地、吞并灭国的战争，将战国时代的改革变法推向了高潮。

　　▽　春秋时代的战争，通常采取的是车阵战（图3-2），作战的双方往往在平坦的地方排列好车阵，然后交战。某方的车阵一旦被打乱，就可视为战败，因为打乱的车阵很难重新排列继续应战。所以，春秋时期的战争，如城濮之战、邲之战、鞍之战，都是一经交战，即刻可以决出胜负。作战双方的将领，大致还能礼尚往来，温文尔雅。到战国时期，步兵、骑兵成为主要的兵种，作战军队的数量大为增加，以步兵、骑兵为主的野战和包围战逐渐代替了车阵战。战场通常都选择在险要之地，战争往往旷日持久，有的要持续好几年。战争的残酷性也大大加剧，所谓"争地以战，杀人盈野，争城以战，杀人盈城"（《孟子·离娄上》），如马陵之战、於之战、长平之战等，斩首的敌方将士都达到数万甚至数十万。

图3-2
春秋时代的战车复原模型

　　战国时代的变法，以公元前406年的魏国李悝变法开其端。李悝改革的主要措施有三：一是废除世卿世禄制度，"夺淫民之禄，以来四方之士"（《说苑·政理》），即剥夺凭借世袭制而无功受禄贵族，按"食有劳而禄有功"的原则，按功劳之大小封爵，按才能大小派官；二是"尽地力之教"（《汉书·食货志》），国家倾全力发展农业，鼓励耕作，实行"平籴法"（即国家在丰年按平时价格收购粮食，歉收或灾年也按平时价格出售粮食，以此来稳定粮食价格）保护小农；三是制定《法经》六篇，并加以推行。其中世卿世禄之制的废除，后为楚国、秦国的改革所继承，遂成战国时代变法改革的主旋律，世卿世禄制度的废除，意味着春秋以来贵族阶级已行将消亡。20余年后，吴起在楚国实行变法。再过30余年，齐、秦、韩三国几乎同时推行改革：齐国是邹忌的变法，秦国是商鞅的变法，韩国是申不害的变法。这些改革都具有不同于以往的新特征。其中，秦国的商鞅变法实施最彻底，措施最全面，效果最持久，影响最深远。

　　▽　史学家柳诒徵对春秋战国之间贵族、平民阶层兴替的原因，有一番深入的分析，他说："春秋之时，多世卿执政，其由布衣崛起，骤至卿相，不

数数见也。至战国而风气一变。篡人下士，抵掌游说，往往取贵族世臣之权而代之，而阶级之制遂以渐泯。盖当战国之初，篡位夺国者皆强宗世族，其人虽甘冒不韪，恒惧他人之师其故智。……故思以好贤礼士之名，罗致疏贱之士，畀以国政，而阴削宗族大臣之权，以为其子孙地，此一因也。疏贱之士，既握政柄，必与贵戚世臣不相容，恃其言听计从，则力排异己以为快，虽有因之失败如吴起、商君之类者。……而游士相踵，争取高位，贵族不能一一倾之，而列国之风气，以之大变，此二因也。国家积弱，宗族大臣不能自振，则人主急于求士，士亦争往归之，此三因也。……数千年之贵族政治，以此三因，遂渐转而入于平民之手，岂非至奇之事乎？！"❶

二、秦国后来居上

秦本姓嬴，西周初年才列为大夫，因地处西陲，又称为"西陲大夫"。秦国地处西北，长期与"戎狄"相处，在社会习俗和伦理观念上深受其影响。秦国一直没有形成严格的宗法制，君位的继承常常是"择勇猛者立之"（《春秋公羊传·昭公五年》何沐注）。秦人"父子无别，同室而居"（《史记·商君列传》）；往往以小利之故，兄弟之间不惜翻脸乃至相互残害；婆媳之间稍不愉快，便会互相谩骂。秦国的这种无宗法、轻伦理、重功利的文化特征，与中原各国截然不同，为各诸侯国瞧不起，视为戎狄，斥之为"不同禽兽者亡几"（《汉书·贾谊传》），甚至诸侯会盟也不让秦国参与。平王东迁时，秦襄公因护驾周王有功，晋封为诸侯，秦的立国由此开始。终春秋之世，秦国的东向发展始终不能得志，不得已而致力于西部的开拓，一度称霸西戎。进入战国以后，90余年的时间，秦国一直处于内乱之中，国势日趋削弱，对外屡遭败绩。尤其是魏国经变法之后，实力大增，夺取了秦国的河西之地（今陕西、山西二省间黄河南段之西），迫使秦退守防御。直到秦献公即位以前，秦国始终是七国中最弱的一国。

公元前384年，秦献公即位，掀开秦国变法改革的第一页。献公曾寄居于魏国，对魏国的变法印象深刻。继位后，旋推行了一系列新政措施：废除人殉的习俗，将秦国都城由雍城（今陕西凤翔南）迁到栎阳（今陕西西安市阎良区东南），将民众按"什伍之制"编入国家户籍，又在边地推行县制，以强化国君对边境地区的控制。秦献公的改革，扭转了秦国的颓势和被动挨打的局面，为秦孝公时的商鞅变法打下了基础。

▽ 西周春秋以来，在宗法制的制约下，各国的执政者，大都由宗族成员来担任，宗族以外的人，很少能受到重用。唯秦国没有严格的宗法制，同族人被重用的不多，而外来的人才却能获得信任和重用。所谓"夫物不产于秦，可宝者多；士不产于秦，而愿忠者众"（《史记·李斯列传》），得到历代秦国国君重用的外来客卿有百里奚、蹇叔、由余、丕豹、公孙枝、白乙丙、西乞术、孟明视等。正是这种不限于宗法制下"亲""贵"界限、善于吸收和使用外来客卿的传统，使秦国得到了大量的人才，在列国竞争中摆脱困境、后来居上。

商鞅，卫国人，好法家学说。早年在魏相公孙痤的门下任事，未得魏王重用。闻秦孝公求贤，携《法经》入秦，向孝公进说富国强兵之术，大获孝公之赞赏。公元前356年，秦孝公任命商鞅为左庶长，实行第一次变法，主要内容有三：一是颁布《垦草令》，实行奖励垦荒、奖励耕织的政策。规定：凡由耕田和纺织而生产粟帛多的人，可以免除自身的徭役；凡经商或怠惰而贫困的，连同妻子儿女一同没为官奴。二是奖励军功，打击世卿世禄制。规定：按军功授予爵位、田宅，军功以斩得敌方首级多少为计。宗族贵族无军功不能列入公族簿籍，不能享受宗族特权，"有功者显荣，无功者虽富无所芬华"（《史记·商君列传》）。三是编制户籍，实行什伍连坐，使邻里之间相互监督，同罪连坐。

▽ 商鞅认为，耕织是生产之本，故称为"本业"；而工商业是不事生产的，故称它们为"末业"。商业只是靠转贩粮食、丝织品、布匹等产品来牟利，工商业的经营，只会妨碍农业。国家唯有推行重本抑末的农耕政策，将农民固着在土地上，使他们一心农耕，不事它业，不作迁徙，才能保证国家的赋税来源和兵源。所以，商鞅将"事末利"者和"怠而贫"者同论，法律加重惩罚，将他们的妻子、儿女都一同没为"官奴婢"。商鞅变法时，再次编造户籍，并实行什伍连坐法。即一家"犯罪"，其余四家就要连坐。五家相互监视，发现有"奸人"，应向政府告发，告奸者可以得到同在前线

❶ 柳诒徵：《中国文化史》，上海三联书店2007年版，第271—272页。

杀敌一样的奖赏；如果隐瞒不报，就要受到同"奸人"一样的处罚，藏匿
"奸人"，也要受到和投降敌人一样的刑罚。

　　新法推行几年后，效果逐渐显现，商鞅也被提升为大良造❶。前
350年，为适应向东发展的需要，秦国将国都迁到了咸阳（今陕西咸
阳东北窑店镇附近），并下令第二次变法，内容有："开阡陌封疆"，
废除井田制；普设县制，将许多乡、邑、聚合并为县，建置40余县。
县设县令、县丞、县尉，掌管地方民政、军事等。创立了按丁男征赋
办法，规定民有二男以上不分异者，倍其赋。此外，还统一度量衡，
颁布度量衡的标准器。

　　▽　公元前341年，商鞅向秦孝公建议出兵伐魏，并说此时伐魏，魏必败
　　走东迁，秦可以东向以制诸侯。次年，商鞅率军攻魏，魏国君魏惠王派公
　　子卬率军前去抵挡。以当时秦魏双方兵力论，秦国很难迅速取胜，商鞅自
　　忖正面交战不利，便设计诈取公子卬。原来商鞅在魏国时，与公子卬交往
　　甚密，便致函公子卬，佯称自己"不忍相攻"，愿罢兵和好，并邀他前来
　　饮酒会盟。公子卬信以为真，如约来到秦军大营。商鞅表面热情款待，举
　　行会盟，趁双方祝酒之际，埋伏之甲士蜂拥而入，将公子卬擒获。商鞅下
　　令发兵袭击，魏军失去主帅，又毫无防范，被打得四处逃散。战后，魏国
　　只得割河西之地向秦求和。此战获胜，秦国一改以前对魏国的劣势，商鞅
　　也因战功受封於（今河南西峡境）、商（今陕西丹凤西北）十五邑，号称
　　商君。

　　秦国所变之法，大都取法于齐、魏、楚国的改革措施，但无一不
在秦国的改革中推之极致。结果，"壹"民于农战，将秦国的政治设
置、经济制度乃至社会组织等全方位地纳入富国强兵、兼并征战的轨
道。商鞅变法后，秦国后来居上，国力骤然强盛。
　　与其他各国的改革一样，新政的推行总会受到国内守旧势力的激
烈反对。公元前338年，秦孝公去世，秦国的旧势力诬告商鞅谋反，
商鞅闻讯出逃，在其封邑内抵抗失败，被处死。所不同的是，战国时
期的大多数改革都是人在政在、人亡政息。唯秦国是商鞅虽死，新
法犹存。商鞅死后，仍有大批法家人士留在秦国，为秦国君主献计
献策。在商鞅死后70余年，荀子对秦国的社会状况作了这样的评析：
"入境观其风俗，其百姓朴，其声乐不流汙，其服不挑，甚畏有司而
顺，古之民也。及都邑官府，其百吏肃然，莫不恭俭敦敬、忠信而不

楷，古之吏也。入其国，观其士大夫，出于其门，入于公门；出于公门，归于其家，无有私事也；不比周，不朋党，倜然莫不明通而公也，古之士大夫也。观其朝廷，其朝间听决，百事不留，恬然如无治者，古之朝也。故四世有胜，非幸也，数也。"（《荀子·强国》）。换言之，秦国能保持四世的强盛，非侥幸取得，而自有其制胜之道理。

三、政治体制新雏形

西周时的封邦建国，通过层层分封，使得权力分散在诸侯、卿大夫等各级贵族手中，世卿世禄又保证了他们的特权世系。这种具有层层分权和血统世袭特征的政治体制，经春秋战国年间的变法改革，逐步被中央集权和官僚制度为特征的政治体制所替代。

春秋战国间，在国君之下出现了一整套以相和将为首脑的官僚机构。相是百官之长，助国君总领百官、处理政务；将是武官之长，负责统领军队，对外征战。国君身边还有秘书性质的御史，次一级的武官称尉，还有相当于国君侍卫的郎中，主管田租征收的内史，主管口赋等以给国君"私养"的少内等。官员之被国君任命和重用，不以出身、履历为限，大都因其才能和功绩。国君给予官员的报酬，一般已不是食有封土，而是食有俸禄。所谓"臣尽死力以与君市，君垂爵禄以与臣市"（《韩非子·难一》）。总之，任命制和俸禄制，构成了君臣之间的新关系。

> ▽　重能力，重军功；淡身份，淡血缘，是为当时官员任命和重用上的一般趋势。如商鞅虽是"卫之诸庶孽公子"，但家道没落，年轻时只能为公孙痤之家臣；苏秦自称"东周之鄙人"，出身于雒阳附近贫苦农人之家；蔺相如相赵之前，为宦官之家臣；李斯"乃上蔡布衣，闾巷之黔首"；范雎游说诸侯时，"家贫无以自资"；赵将廉颇、秦将白起、王翦等都是平民出身；申不害是"故郑之贱臣"，秦国上卿姚贾为"世监门子，梁之大盗，赵之逐臣"。他们或上书自荐，或游说诸侯以获重用，有些则因军功而升任将军，

---

❶　大良造，即大上造，秦国行二十等爵制，大良造为秦爵的第十六级，相当于中原各国相国兼将军的官职。

也有经国君亲信之推荐而获重用。其经济来源，初时常有国家赏与禄田、赏田或赐田，战国后大都改用一定数额的粮食作俸禄。孔子任鲁国之司寇，"奉（俸）粟六万（斗）"。当时，秦、燕等国以石、斗计，齐、魏等国用钟来计，楚国用担计。按官员级别，分有数十石、数百石、上千石、千钟、万钟、万担等。官员一旦离职，俸禄即告取消。当时也有一些有能力的旧贵族被国君任命为新官僚，如赵之平原君赵胜、秦国大将樗里疾等。也有贫寒出身因功劳卓著而授以封地封号的，如范雎、田单等。但战国时代的封君之封地主要是食税之用，与春秋以前的实有封土之封君大不相同。❶

战国后，地方行政组织也有巨大变化，此即郡县制度的产生和逐渐普遍化。早在春秋初期，县就为国君直接控制的领邑。不同于卿大夫之封邑，县的长官由国君任命，不能世袭，县内有一套完整的政治、军事组织，便于落实军赋、军役的征发。随着兼并战争的频繁，"灭人之国者，固已为县"（《日知录·郡县》）；也有如秦国变法，集乡、邑、聚而合并为县，县的数量逐渐增加。郡的组织，初也设于边地，因其面积较县为大，后在郡下分设若干县，遂形成郡县两级制度。至战国中期，兼并战争愈益激烈，各国都在边境或交界地带设郡。商鞅变法后，秦国独强，不断兼灭他国，每得新地，必设新郡。这样，秦灭六国，郡县之制便遍及全国。在县之下，还有乡、里、连、间、伍等基层组织。由此，国君的权力逐步集中，通过任用各级官僚，实现自上而下层层控制的政治体制初具雏形。

图3-3
战国时代的虎符

▽　战国时期，与中央集权和官僚政治相配套的“玺”“符”制度和上计制度也已建立。“玺”即官印，是政令或来往公文的凭信，无此凭信，政令不能生效。“符”用作军队调发的凭信（图3-3），按秦国的规定，“甲兵之符”，右半归王掌握，左半归将领掌握，凡发兵五十人以上必须会合王符。同样，官员、将领的任免，也以“玺”“符”为凭信，任命时授予，免职时收回。“上计”是对官员之考绩制度。“计”，即“计书”，指统计的簿册。范围包括仓库的存粮数，垦田、赋税数，户口统计及地方治安等情况。《商君书·去强》篇云：“强国知十三数：竟（境）内仓口（库）之数，壮男壮女之数，老弱之数，官上之数，以言说取食者之数，利民之数，马、牛、刍、稾之数。欲强国不知国十三数，地虽利，民虽众，国愈弱至削。”这十三数，就是“上计”所统计的数字。上计由国君亲自考核，政绩不佳者，即可免职。丞相或高级官员对下级的考核也用此法。

第四节
诸子竞起与“百家争鸣”

　　政治结构的转型和社会伦理的失序导致了精神思想界的困惑，“学在官府”禁锢的被打破，士阶层的脱颖而出，促成了知识分子自由争辩的局面。诸子蜂起，学派并作，辩诘于学堂，争鸣于讲室，为治理社会、安定人心设计了各种方案，形成自由议论的时代风气。

❶　在官僚制度形成的初期，仍有一些有相当能力的旧贵族进入新官僚的行列中，如齐国的孟尝君田文、魏国的信陵君魏无忌等，他们原就是食有封土的封君，在其封地内仍有行政权、世袭权或私人军队。如孟尝君就曾一度“中立于诸侯，无所属”。

一、士之兴起与活跃

"封建"时代，等级森严，学术文化都为王国官府所掌握，都在贵族阶层内传授学习。自平王东迁之后，官府所藏之典籍散布于四方，居官任职的贵族，多失其官守，自天子畿内四散到诸侯各国或民间。于是，西周的王官之学一变而为民间的私家之学。

春秋以前，士是贵族中的最底层，他们身通"六艺"，熟知传统的文化知识，通常为卿大夫的家臣，或各类底层官吏。春秋以后，固定化的封建等级逐渐被打破，上层贵族或失国，或没落，其后代子孙遂下降为士，甚至庶人；平民中的庶人，或因战功受赏，或因学术仕进，则纷纷上升为士。到春秋晚期，士庶间的界限已经模糊不清了。从各个阶层中游离出来的贵族、平民，渐渐合流于士的阶层，士阶层的兴起和扩大，成为春秋战国之际的一大特点。

▽   庞大的士阶层，出于多种来源。孔子弟子颜回，其祖先十四世皆仕鲁为卿大夫，至颜回祖父，则已降为"邑宰"了。孔子本人也是从殷的后代沦为"吾少也贱，故多能鄙事"的士。所谓"三后之姓，于今为庶"（《左传·昭公三十二年》），这是贵族的下降。《左传》载赵简子伐郑誓词云："克敌者，上大夫受县，下大夫受郡，士田十万，庶人工商遂，人臣隶圉免"。这是庶人因军功行赏而得以进仕。《韩非子·外储说左上》云："中章、胥己仕，而中牟之民弃田圃而随文学者邑之半"。这是庶人以学术仕进的事例。春秋战国之际，农人也可以上升为士。《吕氏春秋·不苟论·博志》篇，记中牟之鄙人宁越，弃稼向学十五年，周威公师之。钱穆云："游仕渐得势，其时宁越亦苦耕稼而从学问。其事虽微，足征世变"。

"社稷无常奉，君臣无常位"（《左传·昭公三十二年》），时局的艰难，迫使各国君主"厚招游学"（《史记·秦始皇本纪》），礼贤下士成为风尚。处于"无定主"的士，也不得不奔走游说，冀获当政者的重用。于是，游说、从师以入仕途也成一时之风气。熟知礼乐文化的士，著书立说，聚徒讲学。孔子是春秋末年第一个聚徒讲学的士人，墨翟也聚徒讲学，并形成一个有组织的集团。当时著名的学者几乎没有不聚徒讲学的，随从的弟子少则数十人，多则数千人。孟子就有"后车数十乘，从者数百人"（《孟子·滕文公下》）；田骈在齐国，也是"赀养千钟，徒百人"（《战国策·齐策四》）。所谓诸子竞出，各"率其群徒，辩其谈说"（《荀子·儒效》），士便成为当时社会中最活跃的一个阶层。

在春秋以前，礼乐为王官之学，其传授、教学均有严格的规范，不能各就己见而加以发挥。至春秋战国年间，摆脱身份束缚的士，也摆脱了文化传授上的旧有桎梏。孔子虽然"述而不作"，却竭力要给诗、书、礼、乐赋予新精神、新意义。墨子出于六艺传统，曾受儒者之业，但最终竟成为礼乐的批评者。面对"礼崩乐坏"的现状，士子们纷纷著书立说，发表己见，且相互驳难，各"思以其道易天下"，形成了蔚为大观的诸子竞出、百家争鸣的局面。

▽ 到春秋战国之际，士的社会地位提高，他们纷纷著书立说，聚众讲学，这些学者或老师被尊称为"子"。诸子百家，一是指思想家之多。如《汉书·艺文志·诸子略》称"凡诸子百八十九家"。二是指学派众多，如有"九流十家"之谓。西汉初年的司马谈，总括当时的诸子学派为阴阳、儒、墨、名、法、道德六家。西汉末年的刘歆，曾总括为儒、墨、道、名、法、阴阳、农、纵横、杂及小说家为十家。十家中除去属于文学范围的小说家，合称"九流"。此外还有兵家、史家、医家、数术家等。九流之中，除了讲合纵连横的纵横家，讲"君民共耕"和农业技术的农家，以及综合各家学说的杂家，在学术思想上有重要地位的是司马谈所说的六家。其中，犹以儒、道、墨、法四家对当时及后代社会的影响最大。

图3-4
孔子画像

二、儒、墨、道、法

儒家学派兴起于春秋，尊孔子（图3-4）为宗主。孔子的最高理想是大同社会，其行之之道，则欲先恢复小康：对君主要求其行"德政"，对民众则主张先富而后教。强调以"仁"和"礼"来规范现实政治、协调人际关系，以求得社会秩序的稳定。孔子早年颇想以参政来实施其政治理想，56岁始任鲁国司寇，终因与时势相背而无法施展抱负。晚年潜心于文献整理和教授子弟，史称"弟子三千，身通六艺者七十有二"，私学之盛始于孔子。故孔子不仅是一位大学问家，也是一位大教育家。

▽　"仁"是孔子的核心思想。但是，孔子自己却从来没有具体规定过"仁"的内涵与外延。例如其弟子樊迟问"仁"，孔子曰："爱人"（《论语·颜渊》）。子贡问"仁"，孔子曰："夫仁者，己欲立而立人，己欲达而达人。"（《论语·雍也》）颜渊问"仁"，孔子曰："克己复礼为仁，一日克己复礼，天下归仁矣。"（《论语·颜渊》）子张问"仁"，孔子曰："能行五行（恭、宽、信、敏、惠）者于天下，为仁矣。"（《论语·阳货》）一部《论语》，"仁"字总共出现过一百多次，但每次讲解都不完全一致，其内涵与外延宽泛而多变。孔子一生中说"仁"最多，除主张在政治上行"仁"（即减轻剥削外），还把"仁"当做一种道德规范，用它来调整人与人之间的关系。他把"仁"当做一个人最高的思想境界和办事法则，也是一个人在社会上立身处世的行为规范。他心目中的"仁人"是品格高尚、道德崇高的人。他以"仁"和"不仁"作为衡量君子、小人、贤愚、善恶、是非、曲直的主要标准。国君遵守则天下太平，长治久安；臣子遵守则会尽力办事，忠于职守，惠及百姓。人人都具备了这一品格，这个国家才能成为一个仁义之邦。他的"克己复礼为仁"，就是要人们克制和约束自己，照周礼办事，天下承平，才能达到"仁"的境地。总之，"仁"包括恭、宽、信、敏、惠、义、智、勇、好学、爱人、克己复礼、推己及人之心等各种内涵。

孔子之后，孟子、荀子从不同角度发展了儒家学说：孟子由"仁"发展而为"仁政"，强调"省刑罚、薄税敛"，重民有恒产，提出"民为贵，社稷次之，君为轻"（《孟子·尽心下》）的观点。荀子强调"以今持古"和应时而变，从"性恶论"出发，倡导"明礼义以化之，起法正以治之，重刑罚以禁之"（《荀子·性恶》），熔礼法于一炉。后代儒家多以孟子直继"道统"，奉其为儒家又一宗师，视荀子为旁支。自西汉"独尊儒术"后，儒家成为历代统治者确认的正统学派。其学说虽经多次变衍，但其基本宗旨仍一脉相承。

墨家创始人墨翟，生于春秋战国之际，他曾是造车的工匠，故自称"贱人"，好学而博，曾向儒者求学，创墨家学派，与儒家并称为诸子中的"显学"。传世的《墨子》成书于战国后期，为研究墨子思想的重要资料。墨子思想的核心是"兼爱"，所谓"视人之身，若视其身"，"爱无差等"，由此派生出"非攻""非乐""节用""节葬"等思想，政治上主张"尚贤"，"尚同"，认为天下最贤之人当立为天子，如此则"天子之所是，必皆是之；天子之所非，必皆非之"，最后达到"天下之百姓，皆上同于天子"。(《墨子·尚同上》)墨家与其他诸子学派不同，在认识论、逻辑学以及数学、光学、力学等自然科学领域多有创造性的发明。

▽　墨家重视实践，善于在实际的观察中进行理性思考，提炼概念定义。当时手工业者用"矩"（有直角的曲尺）作方形，用"规"（圆规）作圆形，用"绳"（拉直的墨线）作直线，用"悬"（悬挂的线）作垂直线，用"水"（水平仪）作水平线。后期墨家所著的《墨经》，总结手工业生产中的器械运用的经验，对"平"（平，同高也）、"同长"（以正相尽，为同长）、"中"（中，同长也）、"厚"（厚，有所大也）、"直"（中正不曲，为直）、"圜"（圜，一中同长）、"方"（方，矩见交也）等术语下定义，是为我国最早的几何学定义。墨家学者还认识到光的直线进行，影的成因，针孔成像的成因，以及平面镜、球面镜成像的原因等光学知识。《墨经》把几何学上的点称为"端"，又用"端"来指称不可再分割东西，已类似于今日原子的观念。现存《墨子》中的《经上》《经下》《经说上》《经说下》等诸篇，被称为中国科技史上的瑰宝。

道家以老子为始祖，初名"道德家"，得名于老子的《道德经》，西汉时改称"道家"。老子的生平扑朔迷离，一般认为老子姓李，名耳，字聃，楚国苦县（今河南鹿邑东）厉乡曲仁里人，曾为周王室"守藏史"（管理藏书），学识渊博，通晓古今之变，相传孔子曾向他问过礼，晚年出关退隐，潜心著述。老子视"道"为宇宙万事万物的本原，具有"独立而不改，周行而不殆，可以为天地母"(《老子·第二十五章》)的绝对永恒意义。老子所向往的是一种舟车不用，干戈息止，"鸡犬之声相闻，民至老死，不相往来"(《老子·第八十章》)的"小国寡民"社会。为此他主张"无为而治"，认为"我无为而民自化，我好静而民自正，我无事而民自富，我无欲而民自朴"(《老子·第五十七章》)。老子擅长对立观念的论辩，如美与恶、有与无、贵与贱、损与益、坚与柔、得与亡、成与缺等，强调对立面的转化，所谓"祸兮福之所倚，福兮祸之所伏"(《老子·第五十八章》)。到战国中期，庄子又对道家思想做了进一步的发挥，且增添了许多浪漫和相对主义的色彩。庄子把老子的"无为"思想进一步发展为齐物我、齐是非、齐生死、齐大小、齐贵贱，以期达到一种"天地与我并生，万物与我为一"(《庄子·齐物论》)的境地。

▽　《老子》，又称《道德经》《老子五千文》，春秋战国时期道家的主要经典。相传为春秋后期的老聃所著，曾有不少学者认为，从书的内容看，可能成书于战国时期，但基本上保留了老子本人的主要思想。《老子》一书在流传中出现了多种本子，通行的王弼注本分为八十一章，前为《道经》，后为《德经》，故历来有《道德经》之称。1973年湖南长沙马王堆西汉墓出土的帛书《老子》，将《德经》置于《道经》之前，因此有人主张当称为《德道经》。1993年，在湖北荆门市四方乡郭店村战国中期（公元前300年左右）的楚墓中出土了大批竹简，其中有甲、乙、丙三组《老子》。自郭店楚简《老子》出土后，学术界已基本放弃了晚出之说，大多数的学者已经承认《老子》的文本至晚在战国初年已经写定。郭店楚简《老子》是目前所知最早的《老子》本子，楚简《老子》却出现了与今本不同的异文，最令人关注的是，今本《老子》"绝仁弃义，民复孝慈"一句，楚简《老子》甲组作"绝伪弃虑，民复季子"。可见，楚简《老子》的思想并未与儒家仁义学说直接对立。这就使我们不得不对早期道家的思想及其与儒家的关系重新做一番研究了。

　　法家是战国时期一个主张以法治国的重要学派，早期的代表人物有李悝、吴起、商鞅，都是列国改革变法的实践者，晚期的代表韩非，承继早期法家的宗旨，又吸收道、儒、墨各家的思想，成为法家学说的集大成者。法家主张"专任刑法而欲以致治"（《汉书·艺文志》），强调"不别亲疏，不殊贵贱，一断于法"（《史记·太史公自序》）。法家诸子，商鞅重"法"，讲究法律条文的制定和执行；申不害重"术"，强调对臣下任用、监督、考核、处罚及控制驾驭之手段；慎到重"势"，强调保持和运用国君权势地位之重要性。韩非综合三派之长，将"法""术""势"三者结合使用。法家精义，一是释情而任法，主张行赏施罚都要绝去感情，一准诸法。二是综核名实，因时而进，所谓"世异则事异"，"事异则备变"（《韩非子·五蠹》），主张按实际情形而随时改进。

　　▽　吕思勉对先秦时的法家，有这样的评述："法家之学，在先秦诸子中，是最新颖的，最适合于时势的。……法家之学，亦自有其落伍之处。落伍之处在那里呢？便是不知道国家和社会的区别。国家和社会，不是一物。因此，国家和社会的利益，只是在一定的限度内是一致的，过此以往，便相冲突。国家是手段，不是目的。所以国家的权力，只该扩张到一定的程度，过此以往，便无功而有罪。法家不知此义，误以为国家的利益，始终

和社会是一致的。社会的利益，彻头彻尾，都可用国家做工具去达到，就有将国权扩张得过大之弊。秦始皇既并天下之后，还不改变政策，这是秦朝所以灭亡的大原因。这种错误，不是秦始皇个人的过失，也不是偶然的事实，而是法家之学必至的结果。所以说法家的思想，也是落伍的。" **❶**

三、思想史上的升华

春秋战国时代是中国思想史上群星璀璨、人才辈出的年代，在短短的 600 年间，即约公元前 8 世纪至前 2 世纪间，出现了孔子、老子、墨子、庄子、孟子、荀子等一大批伟大的思想家。同样，在这 600 年间，世界上其他的早期文明，也都出现了一些伟大的思想家，如古希腊的苏格拉底、柏拉图、亚里士多德，以色列的犹太教先知们，古印度的释迦牟尼等。通过比较研究，学者发现无论是孔子、老子，还是苏格拉底、柏拉图，或释迦牟尼，这批伟大的思想家所提出的思想观点，都与他们前此的文化传统不同。他们是第一批开始对人类自身在宇宙中的位置与历史上的处境感到困惑，从而对这一系列根本性的问题进行系统性、超越性和批评性的反省的思想家，由此形成新的思想形态，塑造了不同的文化特征，并一直影响着后来乃至今天的人类生活。有学者将这个时代称为 "轴心时代"，称这种人文精神上的超越和升华为 "哲学的突破"。春秋战国时代的 "百家争鸣" 确实具有 "轴心时代" 和 "哲学突破" 的一些特点。

   ▽   德国哲学家雅斯贝尔斯在他的《历史的起源与目标》中提出一个 "轴心时代" 的命题。他说，公元前 800 至前 200 年之间，尤其是公元前 600 至前 300 年间，是人类文明的 "轴心时代"。"轴心时代" 发生的地区大概是在北纬 30 度上下，就是北纬 25 度至 35 度区间。这是人类文明精神的重大突破时期。此时，各个文明都出现了一些伟大的精神导师，如古希腊的苏格拉底、柏拉图、亚里士多德，以色列的犹太教先知们，古印度的释迦牟尼，中国的孔子、老子，等等。他们提出的思想原则一直影响着今日的人类生活。美国社会学家帕森思称此为 "哲学的突破"。

---

❶ 吕思勉：《中国文化思想史九种》（下册），上海古籍出版社 2009 年版，第 774、776 页。

古代中国的人文精神，经历了由"神"回复到"人"的历史过程。甲骨卜辞表明，商人的精神生活尚未脱离"神"的支配。周灭商后，深知"天命靡常"，吉凶成败全系于人的作为，精神上遂出现一种"人"的自觉。此种人文精神的萌芽，受春秋战国社会动荡的影响而催生演化，思想家们在各"思以其道易天下"的同时，也各自建立一套新的历史观、价值观、人生观，以导引社会回复到有序。其中，儒、法、道三家对人生价值的探索，不仅显示了认识观念上的多样化，而且对中国文化的特征造成了深刻的影响。

以孔孟为代表的儒家是一批具有强烈的社会责任感和历史使命感的人。他们把维护群体谐调——社会安定作为人生的最高宗旨。群体谐调的至高无上是他们观察人生的视角焦点。儒家充满伦理道德色彩的人生价值观，实际上是将结构的稳定作为唯一的尺度，将社会的整体利益作为个体利益的唯一参照系，要求社会每一个成员通过道德修养做到内（心理）外（行为）合一，使个体融化于群体之中，个体需求要服从整体需求，从而实际上就不免扼杀了个体需求的相对独立性和创造性。从心理结构来说，就是"超我"的无上权威可以肆虐地扼杀一切被认为有悖于"超我"的"本我"；"自我"只能命定地满足于社会结构中预先定好的地位与权益，听凭"超我"的摆布。孟子关于"恒产""恒心"的议论就是最好的注脚。其客观结果，便是给了"食人者食于人"的社会异化力量以无保留的支持。

▷　群体（社会）的谐调，是社会发展的重要条件，但不是唯一的甚至也不是根本性的条件。剥夺了大多数社会个体创造能力的社会只能是不健全的、病态的社会。儒家的谐调，是一种力求保持结构稳定的静态平衡论，它对社会结构内部的任何动态不平衡（这是一种健全的、良性谐调所必需的）是恐惧和不安的。这就决定了他们人生价值观必然排斥任何创造性，往往具奴性和专横的双重性格。它蔑视人有七情六欲的客观存在，人为地想把存在于心理深层的人的欲望本能全然泯灭，这又是不现实的。这就决定了这种理论在实践中很容易导致心口不一，言行背离，从而又具有虚伪和欺骗的特性。中国古代不少官僚士大夫往往具有双重人格，儒家的人生观难辞其咎。

以韩非为代表的法家，直率地把崇尚功利主义和利己主义作为人生价值的"标的"，他们对人之丑恶本性及个体间"利害有反"的种种不和谐，作了深刻无情的解剖。但是，法家全然肯定权力异化的既成事实，主张不择手段地从异化中寻求满足个人欲望的途径与手段，是一群毫不加掩饰的极端利己主义崇拜狂。法家眼中的个体仍是群体的婢女：个体必须适应群体结构异化的存在（即君主专制），才有自己存在的价值。故法家之注重个体，实际上与儒家形异实同、殊途同归。法家对个体存在价值的发现，并没有给个体以独立的地位，也没有发展出个体能动改造社会的主体创造能力。

在先秦思想家中，唯有以老、庄为代表的道家，才对个体独立地位的丧失给予充分的关注。他们采用相对主义的观察视角，由正及反，从荣誉、地位、财富、情欲中看到了人格的被损害。但是，除了"养生保命"外，道家关于生存与发展的欲望完全被泯求于精神"自我麻醉"的乌有界即逍遥界中，表现出自我意识的软弱，将"自我"退缩到狭窄的自给自足、与世隔绝的小天地中，从而成为弱者的人生哲学。

> ▽　与孔子的重人生、轻天道截然相反，老子思想将人生的意义淡化，甚至否定人有任何主观能动性的必要：人生应"无为"，"生而不有，为而不恃，长而不宰"（《老子·第十章》）；政治上也不必"尚贤"、"不贵难得之货"（《老子·第七章》），法令、兵政都是不祥祸患之物；理想的生活是"使有什伯之器而不用，使民重死而不远徙；虽有舟舆，无所乘之；虽有甲兵，无所陈之；使民复结绳而用之。甘其食，美其服，安其居，乐其俗。邻国相望，鸡犬之声相闻，民至老死不相往来"（《老子·第八十章》）。庄子的理想人生是通过"坐忘"，做到齐物我、同死生、超利害、灭贵贱，"天地与我并生，万物与我为一"（《庄子·齐物论》）。他无情地嘲讽"人为物役"的世俗追求，"小人则以身殉利，士则以身殉名，大夫则以身殉家，圣人则以身殉天下"，殊途同归，都落得个"残生伤性"（《庄子·骈拇》），空无意义。有生如此，等同死亡。如何才能"逍遥"人生？就是"安时而处顺"（《庄子·养生主》），"不乐寿、不哀夭；不荣通，不丑穷"（《庄子·天地》），通过"丧我"，获取"真我"（《庄子·齐物论》）。这个"真我"，在现实生活中不可寻觅，只能虚无地存在于无生无死、无忧无喜、无知无欲的绝对精神世界里，获取个人绝对的"自由"。

儒、法、道从不同的侧面，多视角地观察了人类社会关于个体与群体的永恒矛盾和处在这种矛盾中的人生价值观，说明古老的中国人的思维方式也不是单一的。法家和道家都曾经关注过个体独立的存在价值。但是，儒、法、道都表现了对社会异化力量的无能为力。这是因为思想终究要受到现实社会的制约，而改变思想观念的最有力手段，不是思想家的智慧，而是经济动因和由这种动因产生的社会主体力量。

阅读书目

1. 童书业：《春秋史》，上海古籍出版社2003年版。

2. 杨宽：《战国史》，上海人民出版社2003年版。

3. 张荫麟：《中国史纲》，中华书局2009年版。

4. 高敏：《云梦秦简初探》（修订本），河南人民出版社1981年版。

第四章

大一统帝国的创制：
秦汉

自公元前221年秦统一中国，至公元184年黄巾起义，东汉王朝名存实亡，历时400余年的秦朝与西汉、东汉，为中国历史上第一个大一统的帝国时代。其间虽有更代时的楚汉纷争，及王莽新朝末年的战乱，大体而言，仍以大一统的王朝统治为主流。

秦始皇统一六国后，废封国、行郡县、称皇帝、壹天下；统治疆域之大，前所未有："六合之内，皇帝之土。西涉流沙，南尽北户。东有东海，北过大夏。人迹所至，无不臣者。"（《史记·秦始皇本纪》）由秦开创的包括皇帝制度、官僚制度、郡县制度、编户制度在内的一系列中央集权体制，以及"书同文""车同轨""行同伦"等维护统一的措施，不仅为汉代所继承，也成为中国历代王朝政治制度的蓝本。

大一统体制的基本特征是：政治上保持统一，不容有对立政权的存在，权力、威望集中于一人，但求其便于控制和驾驭，至于实际事务因此而放任废弛，也可置诸不问。经济上强调一定限度的均平，以抑止分化、维持社会的和谐安定；同时，借助对绝大多数编户齐民的控制，落实租税、徭役，于是民间点点滴滴的财富，如同"涓涓流水汇成江河"，构成国家财政收入的主要来源；至于"救贫""抑富"，虽视为治道的悬鹄，却常常有名而无实。

第一节
"大一统"帝制的确立

秦朝是中国历史进入大一统帝国的第一个王朝。秦虽短命而亡，却典型地反映了大一统帝国的基本特征和运行模式，包括皇帝制度、官僚制度、郡县制度、编户制度在内的一系列中央集权的体制，有效地控制着大一统的局面；而统一文字、货币、度量衡、车轨等措施，也把辽阔的疆域连成一个整体。

一、秦灭六国

秦自献公、孝公两代的改革之后，国力大增。秦惠王时，又在西南方向攻灭了蜀、巴两国。秦的骤强，对中原诸国形成巨大的威胁，各国的内政改革遂入停歇状态，历史进入齐秦对峙和"合纵连横"时期。起初，"合纵连横"并无固定对象，大致南北方向谓之"纵"，东西方向谓之"横"。合纵意即北联燕，南合楚，"合众弱以攻一强"，意在阻止齐、秦对他国的兼并；连横即西联秦、或东结齐，"事一强以攻众弱"，与强国联盟而兼并弱国。前266年，秦昭王用范雎为相，范氏将"连横"调整为"远交而近攻"，对三晋开始了兼灭战争。长平之战后，"合纵连横"遂以秦国为中心而展开。前241年，赵、楚、韩、魏、燕五国合纵攻秦的最后失败，宣告"合纵连横"时代结束，历史进入秦统一六国的新阶段。

▽ 生活在战国年代的荀子，虽然未能亲眼看到秦的统一，但他对秦国军队的凶悍犀利有着有深刻的印象。他曾将齐、魏、秦三国军队的强弱及其原因作过一番比较。他说："齐人隆技击。其技也，得一首者，则赐赎锱金，无本赏矣。是事小敌毳，则偷可用也；事大敌坚，则涣焉离耳，若飞鸟然，倾侧反覆无日，是亡国之兵也。兵莫弱是矣，是其去赁市佣而战之几矣。魏氏之武卒，以度取之，衣三属之甲，操十二石之弩，负服矢五十个，置戈其上，冠𮜮带剑，赢三日之粮，日中而趋百里。中试，则复其户，

利其田宅。是数年而衰，而未可夺也，改造则不易周也。是故，地虽大，其税必寡，是危国之兵也。秦人，其生民也陿陕❶，其使民也酷烈，劫之以势，隐之以陕，忸之以庆赏，鳍之以刑罚，使天下之民所以要利于上者，非斗无由也。陕而用之，得而后功之，功赏相长也。五甲首而隶五家，是最为众强长久，多地以正。故四世有胜，非幸也，数也。故齐之技击，不可以遇魏氏之武卒；魏氏之武卒，不可以遇秦之锐士。"（《荀子·议兵》）

公元前247年，秦庄襄王去世，其子十三岁的嬴政即位。此时，国事由丞相吕不韦、嬖臣嫪毐所掌控。继位九年后，嬴政亲政，是年嫪毐发兵作乱，被嬴政平定追杀。次年，嬴政罢免吕不韦相职，旋迫其自杀。此时，离秦孝公任用商鞅变法，已有120余年。

嬴政亲政后，重用李斯、尉缭、王翦等人，开始实施兼灭六国的统一战争。兼灭战争首先从最弱小的韩国开始：前230年，秦军攻入韩国，虏韩王，韩亡；前228年，攻入赵都邯郸（今属河北），赵王迁降秦；前226年，秦军攻入燕都蓟（今北京西南隅），燕王外逃；前225年，秦军围魏都三月，魏王降，魏亡；前223年，秦军攻破楚都寿春（今安徽寿县），虏楚王，楚亡。军事攻战的同时，秦国始终采取"远交近攻"的策略，与离其最远的齐国保持良好的关系，而齐国则一直"事秦谨"，"不修攻战之备，不助五国攻秦"。（《史记·田敬仲完世家》）待五国覆灭，秦军攻入齐都，齐国未能组织起像样的抵抗便告灭亡。至此，经过十年的攻战，春秋战国500余年诸侯并立的局面才告结束。前221年，秦统一六国，嬴政建立了统一的秦王朝。

　　吕思勉曾从地形、民风和人事三个方面，分析了秦所以兼并六国的原因。他说："秦之克并六国，其原因盖有数端。地势形便，攻人易而人之攻之也难，一也。（关中形势，西北平夷无大险，故易受侵略。南经汉中至蜀，出入皆难。惟东凭函谷、武关，则诚有一夫当关之势也。）春秋大国，时曰晋、楚、齐、秦，其后起者则吴、越。吴、越文明程度大低，未足蹈涉中原，抗衡上国。（其民，则实甚强悍，故项羽卒用之以破秦）四国风气，秦、晋本较齐、楚为强，兵亦然。二也。三晋地狭人稠，生事至戚。楚受天惠厚，民又皆窳偷生。齐工商之业特盛，殷富殆冠海内。然工商盛者，农民未有不受剥削而益贫者也。惟秦地广而腴，且有山林之利。开辟较晚，侈靡之风未甚。（观李斯谏逐客，历数侈靡之事，秦无一焉可知。）其上又有重农之政。齐民生计之舒，盖莫秦若矣。三也。此皆秦之凭藉，优于六国者也。以人事论，则能用法家之说，实为其一大端。盖惟用法家，

故能一民于农战，其兵强而且多。亦惟用法家，故能进法术之士，而汰淫靡骄悍之贵族，政事乃克修举也。"❷

二、大一统帝国体制的确立

秦灭六国的当年，嬴政因"天下大定，今名号不更，无以称成功，传后世"，命令丞相等朝臣议"名号"。经秦廷群臣之朝议，建言上尊号为"泰皇"❸。嬴政不甚满意，决定去掉"泰"字，保留"皇"字，采上古"帝"位号，号称"皇帝"，意谓"德兼三皇，功过五帝"。又下令取消谥法，"朕为始皇帝。后世以计数，二世、三世至于万世，传之无穷"（《史记·秦始皇本纪》）。从此，皇帝成为传统社会最高统治者的尊号。嬴政又规定：皇帝自称"朕"，"命"称"制"，"令"称"诏"，印称"玺"。"朕""玺"之类本是民间常用的名称，从此成为皇帝的专用词，违者则犯"大不敬"重罪。

图4-1
秦始皇画像

▽　谥法约起源于西周中叶。当时，王及诸侯国君等死后，由后人、臣下依据其生前行为表现，给予相应的谥号，以寓褒贬善恶、示范来者之用意。秦始皇（图4-1）认为："如此，则子议父，臣议君，甚无谓，朕弗取焉"（《史记·秦始皇本纪》）。为了尊君抑臣，建立皇帝神圣而至高无上的权威，秦始皇还推行避讳制度，不准臣下百姓在语言文字中涉及他的名字。因为他名政，"正月"就改为"端月"。文件书写逢"皇帝""始皇帝"等，必须另行抬头，从顶端书写。自此以后，皇帝或皇室的车马衣服器械百物称"乘舆"，所在称"行在所"，所居称"禁中"（或"省中"），所至称"幸"，

❶　陋隘，即狭隘，意为老百姓的生路狭窄单一。
❷　吕思勉：《先秦史》，上海古籍出版社2005年版，第222—223页。
❸　古有天皇、地皇、泰皇，泰皇最贵。

所进称"御"；而臣民称皇帝为"陛下"❶，臣民上书自称是"昧死言""顿首死罪""诚惶诚恐""顿首顿首""死罪死罪"。皇帝的神圣而至高无上达到无以复加的地步。

《史记·秦始皇本纪》记有尉缭对秦始皇的评价："秦王为人，蜂准，长目，挚鸟膺，豺声，少恩而虎狼心，居约易出人下，得志亦轻食人。我布衣，然见我常身自下我。诚使秦王得志于天下，天下皆为虏矣。"但秦始皇却是历史上少有的勤政皇帝。琅邪台刻石有云："皇帝之功，勤劳本事。上农除末，黔首是富。普天之下，抟心揖志。器械一量，同书文字。日月所照，舟舆所载，皆终其命，莫不得意。应时动事，是维皇帝。匡饬异俗，陵水经地。忧恤黔首，朝夕不懈。"虽为颂德之词，但大致反映了秦始皇颇能勤于政事。史书中说他每天规定审阅的奏章文书，以竹（木）简一石（120斤）为标准，不尽此数不得休息。自统一后的十余年中，他曾五次远途巡行：前220年第一次巡行，往陇西北地；前219年第二次巡行，东往山东、南达恒山和湘山；前218年第三次巡行，至琅邪（在今山东青岛市黄岛区琅邪台西北）、上党（治今山西长治北）；前215年第四次巡行，至碣石（在今河北昌黎西北）和北方边塞；前210年第五次巡行，经云梦（今洞庭湖）、丹阳（治今安徽马鞍山市博望区西北）、钱塘（治今浙江杭州西），抵达会稽山（在今浙江绍兴）。《汉书·刑法志》说他是"躬操文墨，昼断狱，夜理书"，勤于政事几达于极致，以至于"天下之事无大小皆决于上"，而"丞相诸大臣，皆受成事，倚办于上"。

与前代的"封建制"相比，秦朝的政治体制有两大特点：其一，废除封邦建国制，在全国范围推行郡县制；其二，废除世卿世禄制，实行由中央任免的流官任期制。秦代的中央政治机构，延续战国君主集权政制的演变趋势而加以规范整齐。中央最高一级的官职，史称"三公"，即丞相、太尉和御史大夫。丞相设左右两员，上承皇帝旨意，总领朝廷百官，处理全国政事；太尉为最高军事长官，不常置，调兵权、发兵权由皇帝执掌。御史大夫为丞相副贰，掌图籍秘书，兼有监察百官之责。"三公"之下设有"九卿"❷，分掌各项事务，除廷尉掌司法、治粟内史掌财政、中尉掌京畿警卫外，其他诸卿的掌管大都为皇室宫廷之事务。其时，国家与皇室财政已分途而行，皇室财政由少府执掌。

▽   "丞相"作为正式官名，为秦所独创。《史记·秦本纪》《集解》云："丞者承也，相，助也"，说明丞相虽然是"百官之长"，也仅是上承天子、

助理万机而已，且任免去留全听命于皇帝。秦之丞相魏冉、范雎、蔡泽、吕不韦等，无一老死于相位，吕不韦为秦王"仲父"，接秦王所赐之信，也不得不"饮鸩而死"。官僚制度源于前代的家臣制和客卿制，秦朝中央的政治体制，还带有明显的家臣制色彩。丞相名义上"助理万机"，除谋议、选举之外，并无确切规定的实际政务，诸卿除太常、治粟内史等掌管国家政务，其他如太仆、宗正、大鸿胪、少府，以及太子太傅、少傅、詹事等重要官员，其职守多为皇帝或皇室私人服务性质。故有学者说："论其性质，均近于为王室之家务官，乃皇帝之私臣，而非国家之政务官，非政府正式之官吏。推而上之，可知宰相、御史大夫、太尉三公，其初实亦帝王私臣。……故秦汉初年政府，有几处亦只是一个家庭规模之扩大。"❸ 家国不分、家国一体的特征十分明显。

秦统一以后，如何实施对六国地区的有效控制，秦廷朝臣曾有一场激烈的争论。丞相王绾建言：六国刚平定，燕、齐、楚故地离秦都甚远，不施行分封制难以控制。秦始皇将此建议交朝廷群臣集议，获得大多数朝臣的赞同，独廷尉李斯反对。李斯主张行郡县制，他说：周代分封同姓子弟甚多，几代相隔便亲属疏远，彼此攻战如同仇雠，而天子不能禁。如今海内成一统，全国都建为郡县，皇室子弟或有功之臣尽可坐食租税或给予重赏，不必再行分封制度。如此天下无异心、易控制，是为长久安宁之术。秦始皇最后采纳李斯的建议，说："天下共苦战斗不休，以有侯王。赖宗庙，天下初定，又复立国，是树兵也，而求其宁息，岂不难哉？廷尉议是。"（《史记·秦始皇本纪》）于是，秦始皇废除分封制，下令在全国实行郡县制。

秦朝的地方行政体制，设郡、县二级，直接统辖于中央政府。郡的主要官员为郡守、郡尉和监御史，郡下设若干县，县有县令或县

❶ 陛下是对皇帝的尊称，"陛下"的原意是台阶之下，此处是用借代的方式，指代台阶之下为皇帝当差的臣仆，意为表示不敢直接指称皇帝，而只能与皇帝身边的臣仆说话。

❷ 秦汉中央官制的"三公九卿"，都是习惯称呼。"三公"是天子之下最高官吏的称呼，但无论秦国，还是秦朝，均未见有太尉一职的设置；而秦汉也无三公制度，丞相、太尉、御史大夫并称并不能说是并列三公，至东汉成帝时"三公"才成为法定官名。秦汉的"九卿"也是习惯称呼，并非固定官制，史书上称为"诸卿"，即众卿的意思，数量不止九个，彼此也没有等级之分。将九卿定为九种官职，始于新朝。

❸ 钱穆：《国史大纲》（修订本），商务印书馆1996年版，第165页。

长、县尉、县丞等。中央政府直接任命的官员至县而止。县之下还有乡、亭、里等基层机构，有三老、啬夫、游徼等乡官。乡官虽非朝廷命官，但地位至为重要，举凡国家赋税、徭役、兵役以及地方教化、狱讼、治安等，无不出自乡官里吏之手。秦汉时的基层属吏职权颇重，地方百姓有知啬夫而不知郡县，尚有地方自治的遗风。

▽　秦朝初年，除管辖京畿诸县的"内史"外，全国设郡36个，随着疆域的扩张和内地政区的调整，增至40余个。有秦一代，前后设郡达48个。郡之行政长官为郡守，从云梦秦简的《语书》所见❶，举凡郡内的民政、司法、财政、武事，尤其是治民除邪、维护地方秩序，都为郡守所掌之政务。郡设有郡尉掌管军事，设监御史隶属中央的御史大夫，代表中央监督地方官员。郡下设若干县，县有蛮夷者称"道"❷，县、道总计1000个以上。前216年，秦政府颁发"使黔首自实田"，即耕者须向政府申报占有的土地。其时，民年满十七者"傅籍"（秦朝有时也按身高而定），"名籍"中记载有爵位、房屋、妻子、奴婢、畜产等资料。"汉法常因八月算人"，大约每年八月，地方官员要案比户口，编制户籍。这样，通过户籍制度以及连坐、告奸等法，千千万万个编户小农，被纳入国家的紧密控制之下，为国家的赋役提供了可靠的来源。

三、巩固统一的措施

为了稳固新建的中央集权王朝，秦始皇还采取了一系列巩固措施：建造驰道与直道，以保证政令的畅通；建筑长城，以抵御匈奴的侵扰；开边移民，以充实边地实力等。秦统一以后，继续推行商鞅的"困末作而利本事"的政策。李斯提出"今天下已定，法令出一，百姓当家则力农工"《（史记·秦始皇本纪）》。琅邪台刻石、碣石刻词上都强调"上农除末，黔首是富"，"天下咸抚，男乐其畴，女修其业"。秦王朝迁徙数万民众至琅邪台、丽邑（今陕西西安市临潼区东北）、云阳（今陕西淳化西北）、榆林（今内蒙古鄂尔多斯黄河以北）等地，迁徙者或拜爵一级，或复其身数年，以充实和开发边地。同时谪发赘婿、贾人、逋亡人等长期至边地远征、戍边或开垦荒地；又迁原六国的豪富十余万户到咸阳，强本弱末，加强控制。

▽　大规模的迁徙百姓，除了有上农除末，充实、开垦边地荒地的目的外，

还带有弱关东以强关中的政策意图。学者认为，秦朝的这些大规模、强制性的迁徙，其对象大都是关东豪富或民众。秦朝后期连续几次大规模的工程，其劳役征发的对象，也多来自关东地区。20世纪80年代，在陕西临潼秦始皇陵西侧赵背户村发掘的秦刑徒墓地，发现参与秦始皇陵修建的19名刑徒的瓦文墓志，其中标明籍贯的14人，都来自原三晋、齐、鲁、楚等国的故地。可见修建始皇陵的刑徒，大都来自原山东六国。云梦秦简《法律答问》中有一条云："邦客（秦国以外的人）与主人（秦国人）斗，以兵刃、投梃、拳指伤人，缯以布（布，即货币。以布缴官，用以抚慰）。"可见当时秦人与关东百姓颇有法律上的不平等。前207年，项羽在新安（今河南渑池东）之所以坑杀秦军降卒20万人，也源于对关东"诸侯吏卒异时故徭役屯戍过秦中，秦中吏卒遇之多无状"（《史记·项羽本纪》）的报复心理。❸这种弱关东以强关中的政策，使得秦人与关东百姓间的关系紧张。❹其中犹以楚人的复仇心理最为严重，故民谚有"楚虽三户，亡秦必楚"。所以，至秦末因陈胜起事而形成"山东豪俊遂并起而亡秦族矣"的情形绝非偶然。

为纠正春秋战国以来各国各地"言语异声，文字异形"的局面，公元前221年，秦始皇命令丞相李斯、中车府令赵高、太史令胡母敬等对文字进行整理，以秦国的文字为基础制定"小篆"，又称"秦篆"，作为规范化的文字。并令李斯编《仓颉篇》等，作为文字课本。后来程邈又根据当时民间流行的字体，整理出更为简便的新书体——隶书，在全国范围推广。秦统一后，废除各国货币，统一使用秦朝货币，规定货币分为二等，黄金为上币，以镒（20两或24两）为单位；方孔圆形的铜钱为下币，以"半两"为单位，故称"半两钱"或秦半两，以便利各地商品交换和经济交流。秦始皇还再

❶ 《语书》是南郡守腾给本郡各县、道发布的一篇文告。发布于公元前227年，虽在秦朝建立前，大致也适用于秦朝初年的情况。
❷ 《后汉书·百官志五》云："凡县主蛮夷曰道。"（中华书局1965年版，第3623页）《汉旧仪》也云："内郡为县，三边为道。"（孙星衍辑，周天游点校：《汉官六种》，《汉官旧仪》卷下，中华书局1990年版，第50页。）
❸ 参见张岂之主编，王子今、方光华本卷主编：《中国通史·秦汉魏晋南北朝卷》，高等教育出版社2001年版，第18—20页。
❹ 钱穆认为："秦灭六国，以西土征服东方，终不免有敌体相克之感。"见《秦汉史》，生活·读书·新知三联书店2005年版，第48页。

图4-2

商鞅铜方升

次颁发统一度量衡的诏书，以商鞅变法时制定的度量衡器为准，发到全国，用为标准器具。

▽　商鞅铜方升（图4-2）是秦孝公十八年（前344）商鞅改革统一度量衡时颁发的标准量器。现藏于上海博物馆。器为铜铸，长方形，一端有柄，其余三边及底部均刻有铭文。左边为秦孝公十八年的铭文，底部则刻有秦始皇二十六年的诏书："廿六年，皇帝尽并兼天下诸侯，黔首大安，立号为皇帝。乃诏丞相状、绾，法度量则不一，歉疑者皆明一之。"当时对度量衡的颁行和管理颇为严格，《秦律》中有因度量衡器不合标准而惩处主管官员"官啬夫"的法令。

为了统一思想，秦始皇还采纳李斯建议，下令焚书，尽烧《秦纪》以外的列国史书、非博士官所藏的《诗》《书》及百家语，只留下医药、卜筮、种树等技艺之书；有敢议论《诗》《书》者处死，以古非今者灭族，见知不举者同罪。为了防止民间的反抗，秦始皇下令将民间的兵器收缴到咸阳，销毁后铸成十二个高三丈、重各一千石的"金人"（作为钟座的铜人），放置于宫中。此外，堕城郭、决川防、夷险阻，拆除列国时代所筑的军事关塞和长城。然而，事与愿违，凡此种种稳固措施未能达到秦始皇所期望的世世代代、传之无穷的"长承圣治"，相反，秦传二世而亡，成为中国历史上最短命的一个王朝。

第二节
秦的暴政与秦朝的覆灭

秦王朝借助编户制度，落实赋税徭役，从而保证国家财政收入的最大化，这也是秦朝大一统体制的一大特色。但此种体制也内含着自身固有的矛盾，一旦赋税徭役的征发，超出了大多数民众所能负荷的极限，而统治者又不能通过自身的改革或改良来缓和这种矛盾，则最终不得不通过社会震荡的方式来化解矛盾。这成为中国历史上一再循环纠结的死结，而秦末农民起义就是它第一次的集中体现。

一、秦制的严密和苛细

秦之推行法制，始于商鞅变法。商鞅以《法经》为蓝本，"改法为律"，制定"盗律、贼律、囚律、捕律、杂律、具律"六律，推行于秦国。此后，律文的增补一直延续到统一后。秦律久已亡佚，文献所见的律名，有任人法、上计法、度量衡法、挟书律、妄言令、诽谤法等30余种。云梦秦简所载律名，也有田律、厩苑律、金布律、仓律、工律、徭律、置吏律等多种。除了律以外，还有对律的解释（如《法律答问》），地方政府发布的文告（如《南郡守腾文书》）以及各种行政法规等。即以云梦秦简来看，举凡农田水利、牛马饲养、粮食存储、徭役征发、工商管理、物资账目、官吏任免、军队训练、战场纪律等，都有专门的律令和法规制度。

▷　1975、1976年，在湖北云梦县城关乡睡虎地发现11座秦墓，经考古学者的发掘整理，出土有漆器、铜器、陶器等380余件。在其中的11号墓中，出土秦代竹简1150多枚。此批秦简长23～27.8厘米，原用丝绳分三道编组。简文墨书秦篆，字迹清晰可辨。竹简经过整理编排，分为《编年记》《语书》《秦律十八种》《效律》《秦律杂抄》《法律答问》《封诊式》《为吏之道》《日书》，共九种。《编年记》逐年记述秦昭王元年（前306）到秦始皇三十年（前217）的历史大事，同时也记有一个名叫喜的人的生平事迹。学者推论，喜即此墓的主人。《语书》又名《南郡守腾文书》，是南郡的郡守腾颁发给郡属各县、道的官吏文书。《为吏之道》主要是儒家处世言论的杂抄。《日书》有甲、乙两种，都是关于占卜预测吉凶之日的书。《秦律十八种》《效律》《秦律杂抄》《法律答问》《封诊式》五种，内容大多为秦的法律文书。这些法律文书，内容超出李悝《法经》的范畴，涉及秦代的政治、经济、军事、法律等各个方面，为研究秦代，乃至古代法制史的珍贵资料。

秦朝的立法宗旨：一是"轻罪重刑"，甚至主张"刑用于将过，则大邪不生"（《商君书·开塞》）。二是"事皆决于法"，即尽可能地将社会生活的各个方面、各个环节都纳入法律的范围。云梦秦简中的《田律》，规定农田受雨、秧苗抽穗、干旱蝗虫都要向有关上级报告；《厩苑律》规定耕牛饲养的奖惩方法，耕牛腰围瘦一寸，饲养者该受笞十下；《均工》规定新工匠学徒期间及学成以后的生产指标；《工人程》规定了隶、妾与普通工匠、普通女子的生产定额及其换算方法；《金布律》规定货物买卖，必须分别系签标明价格，只有价格不值一钱的小物品才准许不系价目标签。云梦秦简远非秦朝法律、规章制度的全部，然窥一斑而见全豹，秦政府对社会经济领域的管辖控制，全面而深入，细密而苛酷。汉人论秦律有"法繁于秋荼，而网密于凝脂"（《盐铁论·刑德第五十五》）之说，可见并非虚言。

▽　云梦秦简中的《秦律十八种》内容相当广泛，其中《田律》是关于农田耕作、水利建设方面的法律；《厩苑律》是关于牛马饲养方面的法律，还有专门用于手工业生产管理方面的《工律》《均工》等。律令所规定的法规制度定得极为细致。如《田律》规定：下了及时雨和谷物抽穗，应即书面报告受雨、抽穗的顷数和已开垦而没有耕种田地的顷数。禾稼生长后下了雨，也要立即报告雨量多少，和受益田地的顷数。如有旱灾、暴风雨、涝灾、蝗虫、其他虫害等损伤了禾稼，也要报告受灾顷数。距离近的县，文书由走得快的人专程递送，距离远的县由驿站传送，在八月底以前（送达）。《厩苑律》规定：在四月、七月、十月和正月评比耕牛。满一年，在正月举行大考核，成绩优秀的，赏赐田啬夫酒一壶、干肉十条，免除饲牛者一次更役，赏赐牛长资劳30天；❶成绩低劣的，申斥田啬夫，罚饲牛者资劳两个月。如果用牛耕田，牛的腰围减瘦了，每减瘦一寸要笞打主事者10下。又在乡里中举行考核，成绩优秀的，赏赐里典资劳10天；成绩低劣的，笞打30下。《均工》规定：新工匠开始工作，第一年要求达到规定产额的一半，第二年所收产品数额应与过去作过工的人相等。工师好好教导，过去作过工的一年学成，新工匠两年学成。能提前学成的，向上级报告，上级将有所奖励。满期仍不能学成的，应记名而上报内史。《法律答问》中还有一条专门解释何为"穿锦履"的，因有"不准穿锦履"的规定，律文就专门解释用不同色彩的丝织鞋，鞋上有花纹，才算锦履，用锦做鞋帮，不算锦履，然而成例同样论处。凡此种种表明，以往认为秦制草创简略粗疏，看来并不符合历史事实。

二、秦之暴政

秦之二世而亡，后人常以"始皇暴虐，至子而亡"来解释，"暴虐"自当是秦朝速亡之一因。然秦朝行事急切苛刻，役使民力超出社会所能负荷，实是一个更为深层的原因。

在春秋晚期，新崛起的卿大夫，已注意到在政权更替时要收买民心，以获取民众的支持，如六卿分晋和田氏代齐时所推行的一些经济改革，都有争取民众支持的意图。到战国中期，思想界也出现了新动向，孟子倡议"仁政"，主张"民为贵，君为轻"，不能以国君的利益为重。流行于齐、韩、赵等国的黄老学派，也主张用"德"（赏赐）来奖励民众，"尽民之力"，但也要"节民力以使"，"节赋敛，毋夺民时"（《经法·君正篇》）。荀子则将君民关系比之于"水则载舟，水则覆舟"（《荀子·王制》）。然而秦的情形与之相反。长期以来，秦的统治者一直视民众为国君实现富国强兵的工具。商鞅列"诚信"为六虱之一，韩非视"不欺之士""贞信之士"为无能、无用之人。在他们看来，只要依法令、行刑赏，民众自会跟从而供其驱使。

▽ 关于《商君书》的作者，学界历来有不同的推测，一般认为它是战国时期商鞅一派法家著述的汇编。其中的《靳令》《弱民》等篇，论述了君主如何去驱使民众以达到富国强兵、称王天下的目的。《靳令》云："国贫而务战，毒生于敌，无六虱，必强。国富而不战，偷生于内，有六虱，必弱。"何谓"六虱"呢？"曰礼、乐；曰《诗》、《书》；曰修善、孝悌；曰诚信、贞廉；曰仁、义；曰非兵、羞战。国有十二者，上无使农战，必贫至削。十二者成群，此谓君之治不胜其臣，官之治不胜其民，此谓六虱胜其政也。十二者成朴，必削。是故兴国不用十二者，故其国多力，而天下莫之能犯也。"《弱民》篇云："民弱（懦弱，服从法令）国强，国强民弱。故有道之国，务在弱民。朴则强，淫则弱。弱则轨（遵纪守法），淫则越志（争强好胜）。弱则有用，越志则强（强悍不羁）。故曰：以强去强者，弱；以弱去强者，强。"史学家张荫麟在论述法家思想的特点和实质时说："法家和其他一切学派有一根本异点。别家讲政治总是站在人民的一边，替全天下打算。

❶ 牛长，即饲牛人员中的负责者。秦时，劳绩常按日计算，有功时赐劳若干日，有过时罚若干日。

法家则专替君主打算，即使顾及人民也是为着君主的利益。这是无足怪的。法家的职业本来是替君主做参谋。一个君主的利益没有大得过提高威权和富强本国；而且这些越快实现越好，至少要使他及身看见成功。"❶

视民众为富国强兵之工具，其结果自然是横征暴敛、役民无度，且被秦始皇发展到极致。秦朝的赋役颇为繁重，赋税有田租、户赋（按户口多少征收）和其他杂税苛捐。后人称秦时的赋税征收是"头会箕敛"❷，可见其征收数量之多。秦代法定的徭役规定：一个成年男子从15岁起要服役，到60岁老免。一生中"一岁屯戍，一岁力役"。屯戍即兵役，力役即各种生产或非生产性的劳役，如营造宫室、开凿河渠、修筑道路等。此外，还有大量的额外徭役，有的甚至不计役期。自前221年秦王朝建立到前206年覆灭，仅仅十余年间，各种超大型工程相继开工，将全国变成一个大工地：修陵墓、建阿房宫、筑长城、开灵渠、戍五岭和修驰道、直道与新道，等等。虽然有些工程确是出于统一的需要，也有不少则完全是为了满足其生前死后的穷奢极欲。秦始皇好大喜功，急功近利，役使民众远远超出其所能负荷的限度，社会动荡及最后的统治瓦解也就在所难免。

　　早在统一六国的过程中，秦始皇就派人将六国宫殿图样描绘下来，动用大批劳力在咸阳照样修建。统一后的第二年，秦始皇在咸阳渭水南岸修建了极庙和甘泉前殿。始皇三十五年（前212），他仍感到原有的宫殿太小，又在渭南的上林苑建筑规模更大的朝宫，其前殿称阿房宫。一时，几项超大型的工程同时动工兴建：长城之役、五岭之戍、修陵墓、治驰道、通水路，零星或规模较小的徭役更是连年不断。据文献记载，修陵墓用了70余万人，北边筑长城有40万人，南面戍五岭又有50万人，光是这几项工程加起来，就达一百五六十万人。据统计，秦代全国人口约为2000万人，而每年被迫服役的不下200万人。这批服役者主要是丁壮劳力，按丁壮劳力占总人口的20%计算，当时几乎是举国就役了，所谓"丁男被甲，丁女转输"，秦代徭役之繁重已到了极点。

　　秦始皇陵出土的铜车马（图4-3）共有两乘，每乘铜车有驾马四匹，车上各有一铜御官俑。车马的系驾挽具齐全，装饰华丽。嬴政初即位，即在骊山（今陕西省西安市临潼区东南）为自己修筑陵墓。统一后，调发全国刑徒70余万人继续建造，前后延续30余年，至其死时，尚未竣工。陵墓平面呈南北长、东西窄的长方形，有内外两重夯土版筑垣墙。内垣墙南北1300米，东西578米，外垣墙南北2173米，东西974米。坟冢在内垣

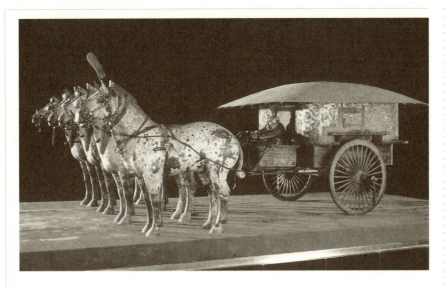

图4-3
秦始皇陵出土的铜
车马复原模型

墙南半部，呈方底覆斗形，南北485米，东西515米，现存高76米。内垣墙北半部，有规模宏大的建筑群遗址，应是秦始皇的寝殿所在。陵墓周围有许多陪葬坑，东侧1225米处已发现三个模拟军阵送葬的兵马俑坑。墓内建筑宏伟而有机巧，"穿三泉，下铜而致椁，宫观百官奇器珍怪徙藏满之，令匠作机弩矢，有所穿近者辄射之。以水银为百川江河大海，机相灌输，上具天文，下具地理，以人鱼膏为烛，度不灭者久之"（《史记·秦始皇本纪》），其气势为历代陵墓所无法比拟，而统治者之滥用民力，也可见一斑。

三、大泽乡起义与秦朝的覆灭

秦始皇自称帝之后，几乎年年在外巡游。他虽然收缴了民间兵器，但散居于各地的六国后人，总让他难以放心。前218年，秦始皇第二次巡行至阳武博浪沙（今河南原阳东南），遭到张良与力士的阻击。前211年，一块刻有"始皇帝死而地分"数字的陨石掉落在东郡（治今河南濮阳西南），始皇派人"逐问"未果，便"尽取石旁居人诛之"。（《史记·秦始皇本纪》）同年，又有人拦截皇帝的使臣，对使臣

---

❶　张荫麟：《中国史纲》，中华书局2009年版，第142页。

❷　司马迁：《史记》卷八九《张耳陈余传》，中华书局1959年版，第2573页。"头会"，即按人头数出赋，也就是人头税，"箕敛"，意思是说用畚箕装取所征的谷物。

云"今年祖龙（秦始皇）死"。面对此起彼伏的反对、咒骂，始皇帝还是想通过巡行各地，来宣扬皇威，炫耀武力，以稳固统治。前210年，秦始皇在第五次，也是最后一次巡行的返回途中，死于沙丘平台（今河北广宗大平台、前后平台一带）。其时，长子扶苏在上郡（治今陕西榆林东南）监蒙恬军，少子胡亥便串通赵高、李斯矫诏，赐扶苏自尽。于是，胡亥继位，是为秦二世皇帝。

▷　前215年，秦始皇派方士卢生等求仙人、求不死之药。卢生等求药不得，遂讥讽始皇帝专断暴戾，"以刑杀为威"，且相继逃亡。秦始皇闻之大怒，说："吾前收天下书不中用者，尽去之；悉召文学方术士甚众，欲以兴太平；方士欲练以求奇药。……卢生等，吾尊赐之甚厚，今乃诽谤我，以重吾不德也。诸生在咸阳者，吾使人廉问，或为妖言以乱黔首"（《史记·秦始皇本纪》）。于是，派御史审问在咸阳的诸生，最终圈定460余人，全都活埋。可见在京城畿内，民间也有对秦始皇的不满和批评，只是还未演化成反抗活动。而在六国旧地，反秦的活动已由阻击、诅咒演变为亡命之"群盗"。如彭越"常渔巨野泽中，为群盗"；黥布"亡之江中为群盗"。反抗活动已是星星之火，待陈胜振臂一呼，便云集响应而成燎原之势。

秦二世继位后，与赵高合谋，先后杀蒙恬、蒙毅及宗室大臣等，秦廷朝臣人人自危，统治集团内部矛盾迅速激化。二世元年（前209）七月，被征发赴渔阳（今北京密云西南）戍守的900余戍卒，行至蕲县大泽乡（今安徽宿州），遇连日暴雨，道路不通，无法如期抵达。戍卒中的屯长陈胜、吴广商议：按秦法，失期当斩，与其坐以待毙，不如举兵反秦，遂杀监押的两校尉，宣布起义。起义军先后攻打大泽乡、蕲县（今安徽宿州南）、陈（今河南淮阳）等，进入函谷关，在戏水（今陕西西安市临潼区东戏河）为秦将章邯击破。陈胜、吴广领导的农民起义，历时六个月而败。

▷　春秋战国之前，封国疆域不大，四境居民的行程不出三四日路程。每冬农隙，农民为封君贵族服役三日，连同往返至多不过半月时间。秦统一之后，仍沿用旧制，令地处今安徽、河南交界的陈胜、吴广等900农民北戍渔阳，连同往返，非数月不能济事。故民间以此为一大苦事。如此不合理的制度，秦朝统治者竟然毫不理会！由此可见，秦朝统治者对如何治理大一统后的国家，还没有做好准备。

　　陈胜、吴广起义后，关东的六国之后，闻风而起，纷纷立王复国。其中，起兵于吴（今江苏苏州市郊）的项梁、项羽与起兵于沛（今江苏沛县）的刘邦势力最强。前208年，章邯在定陶（今山东菏泽市定陶区）击败项梁，局势颇为危急。次年，项羽率楚军破釜沉舟，"以示士卒必死，无一还心"，最终在钜鹿（今河北平乡西南）大败章邯军，秦军主力几于覆灭。刘邦率汉军未遇秦军主力，一路势如破竹，兵锋直抵关中。是时，秦二世深居宫中，朝政皆决于赵高。赵高先杀李斯，又指使亲信逼杀二世，立公子婴为秦王，取消帝号。子婴遂杀赵高，待刘邦汉军入咸阳，"白马素车，奉天子玺符"而投降。前206年，秦朝亡。

　　▽　　前208年，秦二世因东方战事危局责问赵高。赵高旋遣其婿阎乐入望夷宫，对二世云："足下骄恣，诛杀无道，天下共畔足下。"逼二世自杀。二世曰："愿得一郡为王"，阎乐不准；又曰："愿为万户侯"，仍不准；再曰："愿与妻子为黔首，比诸公子"（《史记·秦始皇本纪》），也不准。二世无奈只得自尽。此前，赵高已杀丞相李斯，独揽朝政。李斯，原楚国上蔡（今河南上蔡西南）人，初任郡小吏，曾从荀卿学，因耻于卑贱穷困（自言："诟莫大于卑贱，而悲莫大于穷困"），于战国末年入秦国，初为吕不韦舍人，后被秦王政任为客卿。秦王下"逐客令"，处于被逐之列的李斯上《谏逐客书》，列数秦国任用外人而使国富兵强之事实。秦王阅后，立即撤销逐客令，恢复李斯官职，并委以重任。《谏逐客令》情词恳切，遂成千古名篇。秦始皇死后，李斯参与策划"沙丘政变"，后为赵高所诬陷，被具五刑，论腰斩于咸阳市。临刑时与其子云："吾欲与若复牵黄犬，俱出上蔡东门逐狡兔，岂可得乎？"父子相哭，夷三族。司马迁曾这样评述道："李斯以闾阎历诸侯，入事秦，因以瑕衅，以辅始皇，卒成帝业，斯为三公，可谓尊用矣。斯知六艺之归，不务明政以补主上之缺，持爵禄之重，阿顺苟合，严威酷刑，听高邪说，废嫡立庶。诸侯已畔，斯乃欲谏争，不亦末乎！人皆以斯极忠而被五刑死，察其本，乃与俗议之异。不然，斯之功且与周、召列矣。"（《史记·李斯列传》）

第三节
西汉：帝国的重建和稳固

汉朝重建大一统的帝国后，虽继承秦朝的中央集权体制，但也出现不少创制与变革。刘邦重用出身低微的开国功臣，从而在汉初形成布衣将相之局，春秋战国以前世袭贵族主宰政治的时代基本结束。汉朝统治者吸取秦朝短命而亡的历史教训，变秦朝的急切苛刻为汉初的宽简疏缓，奉行黄老思想，实施"清静无为""与民休息"的政策，并在此基础上成就了经济发展、社会稳定的"文景之治"。

一、帝国的重建

秦王朝覆灭后，刘邦在咸阳与关中父老"约法三章"，"杀人者死，伤人及盗抵罪"，亲信萧何入秦宫将秦之律令图书案卷，保管收藏。稍后，项羽率军入咸阳，杀秦王婴，烧秦宫室，旋自立为西楚霸王，封刘邦、田荣、彭越等十八王。项羽封刘邦为汉王，居巴蜀汉中，又三分关中，封秦降将章邯等三人为王，以阻刘邦向东发展。

前206年，田荣、彭越起兵反项羽，项羽发兵应战。刘邦趁机率兵攻入关中，先攻灭章邯等三王，直抵项羽都城彭城（今江苏徐州）。项羽闻都城告急，率精兵回击，打破刘邦汉军。刘邦仓促西逃，刘父及妻吕雉均为楚军所俘。其后，楚汉双方互有胜负，战争进入相持状。前203年，项羽因后援不继，遂与刘邦言和，双方约定划鸿沟为界，中分天下：鸿沟以西为汉，鸿沟以东为楚。约后，项羽退兵东去，刘邦背约进兵追击，与诸侯军将项羽围困于垓下（今安徽固镇东北、沱河南岸），楚军兵少食尽，项羽突围至乌江，自刎而死。前后四年的"楚汉战争"，以刘邦获胜而告终，至前202年，天下复归统一。

▷ 楚汉战争结束后，刘邦在洛阳南宫置酒欢宴，刘邦对群臣说："通侯诸将毋敢隐朕，皆言其情。吾所以有天下者何？项氏之所以失天下者何？"高起、王陵对曰："陛下嫚而侮人，项羽仁而敬人。然陛下使人攻城略地，所降下者，因以与之，与天下同利也。项羽妒贤嫉能，有功者害之，贤者疑之，战胜而不与人功，得地而不与人利，此其所以失天下也。"刘邦说："公知其一，未知其二。夫运筹帷幄之中，决胜千里之外，吾不如子房。镇国家，抚百姓，给饷馈，不绝粮道，吾不如萧何。连百万之众，战必胜，攻必取，吾不如韩信。三人，皆人杰也，吾能用之，此吾所以取天下也。项羽有一范增而不能用，此所以为我禽也。"（《汉书·高帝纪》）楚汉战争最终以弱小而屡败屡战的刘邦获胜而结束，而项羽则博得后人无限的惋惜与同情。

前202年，刘邦即皇帝位，是为汉高祖，建国号为"汉"，都长安（今陕西西安），史称"西汉"。为了尽快结束纷扰的状态，安定社会秩序，汉高祖颁布了一系列诏令：其一，士兵解甲归田，按功绩、爵位赐给数量不等的土地；其二，因战乱流亡山泽不着名籍的人口，均"复故爵田宅"；其三，自卖为人奴婢者，"皆免为庶人"。这几项不甚起眼的措施，却以最短的时间使社会大多数人员安稳定居；同时也在最短的时间之内、以最简便有效的方法，为经济恢复和社会秩序的重建打下了基础。

刘邦君臣的建国方针非常明智，一方面去除秦政的苛繁多事，改为简政轻徭，而在其余的方面则一仍秦制，不重起炉灶：皇帝仍是全国最高的统治者，皇帝之下，设有丞相、太尉和御史大夫，分掌政务、军事和监督，其下再设有分管政务、军事和皇室事务的"九卿"。地方上仍行郡县二级体制。县之下，仍以乡、里为社会基层组织。西汉君臣大多起于草莽，对经国体制初无了解，遽握政权，匆促间唯有一仍旧制，❶故史有"汉承秦制"之说。汉初的政治体制虽承袭秦朝，但政令施行则宽简疏缓，与秦之急切苛细全然不同。

▽　西汉初年，萧何为相国，定九章律，而夷三族、訞言令、挟书律等均未废除，至惠帝、吕后时才逐渐废除。战国以来，行五德终始说，秦人自居水德，汉起代秦，仍沿水德不改，至汉武帝时才改行土德。可见汉初举凡一切律历、法度、章程等，都本之于秦而沿袭不改。其初，刘邦嫌秦廷礼仪繁复，废而从简。一日，群臣在朝廷上饮酒争功，至酩酊大醉，舞剑

---

❶　钱穆：《秦汉史》，生活·读书·新知三联书店2005年版，第53页。

击柱，不成体统。刘邦甚为不满。博士叔孙通劝说刘邦制定礼仪，征求鲁地诸生与弟子共同制定朝仪，又有张苍定章程，于是沿袭秦朝旧制，自天子称号下至佐僚及宫室、官名，少所变更。稍后，汉长乐宫建成，诸侯群臣按照一定的礼仪朝见皇帝。百官依次奉贺，莫不振恐肃敬，无一人敢喧哗失礼。高祖刘邦情不自禁地说："吾今日知为皇帝之贵也。"但叔孙通定朝仪，仍以秦时十月为岁首。

西汉的开国皇帝和群臣，大都来自社会下层。刘邦农民出身，曾做过泗水（今江苏沛县东）亭长。群臣如萧何、陈平、曹参等，或任地方小吏士卒，或是布衣平民。这些随刘邦打天下的功臣，到汉初都致身将相重臣，史家称为"汉初布衣将相之局"。西周以来的世卿世禄制度，到战国时受到很大的冲击，一些出身低贱的人，可以通过征战立功，或因政治上的才能而成为将相。到秦末，刘邦见巡游中的秦始皇而叹息云："大丈夫就当如此啊！"项羽也云"彼可取而代也。"陈胜、吴广起义，则以"王侯将相宁有种乎！"为号召。可见至迟到秦末，国君将相不必贵胄的观念，已经甚为普遍。汉初布衣将相之局的出现，标志世袭贵族主宰政治的时代基本结束。

清代史学家赵翼《廿二史札记》有"汉初布衣将相之局"一条，描述了秦汉间统治阶层的更新替代。他说："汉初诸臣，惟张良出身最贵，韩相之子也。其次则张苍，秦御史；叔孙通，秦待诏博士。次则萧何，沛主吏掾；曹参，狱掾；任敖，狱吏；周苛，泗水卒史；傅宽，魏骑将；申屠嘉，材官。其余陈平、王陵、陆贾、郦商、郦食其、夏侯婴等，皆白徒。樊哙则屠狗者，周勃则织薄曲吹箫给丧事者，灌婴则贩缯者，娄敬则挽车者，一时人才皆出其中，致身将相，前此所未有也。盖秦、汉间为天地一大变局。"[1]

在楚汉战争中，为了合力击败项羽，刘邦曾分封韩信、英布、彭越等主要将领为王，至汉初，异姓为王者七人。西汉建立后，约七年间，高祖刘邦以谋反、叛乱等为借口，逐一剪灭异姓王。[2]刘邦之剪灭异姓王，为后人所诟病，后人常借民谚"飞鸟尽，良弓藏；狡兔死，走狗烹"讥讽之。刘邦又认为，秦祚短促的原因在于秦未行分封而孤立无援，在剪灭异姓王的同时，又大封同姓王为诸侯，形成郡县与封国并行的局面。[3]汉初同姓诸侯的封地很大，占汉朝疆域的一半以上，随着封国实力的增强，封国与中央政府的矛盾也日益激化，最终导致了"吴楚七国之乱"。

　　▽　刘邦在剪灭异姓王后，在异姓王的故土分封自己的兄弟子侄九人为王，即同姓九王，并杀白马盟誓"非刘姓王者，天下共击之"。高祖死后，吕后专权，刘姓诸王起而反对，王国势力与专制皇权的矛盾开始显现。文帝以高祖庶子继统，地位不坚固。汉初所封诸侯王，经两三代的更迭，彼此血统关系逐渐疏远。文帝为了加强自己的地位，采用贾谊"众建诸侯而少其力"的策略，把一些举足轻重的大国析为几个小国。景帝即位后，专制皇权和地方王国势力的矛盾日益激化，景帝接受晁错所上《削藩策》，下诏削藩，激起诸王的强烈反对。吴、楚等七国，以"请诛晁错，以清君侧"为借口起兵讨伐，叛乱遍及整个关东地区，形成东方诸王"合纵"攻汉的形势，震动很大。景帝派太尉周亚夫率军往击吴楚，又处死晁错，想以此换取吴楚退兵。但吴王扬言"我已为东帝"，拒不退兵。最终，由周亚夫率汉军击溃吴楚叛乱。七国之乱的平定，一定程度上解决了汉高祖分封子弟为大国所引起的矛盾，并为汉武帝时最终解决王国问题，创造了条件。

二、无为而治与休养生息

　　因秦汉间的连年战争，到汉初，经济凋敝，社会呈现出一派荒凉残破的景象："自天子不能具钧驷，而将相或乘牛车，齐民无藏盖"（《史记·平准书》）。汉初君主服从人心思安的社会心理，采黄老学派"清静无为"为指导思想，定"与民休息"的国策，历高祖、惠帝、吕后等数代不变。曹参继萧何任丞相，"举事无所变更，一遵萧何约束"。一切遵照已定的规章制度实行，不做更张。当时民谣说："萧何为法，讲若画一。曹参代之，守而勿失。载其清静，民以宁一。"（《后汉书·仲长统传》李贤注）"萧规曹随"传为历史佳话。

①　赵翼著、王树民校证：《廿二史札记校证》卷二《布衣将相之局》，中华书局1984年版，第36页。
②　汉初的异姓王，惟长沙王吴芮因地小势弱，一直沿袭到文帝时始绝。
③　阎步克认为，刘邦大封同姓王，是处于"对以朝廷制御天下颇感力不从心，不得不借重分封之法，用郡国并行之制。"参见吴宗国主编：《中国古代官僚政治制度研究》，北京大学出版社2004年版，第34页。

▽ 汉初，儒生陆贾任太中大夫，常为刘邦讲些《诗》《书》，刘邦骂他说："我居马上而得天下，要《诗》《书》何用？"陆贾以"居马上得之，宁可以马上治之乎？"谏之。刘邦乃令其总结秦亡汉兴以及历代兴衰的历史教训，写成《新语》十二篇。每上奏一篇，"高祖（刘邦）未尝不称赞，左右呼万岁"。陆贾主张新王朝要减少兴师动众、烦苛扰民的事，应该清静无为、与民休息。其时，民间的学术和舆论也反映出人心思安的社会心理。叔孙通定朝仪，到鲁地征召儒生，有儒生二人批评他说："天下初定，死者未藏，伤者未起，你却要兴礼乐制度。礼乐是要有百年的积德才能兴办的。我们不忍和你一起去做这等事。"曹参为齐相，听取胶东治黄老之学的盖公建议，"治道贵清静而民自定"。曹参相齐九年，齐国大治，皆称贤相。可见汉初朝廷和民间学者的舆论，大都能与社会实际的要求相一致。

到汉文帝、景帝时期，朝廷仍延续"清静无为""与民休息"的政策。文帝、景帝多次下诏劝课农桑，一再减免天下百姓的田租，并定租率三十税一为定制；国家少兴或不兴大规模的工程，以减少对民众的烦扰，徭役征发减至每三年一次，傅籍的年龄推迟至23岁❶；对周边地区尽量避免征战，与匈奴和亲，对南越罢兵，维护相安的局面；又废除了秦朝留存下来的族诛、连坐、肉刑等严刑苛法。这一系列轻徭薄赋、省刑约法、不兴土木、停止兵戈等措施，为社会经济的恢复和发展创造了条件，形成了"吏安其官，民乐其业"的社会景象，史称"文景之治"，且成为传统时代社会安定、政治清明、轻徭薄赋的治世蓝本。

▽ 汉文帝是历史上有名的"躬修俭节"的帝王，史书说他在位23年，宫室、苑囿、车骑、服御等无所增益。他曾想在宫中建一露台，召工匠预算，大约要花费百金。文帝获知后说：百金，相当于中等人家十户的产业，便取消了造露台的打算，每逢灾荒之年，便令"弛山泽之禁"，让民众入山林池泽以度饥荒。他所宠爱的慎夫人，衣不曳地，帷帐不施纹饰。他所修建的陵墓（霸陵），因山为陵，不筑封土，以求俭省。从在位第13年起，文帝除民田租，凡十一年，不收民租一粒米谷，为历代帝王所仅见。秦代的诸如"收孥相坐律令"、诽言令、黥劓刖三种肉刑，均在文帝在位时废除。史书称其时是："吏安其官，民乐其业，畜积岁增，户口寖息。风流笃厚，禁罔疏阔。……刑罚大省，至于断狱四百，有刑错之风。"（《汉书·刑法志》）

▽ 1993年，在江苏连云港市东海县温泉镇尹湾村发掘的西汉后期墓葬中，出土木牍23枚、竹简133枚，文字近4万（图4-4）。这批简牍内容丰富，大

致反映西汉末年政治、经济、军事及社会生活等各方面的情形，是我国迄今发现的最早、最完整的郡级行政文书档案。木牍中有一份《集簿》，记录东海郡90岁以上和70岁以上高龄老人的统计数字。学者结合文献记载，认为此项统计数字的背后，是汉代两项养老敬老制度——授王杖和受鬻法，即汉代政府定期向达到法定年龄的老人授几杖养衰老，及发放粥米用以熬粥养生的养老制度，是两项专门惠及高龄老人的养老福利制度。郡县政府在上计文书中列入高龄老人的统计数，以接受上级的考评。《集簿》所记"年九十以上万一千六百七十人，年七十以上受杖二千八百廿三人，凡万四千四百九十三，多前七百一十八"❷。意为：90岁以上老人11670人，属法定受鬻人群；70岁以上年龄段中的2823人，属受杖者；这两项合计有14493人，比上年增加718人，体现了东海郡在敬老养老方面的政绩，也反映汉代政府对养老问题的重视。

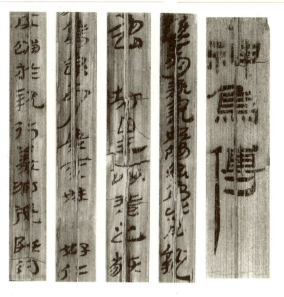

图4-4
尹湾汉简·神乌傅

政府"无为而治"，社会顿现活力。经70余年休养生息，经济由恢复、发展，逐渐走向繁荣富庶。与之同时，一系列新问题、新矛盾也逐渐显现：其一，大多数自耕小农仅能维持温饱水平，且小农破产的现象逐渐增多，流离于土地之外的小农，常常"亡逃山林，转为盗贼"，不仅带来了社会的不安，也影响了汉王朝赋税徭役的征发。其二，与之形成对比的是，商贾的势力迅猛发展。他们以"末业"致富，以"本业"守成，大量兼并小农的土地，造成社会贫富分化的加剧。其三，对匈奴的和亲政策并不能阻挡匈奴南下侵扰，文帝、景帝时期，匈奴骑兵仍不断南侵，使北边地区的民众生活难以安宁。上述社会问题和矛盾的纠结，需要王朝的统治者一改"无为而治"的国策，而行积极进取的"有为"方针，历史遂进入汉武帝时代。

▷　秦汉之际，匈奴单于冒顿乘中原纷争之机，东破东胡，西攻月氏，重

---

❶　秦时17岁傅籍，景帝初改为20岁。

❷　张显成、周群丽：《尹湾汉墓简牍校理》，天津古籍出版社2011年版，第5页。

新占领河套故地，不仅控制了中国北部、东北和西北部广大地区，并时常侵扰西汉的北边地区。前200年，匈奴发兵攻晋阳（今山西太原西南古城营），汉高祖刘邦亲自率军北上抗击，单于冒顿佯败退而诱汉军北上追击，高祖率军先至平城（今山西大同东北），在平城东北之白登山遭40万匈奴骑兵围困，被围七日而不得解突。无奈之下，高祖只能采陈平计，用重金贿赂冒顿妻子，才得以解围与汉军主力会合。此事史称"白登之围"。其时，汉廷政权尚未巩固，社会经济亟待恢复，朝廷无力发起对匈奴的大规模作战。刘邦只好采用"和亲"政策，把汉室公主嫁给匈奴单于，每年送去大批丝绸、粮食、酒等，与匈奴约为兄弟，以缓和匈奴的侵扰。但是，和亲政策并不能阻挡匈奴的侵扰，直到文帝、景帝时，匈奴骑兵仍不断在边地骚扰，给北边民众的生产和社会造成很大的破坏。

第四节
汉武帝时代

西汉武帝时，变汉初的"无为"为"有为"，锐意进取，在治国方略、思想文化、民族关系等方面推行一系列新政策。这一时期，宰相的职权遭到裁抑，诸侯王的势力被削弱，皇权得以空前加强；通过三次征讨匈奴的战争，大体解除了来自北边的威胁，加强了对西域的控制。汉武帝虽将西汉王朝推向全盛，但他的穷兵黩武和大兴土木耗费了大量财富，汉初以来因土地兼并、贫富分化而引发的社会矛盾也不断加剧，武帝时代成为西汉王朝由盛入衰的转折点。

一、皇帝集权与内政改革

到汉武帝即位时，社会经济富庶繁荣的景象随处可见，《史记·平准书》说当时是："非遇水旱之灾，民则人给家足，都鄙廪庾皆满，而府库余货财。京师之钱累巨万，贯朽而不可校；太仓之粟陈陈相因，充溢露积于外，至腐败不可食。"随着社会经济实力的增强，社会心理也由"静"转为"动"，汉初"无为而治"的国策已难以符合社会的新需要。前135年，执掌朝政的窦太后去世，雄才大略又极欲有所作为的汉武帝，便推出了一系列"兴造功业"、复古更化的新政策，汉王朝的国策正式由"无为"转为"有为"。

自吴楚七国之乱平定之后，诸侯王的势力虽遭到打击，但王国的地盘尚大，势力尚强。前127年，武帝采主父偃的建议，施行"推恩令"，允许诸侯王"私恩"分王国土地于子弟为列侯。推恩令施行后，王国纷纷请分邑子弟，于是"藩国始分，而子弟毕侯"。按汉制，侯国隶属于郡，于是，王国的地盘变为朝廷直辖的郡县，汉初以来诸侯王强大难治的问题基本解决。为了加强中央对地方的控制，武帝将监督与行政分开，在全国分设十三州部，每州部设刺史一人，代表中央监督地方政治。刺史秩六百石，可监督二千石的郡国官员及地方上的强宗豪右。

▽　秦始皇废封建，建郡县，废除的是前代分封诸侯的制度，秦所施行的赐爵制，仍包括分封列侯的制度。不过，秦朝的列侯封君，只享有"食租税"权，并无治民权。至汉初，刘邦分封的同姓诸侯王，在政治、经济上都有相当的独立性。其时，同姓诸侯的封地略占汉疆域的一半以上。吴楚七国之乱平定之后，取消了诸侯王的治民权，又行"众建诸侯而少其力"的政策，诸侯王的经济收入也"惟得衣食租税"。武帝行"推恩令"，"推恩"之后形成的侯国，被纳入中央直属的汉郡统辖。这样，诸侯国的地盘缩小，中央直属的郡由原先15个增加到80多个。

武帝一朝内政方面影响最大的改革是削弱相权，形成"中朝"的决策机构。秦和汉初，丞相权力颇重，礼遇亦隆，由此常有君相间的冲突。汉初的丞相虽多深自贬抑，以缓和君臣关系，但不能从根本上解决矛盾。武帝亲政后，政治体制上的最大变化就是作为中央政府决策机构的"中朝"正式形成。"中朝"，又称"内朝"，与"外朝""外廷"相对，由武帝亲信的近臣或侍从组成，如为皇帝亲信的大司马、大将军、御史大夫（如张汤）等朝廷高级官员，以及大夫、博士、尚书等中低级官员。重要的军国大事，由"中朝"在宫廷内先作决策，

而以丞相为首的朝廷官员，则成为行政办事机构。❶

▽ 史学家劳榦的《汉代尚书的职任及其与内朝的关系》一文，曾论及内朝官吏与外朝官吏的一个重大区别。他说："内朝官吏的办公地点就在宫中，天子可以随时到来，随时指示，和外朝官吏的办公地点在宫外，只有在前殿正式朝会之时，才可以看到天子，完全不同。从另一方面来看，内朝的官吏是随时可以召见，他们的意见如被接纳，再由天子下诏给丞相九卿，和外朝官吏如有意见，只能用书面上奏天子，再由天子下诏来答复，完全不同。换句话说，内朝的作用是制诏的拟定，外朝的作用是制诏的执行。"❷ 西汉前期，丞相多为功臣出身，威望甚高，故朝廷（皇帝）对丞相的礼遇也十分优厚，有所谓入朝不趋、奏事不名，甚至特赐剑履上朝等殊礼。如丞相进见，皇帝要"御坐为起，在舆为下"；丞相有疾，皇帝亲自问候；丞相有罪，往往不明令斩杀，只遣使臣赐酒、赐牛，暗示其自杀，以顾全丞相的体面。武帝一改汉初皇帝见丞相礼貌甚恭的态度，"丞相（公孙）弘宴见，上或时不冠"，丞相稍不如己意，就当廷折责，甚至动辄被治罪处死。武帝在位54年间，先后任用的相十二人，其中仅四人是在任上正常死亡的，三人被免职，二人获罪自杀（李蔡、严青翟），三人下狱处死（公孙弘、赵周、刘屈氂）。正因为如此，一时朝臣视相职为畏途，诚惶诚恐，不敢接任。公孙贺被任命丞相时，"不受印绶，顿首涕泣"。公孙弘常称"人主病不广大，人臣病不俭节"，最切合武帝之用意，汉代相权及地位之低落，前所未有。

另一项影响较大的内政改革是察举制度的建立。汉文帝时，已有令诸侯王、公卿、郡守等官员向朝廷推荐"贤良能直言极谏者"，并由皇帝亲自策问，按等第不同而区别授官，但未成定制。前134年，汉武帝采纳董仲舒的建议，令郡国每年举孝廉各一人。从此，以郡国推举孝廉为岁举常科的察举制正式确立。除了孝廉一科外，武帝时还设有不定期的贤良方正、文学等科察举取士。被察举者，往往先在郎署供职，后再授予中央或地方的官职。察举制作为一种较为完备的仕进制度，它的形成被学者称为中国政治史上最可纪念的事，标志着士人逐渐取代宗室、军人而成为官僚的主体。

▽ 西汉察举的标准，大致就是史书中所说的"四科取士"，即"一曰德行高妙，志节清白；二曰学通行修，经中博士；三曰明达法令，足以决疑，能案章覆问，文中御史；四曰刚毅多略，遭事不惑，明足以决，才任三辅

令，皆有孝悌、廉公之行。"❸无论是郡国岁举的孝廉，还是特举的贤良方正、文学，察举者都要经过考试，而后量才录用。其时的考试是策问，有对策和射策二种，对策就是命题考试，射策就是抽签考试。郡国岁举的孝廉、茂才到京城后，由公府依科加以考试；诏令特举者，往往由皇帝亲自策试。被举者的对策如引起皇帝的特别注意，还要反复策问，如董仲舒的贤良对策，就有"两策""三策"。不过，汉代的策问，只是区别高下、量才录用，未有黜落的。除了察举之外，汉代的选官还有征辟（有皇帝征聘及公府、州郡自行辟除）、博士弟子的课试（武帝时设五经博士，博士弟子通过考试而补吏，成为定制）、任子（即高级官员保任其子弟为官，初时规定任子一人，后增加到二人、三人，甚至多人；其范围也由任子而扩大到兄、祖孙，乃至宗族）、纳赀（有入谷补官、入钱赏官、入财补郎等数种）等多种途径。

当时，被君臣上下、朝野学者看作头等大事的，是武帝时一系列复古更化的改制。其时，天下一统，社会繁荣，文化思想、制度礼仪等方面也亟须有一番与之相符合的创设改革，于是，讲究制礼仪、兴教化的儒家学说颇受统治者的重视。武帝采纳董仲舒、公孙弘等人的建议，"罢黜百家，独尊儒术"，朝廷置五经博士，设博士弟子员；又在京城长安建太学，教授五经，从中选拔官员；地方郡县的学校，也配有经师授学，以培养官吏的后备人选。自此之后，儒学被定为官学，以五经为代表的儒学成为官员选拔、学校教育和人才培养的主要内容，而其他诸子之学则"罢黜"在官学之外。

▽　　武帝时期，朝野学界的兴趣及关注点已与汉初大异。钱穆说："当时政治上实际问题，最大者厥为社会贫富之不均。而武帝政治措施，于此全不理会，最先即及于郊祀、封禅、巡狩种种典礼之兴复者；此由其时学者间共同信仰，太平景象之特征，定有一种天人交感之符兆。故遂于无形中造成一种观念，即努力于促现此种天人交感之符兆，亦即为造成太平之阶梯也。"❹太平景象的特征有哪些呢？一是受命之符，凡盛世皆有瑞祥，否

---

❶　武帝时，丞相虽逐渐沦为最高事务官，但在一定程度上还有参与决策的权力。

❷　劳榦：《古代中国的历史与文化》（上），中华书局2006年版，第120—121页。

❸　司马彪：《后汉书》志第二四《百官志一》，中华书局1965年版，第3559页。

❹　钱穆：《秦汉史》，生活·读书·新知三联书店2005年版，第109页。

则不足以为太平，不足以见天命；二是命之夭寿，天子既代天而治，获天之佑，不仅永保其寿，而且应登格成仙；三是德泽遍及方外，不仅国内治安，方外归化，至于所献奇禽怪兽异物，都足成为显示太平盛世的符征。前134年，东瓯受闽越攻击来求救，太尉田蚡称越人相攻击乃常事，不足烦中国往救，而严助诘之云："特患力不能救，德不能覆。诚能，何故弃之？……今小国以穷困来告急，天子不振，尚安所诉，又何以子万国乎？"（《汉书·严助传》）所谓广徕四夷，以昭太平之盛业。对边地的用兵，也与太平盛世扯上关系。

武帝虽尊儒术，但对诸子百家也不是一概罢黜。他信方士之言，仿照上古帝王封禅、巡狩之典礼，多次封泰山，亲郊祠；其尊儒术，也多注重改正朔、易服色等礼仪制度的厘定。他所信任的大臣，多是精通儒术又深知刑法的人。所以汲黯说他是"内多欲而外施仁义"（《史记·汲郑列传》）。其复古更化上的改制度、兴礼乐，都是为了显天命、表成功；故对董仲舒等人的建议，仅取"独尊儒术"一节，其他如官吏不得经商货殖、"限民名田"以塞兼并之途等，均未采纳。

二、西汉的军事征战与疆域拓展

若将武帝一朝的事业与秦朝相比，其对内的政治，尚未能超出秦制的规模；其对外的开拓，则越出了秦时所开拓的疆域。❶

西汉对外用力最巨的是北边的匈奴。在秦汉之间，回到河套故地的匈奴势力颇盛，汉初虽行"和亲"政策，但仍是和战不定。武帝时，汉廷重启对匈奴的征战。霍去病、卫青等多次率军出击，先收回河套地，置朔方郡；匈奴弃阴山，遁入漠北，汉军北上追击并大败匈奴右部，汉廷在其地设武威（今甘肃民勤东北）、酒泉（今甘肃酒泉）、张掖（今甘肃张掖西北）和敦煌（今甘肃敦煌西）四郡，史称"河西四郡"，又从关东地区徙置数十万移民以充实该地。河西四郡的设置，不仅保障了河西地区的安宁和社会经济的发展，也为中原与西域之交流打开了通道。

▷ 前119年，汉廷发兵十万，由卫青、霍去病分别率军北上，大败漠北的匈奴骑兵，自此，匈奴主力向西远迁，汉军占据了自朔方以西至张掖、居延海的大片土地，并移民开渠屯田，以保障河西地区的安全。其后，汉与匈奴又有多次征战，且互有胜负。前90年，贰师将军李广利率兵出塞，为匈奴击败，李广利投降，士兵死伤甚多，此后汉廷不复出军。新朝至东汉初，汉、匈仍处对立状态。公元48年，匈奴内乱，分裂成南、北两部，南匈奴降汉内附，汉廷帮助其在五原（今内蒙古包头西）西部设单于庭帐，其部众则入居五原、云中（内蒙古托克托东北古城镇）等北边诸郡。北匈奴退居漠北，89年，东汉军在金微山（今阿尔泰山）大败北匈奴。自此，北匈奴退出漠北，而匈奴故地则为新起的鲜卑所占有。

其时，原生活在敦煌、祁连山一带的月氏，为匈奴所破而被迫西迁，常思东归报复匈奴。武帝获悉后决定联合月氏，共同对付匈奴，便派张骞出使月氏等西域诸国。前138年，张骞从陇西出发，途中被匈奴所获，截留十余年，后终于逃脱，又西行至大宛（今乌兹别克斯坦费尔干纳盆地）、康居（今巴尔喀什湖和咸海之间）、月氏（今新疆西部伊犁河流域及其迤西一带）、大夏（今阿富汗境内）等国。时月氏已在阿姆河一带定居，无意东归。张骞在其地逗留一年余，东归途中又为匈奴所拘，后乘匈奴内乱脱身回到长安。前119年，张骞率300余人第二次出使西域，到达乌孙（今伊塞克湖一带和伊犁河流域），并遣副使至安息（今伊朗）、身毒（即印度）等国，后与乌孙使者等一同回到长安。其后，汉廷多次派使臣抵达安息、条支（今伊朗西南部布什尔港附近一带）、奄蔡（约在今咸海至里海一带）、身毒等国。汉朝的商人也接踵西行，大量丝帛锦绣沿此路销往西方，沟通中西交通的"丝绸之路"由此形成。

> ▽　历史上的西域，有广狭二义：狭义的西域，专指玉门关、阳关以西至葱岭的天山南路一带；广义的西域则泛指今新疆以及以西的中亚、南亚和西亚乃至更远的地区，所以当时罗马的史事也记载在《汉书·西域传》中。狭义的西域是一个四周环山的大盆地，北为天山，南为昆仑山，西为葱岭，东为祁连山。这里虽是一望无际的流沙，因有塔里木河及其支流的灌溉，形成了许多适宜畜牧、农耕的肥美沙漠田。汉时，西域初有36国，后分为50余国，各国言语不一，大小不等，人口最多的龟兹国（今新疆库车一带）约有8万人，少的仅数千人。当时通往西域的道路分南北两道，南道

---

❶　钱穆：《秦汉史》，生活·读书·新知三联书店2005年版，第136页。

经鄯善（国都在今新疆若羌附近）、于阗（今新疆和田）、莎车至疏勒；北道经渠犁（今新疆库尔勒、尉犁以西一带）、轮台（今新疆轮台东南）、龟兹、姑墨（今新疆阿克苏、温宿一带）至疏勒（今新疆喀什）。自疏勒往西，越过葱岭，西南可抵达大月氏、安息、条支、大秦，往北可到达大宛、康居等国。"丝绸之路"开辟之后，中原的铁器、丝绸和养蚕、铸铁、穿井、造纸等技术逐渐传到了西域、中亚和西亚。西域、中亚和西亚的良马、毛织品，植物如核桃、石榴、胡萝卜、大蒜、苜蓿等也陆续传到中原。自汉至唐的近千年，"丝绸之路"一直是联结中国与中亚、西亚各国政治、经济、文化交流的重要通道。

东北方面，秦汉之间有燕人卫满曾率众千余人渡浿水（今朝鲜平壤之北，当即今之清川江，也有说是今大同江或鸭绿江），以王险城（今朝鲜平壤市大同江南岸）为都，成为朝鲜半岛西北部之一国。前109年，武帝派兵夹攻王险城，卫氏朝鲜旋亡。汉廷在其地设置乐浪、玄菟、临屯、真番四郡❶，四郡的管辖之地包括朝鲜半岛的大部分。乐浪等郡的设置，加强了朝鲜半岛及日本等地与汉的经济、文化交流，仅武帝时，日本就有30多个部落、国家通过朝鲜半岛"使驿通于汉"。云、贵地区的西南夷，在秦时已设有郡县。秦末汉初，政治联系虽一度中断，而经济往来仍然继续。武帝平南粤后，派兵伐且兰（今贵州都匀、黄平、贵定一带），设牂柯郡（今贵州黄平、贵定二县间），夜郎国（今贵州西部、北部，以及云南东北、四川南部与广西北部部分地区）降汉后，汉军又南征滇（今云南昆明一带）、昆明（今云南西部及滇池周围与滇东北一带，贵州西部、四川西南部），将其地划归益州郡。

▽　自先秦以来，在今贵州、云南、四川一带，就分布着许多少数民族和部族，秦汉时通称为西南夷。据《史记·西南夷列传》所载民族或部落，有夜郎、且兰、靡莫（今云南寻甸）、滇、昆明、筰（今四川西南部）、邛都（今四川西昌西南）、冉駹（今四川茂县一带）等。秦始皇统一中国后，曾派常頞通西南夷，为此还专门修建了一条自今四川宜宾通往云南滇池的栈道，称为"五尺道"。❷栈道修建后，秦经蜀郡（郡治在今四川中部偏西）进入西南夷地区，并在其地设置郡县。武帝时，派唐蒙出使夜郎，夜郎侯迎降后，汉封其为王，于是西南诸夷皆求内属，汉廷在其地设越嶲（今四川峨边、冕宁以南，云南大姚以北，丽江以东，金沙以西地区）、沈黎（今四川汉源一带）、汶山（今四川茂县北）等郡。

　　在南方，秦朝末年，赵佗据南海郡（治今广东广州）独立，又并桂林（治今广西桂平西南）、象郡（辖境约当今广西西部、越南北部和中部地区），自称南粤王。汉文帝、景帝时，南粤王向汉称臣。至武帝时，南粤叛汉，汉廷出兵平定南粤，以其地置儋耳、珠崖、南海、苍梧、郁林、合浦、交趾、九真、日南九郡。❸秦代开始对南方、西南地区的开拓，至此方告成功。

　　▽　秦汉时期对南方的开拓，对当时的海外交通颇有影响。据《汉书·地理志》所载，南海的交通，分北、南两线。北线自日南边塞（出海口在今越南岘港）或徐闻、合浦（今广西合浦东北）出发，沿印支半岛南下，船行五月，到都元（今越南南部），再行四月，到邑卢没（今泰国曼谷湾附近），又行二十余日，到谌离国（今泰国西部佛统或巴蜀）弃舟登陆，越中南半岛，步行十余日可抵达夫甘都卢国（今缅甸蒲甘地区），再船行二月余到黄支国（今印度东海岸）。南线则从黄支出发，船行八月，到达皮宗（今印尼苏门答腊岛西北），再行二月，经新加坡，到日南。在此航行的，不仅有带着"黄金、杂缯（丝织品）而往"的中国商人，也有东南亚各国的使臣。《史记·货殖列传》称番禺（今广东广州）为海外"珠玑、犀、玳瑁、果、布"等珍奇物品的集散地，是汉代海外贸易的重要口岸。

❶　乐浪郡，治所在今朝鲜平壤市南，辖境约今朝鲜平安南道、黄海南北道、江原道和咸境南道，韩国江原道、京畿道部分地；玄菟郡，治所在今朝鲜咸境南道咸兴，辖境约今辽宁东部至朝鲜咸境道一带；临屯郡，治所在今韩国江原道江陵，辖今江原道地区；真番郡，治所在今朝鲜半岛礼成江、汉江间，辖境约今朝鲜黄海北道大部分、黄海南道及韩国京畿道北部。

❷　关于"五尺道"，学界尚有不同的看法。有学者认为：五尺道的开凿不始于秦，秦法是"数以六为纪，符、法冠皆六寸，而舆六尺，六尺为步，乘六马"，不会公然修建"五尺道"。秦只是对"五尺道"做了重修或修整。（葛剑雄：《关于古代西南交通的几个问题》，四川大学历史系编：《中国西南的古代交通与文化》，四川大学出版社1994年版，第1—13页）

❸　儋耳郡治在今海南儋州西北，珠崖郡治在今海南海口市琼山区东南，南海郡治在今广东广州，苍梧郡治在今广西梧州，郁林郡治在今广西桂平西南，合浦郡治在今广西合浦东北，交趾郡治在今越南河内西北，九真郡治在今越南清化西北，日南郡治在今越南广治省广治河与甘露河合流处。

第五节
西汉的衰落和新朝的改革

武帝朝的财政改革，起因于国库空虚、财政危机，也以危机的消解为满足。而汉初以来的社会问题，却一直拖延未决。有识之士一再提倡改革，甚至呼吁变法禅贤以延汉祚，至新朝王莽终于激发成全盘彻底的大改革。王莽改革的失败，不仅造成社会更大的混乱，也宣告了先秦以来社会改革思想的终结。此后，"治天下不如安天下，安天下不如与天下安"遂成为政治上的金科玉律。

一、武帝朝的财政改革

武帝在位54年，其中对匈奴的征战就延续40余年，同时并举的还有征大宛、攻朝鲜、平南粤，通西南夷等。征战所用之军队少则数万，多至数十万，其他如器械、粮食、马匹等数以万计；辅助性的劳役如修建边城、开凿道路、运输粮草，以及犒劳将士、安顿降民、移民充实边境等，花费无数。自元狩元年（前122）后，35年间武帝外出祠神、巡行、封禅共29次，每外出祭祀巡行，都有迎送、赏赐以及地方吏民修路、献礼等，耗费的民力、财力也是不计其数。故史家说当时是"外事四夷，内兴功利，役费并兴，而民去本"，结果是"天下虚耗，人复相食"。（《汉书·食货志》）此外，还有武帝个人生活上的挥霍。就这样，汉初以来积累之财富，到武帝手里仅仅几十年已消耗殆尽，府库空虚，国力大屈。财政收支入不敷出，西汉王朝出现了衰败的迹象。

▽ 军事战争不但支出庞大，而且浪费甚巨。汉时将帅对军卒、军需都不甚爱惜，以致战争虽获胜，而士卒死伤很多，物质亦极浪费。如霍去病，《史记·卫将军骠骑列传》称其"少而侍中，贵，不省士。"其用兵，"既还，重车余弃粱肉，而士有饥者。其在塞外，卒乏粮，或不能自振，而骠骑尚穿域蹋鞠，事多此类"。前119年，卫青、霍去病北上击匈奴，率骑兵

十万，"私负从马凡十四万匹"。此役汉军虽获胜，但汉马死者至十余万匹，从此以马少则不能大举兵事。李广利征大宛时，兵出敦煌六万余人（私人自愿从军的还不在其内），马三万匹；战后回玉门关时，将士仅一万余，马仅一千多匹。此次战争并不缺乏粮草，战死的也不多，损失如此巨大，全在于将吏不爱惜士卒。至于武帝动用大量的人力、物力建造了许多宫室园囿、苑池亭阁，花费更是无数。史书描写其中的建章宫，"度为千门万户，前殿度高未央。其东则凤阙，高二十余丈。其西则唐中，数十里虎圈。其北治大池，渐台高二十余丈，命曰太液池。中有蓬莱、方丈、瀛洲、壶梁，象海中神山龟鱼之属。其南有玉堂、璧门、大鸟之属。乃立神明台，井干楼，度五十丈，辇道相属焉"（《史记·封禅书》）。为了炫耀富有，武帝还"设酒池肉林以飨四夷之客，作巴俞都庐、海中砀极、漫衍鱼龙、角抵之戏以观视之"（《汉书·西域传》）。故司马光说武帝的奢侈极欲与秦始皇相差无几。

国势扩张，财用不足，统治者便设法多方罗掘财富，以补财政上的亏空。于是，有武帝时的一系列财政新改革，其主要内容有四：一、实行盐铁官营专卖。政府在盐、铁产区设置盐官和铁官，实行统一的生产和销售，盐、铁官统属于"大司农"管辖，盐铁盈利归政府所有。二、颁布算缗令。凡商人、手工业者、高利贷者，须向政府申报其资产，按一定的数额纳税；隐瞒不报或所报不实者，查实后受罚，财产没收。三、实行均输、平准法。均输法规定，原郡国向朝廷贡纳的物品，折合成当地的土特产品，交由大司农下属的均输官，由其运输到其他地方高价出售。平准法是凭政府所有物品来控制全国的物资和买卖，以平抑物价。四、改革币制。前113年，下令由上林三官铸造的五铢钱为全国通行的货币❶，旧时的货币一律作废。

上述改革措施推行后，最明显效果是充实了国家府库，在政府获得大量钱财的同时，也实现了政府对经济领域的全面介入。

▽　为了广开财源，除了盐铁专卖、算缗钱、算车船，以及推行均输平准法，还有酒榷和纳粟拜爵等政策。酒榷即酒类专卖，汉代的酿酒业非常兴

---

❶　上林三官，即上林苑的钟官、技巧令（一说为均输）、辨铜令，钟官执掌铸造，技巧主刻范，辨铜负责原料采办和鉴验。故五铢钱也称"三官钱"，或"上林三官钱"。

盛，私营酒酤的利润颇为丰厚。《史记·货殖列传》云："通邑大都，酤一岁千酿"，富"比千乘之家。"前98年，大司农桑弘羊奏请武帝实行酒榷，规定私营作坊由官府供给原料，按官府要求酿酒，制成后交官府销售，而官府则向其支付一定的加工费。自此，"小民不复得酤也"，而官府独占酿酒和销售的利润。桑弘羊还奏请武帝，大力推行卖官鬻爵和纳粟赎罪的政策，此几项措施，虽非桑弘羊创制，但其施行的范围遍及一般的百姓，故其广开财源、增加财政收入的效果十分明显。前119年，汉政府推行"算缗钱"，规定商人、手工业者和高利贷者按其资产，每二千钱纳税一算（一算，即120钱），手工业产品每四千钱一算。家有轺车，一车一算，商人有轺车的加倍。船五丈以上一算。令下之后，民众皆争相匿财，不愿呈报。前114年，政府再下"告缗令"，凡隐匿不报、或陈报不实者，经查实没收其财产；又奖励告发，凡告发而经查实，奖励所没收财产之半。告缗由杨可主持，派使者到各地加以贯彻。于是，告发风行，"中家以上，大抵皆遇告"（《史记·平准书》）。所没收的"财物以亿计，奴婢以千万数，田大县数百顷，小县百余顷"（《史记·平准书》），商贾中家以上大抵破产。

财政改革的底线虽是"民不益赋而天下用饶"（《史记·平准书》），但层层转移之后，最终仍有不少负担落在农民身上。武帝又轻用其财，不知爱惜，常常是"竭民财力，奢泰无度"，社会已呈"天下虚耗，百姓流离"（《资治通鉴·汉纪十六》）的局面，破产的农民为逃避国家的赋税，只得脱籍而成流民，走投无路，往往激成起义。尤其是天汉（前100—前97）以后，农民起义已有蔓延之势。武帝晚年宫中巫风大盛，受之牵连而冤死者甚众，太子也因"巫蛊之祸"而自杀身亡。太子之死让武帝追悔莫及，并最终促成他幡然醒悟，颁"轮台诏"，承认自己的政策失误："朕即位以来，所为狂悖，使天下愁苦，不可追悔。自今事有伤害百姓，靡费天下者，悉罢之！"（《资治通鉴·汉纪十四》）强调"当今务在禁苛暴，止擅赋，力本农"（《汉书·西域传》）。武帝的轮台诏书标志着西汉中后期国策的再次转变，为西汉王朝转危为安创造了条件。

▽　"巫蛊"是汉代颇为流行的一种巫术，有一种方法是用铜、木制成欲加害之人的偶像，插上铁针，埋在地下，经反复诅咒能使欲加害之人罹祸。武帝晚年多病，疑心为其左右人行巫蛊所致。前92年，有人告发丞相公孙贺之子在驰道上埋木偶，行巫蛊事，公孙贺父子均死于狱中。接着，卫皇后的女儿也因"巫蛊"事而被处死。次年，武帝令江充治"巫蛊"之狱，

江充诬告太子宫中有"巫蛊"事。于是，太子刘据杀江充，发兵与武帝派来追捕的政府军交战于长安城中，双方激战五日，最终太子刘据兵败自杀。史称"巫蛊之祸"。不久，太子的冤情逐渐显现，武帝内心深为懊恼。前90年，李广利征匈奴大败，而以军降匈奴。桑弘羊等上奏，建议再增派军卒到西域渠犁、轮台一带屯田。武帝下诏云："今请远田轮台，欲起亭隧，是扰劳天下，非所以优民也。今朕不忍闻……"（《汉书·西域传》）最终下罪己诏，在去世前两年，自己纠正了错误的政策，挽回了将颓的局面。司马光《资治通鉴》卷二二有一段对武帝的评述说得很精彩："孝武穷奢极欲，繁刑重敛，内侈宫室，外事四夷，信惑神怪，巡游无度，使百姓疲敝，起为盗贼，其所以异于秦始皇者无几矣。然秦以之亡，汉以之兴者，孝武能遵先王之道，知所统守，受忠直之言，恶人欺蔽，好贤不倦，诛赏严明，晚而改过，顾托得人，此其所以有亡秦之失而免亡秦之祸乎！"（《资治通鉴·汉纪十四》）

二、昭宣中兴与西汉衰落

前87年，武帝去世，昭帝即位，大司马大将军霍光辅政。前74年，宣帝即位，霍光仍掌朝政。史书称霍光"知时务之要"，罢兵力农，轻徭薄赋，与民休息。于是，社会经济逐渐恢复，"百姓安土，岁数丰穰"。其时，弘农（治今河南灵宝北）、河东（治今山西夏县西北）、上党（治今山西长子西南）、太原（治今山西太原西南古城营）诸郡农业渐有丰足，朝廷调其谷物以供京城消费；汉廷又在边郡筑"常平仓"，以平抑谷价，便民利农。昭宣时，朝廷的丞相、公卿多能恪守其职；地方上也出现了一批勤政的良吏，如王成、黄霸、朱邑等，都以能劝民农桑、为民兴利而著名。昭、宣两朝近40年间，社会安定，百姓充实，史家誉之为"昭宣中兴"。

▽　前81年，昭帝令丞相等召集郡国所举贤良文学60余人至京城，询问民间百姓疾苦及施政教化的要务。贤良文学对武帝所推行之各项政策多持批评态度，并与桑弘羊为首的部分官员展开针锋相对之论辩。双方论辩之核心问题为：民间疾苦之缘由，盐铁、酒榷、均输等法是否该废除，以及对匈奴的政策，对农业的举措，德教与法治之得失等，双方争辩激烈，互不相让。此次会议及论辩的情况，时人桓宽将其编撰成《盐铁论》，故后世称其为"盐铁会议"（或说会议的中心议题为盐铁问题，故称"盐铁会

议"）。最后，朝廷听取了贤良文学的意见，继续遵行轻徭薄赋、与民休息的政策，停止对酒类的专卖，但盐铁官营和平准均输等法仍沿行不废。

然而，秦汉以来相沿而积累的社会问题，始终未能解决。轻徭薄赋虽繁荣了社会经济，却也"适足以资富强"，社会的贫富分化加剧，农人生计的窘况未有根本改善。富者兼并小农田连阡陌，贫者无立锥之地，或转卖为奴婢，或脱籍逃亡山泽而成流民。董仲舒曾建议"限民名田，以澹不足"，但未为武帝采纳；哀帝时，孔光、何武还拟定一个具体办法，规定诸王、列侯乃至吏民占田、占奴婢的不同数额，也因权贵官僚们的反对而被搁置。社会稍有恢复，统治者便奢侈逸乐，故态复萌。宣帝晚年"颇修汉武故事，宫室、车服盛于昭帝"（《汉书·王吉传》）。至元、成、哀、平诸帝，政事越发腐败，刘姓王朝的衰落遂不可收拾。

▽　论者或说，君主的才智高下可视为王朝盛衰兴败的衡量器或晴雨表。西汉后期的几位君主，其才智均属于中等以下，所谓"奉以骄奢淫逸之资，肆其言莫予违之欲，虽有中驷，亦为下材"❶。宣帝早期颇知民间疾苦，即位初年一再鼓励臣下直言谏议，然至其晚年，朝臣盖宽饶进谏劝告不要重用宦官执掌宫中大权，宣帝竟认为这是怨谤，把他押送进大牢。元帝时，关东十余郡县闹水灾，民相食，元帝却带领左右"日日撞亡秦之钟，听郑卫之乐，驰骋干戈，纵恣于野"（《汉纪·孝元皇帝纪》）。成帝则修陵寝、造宫殿，营造"霄游宫""飞行殿""云雷宫"等，还"命右扶风发民入南山，西自褒斜，东至弘农，南驱汉中"（《汉书·扬雄传》），让吏民搜捕禽兽，广开猎场。哀帝宠爱董贤，入则同寝，出则同车，所赐田地2000余顷，董贤死后家财变卖所得竟达43万万钱。一次宫中宴会，喝得微醉的哀帝，甚至说要效法尧舜，将君位禅让给董贤。汉末诸帝荒唐如此，汉祚何以能久远呢？

三、新朝的改制及覆灭

西汉自武帝以后，朝廷的大臣和学者，论灾异、论禅让的风气颇盛。时人坚信：灾异是上天对人君失德之谴告；如天降谴戒，灾异迭见，失德的人主当逊位让贤。昭帝时眭弘借灾异事上书汉帝，宜求索贤人，禅以帝位。宣帝时盖宽饶奏事谓："若四时之运，功成者去。不得其人则不居其位。"（《汉书·盖宽饶传》）成帝时谷永称"贱

人当起而京师道微"（《汉书·谷永传》）。哀帝甚至听从方士儒生"汉
历中衰，当更受命"，"宜急改元易号"的说法，进行"再受命"改制
（《汉书·李寻传》）。但改元之后，西汉的衰运依然如故。受灾异、禅
让等观念影响的社会心理，为西汉末年的王莽代汉提供了条件。公元
9年，王莽凭借外戚身份代汉成功，他自立为皇帝，改国号为"新"，
是为新朝。

> 昭帝元凤三年（前78），泰山有一块大石突然自立，上林苑的一棵柳
> 树断枯卧而复立。朝中大臣眭弘上书曰：石、柳皆属于阴类，而泰山乃君
> 王祭天之处。此异象暗示，汉帝应问择天下，求索贤人，让与帝位。书上
> 之后，眭弘以妖言惑众大逆不道罪而受诛。成帝即位时，日食地震，朝臣
> 谷永解释曰："白气起东方，贱人将兴之表也；黄浊冒京师，王道微绝之应
> 也。夫贱人当起而京师道微……陛下得继嗣于微贱之间，乃反为福。"（《汉
> 书·谷永传》）元延元年，灾异又数见，皇帝见问于谷永，谷永认为，此乃
> 汉运已衰，不可复续之朕兆。其时，方士甘忠可诈造《天官历》《包元太平
> 经》等，称"汉家逢天地之大终，当更受命于天，天帝使真人赤精子下教
> 我此道"，并将此传给其弟子夏贺良。哀帝即位后，听信夏贺良说教，下诏
> 改元，将建平二年（前5）改为太初元将元年，自己改称"陈圣刘太平皇
> 帝"。（《汉书·李寻传》）后夏贺良因所言无验而被诛。眭弘、谷永等人虽
> 都因言而伏诛，但汉末儒生好言灾异、劝禅位的风气盛而不衰，可见汉运
> 已衰、行将换代的看法在汉末颇为普遍。

新朝建立后，针对西汉社会遗留下来的问题，在经济、政治等方
面进行了全盘的改革，短期内推出一系列力度颇大的新措施：一、实
行"王田""私属"制，规定天下土地更名为"王田"，奴婢称"私
属"，均不得买卖。男子八口以下之家占田超过一井（九百亩）者，
分余田给宗族乡党。二、实行五均、赊贷及六筦之制。五均是在京
城长安及洛阳、邯郸、临淄（今山东淄博市临淄区）、宛（今河南南
阳）、成都设立"五均司市师"，控制市场物价，征收工商业税。赊
贷即由政府办理借贷事务。五均、赊贷，加上政府专营盐、铁、酒、
铸钱和收取山泽之税，合称"六筦"。三、先后三次进行改革币制。

---

❶　吕思勉：《吕思勉读史札记》（中），上海古籍出版社2005年版，第720页。

四、统一度量衡。五、对中央、地方的官名、官制、郡县地名、行政区划进行改名和改革。

▽　王莽改制中最为后人诟病的是币制和地名及政区的改革。他即位后多次改变货币形式和币值，最纷乱的一次规定货币的种类有五物、六名、二十八品。五物即金、银、铜、龟、贝五种币材，六名即金、银、龟、贝、钱、布六种货币名称，又将币制分为钱币、布币等二十八品。施行才一年便告中止，仅留小钱值一、大钱五十两种继续使用。四年以后，又废大、小钱，另作货布、货泉两种。多次频繁更换货币，不仅弄得货币多样、币制多变，比价也不合理。结果是"农桑失业，食货俱废"。王莽最初根据《尧典》定十二州名分界，后又依据《禹贡》改为九州，以《周官》《王制》所载来更改地名官名，以及郡县的名称。其所改易，皆慕古而不切实际。一些地方的名称一改再改，有的郡名一年而数变，甚至五易其名，朝廷下达的诏书，须在新地名后附以旧地名，弄得吏民不能明辨，最后不得不恢复原地名。诸如此类的改革，不仅毫无意义，而且徒滋纷扰。

自先秦以来的社会改革思想，以儒法两家影响最大，儒家主张平均地权，缓和者主张限民名田，激进者主张恢复上古的井田制，取消土地私有；法家主张节制工商发展，重农抑商，盐铁官卖，官营钱谷借贷，私家不得经营。前者如董仲舒、孔光、何武的限田建议，后者有武帝朝桑弘羊的财政改革。王莽改革集先秦各家改革思想于一炉，又带有明显的"复古"色彩，然其经济改革的措施背时势而难行，币制改制则再三变更、反复折腾，官名、地名的改革无谓而徒添扰乱。结果社会问题未见解决，反而带来了更大的骚乱。17、18年，相继爆发了绿林、赤眉军的大起义，新朝政权遂在起义军的打击下迅速覆灭。

▽　王莽改制一直是史学界颇有争议的话题。吕思勉认为："王莽的变法，成功的希望是不会有的……但是王莽的失败，不是王莽一个人的失败，乃是先秦以来言社会改革者公共的失败。因为王莽所行，并不是王莽一个人的意见，乃是先秦以来言社会改革者公共的意见。王莽只是集此等意见的大成。经过这一次改革失败之后，人遂群认根本改革为不可能，想把乱世逆挽之而至于小康的思想，从此告终了。""'治天下不如安天下，安天下不如与天下安'，遂被视为政治上的金科玉律。"❶钱穆也论述过王莽改制的失败原因及其影响，他说："王莽政治失败，约有数端：一、失之太骤，无次

第推行之计划。二、奉行不得其人，无如近世之政治集团来拥护其理想。三、多迂执不通情实处。王莽的政治，完全是一种书生的政治。王莽失败后，变法禅贤的政治理论，从此消失，渐变为帝王万世一统的思想。政治只求保王室之安全，亦绝少注意到一般的平民生活。这不是王莽个人的失败，是中国史演进过程中的一个大失败。"❷

第六节
东汉的盛衰

新朝末年的扰乱，蔓延极广；民生之凋敝，更甚于前朝。刘秀重建汉朝，平定天下，以"柔道"治国，简政安民，释放奴婢，整顿吏治，节省开支，并广设学校，致力文教，从而出现"光武中兴"的局面。然而，固有的社会问题并未根本解决，随着地方豪强势力的不断膨胀，中央政权日益衰微，黄巾起义及随后的军阀割据导致东汉王朝分崩离析。

一、东汉的建立与光武中兴

25 年，刘秀称皇帝，以洛阳为都城。洛阳在长安之东，故史称"东汉"。刘秀自称为汉王朝的重建，故后人也称西汉为"前汉"、东汉为"后汉"。东汉建立之初，各地仍有多个地方割据集团，如山东之张步、梁地之刘永、庐江之李宪、天水之隗嚣、巴蜀之公孙述等。

❶　吕思勉：《吕著中国通史》，华东师范大学出版社 2005 年版，第 89、382 页。
❷　钱穆：《国史大纲》（修订本），商务印书馆 1996 年版，第 153 页。

自25年至36年，光武帝刘秀花了十年时间，将各个割据集团次第平定，完成了全国的统一。

王朝初建，最急切之要务是恢复经济生产，稳定社会秩序。这就需要重新实施西汉文景、昭宣时期的那一套政策，并根据新情况而有所调整。东汉初期几代君主推行的措施有：一、轻徭薄赋，赋税降至三十税一；二、以赋民或假民公田、牛耕、种子等方式，安置流民和无地贫民；三、选任循吏，劝民耕植，或是亲率吏民，教以犁耕；或是造水排，铸农器，垦辟荒地。为解决西汉以来长期未得解决的奴婢、田地兼并等问题，光武帝曾先后六次下达释放奴婢、三次下达禁止虐待奴婢的诏令；39年，又下令州郡清查核实天下田地以及户口、年纪等，是为"度田令"。但诏令下达之后，即遭到有田地者的阻挠而难以施行。次年，光武帝严惩地方上度田不力的官员，但"度田"本身也不了了之。

▽　从17年新朝末年爆发农民起义，到36年刘秀重新平定天下，战乱的时间四倍于秦末，社会经济的破坏也远过于秦末。度田的难以推行，表明东汉政府想通过检核土地和人口来整顿国家的赋税征收遇到了很大阻力。兼并势力的养大，自耕小农的萎缩，社会上更有大量无地的贫民、流民，新王朝纵然不关心它的财政收入，也不能不关心社会的稳定。为此东汉初期的几位君主，将恢复社会经济的主要措施放在用国家控制的公田来安置无地贫民和流民上，多次将国有公地借予或赐予无地贫民使用。如明帝永平九年（66），令郡国以"公田赐贫民各有差"（《后汉纪·孝明帝纪》）。三年后又令"滨渠下田，赋与贫人，无令豪右得固其利"（《后汉书·显宗孝明帝纪》）。章帝时，令常山等郡将未开垦的可耕地"悉以赋贫民，给与粮种，务尽地力，勿令游手"。和帝时，政府减省皇家和朝廷管理的马厩，又将京师离宫上林、广成囿，悉以假贫民，允其采捕，不收其税。据学者统计，自明帝永平九年（66）至安帝永初三年（109）的44年间，东汉皇帝颁布的赋民公田和假民公田的诏令共20多次，如此频繁地以假民公田的方式来培植自耕小农，是东汉初年恢复社会经济的主要措施。

▽　牛耕虽然在战国时代已经出现，但一直未能普及。自战国到西汉，农业生产的发展主要通过精耕细作来实现。学者估计西汉时一头牛的价钱相当于100斛（石）粟，一般小农尚不具备使用牛耕的实力。武帝时搜粟都尉赵过推行代田法，就是强调中耕的重要性。牛耕在西汉后期有相当的发展，东汉时，农业生产中的牛耕使用已较为普遍，其时流行雇牛耕地，国家也经营耕牛的出租，史书上常有"假与犁牛、种、食"，"假贷犁牛、种、

图4-5

内蒙古和林格尔汉
墓壁画所描绘牛耕
情景

食"与贫民的记载。❶东汉画像石中"二牛抬杠"生动地描画了当时用牛
犁地的情形（图4-5）。

光武帝自称以"柔道"治天下，王朝建立之后，适时推出了"退
功臣进文吏"的政策，对中兴将帅功臣封侯褒扬，不任官职，而"优
以宽科，完其封禄"，让其优游享乐以度天年；同时又征召天下俊贤，
网罗天下文士以充任各级官吏。光武帝怕大权旁落，亲理庶务，于是
尚书权力渐重，尚书台遂成总理政务的中枢，而三公、九卿则仅是受
命办事，故时人有"虽置三公，事归台阁。三公之职，备员而已"之
说。为加强对地方的监督控制，光武帝扩大了刺史的权力，刺史不仅
有固定的治所，并执掌了地方选举劾奏之权，到东汉中后期，又获得
地方行政权和领兵权，俨然成为郡之上的一级行政长官。光武帝又怕
地方官员拥兵自重，下诏废除郡国都尉官（地方上统领军队的武官），
同时取消地方上每年一度的"都试"制度。光武帝的上述改革，在强
化皇帝集权的同时，却削弱了国家的力量，为东汉末年的分裂留下了
隐患。

　▽　尚书在秦与汉初，是少府下的一个属官，主管皇帝与丞相间的文书收
发和传递。西汉武帝为了削弱相权，更多地利用尚书来办理政务，且用宦

---

❶　程念祺：《中国古代经济史中的牛耕》，《国家力量与中国经济的历史变迁》，新星出版社
　2006年版，第235—241页。

官、近臣为尚书。武帝虽收权于内廷，但并不交权于近臣。自武帝以后，君主才智日见低下，集聚的权力难以"消受"，不得不委政于尚书。如汉元帝时"以（石）显久典事，中人无外党，精专可信任，遂委以政。事无大小，因显白决。贵幸倾朝，百僚皆敬事显"（《资治通鉴·汉纪二十》）。其后，尚书的职权由"通章奏""拆阅章奏"，进而"裁决章奏"、下达章奏。东汉以后，尚书台已成为国家政务之中枢，不仅参与机密，出纳王命，举凡选举、任用、诛赏等都成了尚书法定的职权。故史书云："今陛下之有尚书，犹天之有北斗也。斗为天喉舌，尚书亦为陛下喉舌。斗斟酌元气，运平四时。尚书出纳王命，赋政四海，权尊势重，责之所归。"（《后汉书·李固传》）

自王莽改革失败后，根本解决土地兼并之类社会问题的想法被视为空想，政治家的理想为之一变，只求保持现状，再无大刀阔斧进行社会改革的勇气。光武所谓"柔道"治天下，也就是不去触动社会敏感问题，不作大的制度改动。光武帝是一个讲究实际的政治家❶，休养生息，减官省事，严以察吏，宽以驭民，所以其时的政治颇为清明，史称"光武中兴"。其后的明帝、章帝、和帝继续光武时的政策。东汉初期的四位君主，在位80余年，堪称东汉的治世。东汉虽称为"光武中兴"，然其国力远非西汉可比，且很快就呈现颓势而转入堕落衰败。

▷　东汉的国力远不及西汉，这本有深刻的社会原因，但也与历史人物个人的志向作为颇有联系。张荫麟曾说："刘秀本是一个没有多大梦想的人。他少年虽曾游学京师，稍习经典，但他公开的愿望只是：作官当作执金吾，娶妻当娶阴丽华。执金吾仿佛京城的警察厅长，是朝中的第三四等的官吏。阴丽华是南阳富家女，著名的美人，在刘秀起兵的次年，便成了他的妻室。他的起兵并不是抱着什么政治的理想。做了皇帝以后，心目中最大的政治问题似乎只是怎样巩固自己和子孙的权位而已。他在制度上的少数变革都是朝着这方向的。……刘秀在建武七年三月下了一道重要的诏令道：'今国有众军，并多精勇。宜且罢轻车、骑士、材官、楼船士'。……这道诏令使得此后东汉的人民虽有服兵役的义务，却没有受军事训练的机会了。（东汉末名儒）应劭论及这变革的影响道：'自郡国罢材官、骑士之后，官无警备，实启寇心。一方有难，三面救之。发兴雷震……黔首嚣然。不及讲其射御……一旦驱之以即强敌，犹鸠鹊捕鹰鹯，豚羊戈豺虎。是以每战常负。……尔乃远征三边，殊俗之兵，非我族类，忿鸷纵横，多僵良善，以为己功，财货粪土。哀夫！民氓迁流之咎，见出在兹。"不教而战，是为弃之。"亦其祸败，岂虚也哉！'末段是说因为郡国兵不中用，边疆有事，每倚靠雇佣的外籍兵即所谓胡兵；而胡兵凶暴，蹂躏边民，又需索犒赏，费用浩繁。应劭还没有说到他所及见的一事：后来推翻汉朝的董卓，就是胡兵的领袖，凭藉胡兵而起的。郡国材官、骑士等之罢，刘秀在诏书里明说的理由是中央军队已够强众，用不着他们。这显然不是真正的理由。在征兵制度之下，为国家的安全计，精强的兵士是岂会嫌多的？刘秀的变革无非以强干弱枝，预防反侧罢了。郡国练兵之可以为叛乱的资藉，他是亲自体验到的。他和刘縯当初起兵，本想借着立秋后本郡'都试'——即壮丁齐集受训的机会，以便号召，但因计谋泄露而提早发难。当他作上说的诏令时，这件故事岂能不在他心头？"❷

二、豪强地主与官僚世家

光武帝推行的"度田"徒具形式，主要是遭到地主，尤其是豪强地主的抵制。自西汉以来，土地兼并养成了地主势力，史书上常称之为"豪右""豪民"或"豪族"，他们虽无官职或政治身份，但倚仗财富，兼并田地，侵凌小民，逃避赋税，甚至对抗官府，往往成为西汉政府的打击对象。武帝时刺史监察地方，其中有一条即监督强宗豪右。不过，此种情形至东汉而有所变化。光武帝原本就是豪强地主，凭借地方豪强的势力而取得政权，即帝位后，因"天下垦田多不以实，又户口年纪互有增减"(《后汉书·刘隆传》)而下令度田，意在重建以小农为基础的财政体系。但令下之后，郡县官吏多畏惧豪强而不务实核，尤其是在皇族贵戚集中的地方，当时有所谓"颍川、弘农可问；河南、南阳不可问"的说法，因为"河南帝城多近臣，南阳帝乡多近亲，田宅逾制，不可为准"。(《后汉书·刘隆传》)

豪强地主的势力在东汉有较快的发展，其特征是出现了规模颇大的田庄经济。时人仲长统对其做了这样的描述："豪人之室，连栋数百，膏田满野，奴婢千群，徒附万计。船车贾贩，周于四方，废居积

❶　吕思勉：《吕著中国通史》，华东师范大学出版社2005年版，第383页。
❷　张荫麟：《中国史纲》，中华书局2009年版，第231—232、233页。

图4-6
陶制东汉田庄城堡
模型

贮，满于都城。"(《汉书·仲长统传》) 这样的豪富之家，"州以千计"。田庄经济虽以农业为主，还兼营林、牧、渔、手工业、高利贷等各业。如樊宏经营的"樊氏田庄"，"开广田土三百余顷"(《汉书·樊宏传》)，"广起庐舍，高楼连阁，池陂灌注，竹木成林，六畜放牧，渔赢梨果，檀棘桑麻，闭门成市，兵弩器械，赀至百万，其兴工造作，为无穷之功，巧不可言，富拟封君"(《水经注》卷二九《比水》)。东汉的田庄，不仅占有大量的田地，还吸纳大量的劳动人手成为他们的附户或隐户，以及私人武装"家兵""部曲"。

▽　东汉时期的庄园城堡模型（图4-6）近几十年来出土众多，这为研究当时地方豪强的经济实力和生活方式提供了重要的形象资料。这件陶制城堡模型典型地反映了东汉南方地区小型庄园城堡的状貌。其四周筑起高墙，四角建有角楼，可以用作瞭望与防卫。城堡底层没有窗户，只有高层才有通风的小窗。可见，其用作防御的功能相当突出，而这正是城堡的典型特征。

▽　图4-7为东汉陶俑。此件陶俑习称"部曲俑"，属泥质灰陶，高99厘米，1969年出土于四川省新津县堡子山，现为四川省乐山崖墓博物馆收藏。东汉文献中常见的"家兵""部曲"等，都是指称东汉时期豪强地主庄园中亦农亦兵的民丁。这件陶俑头上束巾，身穿短衣，腰系革带，足蹬草履，并佩挂削刀和环首大刀。陶俑的左手执箕，箕内挂一具兽面铺首；右手执锸（锸端已残缺，现仅存锸柄），典型地反映了"亦农亦兵"的特征。陶俑体格魁梧，形貌俊秀，比例协调，造型准确，衣饰流畅自然，衣领处尚存彩绘痕迹，塑工十分细腻，可见，其在艺术上也是一件富有写实功力的佳作。

图4-7
东汉豪强地主家兵
陶俑

与宗族、田庄和附户为基础的乡里豪右稍有不同，另一个庞大的特权阶层则通过经学或官场而形成，这便是文献中称为世家、士族的官僚世族。自西汉武帝独尊儒术之后，通过经籍的学习、传授而进入仕途，便成为士人学者的普遍追求，并因此形成了一批官僚世家，甚至累世公卿的大家族。如世传《易》学的汝南袁氏，四世有五人位至三公；世传《尚书》学的弘农杨氏，四世皆为三公。他们是经学世家，又是官僚世家。其实，官场本身也是孕育世家的摇篮，❶或是通过任子制度来传承权势官位；或是借助察举、征辟来垄断选举和地方仕途，甚至围绕其周围的弟子、门生、故吏等群体，都足以使他们因世代居官而建立起家族的势力和声望。

三、东汉之衰败

外戚与宦官是寄生于专制皇权的两个政治集团，他们时而是专制皇权的左右手，时而则成为专制皇权的僭越者。宦官、外戚的专权，甚至篡夺皇位的事，在秦末（赵高擅权）、汉初（吕后专权）及汉末（王莽篡汉）已上演了多次，但集中频繁、走马灯式地轮换更替，则是东汉王朝的特色，也是东汉王朝急速堕落衰败的原因。史家有"东汉诸帝多不永年"之说，东汉皇帝大多年寿短暂，且多幼年即位、夭折或无子，遂多母后临朝称制；母后临朝，必引戚族帮助掌权。及皇帝年纪稍长，不满戚族专权，便与身边宦官合谋夺权。然而外戚虽见诛灭，宦官又因之而专权。如此一而再、再而三地反复折腾，上演了一幕幕政治史上最丑陋的闹剧，也将东汉王朝拖到了崩溃的边缘。

▽　宦官专权起于和帝。和帝10岁即位，太后临朝，后兄窦宪执掌朝政。窦氏一门及其党徒遍及朝中和地方要职，所受赏赐，政府"仓帑为虚"。三年后，和帝在宦官郑众等帮助下，诛灭窦氏势力，郑众等也因功封侯，专理朝政。安帝13岁即位，朝政掌握在邓太后及其兄弟手中，邓太后死后，安帝与宦官合谋铲除邓氏势力，朝政又落到宦官手中。外戚势力最盛的是顺帝时的梁氏，顺帝死后，梁太后与其兄梁冀先后立了2岁的冲帝、8岁的质帝和15岁的桓帝，把握朝政20余年。梁氏一门出了七侯、三皇后、六贵人、二大将军、卿相尹校五十余人。质帝初立，不满梁冀的专横，说了

❶　阎步克：《帝国开端时期的官僚政治制度》，吴宗国主编：《中国古代官僚政治制度研究》，北京大学出版社2004年版，第75页。

句"此跋扈将军也"，遂被梁冀毒死。百官有所召迁，先至梁府谢恩，然后才敢去尚书台言事；各地送来的贡物，最优的先送梁宅，次一等的送皇宫。梁皇后（桓帝妻，梁冀妹）死后，桓帝与宦官合谋诛杀梁氏势力，抄没变卖其家产30余万万，朝廷因此而"减天下税租之半"。外戚梁氏势力被诛灭之后，宦官单超、徐璜、具瑗、左悺、唐衡等五人同日封侯，人称"五侯"。"自是权归宦官，朝廷日乱"。他们广起宅第楼阁，大肆聚敛财宝，兄弟姻戚遍及朝廷郡县。单超早死，其余四侯民间称之为"左回天""具独坐""徐卧虎""唐两堕"，其残暴贪婪，比之于外戚，也是有过之无不及。

外戚、宦官的交替专权，尤其是朝政被那些称为"刑余之人"的宦官所把持，引起了官僚集团的激愤，部分正直的官员采取积极抗争的态度。他们多次引用汉家"旧典"或"高祖之约"，苦谏皇帝摒弃身边的宦官。太学生也一再向皇帝上书，揭露宦官的罪恶，声援遭宦官打压的官员。冀州刺史朱穆被宦官诬陷入狱，太学生数千人"诣阙上书"，桓帝被迫释放了朱穆。议郎皇甫规被宦官迫害下狱，太学生三百余诣阙讼之，桓帝只得将皇甫规赦免。太学生与朝官互为声援，他们评议时政，攻讦宦官，品核公卿，裁量执政，这种被称为"清议"的议政活动成为一种强大的社会舆论，而宦官集团则恨之入骨，俟机铲除之。

166年，司隶校尉李膺不顾赦令，将作恶多端的张成之子处死。宦官乘机唆使其弟子诬告李膺等"养太学游士，交结诸郡生徒，更相驱驰，共为部党，诽讪朝廷，疑乱风俗"（《后汉书·党锢列传》）。于是，桓帝下令逮捕李膺、杜密、陈寔等党人二百余。次年，迫于舆论压力，桓帝不得不释放李膺等人，皆归还田里，禁锢终身，而"党人"之名，一一记录于官府。史称第一次党锢之祸。

▷　历史上的"党人"，只是指一些意气相投、志同道合者，并非现代意义上的政党或党派。其时，"党人"受迫害越重而名声越大，"党人"反而成为社会舆论景仰的荣誉称号。皇甫规没有被列入"党人"名单，他自以为耻，上书请求以附党之罪连坐。官员景毅之子景顾为李膺门徒，因"党人"名单遗漏而未收捕，景毅说因为李膺贤良才让儿子拜他为师，岂能因名籍脱漏而得苟安？上书主动要求免归。范滂等人获释后，汝南、南阳二郡前来迎接的车子就有数千辆。士人们推波助澜，相互标榜，他们将天下名士收罗起来，定出"三君""八俊""八顾""八及""八厨"等称号。人们以列入"党人"为骄傲，以帮助、救援、掩护"党人"为光荣。"八及"之首的张俭，为逃避宦官的收捕，流亡于各地，沿途"望门投止"，素不相识的民众，不惜冒杀身破家之危险而掩护收留，"宗亲并皆殄灭，郡县为之残破"，因此而牵连被杀的数以千人。

168年，灵帝即位，外戚大将军窦武执政，起用"党人"，又与太傅陈番合谋诛杀宦官。结果事泄而窦、陈被杀。次年，宦官曹节等挟持灵帝下令，收捕李膺、杜密等百余人下狱处死，又下诏州郡大举钩党，前后被处死、流放、囚禁者达六七百人。其后几年，宦官又将株连的范围扩大到太学生，及党人的门生故吏、父兄子弟，都免官禁锢，连及五族，是为第二次党锢之祸。两次党锢之祸几乎将正直的官吏和太学生迫害殆尽，东汉朝廷只留下最无能的皇帝，以及最腐朽、最贪婪的宦官及其跟随者。184年，东汉末年规模最大的农民起义——黄巾起义爆发，东汉王朝的统治在农民起义的打击下迅速崩溃。❶

　　▽　　东汉士大夫的风习，素来为后世学者所推重。士人之间大致还有一种共同遵循的伦理道德和一致追求的精神气质。此种风习和精神，随时代之推移而越来越稀薄，越来越沉寂。赵翼颇有感慨地写道："自战国豫让、聂政、荆轲、侯嬴之徒，以意气相尚，一意孤行，能为人所不敢为，世兢慕之。其后贯高、田叔、朱家、郭解辈，徇人刻己，然诺不欺，以立名节。驯至东汉，其风益盛。盖当时荐举征辟，必采名誉，故凡可以得名者，必全力赴之，好为苟难，遂成风俗。""盖其时宦官之为民害最烈，天下无不欲食其肉，而东汉士大夫以气节相尚，故各奋死与之搘拄，虽湛宗灭族，有不顾焉。至唐则仅有一刘蕡，对策恳切言之。明则刘瑾时，尚有韩文、蒋钦等数人；魏忠贤时，仅有杨涟、左光斗、魏大中、缪昌期、李应昇、周顺昌等数人，其余干儿义子，建生祠颂九千岁者，且遍于搢绅，此亦可以观世变也。"❷

---

❶　黄巾起义之后，豪强势力趁势而起，迅速形成地方割据局面，东汉王朝名存实亡。至220年，曹丕代汉，名义上的东汉王朝也告终结。

❷　赵翼著、王树民校证：《廿二史札记校证》卷五《东汉尚名节》《汉末诸臣劾治宦官》，中华书局1984年版，第102、114页。

第七节
汉代的文化与科技

　　大一统的帝国，需要思想意识上的统一，儒家的学术便应时而成为官学。于是，以儒家典籍为研究对象的经学在汉代达到了全盛。两汉时期，中国史学获得了长足的进步，先后产生了司马迁的《史记》和班固《汉书》两部划时代的巨著。前者是纪传体的通史，后者是纪传体的王朝史，由此形成了中国传统史著的正宗样式和范例。科学技术在两汉时代的发展，以医学、地学以及东汉的造纸术、地动仪等为代表，这些中国科技史上的大发明，都处于当时世界科技发展的最高水平。

一、经学

　　经学是汉代发展起来的一门训解、阐述儒家典籍的学问。儒家的典籍《易》《诗》《书》《礼》《乐》《春秋》❶，相传是孔子所作或所删定。孔子死后，这些典籍仍由他一代代的学生传授不绝，其后，虽经秦朝的焚书而未绝。西汉初年，儒家学说尚未见重视，刘邦以武力打天下，对儒者没有好感，史书上说"沛公不好儒。诸客冠儒冠来者，沛公辄解其冠，溲溺其中"。稍后，因陆贾进言"居马上得之，宁可以马上治之乎"（《史记·郦生陆贾列传》），刘邦遂改变对儒者的态度。武帝独尊儒术，儒学的地位才遽然上升，儒家的典籍被尊之为"经"，儒学列为官学，成为王朝钦定的正统学说。

　　战国以来，儒生传经，大都是师徒、父子口耳相传，到汉时才用通行的隶书著之于竹帛。师徒相传讲究和恪守"师法"，于是形成了各种学派特色，如《易》有施、孟、梁丘之学，《诗》有齐、鲁、韩诸家，《书》也有欧阳、大夏侯、小夏侯等。汉时，又发现了一些用古文书写的儒家经籍，称为古文经。为了有所区分，便将前此传授的经籍称为今文经。今文经与古文经的异同，不在经文而在经说。大抵今文经的传授，着重章句推衍，发挥经文的微言大义；古文经的师传详于训诂，解释文字、名物、制度等。

▽　两汉是经学全盛的时代，传经的大师，人才辈出。大师门下的弟子，少则千百人，多则达万人。郑玄早年在马融门下受业，三年未得见师面，马融只是令他的高业弟子给郑玄讲解。史书说马融是"常坐高堂，施绛纱帐，前授生徒，后列女乐"（《后汉书·马融传》）。郑玄学成后，在乡里讲学生徒也多至数百千人。全盛时代的经学研究，以章句、训诂为主流，章句越趋繁琐，小夏侯《尚书》的经师秦延君，说《尧典》篇目两字的含义竟达十万余言，说"粤若稽古"四字竟用了二十万言，故史书批评当时的学风是"传业者寖盛，支叶蕃滋，一经说至百余万言，大师众至千余人，盖禄利之路然也"（《汉书·儒林传》）。

儒学自定为学官之后，学问研究遂成利禄之途，也就和社会政治发生了关系。武帝在朝廷设五经博士后，经学的讲习传授特别兴盛，出现许多传经大师，如西汉的欧阳生、大小夏侯、刘向、刘歆，东汉的马融、郑玄等。经学研究着重于章句、训诂的阐述，其末流则易于支离破碎。但西汉儒者都有通经致用的气概，❷ 他们普遍相信，人世间的道理都已包含于经书里，故经学被阐发为政教的指导原则并对实际的社会生活发生作用——"以《禹贡》治河，以《洪范》察变，以《春秋》决狱，以三百五篇当谏书，治一经得一经之益也"❸。这种相信经书已穷尽了治国安民的道理，可用作政教指导原则的观念，对中国后来的学术史、政治史产生了很大的影响。

▽　所谓"《春秋》决狱"即将儒家经典尤其是《春秋》中的记事、评述及语义用作判决案件的根据。其事始于西汉中期，为董仲舒所首倡。董仲舒认为儒家的礼义学说是分辨是非、善恶及贤与不贤的最好标准，而《春秋》则是"礼义之大宗"，"天地之常经"。他不仅把"春秋大义"推崇为国家施政的指导思想，而且用来指导司法实践，用作诉讼活动的准则。如有一酒色之徒甲把儿子乙送给他人。乙长大后，甲告诉乙说，你是我的儿子，结果被乙怒打二十棍杖。依照当时法律，"殴父"者处死刑。但董仲舒认为虽律有"殴父"死罪的规定，但甲生子不能养育，按"春秋大义"，父子恩义

❶　《易》《诗》《书》《礼》《乐》《春秋》即所谓"六经"，其中《乐》有声无书，早亡失传，实际上只有"五经"。

❷　吕思勉：《吕著中国通史》，华东师范大学出版社2005年版，第284页。

❸　皮锡瑞：《经学历史》，周予同注释，中华书局2004年版，第56页。

图4-8
熹平石经残石

已绝，因此乙不当罪。又如有女子丈夫乘船溺死在海中，无法安葬。数月后遵父母之命改嫁。依汉律，丈夫未葬之前，妻子不得嫁人，违者当以"私为人妻"罪"弃市"。董仲舒援用《春秋》中记有夫死无男允许改嫁的成例和"听从为顺"的儒家纲常原则，认为此女子是遵父母之命改嫁，不能算"私为人妻"，作了"不与坐罪"的判决。董仲舒的主张，为汉武帝所采纳。《后汉书·应劭传》云："董仲舒老病致仕，朝廷每有政议，数遣廷尉张汤，亲至陋巷，问其得失，于是作春秋决狱二百三十二事，动以经对，言之甚详矣。"董仲舒的《春秋》决狱案例，曾汇编成长达10卷的《春秋决事比》，在两汉时期的审判实践中被广泛引用。

▽   "熹平石经"（图4-8）是东汉时期的隶书石刻，为历史上最早的官定儒家经本，相传由东汉著名学者、书法家蔡邕书写。灵帝熹平四年（175），蔡邕等人建议正定儒家经典文本，于是刊正文字，书刻成著名的"熹平石经"，竖立于洛阳太学门外，作为经书的定本，供各地儒生学者前来观看与抄录。原石久佚，据说自宋代以来常有一些残石出土，但古代出土的残石后世并无留存。1922年，有人在洛阳太学遗址所在地（今河南偃师朱家圪垱村）发现熹平石经残石，其后又陆续有所出土，先后合计共得残石一百数十件，文字为《诗》《书》《易》《礼》《春秋》《公羊》《论语》七经，与《隋书·经籍志》所记相合。图为熹平石经残石之一方，现收藏于中国国家博物馆。

二、史学

史学在秦汉之前已有相当的发展，偏于记言的《尚书》，侧重记事的《春秋》，记载国君及卿大夫世系的《帝系》《世本》等，都是当时发展起来的几种史籍样式。春秋战国时期，诸侯各国都设有史官，其职责便是按年月记载编年史事。《春秋》以及稍后成书的《左传》，叙事包含了人物、地点、时间、事件等要素，属辞比事，褒贬是非，是为中国最早的一批编年体史书。但就广泛网罗材料，融入史家见解而自成系统的著述，能推陈出新且为后世史学开出新路的，则始于西汉司马迁的《史记》。

▽ 司马迁，字子长，汉左冯翊夏阳（今陕西韩城南）人。父亲司马谈曾任武帝时的太史令，掌管天文、历法、星占、候气等事务。司马迁自称"年十岁则诵古文"，先后从董仲舒、孔安国问学，也继承父业而学习天文、星占、卜筮及黄老学说。20岁时，在父亲的支持下，司马迁外出游学。所谓"读万卷书，行万里路"，此番游学经历，对他的思想和治史都有深刻的影响。23岁，司马迁进朝廷任职郎中。次年，他被任为特使随军出征西南夷。前111年，武帝东巡泰山行封禅大典。司马谈因与方士讲封禅的意见不同，未能随武帝东巡而因病滞留在周南（今河南洛阳）。此时，刚从西南归来的司马迁急忙赴洛阳探视病重的父亲，诀别之际，司马谈执其手而嘱咐之："余死，汝必为太史，为太史，毋忘吾所欲论著矣。"（《史记·太史公自序》）果然，司马迁在服丧期满后被任命为太史令。任职后的司马迁，第一件事是与占星家唐都、历算家落下闳等修订新历《太初历》。改历完成后，司马迁便开始着手《史记》的写作，其时约32岁。

"史记"本史籍的通称，至东汉后期，才用来专称司马迁的这部书。《史记》合本纪、表、书、世家、列传于一书：本纪按编年形式记叙历代帝王的政迹和言行；表以表格的方式排列历代人物事件；书以专题的方式专叙政治、经济等历史变迁；世家记叙西周以来贵族大家的兴衰史；列传专记各类人物的事迹活动。本纪、世家等虽是前代已有的体裁，但将其会通于一体而成史书编撰新体例，却是司马迁的一大创造。《史记》共130篇，52万余字，上起传说中的黄帝，下迄汉武帝太初年间，记录了汉中期以前的近3000年的历史，是我国历史第一部纪传体的通史，而纪传体例则为历代"正史"所继承，成为中国传统史学著述编写体例上的正宗。

▽ 天汉二年（前99），司马迁因受"李陵案"的牵连而锒铛入狱。按汉律，"诬罔"罪（武帝给司马迁定下的罪名）者当腰斩，但犯人可以以交纳赎金或接受腐刑来请求免死。司马迁"家贫，货赂不足以自赎"，且"交游莫救，左右亲近不为一言"，最后只得被迫接受腐刑。而之所以接受腐刑以忍辱苟活，还是因为"恨私心有所不尽，鄙没世，而文采不表于后也。"（《汉书·司马迁传》）为了完成他的《史记》，他不得不忍辱苟活，死里求生。

司马迁著《史记》，近承父亲的遗愿，远继孔子的传统。他说自己曾听董师（仲舒）说孔子因"王者之迹熄而《春秋》作"，褒贬240余年的是是非非，贬天子、退诸侯、讨大夫，是为天下立一标准。司马迁自谦仅是"述故事，整齐其世传"，而不敢比之于《春秋》，然他给自己定下的目标是"究天人之际，通古今之变，成一家之言"。《史记》处处反映出司马迁眼光之远大、史识之深湛。如将项羽列为本纪，而与黄帝、尧、舜、始皇、高祖、吕后并列；将陈胜列入世家，说"桀纣失其道而汤武作，周失其道而春秋作，秦失其政而陈涉发迹，诸侯作难"（《史记·太史公自序》），汉之成功始于陈涉首义。最重要的是《史记》著述纯为个人修撰，司马迁撰史不仅"文直事核"，而且凭"良知"论说史事之是非得失。此种著史立场，自司马迁之后几于绝唱。

　　　　史学家李长之写有《司马迁之人格与风格》一书，对司马迁的遭遇深为同情，他写道："大概自从李陵案以后，司马迁特别晓得了人世的艰辛，特别有寒心的地方（如赏识韩信，劝高祖登台拜将的是萧何；骗了韩信，使之被斩的，却也是萧何），也特别有刺心的地方（如李同告诉平原君的话："士方其危苦之时，易得耳。"），使他对于人生可以认识得更深一层，使他的精神可以更娟洁，更峻峭，更浓烈，更郁勃，而更缠绵了！——这也是我们在《史记》里所见的大部分的司马迁的面目。总之，这必然发生的李陵案，乃是他的生命和著述中之加味料了，他的整个性格是龙，这就是睛！"❶

　　在中国史学史上，与司马迁及《史记》并肩齐名的是班固和他的《汉书》。《汉书》100篇，起于汉高祖元年（前206），止于王莽地皇四年（23），记西汉一代230年的史事，全书分十二纪、八表、十志、七十列传。大约汉初至武帝中期的史事，虽沿用《史记》的材料，但多有增损和补充，体例内容上也是继承《史记》而有所损益，其中较为成功的是将《史记》的"八书"改为"十志"，不仅范围有所扩大，而且叙述更有条理系统。为一代王朝写史，班固实有开创之功。

　　　　《汉书》的"十志"是沿袭《史记》的"八书"而又加以变革，如《史记》有"封禅书"，专记封禅之事，班固将它改成"郊祀志"，郊是祭天，祀是祭地，封禅只是其中的一目，题目改为"郊祀志"后，就可以将自古以来的祭天祀地的演变写得系统而清楚；《汉书》的"食货志"脱胎于《史记》的"平准书"，"平准"是武帝时的一项经济政策，偏重于"货"，改题为"食货"之后，就成为一代的经济史了。此外，将《史记》的"河渠书"改为"沟洫志"，又增加了"刑法志""五行志""地理志""艺文志"等。"十志"受到历代史家的好评，成为后来典志体史书的滥觞。

　　班固初写《汉书》时，便被人告发"私改作国史"而下狱，其弟班超上书力辩才获释放。其后，汉廷诏人撰写东汉开国史，班固也在其中。不久班固任职兰台令史，受诏续成其《汉书》。从被告发私改国史下狱，到任职受诏撰史，这段曲折的经历，对班固《汉书》的撰述带来极大的影响。南朝时的史学家范晔评论说："（班）固之序事，不激诡，不抑抗，赡而不秽，详而有体，使读之者亹亹而不厌"，又说"其议论常排死节，否正直，而不叙杀身成仁之为美，则轻仁义，贱守节愈矣"。（《后汉书·班彪列传》）可见《汉书》的长处在于其行文和叙事的技巧上，其短处则与其史识乃至作者的人格修养有关，❷而深层的原因，则是奉诏修史带来的不可避免的缺憾。

　　▽　　班固（32—92），字孟坚，汉扶风安陵（今陕西咸阳东北）人。其七世祖为秦汉时北边经营牧业的一个豪富；三世祖为帝室外家，地位显贵。父亲班彪在新朝末年群雄割据时，一度投奔隗嚣，为劝隗氏归正统刘汉政权，特著《王命论》而未为采纳，最终离隗氏而归顺刘秀，得刘秀器重任为司徒掾。班彪好史学，作《后传》未完，班固续承父业而作《汉书》。遭人告发时，朝廷将班家所有史书悉数搜去，然明帝看过班固所书的史书，甚为欣赏，令其续完《汉书》。能获明帝欣赏，可见班固（包括班彪）初写史书时，宗旨、立场已与司马迁全然不同。奉诏撰史，更不得不小心谨慎，以免招祸。班固说司马迁"博物洽闻，而不能以知自全，既陷极刑"（《汉书·司马迁传》），讥其贸然为李陵辩护而招极刑，然其自己也终因外戚牵连而罹难。和帝初即位时，太后临朝，外戚窦宪掌朝政。89年，班固任中护军随窦宪出征北匈奴。征毕归还，窦宪为颂功德，刻石燕然山（今蒙古国杭爱山），令班固为之作铭。不久，窦宪失势自杀，班固也受牵连。洛阳令种兢曾为班固家奴所辱，趁之将班固逮捕，旋死于狱中。班固死时，《汉书》尚未完稿，后有其妹班昭、马融之兄马续赓续其事，完成全书。

❶　　李长之：《司马迁之人格与风格》，开明书店1948年版，第143页。

❷　　钱穆：《钱宾四先生全集》卷33《中国史学名著》，台北联经出版公司1982年版，第131页。

三、科技

两汉时期，科学技术有长足的发展，其中医学、地理学和纸的发明最为显著。两汉时代被称为中国医学体系的奠基和形成时期，这是因为中医史的三大医典：《黄帝内经》《神农本草经》和《伤寒杂病论》，和三位祖师中的二位：张仲景、华佗（另一位是扁鹊），都出现在两汉时期。《黄帝内经》虽成书于西汉，其大部分内容则为战国时代所编撰，分为《素问》和《灵枢》两部分，前者阐述生理、病理及治疗的理论原则，后者记述针刺之法，为针灸一派最古的书。《神农本草经》是成书于东汉时期的一部药物学著作，该书汇总了战国、两汉时期的药物共365种，并详细记载了每一味药的性味、主治、产地、采集时间、加工方法等内容，书中有"序录"一篇，总论药物学的总则和原理。

《伤寒杂病论》为东汉著名医家张仲景所著，主要论述伤寒等急性传染病以及内、外、妇科等诸病的诊治。该书汇集了大量的方剂，对后世的医学发展和辨证施治具有指导性的价值和意义。自宋代起，《伤寒杂病论》被列为医学的教科书，张仲景也被后人称为医圣。与张仲景同时齐名的华佗，精医道、方药和针灸，尤其擅长外科手术。他发明的"麻沸散"是中医学上的一种全身麻醉剂，可惜已经失传；他创编的"五禽之戏"是中医学上的运动保健操。华佗的外科医术高明，历史上流传着许多他治疗疾病的传奇故事，后人誉之为"外科之祖"。

▷　吕思勉的《医籍知津》，对我国古代医学兴起流变做了这样的概述："吾国医学之兴，遐哉尚矣。《曲礼》：医不三世，不服其药。孔《疏》引旧说云：三世者：一曰黄帝针灸，二曰神农本草，三曰素女脉诀，又云，夫子脉诀。此盖中国医学最古之派别也。其书之传于后世者，若《灵枢经》，则黄帝针灸一派也；若《本经》，则神农本草一派也；若《难经》，则素女脉诀一派也。其笔之于书，盖亦周秦之际，皆专门学者所为也。针灸之有黄帝，本草之有神农，脉诀之有素女，犹之仲尼所祖述之尧舜，宪章之文武也；其笔之于书之人，则祖述宪章之仲尼也；其传承派别可以推见者，华元化（华佗）为黄帝针灸一派，张仲景为神农本草一派，秦越人（扁鹊）为素女脉诀一派。"❶

地理学的成就是多方面的，如班固《汉书·地理志》，记载了1世纪初中国的行政区划、沿革、户口、山川、物产等，是历史上第一部以"地理"命名的地学专著。1973年，在湖南长沙马王堆汉墓出土的三幅绘制在缣帛上的地形图、驻军图和城邑图，绘制的精度已接近现代地图。对地震的研究和测定，至东汉的张衡达到了顶峰。

　　张衡（78—139），字平子，汉南阳西鄂（今河南南阳市卧龙区石桥镇）人。青年时的张衡志趣全在诗歌、辞赋的创作上，他的《两京赋》被称为汉赋中的杰作。进入而立之年后，其研究趣向逐渐转向了天文、地理等方面。元初二年（115）起，张衡两度担任掌管天文、历法和修史的太史令，前后十余年专业职守，使他在科技事业上取得了卓越成就。132年，张衡制成了世界上第一架可以测定地震方向的仪器——候风地动仪，这比欧洲造出类似的仪器早了1700多年。张衡制作的地动仪久已亡失，今人只能根据《后汉书·张衡传》中的简略记载来推想其形状和功能。

　　▽　《后汉书·张衡传》对张衡的候风地动仪及其功效有这样一段记述：“阳嘉元年，复造候风地动仪。以精铜铸成，员径八尺，合盖隆起，形似酒尊，饰以篆文山龟鸟兽之形。中有都柱，傍行八道，施关发机。外有八龙，首衔铜丸，下有蟾蜍，张口承之。其牙机巧制，皆隐在尊中，覆盖周密无际。如有地动，尊则振龙机发吐丸，而蟾蜍衔之。振声激扬，伺者因此觉知。虽一龙发机，而七首不动，寻其方面，乃知震之所在。验之以事，合契若神。自书典所记，未之有也。尝一龙机发而地不觉动，京师学者咸怪其无征，后数日驿至，果地震陇西，于是皆服其妙。自此以后，乃令史官记地动所从方起。”❷

　　张衡的科学才能是多方面的，他是汉代天体结构理论中浑天说的代表人物。张衡认为，天地结构像一个蛋，天像蛋壳包裹于外，地像蛋黄居于蛋壳之中。天大地小，天地各乘气而立，载水而浮。日月星辰都在蛋壳上不停地转动。他还对许多具体的天象做了观察和分析。他认为，“日譬犹火，月譬犹水，火则外光，水则含景。故月光生于日之所照。”即月亮之所以发光，是因为太阳光照在月亮上的反射。此外，张衡还研制过“指南车”（采用差动齿轮的原理，使车上所设

❶　吕思勉：《中国文化思想史九种》（上册），上海古籍出版社2009年版，第4页。

❷　在20世纪50年代，有学者曾依据文献的记载，复原了一座候风地动仪的模型，被认为是当年中国科技史研究的一大成果。制成的候风地动仪模型被陈列于博物馆，又被印制成邮票，图片也收录在历史书或历史教科书里。然而，自模型制成之日起，就有学者提出了质疑和批评，理由是地动仪模型使用的“直立杆原理”，实在并不能用来测量地震。随着研究的深入，这些质疑和批评逐渐被学界接受。

木人的手始终指向南方）和"记里鼓车"（一种利用差动齿轮的原理，记录车行里程的仪器）等科学仪器。

在造纸术发明之前，国人以竹、木简和缣帛用作书写材料。竹、木简过于笨重，缣帛价格昂贵。社会文化事业的发展，迫切需要一种轻便实用而价格低廉的书写材料，而此种新型的书写材料——纸，最终在汉代制造成功。关于造纸术发明的具体时间、具体人物，因史料的缺乏而不可确考。学者据文献所载，估计大约在西汉中期确证有纸的使用。考古学的研究表明，早在西汉宣帝时，甚至在汉初就已经开始使用质地粗糙的麻纸了。而东汉和帝时的宦官蔡伦是造纸原料和方法上的革新家。105年，他用树皮、麻头、破布、旧渔网等制纸成功，"故天下咸称蔡侯纸"。造纸术是中国古代科学技术的四大发明之一，也是中国对世界文明的伟大贡献。

▷　从文献上看，汉武帝时期，宫内已经用纸。《三辅旧事》载："卫太子大鼻，武帝病，太子入省，江充曰'上恶大鼻，当持纸蔽其鼻而入。'"又据《汉书·外戚传·孝成赵皇后》记载："箧中有裹药二枚，赫蹏书，曰：……。"东汉应劭作注时称："赫蹏，薄小纸也。"这种"薄小纸"就是后世的丝绵纸。考古发掘为探索造纸术的发明和发展提供了直接的资料。1934年，新疆罗布淖尔的汉代峰燧遗址中发现西汉宣帝时的麻纸一片。1972年至1974年，甘肃汉居延地区的金关遗址中发现西汉麻纸两片。1978年，陕西扶风中颜村的一处西汉窖藏中出土麻纸三片，可能是宣帝时遗物。1986年，甘肃天水放马滩5号汉墓出土一张西汉早期的纸质地图，最大残长8厘米，现为甘肃省博物馆收藏。这张地图所用的麻纸是目前所知世界上最早的纸张实物，同时也表明西汉初就有可用于书写的纸了。1979年，甘肃敦煌马圈湾发现了西汉宣帝至西汉末的麻纸八片。这些纸，早期的色黄质糙；中期的色白，较细匀；晚期的色白细匀。由此可以看出造纸术逐渐进步的情况。

阅读书目

1. 吕思勉：《吕著中国通史》，华东师范大学出版社2005年版。

2. 钱穆：《秦汉史》，生活·读书·新知三联书店2005年版。

3. 林剑鸣：《秦汉史》，上海人民出版社2003年版。

4. 吴宗国：《中国古代官僚政治制度研究》，北京大学出版社2004年版。

第五章

帝国的分裂:
三国两晋南北朝

　　自东汉王朝瓦解，至589年隋再度重建大一统王朝，地方政权分立割据的状态，也历时300多年而自成一个历史阶段。秦汉与三国、两晋、南北朝相比，一为治世，一为乱世；一为统一，一为分立。自此，一治一乱，一分一合，遂成中国传统社会循环往复的基本节奏。

　　由秦汉的大一统转向分立割据的社会根源：一是统治阶层结构的变化。由于社会上逐渐形成宗法性、闭塞性和割据倾向很强的门阀世族势力，导致中央对地方权力控制系统的失衡。最高统治层的内乱往往为地方分立提供机遇，打开通道。二是北方少数民族的活跃及频繁南下，王朝对周边控制能力的削弱，激烈的民族矛盾和民族斗争更是造成全国性分裂的重要原因。

　　不过，乱世和分立时代也并非漆黑一团。政权的变动，促使人口大规模的迁徙，内迁的北方各民族与汉人错居杂处，逐步融为一体，故而像匈奴、鲜卑等五胡的名称，到隋唐时便泯然无迹了。而江南地区的经济则因大量北方移民带来先进的生产技术而获得长足的发展，为唐宋时期南方经济的繁荣和经济重心的南移奠定了基础。

第一节
三国鼎立

东汉的瓦解，造成了军阀混战、四方割据的局面。先是曹操在官渡之战以后，逐步统一了北方；随后又因赤壁之战败给孙刘联军，最终形成三国鼎立的格局。为了增强自己的实力，曹魏、孙吴与蜀汉三个对峙的地区性政权，都因地制宜，发展生产，区域经济，尤其是南方和西南方的经济水平，在广度和深度上都获得了前所未有的大发展。

一、从四方割据到"三分天下"

东汉统一帝国的瓦解，原因是多方面的，首要当推王朝中央政府的腐败和黑暗。"党锢"之后，正直的官员受到排斥打击，士气大受摧残，宦官继续执掌朝政，更加贪财弄权，为所欲为。灵帝为了聚财，开西邸卖官，刺史、守、令各有价目，致使政事愈加糜烂。中央政治不清明，缺乏监督约束的地方官吏则犹如遍布民间之虎狼，横征暴敛、剥削脂膏。故张角振臂一呼，青、徐、幽、冀、荆、扬、兖、豫八州之民同时响应，而地方势力乘之而起。东汉中后期，郡太守、刺史的力量已渐坐大，黄巾起事后，为了加强对地方的控制，汉廷改刺史为州牧，既有行政实权，又得各专其兵，待起义平定之后，这些地方势力便纷纷割据自立，遂成群雄割据的局面。

▽　汉末地方割据势力的养成，也与当时的社会风气有关。其时，郡吏由太守自辟，士大夫仕于州郡的，都奉其长官为君，视其名分为君臣，称太守为"府君"，称郡级机构为本朝。这些任职地方的官吏，无论在观念中，还是道义上，都惟地方为重，有事为之尽忠，死则为之持服。王修为孔融主簿，守高密令，闻孔融有难，连夜往奔救助；虞翻为王郎功曹，王郎战败浮海，虞翻追随营护。广陵太守张超为曹操所杀，其故吏臧洪怨袁绍不肯救助，遂与之绝交，其与袁绍书说："受任之初，志同大事，扫清寇逆，共尊王室。岂悟本州被侵，郡将遘厄。请师见拒。辞行被拘。使洪故君遂

至沦灭，区区微节，无所获申。岂得复全交友之道，重亏忠孝之名乎？"（《后汉书·臧洪传》）生死危难之际，都不肯相弃背离。其时，国家观念薄，家族观念重；君臣观念淡，友朋交谊浓，至三国而此等风气更盛。❶

图 5-1
曹操画像

当时的形势是：公孙瓒据幽州、袁绍据冀州、曹操据兖州、陶谦据徐州、袁术据扬州、孙策据江东、刘表据荆州、刘焉据益州。此外，还有马腾、韩遂据凉州，公孙度据辽东。其中，袁绍的势力最强，而曹操（图 5-1）将汉献帝迁至许（今河南许昌东）后，遂有挟天子以令诸侯的优势。199 年，已据有冀、青、幽、并四州的袁绍，自恃兵多粮足，率军南下。曹操与其相持于官渡，次年，终以弱胜强歼灭袁绍之主力，史称"官渡之战"。208 年，曹操率军 20 万南征。孙权与刘备联合共同抗曹，5 万联军在赤壁大败曹军。❷ 赤壁战后，孙权仍据江东地盘，刘备据有荆州四郡及益州，曹操一时无力南下，遂用兵凉州、汉中，完成北方统一，初显三分天下的局面。

汉末群雄纷争，人才辈出，所谓各"得众力相扶，以成鼎足之势"。曹操主张唯才是举，三下求贤令，宣称凡"有治国用兵之术"之士，哪怕"负污辱之名，见笑之行，或不仁不孝"者，都要加以重用。刘备思贤若渴，三顾草庐，请出诸葛孔明。诸葛亮内修政治，外平南中，把蜀地治理得井井有条，故能以益州之地与外抗衡。孙权为世代江南豪强，所附大臣，均是江南名宗大族。220 年，曹操病死，其子曹丕废汉献帝，自立为帝，国号魏，史称"曹魏"；次年，刘备在成都称帝，国号汉，史称"蜀汉"；229 年，孙权在建业（今江苏南京）称帝，国号吴，史称"孙吴"。三国鼎立正式形成。

▷ 赵翼《廿二史札记》有"三国之主用人各不同"条，用比较的方法叙述了曹操、刘备、孙权用人上的不同特点。他说："人才莫盛于三国，亦惟三国之主各能用人，故得众力相扶，以成鼎足之势。而其用人亦各有不同者，大概曹操以权术相驭，刘备以性情相契，孙氏兄弟以意气相投，后世尚可推见其心迹也。荀彧、程昱为操划策，人所不知，操一一表明之，绝不攘为己有，此固已足令人心死。……盖操当初起时，方欲藉众力以成事，故以此奔走天下，杨阜所谓曹公能用度外之人也。及其削平群雄，势位已定，则孔融、许攸、娄圭等，皆以嫌忌杀之；荀彧素为操谋主，亦以其阻九锡而胁之死。……然后知其雄猜之性，久而自露，而从前之度外用人，特出于矫伪，以济一时之用。所谓以权术相驭也。至刘备，一起事即为人心所向。少时结交豪杰，已多附之。……备奔江陵，荆州人士随之者十余万。是时身无尺寸之柄，而所至使人倾倒如此。程昱谓备甚得人心。诸葛亮对孙权亦谓，刘豫州为众士所慕仰，若水之归海。此当时实事也。……关、张、赵云自少结契，终身奉以周旋，即羁旅奔逃，寄人篱下，无寸土可以立业，而数人者患难相随，别无贰志，此固数人者之忠义，而备亦必有深结其隐微而不可解者矣。……至孙氏兄弟之用人，亦自有不可及者。……权又不自护其非。权欲遣张弥、许晏浮海至辽东封公孙渊。张昭力谏不听，弥、晏果为渊所杀。权惭谢昭，深自刻责。……陆逊晚年为杨竺等所谮，愤郁而死，权后见其子抗，泣曰'吾前听谗言，与汝父大义不笃，以此负汝。'以人主而自悔其过，开诚告语如此，其谁不感泣。……此孙氏兄弟之用人，所谓以意气相感也。"❸

二、三国的政治与经济

东汉末年，连年的军阀混战将承平年代的社会积累，破坏殆尽，经济的残破，又退回到好几百年前。时人仲长统说："汉二百年而遭王莽之乱，计其残夷灭亡之数，又复倍乎秦、项矣。以及今日，名都空而不居，百里绝而无民者，不可胜数，此则又甚于亡新之时也。"（《后汉书·仲长统传》）曹操的《蒿里行》也说："白骨露于野，千里无鸡鸣。生民百遗一，念之断人肠。"社会生产，尤其是秦汉以来最繁荣的两个经济区——中原和关中的社会生产几乎遭受了彻底的破坏。面临这样的局面，魏、蜀、吴三国为强固自身的实力，不得不把恢复和开发本地区的社会经济视为头等重要的大事。

早在曹魏代汉之前，曹操就颁布了《置屯田令》。屯田分民屯、军屯两种，民屯以招募和强制性移民为主，有专设官吏管理。使用官

❶　参见吕思勉：《秦汉史》第十四章第四节"秦汉时君臣之义"，上海古籍出版社2005年版，第467—470页，钱穆：《国史大纲》（修订本），商务印书馆1996年版，第217—218页。

❷　赤壁，在今湖北武汉南赤矶山，一说在湖北赤壁西北。

❸　赵翼著、王树民校证：《廿二史札记校证》卷七《三国之主用人各不同》，中华书局1984年版，第140—143页。

家耕牛者，官家与其六四分成，自备耕牛者则对半分。军屯由国家供给全部生产、生活资料，所获则全部上缴国家。屯田对招抚流亡，开垦荒地，恢复生产和补充供应军粮都有积极作用。曹魏之屯田，最初在许下实施，后遍及边境及各州郡，尤以邓艾在淮南屯田最富成效。广行屯田之后，"数年中，所在积粟，仓廪皆满"。但屯田是一种强制劳动，较之自耕农的负担为重，因而时常会发生逃亡的现象。

▽ 关中和中原地区经东汉末年的破坏之后，社会经济的恢复发展非短时间可以达成。为此，曹魏政府毅然放弃了秦汉王朝所依托的关中和中原经济区，而把重点放在破坏较轻和较易恢复的淮河流域，在两淮地区大举屯田。这个区域内河道纵横，沼泽密布，便于兴修水利，灌溉农田。此地区经曹魏政权的开发，逐渐成为仅次于江南的经济发展新区域，也成为继魏而起的西晋立国及统一全国的物质基础。对于屯田之外的地区，曹魏政权采取招徕流民，劝课农桑的措施，以安定自耕农的生产，如关中地区由政府出面买牛，"归者以供给之"；金城太守苏则"与民分粮而食，旬月之间，流民皆归，得数千家"（《三国志·魏书·苏则传》）。为使自耕小农不再流亡，曹魏政权颁布较为简便的田租户调令，取消前代的人头税，规定田租亩四升，户出绢二匹、绵二斤，除此之外"不得擅兴发"。同时督促郡国守相，不许豪强有所隐瞒或向贫民转嫁负担。这一系列措施，也有助于北方经济的恢复和发展。

政治上，曹魏政权的九品中正制对后来历史有重大的影响。220年，曹丕接受吏部尚书陈群建议，创立九品中正制。其初意是将选拔官吏的评举之权由地方名士转移到政府手中。制度规定：在州郡设立专掌品评人物的中正官，且多由中央二品高级官品兼任，品评的内容有三：家世（又称"簿阀"，即被评者的族望和父祖官爵）、道德和才能（总称"状"，即道德才能的概括性评语）。中正官综合评判，定出等第，共分上上、上中、上下、中上、中中、中下、下上、下中、下下九等，故称九品。其中一品（即上上）为虚设，不授予人；二品实为最高等第。二、三为高品（上品，西晋后三品亦降为下品），品评用作吏部选拔和任用官员的依据。九品中正制创行初期仍保留曹操"唯才是举"的精神，家世、道德、才能三者并重，后专以家世门第取人，九品中正制遂演变成门阀政治的工具。

蜀国的经营较为艰辛。219年，关羽被吴将吕蒙袭杀，蜀失去荆州。222年，刘备以替关羽雪仇为名，几倾全部兵力东攻孙吴，在

夷陵（今湖北宜昌东南）为吴将陆逊所
破。此二役之败，蜀国损失惨重，元气
大伤。刘备死后，子刘禅即位，诸葛亮
（图5-2）辅政，对外恢复与孙吴联盟，
对内以严明之法行督责之术，史称诸葛
亮治蜀"科教严明，赏罚必信，无恶不
惩，无善不显，至于吏不容奸，人怀自
厉，道不拾遗，强不侵弱，风化肃然也"
（《三国志·蜀书·诸葛亮传》）。对于南

图5-2
诸葛亮画像

中八郡的西南夷，诸葛亮尊重其地的风俗习惯，用本族人治本族事；
又采取"攻心为上"的战术，迫使首领孟获心悦诚服。南中的平定，
解除了蜀汉的后顾之忧，而从南中调发的人力财力，也充实了蜀汉的
国力，从而可以专心北向出兵伐魏。

> 蜀地自古以来就是较为成熟的农业经济区，成都平原仰赖都江堰之利，
> 不仅农业发达，井盐、铸铁、蜀锦也为蜀国财利之大薮。刘备入益州后，臣
> 下建议将成都城内房舍、城外园地桑田，分赐给将士。刘备没有采纳，最终
> 听从赵云的建议，将田宅皆归还于百姓，令其安居复业，以落实田租役调。
> 故蜀汉政权对蜀地的耕地，没有太大的改置。诸葛亮辅政时，全力"务农殖
> 谷，闭关息民"，大力维护都江堰的农田水利。至于军饷的供给，主要靠来
> 自汉中及驻军边地设置的屯田，故虽连年用兵，蜀地百姓未至匮乏。

　　诸葛亮早在《隆中对》中就提出了蜀国的治国方针是"结好孙
权""内修政理""西和诸戎、南抚夷越"，最终的目标是北伐中原、
"恢复汉室"。自228年起，诸葛亮在一生最后的八年里，多次出兵与
魏作战。[1]直至234年，率军伐魏进驻五丈原，因积劳成疾而病逝于
军中，应验了他"鞠躬尽瘁，死而后已"的承诺。学者认为，诸葛亮
北伐之所以未能成功，根本原因在于蜀、魏两国国力强弱之悬殊，且
益州地势易守拙攻，外出交通不便，存在着当时不易逾越的自然障
碍。陈寿《三国志·诸葛亮传》对诸葛亮有这样的评述："亮少有逸

----

[1]　相传诸葛亮曾六出祁山伐魏。其实，六次战役中，一次为防御战，其余五次出兵攻魏，而
出祁山的仅两次。

图5-3
明月峡栈道

群之才，英霸之器，身长八尺，容貌甚伟，时人异焉……然亮才，于治戎为长，奇谋为短。理民之干，优于将略。而所与对敌，或值人杰，加众寡不侔，攻守异体，故虽连年动众，未能有克。昔萧何荐韩信、管仲举王子城父，皆忖己之长，未能兼有故也。亮之器能政理，抑亦管、萧之亚匹也，而时之名将无城父、韩信，故使功业陵迟，大义不及邪？盖天命有归，不可以智力争也。"

　　▽　明月峡栈道（图5-3）位于今四川广元城外嘉陵江岸的千仞绝壁上，为全国重点文物保护单位"剑门蜀道遗址"的核心地段。明月峡很早就是蜀地与关中、中原交往的要道，至秦汉时代，更成为王朝统治者北控西秦、南扼巴蜀的重要通道。据史料所载，栈道的开凿约在春秋末期，到战国中期，已广为人们所利用。相传刘邦、萧何北定三秦，就是经此栈道进入关中的。三国时，诸葛亮北伐曹魏，中军帐也设在明月峡附近的筹笔驿。据《元和郡县志》所记，诸葛亮曾对这条栈道加以开拓、修整："剑阁道自利州益昌县界西南十里至大剑镇，合今驿道。……诸葛亮相蜀，又凿石架空，为飞梁阁道，以通行路。"北宋重立的《筹笔驿道途次舍碑》更将诸葛亮维修栈道的时间、线路、工程艰辛等情况记载得非常清楚。

　　三国之中的孙吴政权，人才济济，前期的周瑜、鲁肃，后期的吕蒙、陆逊，包括孙策、孙权兄弟俱是才气凌人、年轻有为的当世英杰。但就谋求统一的努力而言，孙吴远不及魏、蜀，而魏、蜀均想有所作为。其中，蜀汉国势最弱却频频动兵，故其国祚最短。孙吴政权却始终以割据一方、偏安江东为满足，先是联合蜀国，在赤壁大败曹军；后又联魏攻蜀，袭杀关羽，夺取荆州；曹丕称帝后，孙权接受曹魏所赐吴王封号，以争取时间经营南方，其对外的政策，客观上为江南经济的开发提供了相对有利的外部条件。

▽　200年，曹操、袁绍相持官渡，孙策谋划袭许，事未行而先为仇人刺杀。临终前对其弟孙权嘱咐道："举江东之众，决机于两阵之间，与天下争衡，卿不如我；举贤任能，各尽其心，以保江东，我不如卿"（《三国志·吴书·孙策传》），明明白白地告诫孙权，发挥自己的特长，团结贤能之士，保住江东之地，而不必与天下争雄。鲁肃初到江东时，就劝孙权："汉室不可复兴，曹操不可卒除，为将军计，惟有鼎足江东，以观天下之衅。"后来孙权称帝时，"临坛，顾谓公卿曰：昔鲁子敬尝道此，可谓明于事势矣"（《三国志·吴书·鲁肃传》）。孙策死时26岁，孙权继位时尚年少。赤壁之战时，周瑜不过30余岁，鲁肃去世时仅46岁；后继者陆逊，夷陵之战时恰30岁。故说孙吴君臣虽多是年少有为，然其最高目标也始终只是割据一方、保有江东而已。

由于人口稀少和水利未修两大障碍，大致到西汉中期，江南的大部分地区尚未有充分开发，有些地方还停留在"火耕水耨"的粗耕农业阶段。东汉末年，北方民众南逃避乱，掀起了中国人口南迁的第一次高潮，其中尤以奔赴江东者最多，这就为南方经济的发展补充了劳动力，也带来了较先进的生产技术。与曹魏一样，孙吴在浙江（今钱塘江）两岸、长江中下游地区推行屯田，其中寻阳（治今湖北武穴东北）、毗陵（今江苏常州一带）、新都（治今浙江淳安西）、庐江（治今安徽潜山）等地的屯田都颇具规模。江南屯田有不少是新开垦之地，需要与水利开发同时并举，故孙吴政权颇重视水利的开发，如为太湖屯田而建东南海塘、开凿塘河、整治江南运河；为丹阳屯田而建圩田、为长江屯田在北岸建引巴（水）灌区等。其时，东南内部的山地，居住着尚未臣服的土著居民，称为"山越"。孙吴政权为消除山越的威胁，多次向山越发起征战，强迫他们出山，"强者为兵，羸者补户"，也有部分迁移到屯田区垦殖农田。孙氏偏安江东虽始于孙策，但对江南经济的开发经营，实是孙权在位的50余年。这50余年的成绩是：一是农业开发由江南沿江地区向闽越、岭南地区伸展，广度上有所扩拓；二是深度上，引进先进农业技术，将粗耕农业改造成为精耕细作农业。江南成为后来中国的经济重心，孙吴政权的经营有奠基之功。

▽　为适应水战和江海交通的需要，孙吴地区的造船业有较大的发展。建

安郡侯官（治今福建福州）是当时的造船中心，设有典船都尉，督造船只。在长江中航行的舰船，大的有上下五层，可容3000人。所造海船经常北航辽东，南通南海。据史书的记载，吴黄龙二年（230），孙权"遣将军卫温、诸葛直将甲士万人浮海求夷洲及亶洲。亶洲在海中……其上人民，时有至会稽货布。会稽东县人海行，亦有遭风流移至亶洲者。所在绝远，卒不可得至，但得夷洲数千人还。"（《三国志·吴书·吴主传第二》）亶洲，学者有认为是琉球；夷洲，则今台湾省。这是大陆与台湾交通的最早记载。由于海上交通的发达，孙吴的使臣曾经多次泛海四出，远至林邑（越南广南省维川县的茶桥）、扶南（辖境约当今柬埔寨以及老挝南部、越南南部和泰国东南部）诸国，大秦（罗马帝国）商人和林邑使臣也曾来到建业。这些航海活动，对海上丝绸之路的进一步发展起着重要的推动作用。

第二节
西晋与东晋

西晋灭吴之后，形式上获得了统一，但只是秦汉帝国的回光返照。西晋统一不到12年，朝政即走向黑暗混乱。贾后专权、八王之乱，这是宫廷宗室间的纷争；争胜斗富、奢侈荒淫，社会风气也渐趋堕落；又遇之北边少数民族的频繁南侵，统一的局面仅维持50年，北部中国便再次进入长期动荡不安的历史时期。

一、西晋短暂的统一

曹魏政权的元老重臣司马懿，因辅助曹丕父子，主持对外战事而权势大增。明帝死后，曹芳继位，司马懿与宗室曹爽共同辅政。249年，司马懿发动政变，将曹氏势力一网打尽，史称"高平陵之变"。

蜀汉自诸葛亮死后，后主刘禅宠信宦官黄皓，政治日渐败坏。263年，司马昭举兵伐蜀，后主刘禅出降，蜀汉灭亡。司马昭死后，其子司马炎废魏帝，自立为帝，国号晋，史称西晋。吴大帝孙权统治时间颇久，然至晚年刚愎自用，沉湎酒色。孙权死后，孙皓继位，朝政更趋腐败，西晋旋大举伐吴。280年，孙皓向晋投降，吴亡。这样，约90年的割据混战局面方告结束，中国重又统一。

　　▽　司马懿是汉末著名的士族，富有谋略，曹丕当政时，逐渐获得重用，其后，东抗孙吴，西拒蜀汉，北平辽东公孙渊，成为曹魏最有权势的大臣。曹芳继位后，他虽同与曹爽辅政，大权实为曹爽所掌。于是，他称病在家，不预朝政，暗中伺机而行。249年，曹爽陪曹芳至洛阳城外高平陵祭祀明帝陵，司马懿与其子司马师突然关闭城门，发动政变，杀曹爽及其党羽，司马懿遂专魏国的政权。司马懿死后，司马师继掌大权，他废曹芳，另立14岁的曹髦为帝。司马师死后，弟司马昭掌握政权，权势益重，日谋废立。曹髦年事稍长，遂不满司马昭之专横跋扈，对臣下说："司马昭之心，路人所知也！吾不能坐受废辱，今日当与卿自出讨之。"（《三国志·魏书·高贵乡公纪》引《汉晋春秋》）率众僮仆数百人向司马昭进攻，结果被杀。后人遂以"司马昭之心"比喻人所共知的阴谋野心。

　　265年，西晋建立，其后的30余年，是西晋历史上最好的时光。其时，战事减少，社会趋于安定，经济恢复得较快。屯田在曹魏后期已难以维持，西晋借鉴前代的经验，颁布占田课田制度，以刺激农业生产的发展。史称"是时天下无事，赋税平均，人咸安其业而乐其事"（《晋书·食货志》），后人誉之为"太康之治"❶。可惜"太康之治"只是昙花一现。晋武帝一死，朝廷内的纷争随即开始，先是贾后专权，挑起宗室诸王的矛盾；后是司马氏宗王八人相互残杀16年，史称"八王之乱"。307年，晋怀帝即位，参与纷争的八王仅剩东海王司马越一人。八王之乱虽告结束，而西晋王朝也走到了它的尽头。

　　▽　其时，除了颁布占田课田制之外，西晋政权政治上也采用了不少新措施，如分封诸王、推行都督制，其中犹以后者对时局的影响最大。早在晋

---

❶　太康为晋武帝的年号，始于280年，终于290年。

朝建立之前，为了控制政权，顺利废立，司马氏已将子弟分任都督或监军，出镇许昌、邺（今河北临漳西南）、长安等枢纽要地。西晋建国之后，晋武帝为增强宗室诸王以藩王室，对司马氏宗室子弟推行分封食邑制度。平定江南之后，晋武帝下令罢减州郡所领军队，边地的军队也随之减少，与之同时，大力推行将都督制度，宗室诸王及一些功臣都授予都督诸军、监诸军、督诸军的称号，出镇军事重镇。于是，都督、监军遂掌一州或数州军政大权。司马氏政权的军事力量，除了洛阳中军外，主要就是这些都督所领的军队。学者认为，宗王出镇制度是门阀政治的产物，故不见于汉唐，而唯流行于魏晋南北朝时代，而晋之招乱，其源也在于此。❶

　　大俭之后，必有大奢。经历了数十年的社会动乱、经济凋敝之后，西晋社会很快地弥漫着奢侈荒淫的风气。西晋统一仅50年，奢靡之风却发展到极致。其时，社会上盛行一种斗富的风气。最著名的是石崇与王恺的斗富。为了展示富有奢华，王恺用米浆洗锅，石崇用白蜡当柴；王恺用紫丝布步障四十里❷，石崇用织锦缎步障五十里；王恺用赤石脂泥墙，石崇用花椒涂墙。王恺持晋武帝所送的二尺珊瑚树，在石崇面前炫耀，石崇随手将其击碎，叫奴婢取出高三四尺的珊瑚树六七株，任王恺挑选。其时，社会上下对金钱的追求和崇拜，几乎达到无以复加的地步。时人鲁褒作《钱神论》讽刺"凡今之人，惟钱而已！"

　　▽　西晋文学家鲁褒，好学多闻，隐居不仕。著《钱神论》，愤世嫉俗，针砭时弊，却写得亦庄亦谐，风趣幽默："钱之为体，有乾坤之象，内则其方，外则其圆。其积如山，其流如川，动静有时，行藏有节。市井便易，不患耗折。难折象寿，不匮象道，故能长久，为世神宝。亲之如兄，字曰'孔方'，失之则贫弱，得之则富昌。无翼而飞，无足而走，解严毅之颜，开难发之口。钱多者处前，钱少者居后。处前者为君长，在后者为臣仆。君长者丰衍而有余，臣仆者穷竭而不足。……钱之为言泉也，无远不往，无幽不至。京邑衣冠，疲劳讲肄，厌闻清谈，对之睡寐，见我家兄，莫不惊视。钱之所佑，吉无不利，何必读书，然后富贵！……由此论之，谓为神物。无德而尊，无势而热，排金门而入紫闼。❸危可使安，死可使活，贵可使贱，生可使杀。是故忿争非钱不胜，幽滞非钱不拔，怨仇非钱不解，令问非钱不发。洛中朱衣，当途之士，爱我家兄，皆无已已。执我之手，抱我终始，不计优劣，不论年纪，宾客辐辏，门常如市。谚曰：'钱无耳，可使鬼。'凡今之人，惟钱而已。"（《晋书·鲁褒传》）

二、"五胡乱华"与西晋灭亡

汉末三国以来，为了补充内地的劳动人手，或为增补军队兵源，汉族统治者经常招徕或强制迁移边地少数民族入居内地。其时，中国的气候正进入持续6个世纪的寒冷期，居于北方边地的少数民族，也因气候原因而大量南迁。在诸多的南迁民族中，以旧称"五胡"的匈奴、鲜卑、羯、氐、羌五个民族的人数最多且势力最强。匈奴分布于今山西、陕西中部、甘肃西北地区，鲜卑散居于今辽宁、河北、山西、内蒙古、青海等地，羯散布于太行山以西诸郡，氐族分布于今甘肃、陕西、四川邻接地区，羌族居住于今陕西、甘肃一带。也有不少北方居民入住中原与汉人杂居，据史书所载，当时"西北诸郡，皆为戎居"（《晋书·匈奴传》），"关中之人，百余万口，率其少多，戎狄居半"（《晋书·江统传》）。

　　据科学家竺可桢的研究，我国从西周至明初的两千多年间，气候的演变表现为多个冷暖交替期，其中，东汉到南北朝是气候转向寒冷的时期。他说："到东汉时代，即公元之初，我国天气有趋于寒冷的趋势，有几次冬天严寒，国都洛阳晚春还降霜雪，但冷的时间不长。当时，河南南部的橘和柑还十分普遍。直到三国时代，曹操（公元155—220）在铜雀台（今河南［北］临漳西南）种橘，已经不能结实了，气候已比司马迁时寒冷。曹操儿子曹丕在公元225年，到淮河广陵（今淮阴）视察十多万士兵演习。由于严寒，淮河忽然结冰，演习不得不停止。这是我们所知道的第一次有记载的淮河结冰。那时，气候已比现在寒冷。这种寒冷继续下来，直到3世纪后半叶，特别是公元280—289年这十年间达到顶点。当时每年阴历4月份降霜，估计那时的年平均温度比现在低1℃～2℃。南北朝时（公元420—579年），南京覆舟山筑有冰房，是用以保存食物新鲜的。那时南京的冬天应比现在要冷2℃，才能提供储藏需用的冰块。约在公元533—544年出版的《齐民要术》，总结了六朝以前中国农业最全面的知识。根据这本书，当时黄河以北阳历4月中旬杏花盛开，5月初旬桑树生叶，与现在相比约迟了两周到四周。此外，书中还讲到当时黄河流域石榴树过冬要'以蒲

---

❶　唐长孺：《魏晋南北朝史论拾遗》，中华书局1983年版，第123—140页。

❷　步障，即在道路两旁布行幕，用以遮风寒、挡尘土。

❸　紫闼，皇帝的宫廷。

蒉裹而缠之'，也表明6世纪上半叶比现在冷。"❶学者多认为，东汉至南北朝600余年的气候转寒，也是当时北方少数民族内迁的一个主因。

　　南迁与汉人杂居的少数民族，或是同于编户，要承担西晋政府派发的租调力役；或是被豪强私募为佃客，为主人耕作；也有不少沦为奴婢，甚至被掠卖为奴。如氐族王子宜勤以100匹绢的代价，被石崇转卖他人；羯族石勒则被并州刺史司马腾贩卖到山东。也有部分少数民族的上层，长期居住于京城，与汉族官僚士人交游，深受汉文化的影响。魏晋时期，统治者常常征发少数民族为兵，甚至纠集外族军队参与内争。如"八王之乱"时，成都王司马颖引匈奴刘渊为外援，东瀛公司马腾引鲜卑为外援。这些举措，不仅促成了少数民族军事势力的崛起，也诱发了其首领夺取政权的野心。西晋末年，宗室诸王混战不已，匈奴首领刘渊就乘机起兵反晋。

　　▷　东汉时，南匈奴入居今甘肃、陕西、内蒙古和山西北部后，曹魏曾将其分为五部帅，西晋又将其改为五都尉。五都尉中以左都尉最强，都尉刘豹将儿子刘渊送到洛阳以为"任子"（人质）。刘渊自幼读《诗》《书》和《史记》《汉书》，汉化程度较深。刘豹死后，他代为左部帅。史书说他"轻财好施"，匈奴中的豪杰多来投靠他。西晋宗室诸王混战，匈奴贵族相议论，认为这是恢复故业的好时机："自汉亡以来，魏晋代兴，我单于虽有虚号，无复尺土之业，自诸王侯，降同编户。今司马氏骨肉相残，四海鼎沸，兴邦复业，此其时矣。"（《晋书·刘元海载记》）于是举刘渊为大单于，伺机起事。时王浚正攻打成都王的邺城，刘渊便劝说成都王让他回去发动匈奴五部来援助。于是回到左国城（今山西吕梁东北），旋在离石起兵反晋，十数日内，聚众数万人，一些失意的晋朝将吏名士，也都来投靠他。

　　304年，刘渊在离石（今属山西）起兵反晋，国号汉。刘渊死后，子刘聪继位。311年，刘聪派石勒在苦县宁平城（治今河南郸城东北宁平）全歼晋军主力十万余，太尉王衍被俘遭杀；同年，又派刘曜率兵进入洛阳，俘虏晋怀帝，纵兵烧掠，王公士民被杀数万人。史称"永嘉之乱"。西晋朝臣旋拥司马邺为帝，是为晋愍帝。三年后，刘曜攻入长安，晋愍帝出降，西晋灭亡。西晋灭亡之后，北方陷入严重的分裂状态。从304年刘渊称王到439年北魏统一北方，130余年间，匈奴、鲜卑、羯、氐、羌及汉族的统治者先后在北方和巴蜀地区建立了大小20余个政权，其中较大的有十六个，泛称"十六国"（表

5-1）。其时，中原沦陷，政权林立，混战连年，社会经济受到极度的破坏，史称"五胡乱华"。

表 5-1　十六国兴亡表

国名	创建者	民族	起止年代
前赵	刘渊	匈奴	304—329
成汉	李雄	巴氏	304—347
前凉	张寔	汉	317—376
后赵	石勒	羯	319—351
前燕	慕容皝	鲜卑	337—370
前秦	苻洪	氐	350—394
后秦	姚苌	羌	384—417
后燕	慕容垂	鲜卑	384—407
西秦	乞伏国仁	鲜卑	385—431
后凉	吕光	氐	386—403
北凉	沮渠蒙逊	匈奴	397—439
南凉	秃发乌孤	鲜卑	397—414
南燕	慕容德	鲜卑	398—410
西凉	李暠	汉	400—421
夏	赫连勃勃	匈奴	407—431
北燕	冯跋	汉	407—436

▽　西晋王朝将亡之时，被俘的国君、大臣、皇后、将军等均为堕落颓废、毫无廉耻气节之人。晋怀帝被俘后，刘曜封其为会稽郡公，对他说："卿当豫章王时，朕曾造访过卿，可记得否"？怀帝回答说："臣怎敢忘记？只恨那日不识龙颜。"刘曜说："你们司马氏家族，骨肉相残何以如此？"怀帝说："正是为了陛下能代晋室而得天下，这是天意啊！"太尉王衍被石勒所俘，自言本无宦情，"少不豫事"，又劝石勒称尊号。石勒驳斥说："君名盖四海，身居重位，少壮登朝，至于白首，何言不豫事？破坏天下，正是君罪。"惠帝羊皇后，为刘曜所纳，刘曜问她："我何如司马家儿？"皇后说："陛下是开基之圣主，那个是亡国之暗夫，有一妻一子而不能庇，怎可相提并论！妾何图复有今日？自奉巾栉，始知天下有丈夫。"愍帝被围长安，大将索綝派其子与刘曜接洽，说城中粮食尚可支持一年，如许诺授索綝为车骑、仪同、万户郡公，索綝愿举城投降。愍帝出降于刘曜，被送到平阳。

❶　竺可桢：《中国近五千年来气候变迁的初步研究》,《人民日报》1973 年 6 月 19 日。

刘曜外出打猎，令愍帝为车骑将军在前面开路；刘曜大宴群臣，又令愍帝青衣行酒，执盏洗爵。如此君臣男女，只知苟且偷生，毫无廉耻气节，晋朝岂会不亡！ ❶

三、偏安江南的东晋

317年，即西晋灭亡的次年，司马睿在建康（今江苏南京）称帝，重建政权。建康在洛阳以东，故称东晋，合西晋而称为两晋。司马睿系晋皇室疏属，"匹马济江"，不得不依傍世家大族的支持；而南渡的北方士族，为了其家族的利益，也需要拥戴和扶持司马睿上台；从而形成了东晋一朝特有的皇室和世家大族相结合，共治天下的格局。东晋建立之初，司马睿全赖琅邪王氏家族王导、王敦的扶持。其时，王导任丞相，执掌朝政；王敦任镇东大将军，都督江、扬、荆、湘、交、广六州诸军事。故时有"王与马，共天下"之谚。继琅邪王氏之后，世家大族颍川庾氏（庾亮）、谯国桓氏（桓温）、陈郡谢氏（谢安）相继执政，先后形成庾与马、桓与马、谢与马共天下之局面。

▷ 王导，字茂弘，琅邪临沂县（今山东临沂西北）人。琅邪王氏为北方著名高门大族，王导袭祖父爵位，随父兄周旋于司马氏皇室之间，与琅邪王司马睿关系最为密切。"八王之乱"后，王导知天下将乱，遂劝司马睿返回琅邪封地，伺机向南发展。永嘉元年（307），司马睿移镇建业，即以王导为谋主。其时，江南士族多不合作，王导与王敦商议，利用江南"观禊"节日，带领诸名流，骑马扈从司马睿的肩舆，表明对司马氏的拥护。江南士族名流纪瞻、顾荣等目睹此状，于是渐来归附。王导又建议司马睿授纪、顾等人重要官职，遂得江南士族的支持。东晋立国江南，王导贡献独巨，故司马睿称其为"仲父"，把他比作汉朝之萧何。元帝登基那天，鸣钟击玉，百官陪列。元帝命王导升御床共坐，王导坚辞再三，说道："若太阳下同万物，苍生何由仰照！"君臣之礼自不可僭越，但琅邪王氏在东晋朝廷中的地位特别突出，王敦掌管全国军事；王导掌管朝政，一内一外，子弟布满朝廷内外。时人形容这种局面为"王与马，共天下。"

自东汉以来逐步形成的世家大族，到两晋时演变为一种门阀制度。所谓门阀，就是阀阅门第。古代官宦之家，门外有两根柱子，左侧叫"阀"，右侧叫"阅"，常用来张贴本户的功状。门阀遂成为达官贵人、世家大族的代名词。九品中正制推行以后，中正定"品"逐渐看重门第（家世官位的高低），所谓"计资定品"，就是以门第高低用作评定品第的主要依据。于是，"上品无寒门，下品无势族"（《晋书·刘毅传》），世家大族利用选举制度垄断了政府的重要官职。到了两晋时期，社会上出现了按照门第等级严格区分的士族与庶族，士族在政治、经济、法律等方面享有特权，如垄断政府的重要官职，可以按官品占田和荫庇亲属、佃客和免除赋役，士族犯罪可获减刑、免刑或用金钱赎罪等。高门士族往往被称为"著姓""名族""高门""冠族"等，庶族则不享有这些特权，他们被称为"寒门""次门""役门"等。士、庶的社会地位不同，有不同的户籍，不能通婚，甚至不能同席而坐，后人称其为门阀制度。而东晋皇室与世家大族的共治天下，便是门阀制度发展到顶峰的产物。

▽　　田余庆的《东晋门阀政治》有一节专论"王与马共天下"的实质，他说："两晋之际，胡羯交侵，民族危机骤现。南渡士族既是晋室臣民，以避胡羯侵凌晋室而南渡，自然不会也不可能舍弃晋室而另立新朝。他们只有奉晋室正朔，拥晋室名号，才是保全自己家族利益的最好办法。既然武、惠、怀、愍的皇统已没有合法的继承人……据有江左地利条件的司马睿自然成为他们瞩目的对象。这是司马睿得以继承晋统的有利条件。司马睿明白自己的有利条件，也明白自己的不利条件。所以他权衡形势……这样就形成了皇权与士族结合的门阀政治的较为广阔的社会基础。不过皇权与士族毕竟是两回事，它们之间从来不是交融无间。元帝正位时佯作姿态，引王导同登御床，并不是王与马完全协调一致的表现，它只是表明王马之间，也就是士族与皇权之间的关系，由于特殊的原因，暂时处于不平常和不正常的状态。"❷

晋元帝司马睿与王氏家族共有天下，毕竟不是他所心甘，故待其皇位稍稳之后，就重用寒门出身的亲信刘隗、刁协以抑王氏兄弟，旋引发王敦举兵叛乱。晋成帝即位后，庾太后临朝称制，外戚庾亮专权，又引起苏峻、祖约之乱。穆帝、哀帝、海西公、简文帝数朝，

❶　　钱穆：《国史大纲》（修订本），商务印书馆1996年版，第232—234页。
❷　　田余庆：《东晋门阀政治》，北京大学出版社1989年版，第344页。

世家大族桓温的权势越来越大，皇位的废立，全凭桓温一言定局，遂引发其他世家大族如谢安、王坦之等反对。皇权与世家大族间的矛盾，各个世家大族间的矛盾，北来的世家大族与南方世家大族间的矛盾，世家大族与寒门的矛盾等，耗尽了东晋君臣绝大部分的精力和实力，故虽有数次北伐，如祖逖北伐、桓温北伐等，但最终都是无功而还。

▽　祖逖（266—321），字士稚，范阳遒（今河北涞水）人，出身士族，轻财好侠，后任司州主簿，闻鸡起舞，操练武功。西晋末年匈奴刘曜率兵攻陷洛阳，他率亲族数百家南移至泗口（今江苏淮安西南），司马睿任他为徐州刺史，他常怀振复中原之志，是东晋主张北伐恢复中原的代表人物。后上书司书睿谋求北伐，被任为奋勇将军、豫州刺史，朝廷仅给千人食粮，3000匹布，由其自募兵士。313年，祖逖率同族部曲百余家，渡长江北上，船到中流，击楫曰："不能清中原而复济者，有如大江"。到淮阴后，他冶铸兵器，召募2000余人驰骋于长江以北，九年间收复黄河以南大部分土地。祖逖躬身俭约，所部纪律严明，每收复一地，便劝督农桑，为当地百姓拥戴。正当祖逖试图收复黄河以北地区时，东晋政权内部纠纷迭起，司马睿派戴渊为都督，监督祖逖。祖逖知内乱将起，北伐无成，忧愤成疾，321年病逝于雍丘（河南杞县）。所收复的土地被石勒占领。

4世纪中叶，南迁的氐族贵族苻健在长安（今陕西西安西北）称帝，国号秦，史称前秦。苻健之侄苻坚，是一位汉化较深的氐族贵族，他在位时，起用寒人出身的汉族政治家王猛，整顿吏治，打击不法的氐族贵族，兴修水利，鼓励农桑，提倡儒学，实行"夷狄应和"（各民族和睦如同一家）的民族政策等。苻坚与王猛的一系列改革，使得前秦统治下的关陇地区，经济得到较快的恢复和发展，又先后攻灭了前燕、前凉、代国等，实现了北方的统一。383年，苻坚征调90万军队，南下进攻东晋。其时，东晋孝武帝在位，谢安执政，内部和睦，政治较为清明，又招募精锐组成"北府兵"，以少胜多，大败南下的前秦军队。此役史称"淝水之战"。战后，前秦政权即告瓦解，北方重陷分裂和混战。

▽　谢安（320—385），字安石，陈郡阳夏（今河南太康）人。谢氏乃名门世家，谢安父于永嘉之乱时举家南迁，在东晋政府中担任过侍中、吏部尚书等要职。谢安出身儒学之家，德行、学问、风度都极佳，青少年时，

即为宰相王导所器重。谢氏宗族屡出高官，兄弟均任要职，独谢安却拒绝政府屡次征辟，隐居于会稽的东山（今浙江绍兴市上虞区南），"以山水、文籍相娱"。40岁时，为避免门户中衰，他毅然出任征西大将军桓温的司马（军事参谋）。桓温死后，孝武年幼，谢安策划由崇德褚太后临朝听政，与尚书令王彪之共掌朝政。其执政继续王导作风，极力维持南北各大族之间以及大族与皇室之间的势力平衡，为政宽恕，事从简易，史称"弘以大纲，不存小察"。淝水之战后，谢安功成名就，但为孝武帝所忌，旋上书请辞，不及批准，即病卒于建康，终年66岁。谢安不仅有卓越的军事政治才能，而且风流儒雅，多才多艺，世称"大才叠叠谢安"，后人则誉之为"江左风流宰相"。

淝水之战后，东晋王朝内部的和睦状态开始破坏。孝武帝排斥谢安，起用其弟司马道子，北府兵将领也纷争不已。399年，江南地区爆发了大规模的农民起义，即孙恩、卢循起义。东晋王朝遂在内争和农民起义的双重打击下迅速败亡。

第三节
动荡中的南北朝

南朝四代，政治上仍沿袭晋朝的旧习而不能振作，但经济上则因大量北方人口的南迁而获得了发展的新机遇，加速了经济重心南移的历史进程。北朝统治下的北方，虽然是政权分立、战乱频仍，却也促成了民族间的大融合，为中国历史的发展注入了新鲜的血液，也为大一统的重建奠定了坚实的基础。

一、南朝的更替与士族的衰落

420年，刘裕废东晋恭帝，自立为帝（宋武帝），国号宋，亦称刘宋。刘宋前期社会经济有所发展，国势稍有振奋。尤其是文帝元嘉时期（424—453），"兵车勿用，民不外劳，役宽务简，氓庶繁息"（《宋书·孔季恭传论》），史称"元嘉之治"。450年，刘宋在与北魏的交战中大败，防线渐次由河北而淮北，最后退守淮南。随后，皇族宗室争权夺利，循环篡杀，残暴而不可理喻，为历史所罕见。479年，禁军将领萧道成逼宋帝"禅让"皇位，建立齐朝，史称萧齐或南齐，南齐仅存续23年。502年，萧衍称帝（梁武帝），建立了梁朝。又55年，武将陈霸先废梁帝自立，是为陈武帝，国号陈。陈朝前期的政治状况略有好转，社会经济也逐渐得到恢复。但陈在对北方的战争中，先胜后败。陈后主陈叔宝继位后，不理政务，其荒淫无道达到极致。总之，南方四朝的统治者终不能起而振奋，最后被逐渐走上轨范的北方政权灭掉。

▽   南朝四代皇室之恶化，为历代所罕见，除了刘宋的武帝、文帝和陈武帝外，全都是荒淫暴虐之徒，其宫闱伦理之混乱、所作所为之荒诞不经，几乎达到难以置信的地步。刘宋前废帝刘子业，纳姑母入后宫，令叔伯、兄弟之妻及其姐妹集聚堂上，强迫左右侮辱取乐，又令宫人裸体相互追逐，不从者即杀死。其姐山阴公主对他说："妾与陛下，虽男女有殊，俱托体先帝，陛下六宫万数，妾惟驸马一人，事不均平，一何至此！"（《宋书·前废帝纪》）刘子业即为她配置面首30人。后废帝刘昱，晨夜出游，从者执戈矛，遇之即杀。宋武帝九子、四十余孙、六十七曾孙，十之七八都死于皇室自相残杀，故民谚讽刺云："遥望建康城，小江逆流萦，前见子杀父，后见弟杀兄。"（《魏书·刘骏传》）齐东昏侯，不喜读书，酷爱捕鼠，通宵达旦，乐此不疲。父丧不哀，诿称喉痛。大臣在灵柩边痛哭，帽子落地，露出秃头，他忍不住大笑，谓左右说："秃鹙啼来乎？"东昏侯宠爱潘贵妃，命金制莲花贴于地上，令潘妃行走其上，说是"步步生莲花"。

到东晋后期，门阀政治已经走到了末路。自刘宋以后，门阀士族虽还担任高官，但大都不被授予实权，尤其是已无军权。魏晋南朝，政府的中枢机构逐渐成形：尚书省已成为行政执行机构；中书省掌出纳帝命、草拟诏旨，"掌机衡之任"；门下省置侍中、侍郎等官员，担任皇帝身边服侍、保卫、顾问应对、检举非法等职责。三省之设置虽无定准，但已开隋唐制度的先河，学者称其为游移发展中的三省制。❶为了加强皇权，皇帝较多地起用寒人来执掌军权，或掌管机要。如中书省属吏中书通事舍人，虽为八品小官，因能传递奏文，出宣诏令，参与决策，成为权势显赫的职务，南朝时多由寒人担任。又如典签一职，原为管理文书的小吏，南朝时用来监督州镇军政，州镇要务均须典签签署方可施行，被称为典签帅、签帅，而典签一职都用寒人执掌。

　　▷　南朝时期，士族在政治、经济上的优越地位依旧，但实际的政治权力已逐渐落到庶族寒人手中。赵翼《廿二史札记》的"南朝多以寒人掌机要"条，专论这一种变化。他说："至宋、齐、梁、陈诸君，则无论贤否，皆威福自己，不肯假权于大臣。而其时高门大族，门户已成，令、仆、三司，可安流平进，不屑竭智尽心，以邀恩宠。且风流相尚，罕以物务关怀。人主遂不能藉以集事，于是不得不用寒人。人寒则希荣切而宣力勤，便于驱策，不觉倚之为心膂。《南史》谓宋孝武不任大臣，而腹心耳目不能无所寄，于是戴法兴、巢尚之等皆委任隆密。齐武帝亦曰：'学士辈但读书耳，不堪经国。经国一刘系宗足矣'。此当时朝局相沿，位尊望重者其任转轻，而机要多任用此辈也。然地当清切，手持天宪，口衔诏命，则人虽寒而权自重，权重则势利尽归之。"❷

　　当时官分清浊：优闲而不负实际责任的为清官，繁剧而处理庶务的为浊官，凡清官多为门阀士族所占，浊官则由庶族寒人担当。结果实际工作多由寒人来办，权力自然转入寒人之手。《陈书·后主纪》云："自魏正始、晋中朝以来，贵臣虽有识治者，皆以文学相处，罕关庶务，朝章大典，方参议焉，文案簿领，咸委小吏，浸以成俗，讫至于陈。后主因循未遑改革……"然时人多看重门第，因门第而获优闲清官，则为时人所羡慕，反视有能力办事，以至立功升迁为耻。所以，寒人兴起的同时，便是门阀士族的衰落。士族成员凭借门第即可以"平流进取，坐致公卿"，享有种种优容的特权，逐渐养成了不思进

❶　陈琳国：《魏晋南朝游移发展中的三省制》，《史学评林》1982年第3、4期。
❷　赵翼著、王树民校证：《廿二史札记校证》卷八《南朝多以寒人掌机要》，中华书局1984年版，第173页。

取、庸碌无能而只知奢侈享受的习气。他们鄙视实务，鄙薄武事，个个熏衣、剃面、抹粉、涂脂，出则车舆，入则扶持，甚至连马都不识，"见马嘶欻陆梁，莫不震慑，乃谓人曰'正是虎，何故名为马乎'？"（《颜氏家训·涉务》）积久的优越特权，消磨糜烂了他们的生存能力，造成了他们的无能和腐朽。在晋末的孙恩卢循起义和梁末的侯景之乱中，大批的门阀士族仓猝之间亡于兵锋之下、转死沟壑之中。

▽   南北朝时的学者颜之推，总结自己一生有关立身、处世、为学等经验，写成《颜氏家训》一书，用来训诫子孙。书中对南朝士族不学无术、腐朽无能的种种病态，做了详细的描述："江南朝士，因晋中兴，南渡江，卒为羁旅，至今八九世，未有力田，悉资俸禄而食耳。假令有者，皆信僮仆为之，未尝目观起一垅土，耘一株苗；不知几月当下，几月当收，安识世间余务乎？故治官则不了，营家则不办，皆优闲之过也。"（《颜氏家训·涉务》）"梁朝全盛之时，贵游子弟，多无学术，至于谚云：'上车不落则著作，体中何如则秘书。'无不熏衣剃面，傅粉施朱，驾长檐车，跟高齿屐，坐棋子方褥，凭斑丝隐囊，列器玩于左右，从容出入，望若神仙。明经求第，则雇人答策；三九公宴，则假手赋诗。当尔之时，亦快士也。及离乱之后，朝市迁革，铨衡选举，非复曩者之亲；当路秉权，不见昔时之党。求诸身而无所得，施之世而无所用。披褐而丧珠，失皮而露质，兀若枯木，泊若穷流，鹿独戎马之间，转死沟壑之际。"（《颜氏家训·勉学》）

二、江南经济的发展

南朝时期仍持续着魏晋以来北方人口南迁的高潮，南下的居民不仅补充了南方的劳动力，也带来了先进的生产技术和生产经验，促进了南方地区的经济发展。两晋南北朝时期，江南地方已逐渐改变了过去的落后面貌，且形成渐有追赶黄河流域之势。中国古代经济重心南移的过程实肇始于此。

▽   其时，北方居民南下的主要路线有三条：一是关中难民，初奔汉中，继往巴蜀；二是中州难民，逾襄、樊流入荆州；三是幽、冀、并、青、徐、兖、豫以及齐鲁两淮难民，渡淮南逃，散居江东。三路难民，以最后一路人数为最多。后两路移民，在南朝时期更有继续向南移动的，以至扩展到了闽广。谭其骧先生曾对西晋永康元年（300）至刘宋大明八年（464）的

160多年流移人口做了估算，以侨居今江苏省为最多，约26万人，山东约21万人，安徽约17万人，四川约10万人，湖北约6万人，陕西约5万人，河南约3万人，江西、湖南各1万人，合计90万人。扣除淮河以北以及陕西、四川的数字，过淮而南的人口约50万人。这仅是见于文字的记载，实际人数当超出这一估计。据《晋书·地理志》记载，由于南迁流民大增，东晋侨置了许多州、郡、县，有些地区南迁侨民甚至超过了土著人口。如南徐州（今江苏镇江一带），共有人口42万人，其中22万人为南迁人口。刘宋时，余姚县一次就清查出隐藏人口一万多人，而全县在籍人口不过三四万人。

东晋南朝时期的农业发展，首先表现在农田的开垦发展迅速。东晋立国江南之后，中原士民如潮水般尾随而来。人口的急速增加使江南耕地的开发需求空前强烈，江南农业遂进入全面开发的新时期。圩田、湖田、沙田和洲渚的垦殖，蔚然成风。海滨滩涂地的开垦，尤以江浙地带成就较大。另外，山区河谷之地的辟造，也很有特色（如渠田、溪田、山田、畲田）。土地垦殖在南方地区的发展并不平衡，大抵长江下游优于长江中游，而长江中游又优于巴蜀等地区，可见土地垦殖尚有很大的潜力。

　　由于大量圩田、湖田以及山间丘陵地的开垦，原使用的二牛抬杠式的长辕犁显得较为笨拙，经过改进遂出现了更具适应性的短辕犁。短辕犁的长处在于操作灵活，对耕地的选择性小，它能够灵活地掌握犁沟的宽窄、耕地的深浅，更便于调转回旋，比长辕犁轻巧省便，更适宜于个体小农操作。这为一牛一人牛耕方式的出现创造了条件，1000多年来，一人一牛一直是我国农业生产中的一种主要牛耕方式。

其时，南方农业生产的结构也发生了很大的变化。一方面是承袭原有的传统，推广和普及水稻种植；另一方面则是从北方移植麦、粟、菽等作物，并获得很大的成功。大规模推广麦类等旱地作物，在我国农业发展史上具有重大意义。南方的农业结构从原来比较单一的水田农业，向水旱兼营、稻麦兼济的方向转变。这不仅提高了耕地的复种指数（一年两熟至一年三熟），达到早晚连作、春秋互补的目的，也有利于开拓荒地，因地制宜地发展生产。史书云："江南之为国盛矣。……地广野丰，民勤本业，一岁或稔，则数郡忘饥。"（《宋书·沈昙庆传论》）此外，栽桑养蚕以及园艺果树（柑橘、荔枝、龙眼、橄榄、桃、李等）、药材种植等业日趋兴旺，农产品商品化倾向上升，也是东晋南朝时期农业经济的一大特色。

▽   造船业、造纸业及纺织业，在东晋南朝也有较大发展。继建安郡的侯官、番禺之后，湘州（治今湖南长沙）也成为造船业的一个中心。《荆州土地记》："湘州七郡，大舸之所出，皆受万斛。"南梁时大船的载重量已达20000斛（约2000吨）。造纸业到南朝又有大发展，不仅产量、质量、加工等方面有新提高，在品种上已能制造青、赤、绿、桃花等色纸。白纸更趋平滑、细薄、洁白，诗云"皎白犹霜雪，方正若布棋"（《初学记·文部·纸第七》）。产量的大幅提高，使得纸已不再是贵重难得之物，遂代替了竹简和绢帛而成为主要的书写材料。纺织业在这一时期发展迅速，用麻织成的布匹品种增加，质量也提高。其中高级织品甚为精巧，以致刘裕因其"精丽劳人"而下令禁织。随着纺织技术的提高，到南朝末年，出现了晚上浣纱而次日早晨织就的"鸡鸣布"。刘裕灭后秦，曾把关中锦工迁往江南，成立锦署，此后南方高级丝织业有了进一步发展。不过此时南方丝织业的总体水平还比不上北方。

东晋南朝是青瓷发展的成熟阶段，瓷业以越窑规模最大，产量最高，质量也最好。越窑的主要产地在浙江上虞、余姚、绍兴等地，这里是我国最先形成的窑场众多、分布地区广泛、产品风格一致的瓷窑体系。其烧制的青瓷（图5-4），釉色灰青，透明而润泽，洁莹如玉，在当时已能够大量生产，为南朝上流社会广泛使用。

图5-4

南朝青瓷莲花尊

三、北朝的嬗变及其治法

自420年刘宋代晋，至589年隋灭陈，期间170年，南北始终处于对峙状态。与南方四朝对立相持的是北魏、东魏、西魏、北齐、北周五个朝代，史称北朝。北魏是鲜卑族拓跋部建立的政权，初称为代，淝水之战后，改称为魏，定都平城（今山西大同东北），史称北魏、后魏。北魏太武帝时，统一北方。传六代至孝文帝，实行政治、经济和文化的改革。其末年爆发六镇起义和河阴之变，北魏遂分裂为东魏、西魏。东魏有今河南洛阳以东的北魏故地，历17年而为北齐所代；西魏有今河南洛阳以西的北魏故地，历23年而为北周所代。

577年，北周灭北齐，再度统一北方。581年，北周外戚杨坚废北周静帝自立，北周遂亡。

自晋室南迁之后，进入中原并建立政权的少数民族的统治者，大都采取"胡汉分治"的办法，即对境内的汉族采用汉制，对本族或其他少数民族采用其族制。相应地，在职官的设置上，也采用"胡汉杂糅"的办法，即内地汉族政治制度与其本族的政治制度并存。这是十六国时期北方少数民族政权如前赵、后赵等政治制度上的一大特征。北魏前期的政治制度，仍具有"胡汉分治""胡汉杂糅"的特色，如地方上实行宗主督户制与镇戍制，中央行政机构有内行官与外朝官两个系统等。❶

　　▽　　北魏统一北方之后，仍维持原有的州、郡、县三级地方行政机构，设有刺史、太守、令长等官职。但是，地方上的最基层组织并没有能建立起来。晋室南迁之后，滞留于北方的世家大族或地方豪强，为了抵御少数民族的掠夺侵犯，往往修筑城墙，或据险自守，建立了许多"坞堡"。坞堡内集聚着大量的依附人口，"或百室合户，或千丁共籍"（《晋书·慕容德载记》），还有自己的军事武装，是战乱年代维持经济生产的一种社会组织。北魏初年，政府无力一一削平大量存在的坞堡，只好认可现状，任命坞堡主为"宗主督户"，由他们代表政府向农民征发租调力役，行使地方基层组织的职能，是为"宗主督户制"。486年，北魏废除宗主督户制，实行三长制，规定五家立一邻长，五邻立一里长，五里立一党长，三长的职责是检查户口、征收租调、征发兵役徭役。三长制的建立，使地方基层组织回复到秦汉时的状况。

此种特征及状况，到北魏中期的冯太后、孝文帝改革时发生了变化。为了稳定政权并能长久地立足内地，北魏统治者不得不考虑放弃其本族的治法，而更多地采用汉族传统的政治、经济制度。481年，北魏政府颁布了户籍制度，484年至486年，先后颁布了俸禄制、均田制、三长制和州郡制度。493年、499年，北魏政府两次颁布改革官制的职员令，内行官与外朝官合而为一。借助这些制度的实施，北魏政府对境内的百姓重新编定户籍，健全州郡机构和地方基层组织，

❶　严耀中：《北魏前期政治制度》，吉林教育出版社1990年版，第51、61、76页。

并对"胡汉杂糅"的政治制度做了较为彻底的改革。

▽   孝文帝即位时，年仅5岁，由太皇太后冯氏临朝称制。冯太后出身汉族，长乐信都（今河北冀州）人，祖父冯弘、伯父冯跋都是北燕的国君，父亲冯朗降魏后，任秦雍二州刺史，姑母为魏太武帝的昭仪（妃嫔称号）。冯太后生于长安，在宫中受到姑母的传统文化的教育，14岁被文成帝选为贵人，后立为皇后。孝文帝从小受到冯太后的汉化教育，史书称她对孝文帝的管教颇严，曾作《劝诫歌》300余章、《皇诰》18篇以教育孝文帝。至孝文帝20岁时，冯太后才归政于他。冯太后与孝文帝主政时，信任和起用了大批汉人为其改革出谋划策，其中最主要的有建议实行均田制的李世安，建议施行三长制的李冲，建议推行俸禄制的高闾，提议设立常平仓的李彪，提倡儒家礼仪的刘芳，以及主持官制、法律、礼仪、典章等改革的王肃等。有学者统计，北魏道武帝时汉臣在大臣中占37.5%，明元帝时占41.4%，太武帝时占50.8%，文成帝时占52.7%，献文帝时占59.5%，孝文帝时占68.9%，可见汉臣在北魏朝臣中的人员比重逐代增加，至孝文帝时达到最高峰。

包括均田制在内的这些制度，及北魏体制改革的精神和趋势，大都为东魏、西魏、北齐、北周所继承。西魏宇文泰起用名士苏绰，以"六条诏书"（一、治心身，二、敦教化，三、尽地利，四、擢贤良，五、恤狱讼，六、均赋役。）为治国准则，又制定计账、户籍等制度。北周武帝时，延续和改革西魏的府兵制，推行劝课农桑、减轻赋税、释放奴婢、废佛等改革。大体而言，北朝各代所推行的政治制度，旨在建立健全政府机关和社会基层组织；而经济措施则是以整顿田地、清理户籍为手段来落实赋税力役的征发，这就为重建秦汉式的大一统帝国做好了准备。

四、民族大融合

北朝时期，政权的频繁更替和民族间的迁移、征战和分化，改变了少数民族原先的社会结构；民族混居、人口流动的状况更加剧，民族融合也呈现出更为复杂的局面。北魏统一北方后，民族融合一度表现为鲜卑拓跋对其所征服的其他少数民族的同化；北朝后期边镇地区的汉人也有胡化的现象。不过，匈奴、敕勒、鲜卑、羌、氐等少数民族的汉化，仍是北朝时期民族融合的主要趋势。至

图 5-5
魏晋画像砖

北朝末，内迁的匈奴、鲜卑等已与汉族没有多少区别了。❶由于政权为少数民族所执掌，北朝的民族融合主要表现为少数民族主导下的汉化，而其典型事例就是北魏孝文帝的改革。

　▽　出土于甘肃酒泉、嘉峪关等地的魏晋画像砖（图5-5），反映了民族间的生产和生活方式上的交融情况。原先属于放牧游猎经济的西北地区，已经出现了半农半牧的演变。北方少数民族男子原来是披发左衽、窄袖、长领长袍，女子是冠帽夹领，小袖短袄。民族杂居相处后，胡人穿上了宽大飘逸的汉服，汉人也流行窄袖紧身的胡服。蒸馍、烙饼、馅饼、面条、油炸饼等少数民族的食物，中原的汉族也普遍食用，且逐渐传到南方，成为很受欢迎的饮食时尚。这就是史书上称为"汉人胡服""汉人胡食"。

490年，冯太后去世，孝文帝继续施行改革，除了再次强调均田、三长等制度外，着力推行一系列汉化改革，其主要的措施有：第一，迁都洛阳。因原都城易受柔然侵扰，更因风气保守，"移风易俗，信为甚难"，孝文帝决定迁都洛阳。第二，禁胡服、断北语。朝廷禁止胡服，改穿汉服；禁止在朝廷上使用鲜卑语，改说汉语。第三，改

❶　周伟洲：《论魏晋南北朝时期北方的民族融合》，《社会科学战线》1990年第3期。

姓氏、禁归葬。令改鲜卑复姓为单音汉姓，迁居洛阳的鲜卑人一律以河南洛阳为籍贯，死后不得还葬代北。第四，定族姓、通婚姻。以先世和当代的官爵高低制定门阀制度，提倡鲜卑贵族与汉族士族联姻通婚。这种以政令形式强制性地要求本族百姓同化于汉族的改革，虽为历代所罕见，却也反映了北朝时期民族融合的实际状况。

> ▷　北魏鲜卑贵族中的守旧势力反对冯太后、孝文帝的改革。俸禄制的推行，妨碍了他们的掠夺贪污；均田制、三长制和官制的改革，影响了他们的实际利益；尤其是迁都和实行汉化的改革，改变了他们原来的生活方式，更遭到他们的反对。如鲜卑贵族元丕不肯着汉服，仍"雅爱本风，不达新式，至于变俗迁洛，改官制服，禁绝旧言，皆所不愿"(《魏书·东阳王丕传》)。太子元恂也反对改革，孝文帝要他多读汉人经籍、多学汉人礼仪，他却甚为反感。元恂"体貌肥大，深忌河洛暑热，意每追乐北方"(《魏书·废太子元恂传》)。496年，孝文帝出巡嵩山，令其留守洛阳。元恂与鲜卑守旧贵族密谋回平城。孝文帝闻讯后，中途折返洛阳，将其逮捕下狱治罪。后废元恂为庶人。不久，因闻其与鲜卑守旧贵族密谋叛逆，逼其饮下毒酒自尽。史学家钱穆盛称孝文帝的迁都和汉化改革，说历史上"为自己一种高远的政治理想，而引起家庭父子惨剧者，前有王莽，还有魏孝文" ❶。

南方的民族融合，则以南朝政权为主导。南朝境内的少数民族，统称为蛮、僚、俚、俚。蛮族居住于今湖北、湖南地区，僚族居住于今四川和陕西南部，俚族居住于今江西南部和广东北部，俚族居住于今广东和湖南南部、广西东南部。南朝政权不断进剿境内的少数民族，在征服的地区设置左郡左县，管辖其地的百姓以供租赋；或敕封少数民族的首领以官职，靠他们来实施管理。蛮、僚、俚、俚诸族有不少都被编入郡县户籍，或被送往京师作营户，充兵役。到隋朝时，在汉中、荆、益、雍等地与汉人杂居的蛮、僚、俚、俚，大多数已是"与诸华不别"了。

> ▷　两晋南北朝之世，向来被看作黑暗时代，其实亦不尽然。吕思勉曾概述过这一时代的历史地位和影响。他说："这一时代，只政治上稍形黑暗，社会的文化，还是依然如故。而且正因时局的动荡，而文化乃得为更大的发展。其中关系最大的，便是黄河流域文明程度最高的地方的民族，分向各方面迁移。《汉书·地理志》叙述楚地的生活情形，还说江南之俗，火耕水耨，果蓏蠯蛤，饮食还足，故呰窳媮生，而无积聚，而《宋书·孔季恭

传》（应为《宋书·沈昙庆传》——引者注）叙述荆、扬二州的富力，却是
'膏腴上地，亩直一金，鄠、杜之间不能比'；（鄠，今陕西鄠县［今西安市
鄠邑区］，杜，在今陕西长安县［今西安市长安区］南，汉时农业盛地价
高之处。）又说：'鱼、盐、杞、梓之利，充仞八方，丝棉、布帛之饶，覆
衣天下'。成为全国富力的中心了。三国之世，南方的风气，还是很剽悍
的，……而自东晋以来，此种风气，亦潜移默化。谈玄学佛，成为全国文
化的重心。这是最彰明较著的。其他东北至辽东，西南至交阯，莫不有中
原民族的足迹，其有裨于增进当地的文化，亦决非浅鲜［显］，不过不如
长江流域的显著罢了。……以五胡论：固然有荒淫暴虐，如石虎，齐文宣、
武成之流的，实亦以能服从汉族文化的居其多数。石勒在兵戈之际，已颇
能引用士人，改良政治。苻坚更不必说。慕容氏兴于边徼，亦是能慕效中
国的文明的。至北魏孝文帝，则已举其族而自化于汉族。北周用卢辩、苏
绰，创立法制，且有为隋、唐所沿袭的。这时候的异族，除血统之外，几
乎已经说不出其和汉族的异点了。一到隋唐时代，而所谓五胡，便已泯然
无迹，良非偶然。"❷

第四节
乱世中的文化自觉

　　魏晋时代，玄学偏重于研究幽深玄远的问题，佛教能让饱受乱世
困苦的民众获得心灵的宁定和安稳。史学、文学与艺术因时代的激荡
而反而更显光彩。科技的发展，仍以数学、地理学和农学最为突出，
继续保持着秦汉以来在世界科技史上的领先地位。

---

❶　钱穆：《国史大纲》（修订本），商务印书馆1996年版，第283页。

❷　吕思勉：《吕著中国通史》，华东师范大学出版社2005年版，第411—412页。

一、学术与宗教

两汉的经学研究，因偏重于章句，逐渐表现出繁琐而支离破碎的弊端。于是，在魏晋时期，遂产生了与之对立的玄学。玄学意谓专门研究幽深玄远问题的学问，其治学的特点是重道而遗迹❶，即注重探求原理（道）而遗弃事物的形式（迹）。故玄学家多以研究《老子》《庄子》和《周易》为主（谓之"三玄"），论辩"有无""才性""言意"等问题，强调把握义理，反对执著言、象。这种糅合儒道、探求原理、辨名析理的研究路数，对于破除汉代经学的弊端，提升理论的思辨水平都有积极意义，也为学术研究开出了一片新天地。

▽   世界上的万事万物有无源头？它们的本源在哪里？这是玄学家们热衷辩论的话题。《老子》说："天下万物生于有，有生于无。"玄学家便进一步发挥说："天下之物，皆以有为生，有之所始，以无为本。将欲全有，必反于无也。"❷他们大都"贵无"，把"无"视为万事万物的本源，却偏有一位裴頠"崇有"。"有无之辩"就成了论辩的一个问题。人的才性与其品行到底是怎样一种关系，玄学家们也有持续的论辩，有"才性同""才性异""才性合""才性离"四种不同的解说，这就是玄学论辩中的"才性之辩"。人的语言是用来传情达意的，但有时却词不达意。故《周易·系辞上》说"书不尽言，言不尽意。"《庄子·天道》也说："意之所随者，不可以言传也。"言意之间究竟是怎样的关系，或说言可尽意，或说言不尽意，也有说忘言得意。"言意之辩"也是玄学家喜欢论辩的一个主题。

玄学家常借助于对《老子》《庄子》和《周易》的注释，来阐述自己的学说观点。如王弼注《周易》《老子》，向秀、郭象注《庄子》等。但他们更喜欢以"清谈"的方式论辩学问，清谈时分主宾两方，采取问答辩难的方式，先由谈主提出论辩的主题并阐述自己的见解，称为"竖义"或"立义"，然后由宾客问难，谈主解答，或反复论辩。清谈之士，往往手执麈尾，词锋犀利，滔滔不绝。玄学家好谈玄理，遗落世务，甚至以参与事务为耻，以无所事事为荣，被后人批评为"清谈误国"。

▽   麈尾，即拂尘，魏晋时清谈者手执的一种拂子，因以麈的尾毛制成，故称麈尾。麈是古书所说的一种体形较大的鹿，麈与群鹿同行，麈尾左右摇摆，可以指挥鹿群的行向。或说称其"麈尾"，即取义于此。麈尾的形状如

团扇,"员上天形,平下地势,靡靡丝垂,绵绵缕细"(《艺文类聚》引徐陵《麈尾铭》),手柄或用牛角和玉制成。当时只有善于谈玄的名士,才有资格手执麈尾。玄学家王衍盛才美貌,"妙善玄言,唯谈老庄为事,每捉玉柄麈尾,与手同色"(《晋书·王衍传》),一时传为美谈。"清谈"也因此而成为"麈谈"。唐代麈尾的实物,还有数柄遗世,现藏于日本奈良的正仓院。

　　学界一般认为,佛教在两汉之际传入中原。史载东汉光武帝之子刘英"晚节更喜黄老,学为浮屠,斋戒祭祀"(《后汉书·楚王英传》)。明帝时,派往西域求佛经的蔡愔等,在大月氏遇见天竺高僧迦叶摩腾、竺法兰,便用白马驮经,将他们迎回洛阳,遂在洛阳建立了中国第一座佛寺——白马寺用以供奉佛经。至东汉后期,佛教虽已在民间流播,但影响尚小。三国两晋以后,社会动荡,战事迭起,饱受乱世困苦的民众,遂以皈依佛门来换取心灵的宁静和安定,佛教广为传播,为越来越多的善男信女所信奉。

　　▽　关于佛教盛行的原因,钱穆曾有这样的评述:"当时佛法之所以盛行,尚有一积极的正因,则由其时中国实有不少第一流人物具有一种诚心求法、宏济时艰之热忱是也。其间品德学养尤著者,如道安,如僧肇,如法显,如竺道生;此等皆以极伟大之人格,极深美之超诣,相望于数百年之间。盖以当时中国政教衰息,聪明志气,无所归向,遂不期而凑于斯途。此皆悲天悯人,苦心孤诣,发宏愿,具大力,上欲穷究宇宙真理,下以探寻人生正道,不与一般安于乱世、没于污俗,惟务个人私期求者为类。故使佛教光辉,得以照耀千古。若仅谓佛讲出世,与一时名士清谈气味相投;而社会民众,亦以身丁荼毒,佛讲未来,堪资慰藉;并出家可以逃役,即获现实福益。凡此种种,固亦当时佛法盛行之世缘,然论其主要原因,则固在彼不在此。"❸

　　佛教的广为传播,首先得力于佛教徒的自身努力。自东汉、三国至两晋,一大批学识渊博的高僧,在洛阳等地,翻译了大量的佛教典籍。这些高僧中有不少来自天竺或西域,也有中土的僧人。如西域高僧鸠摩罗什,后秦姚兴待以国师之礼,他在长安翻译的佛经有300余

❶　吕思勉:《吕著中国通史》,华东师范大学出版社2005年版,第285页。
❷　王弼著、楼宇烈校释:《王弼集校释》(上),中华书局1980年版,第110页。
❸　钱穆:《国史大纲》(修订本),商务印书馆1996年版,第364—365页。

卷。东晋僧人法显，从长安西行至天竺求法，学习梵文，抄写经律，历时15年，译出经典百余万言，又将其沿途见闻写成《佛国记》。据学者统计，魏晋南北朝时期所翻译的佛经有1000多部，3437卷。

佛教的广为传播，也与此时历代君主的佞佛有关。东晋南朝的君臣贵戚、世家大族等大都崇奉佛教，其中犹以梁武帝萧衍为极端。他在位期间，兴佛教，建寺院，自己长斋事佛，每天只食一顿蔬菜粗饭；还三次舍身同泰寺为奴，事后都由群臣出钱把他赎回。其他如陈朝的武帝、陈后主，也曾舍身佛寺为奴。北朝除魏太武帝和周武帝两度毁佛外，其他君主也都大力提倡佛教。其时，南朝佛教信徒大都着力佛教义理的探究，北朝的信徒则重视培修功德，云冈石窟、龙门石窟便在此时开凿。上有所好，下必甚焉，一时崇佛信教蔚然成风，民间百姓甚至"竭财以赴僧，破产以趋佛"（《梁书·范缜传》），佛教的传播在两晋南北朝达到鼎盛。

▷　魏太武帝在镇压盖吴起义时，发现长安佛寺藏有武器，遂禁断佛教，坑杀僧人。北周时，境内寺院一万多所，僧尼几占人口的十分之一。僧尼不事耕织，既免丁役，又免课输。周武帝出于经济上的考虑，实行废佛政策，令僧侣还俗。佛教传入中土之后，也有一些学者反对佛教，并试图从学理上加以驳斥，如东晋孙盛、戴逵，南朝的何承天、刘孝标、范缜等，其中又以范缜为代表。范缜，字子真，原籍南乡舞阴（今河南泌阳西北），仕齐为尚书殿中郎。时司徒竟陵王萧子良佞佛，开西邸盛招宾客。范缜虽也在延揽之列，却不信因果报应之说。萧子良问他："君不信因果，为何世上人有的富贵有的贫贱？"范缜回答："人生如同一树花，同发一枝，俱开一蒂，随风而坠，自有拂帘幌坠于茵席之上，自有关篱墙落于溷粪之侧。坠茵席上的是殿下，落粪溷的是我。富贵虽殊途，因果竟在何处呢？"为了在学理上驳斥因果报应说，他撰写了《神灭论》，萧子良召集僧侣、学士与他论辩，仍不能使他屈服。

两晋南北朝时期，道教也从原始宗教走向成熟。道教虽奉老子为"太上老君"，然其教义实与老、庄学说风马牛不相及。汉时的方术神仙家，素以炼丹药、求长生为宗旨，因其终无效验而渐不为社会上层信服。东汉末，以符咒治病而转向社会下层的道教，因多次被用来组织民众反抗政府，遂为统治者视为"妖妄不经"的异端。为了改变此种状况，南北朝时的陶弘景、寇谦之、陆修静等开始对原始道教进行改革。改革后的道教，在学理上吸取了儒家和佛教的思想，成为一种有哲理、有仪式、有神谱的宗教体系，原先所包含的那些起自民间的朴素的平均平等观念则消失殆尽。

▷ 早期道教的典籍《太平经》因包含了一些主张平均主义，"人无贵贱"等思想，而被农民起义所利用（如汉末的张角起义），以至于为统治者所不容。此时，北魏的寇谦之和刘宋的陆修静都想通过他们改革，获取统治者对道教的认可和支持。寇谦之假托太上老君之名，清整道教，宣布废除三张（张角、张衡、张陵）伪法，撰图录真经并献之于魏太武帝，获得北魏政府的信任和支持，道教被宣布为"国教"。陆修静曾两度被礼请入宫讲道，与寇谦之一样，也着力于制度、戒律、斋仪的确立和完善。早期道教供奉的神灵，数量众多，有天神、地祇、星宫、帝王甚至传说人物，互不统属，杂乱无序。南朝道教领袖陶弘景，撰《真灵位业图》，按佛教的三界二十八天说，将道典上出现过的数百个神灵，梳理成一个统属分明、高下有序的神仙谱系。这样，经过众多道教家的改革，道教逐渐成为一种有哲理、神谱、仪式、方法等完整体系的宗教，而与儒、佛并立而行。

两晋南北朝之世，虽然玄学大盛，佛教、道教广为流播，但儒家的学说仍是政府安邦治国的指导思想。南朝政府或立儒学馆聚徒教授，或建国子学，召国子学生修习儒家经典。南朝的齐、梁，将国子学与入仕制度挂钩，梁武帝还以经学策试来选拔官吏。在北朝，儒学大家如崔浩、高允、卢玄、李冲等，都因通晓儒学而参与政治，入主中原的少数民族君主为加强皇权，重振纲纪，尤其是要树立正统形象，都需要运用和发挥儒家的学说。其时，南北政权对峙，儒学研究也形成了两种不同的学风。北学承汉代的传统，注重兼通博考；南学采魏晋以来的新说，阐发义理新解。故有"北人学问，渊综广博"；"南人学问，清通简要"之说。《世说新语·文字》

二、史学、文学与艺术

乱世多史。在纷争不已的魏晋南北朝，史学的著述却有长足的发展。晋时所撰的图书编目，初步形成了后世经、史、子、集的四部分类法，史学成为独立的门类。其时，私家修史盛行，史风旺盛，史家辈出，不仅史籍的数量远远超过前代，而且史著的种类也更为丰富。《隋书·经籍志》的"史部"之下，又分正史、古史、杂史、起居注、旧事等十三类，足见其多途发展的新气象。❶此期史家所撰的史书极多，然后来大都亡佚，存世而被列入"廿四"史的有《后汉书》《三国志》《宋书》《齐书》和《魏书》数种，其中最为后人推崇的是范晔的《后汉书》和陈寿的《三国志》。

> ▽ 《隋书·经籍志》"史部"所著录的史书有874部，16558卷，占《隋志》四部书总数约五分之一，卷数约三分之一。《隋志》又说当时是"一代之史，至数十家"。如记述东汉的史书有吴国谢承的《后汉书》，西晋薛莹的《后汉书》、华峤的《汉后书》、司马彪的《续汉书》，东晋谢沉的《后汉书》、袁宏的《后汉纪》、袁山松的《后汉书》，南宋刘义庆的《后汉书》，南梁萧子显的《后汉书》等12种；三国史有西晋王沈的《魏志》、孙盛的《魏氏春秋》等15种，晋史有东晋王隐的《晋书》、虞预的《晋书》等23种，十六国史也有29种，南朝史有22种，北朝史有2种。由于年代久远，这些史书十之八九皆已亡佚。

范晔的《后汉书》记东汉一代的历史，作者善于运用以类相从的方法，故其列传"详简得宜，而无复出叠见之弊"❷。他对材料的梳理也很见功力，又充分利用论、赞、序来阐发自己的见解，达到了"因事就卷内发论，以正一代得失"的撰史宗旨。陈寿的《三国志》为纪传体的国别史，作者取材谨严，"铨叙可观，事多审正"（《三国志·裴松之上三国志注表》），时人称其"善叙事，有良史之才"（《晋书·陈寿传》）。唯记载过于简略，南宋裴松之为之作注，或补缺、或备异、或矫妄、或辨析，注文字数几乎与正文相当，学术价值不亚于正文。《后汉书》与《三国志》都是"廿四史"中的"佼佼者"，后人将它们与《史记》《汉书》并列为"前四史"。

两晋南北朝是骈文盛行的时代。骈文是要求词句工整对仗、讲究声韵和谐和辞藻华丽的一种文体。汉时，除辞、赋以外，通行的文体都是用散文。东汉末，散文也逐渐讲究整齐对仗，至东晋南朝时，追求对偶的工整和辞藻的华丽达到了极致，举凡文学作品、史书传论、诏书表章，甚至文学批评的著述，都向骈偶化发展。后人批评骈文过于追求形式，但其时也出现了不少精品佳作，且骈文的盛行对后代律诗的发展也有很大的影响。

> ▽ 南北朝的庾信是一位集大成的骈文大家，他的《哀江南赋》序，以骈文的形式叙述了他对家乡的思念之情："信年始二毛，即逢丧乱，藐是流

离，至于暮齿。燕歌远别，悲不自胜；楚老相逢，泣将何及。畏南山之雨，忽践秦庭；让东海之滨，遂餐周粟。下亭漂泊，皋桥羁旅。楚歌非取乐之方，鲁酒无忘忧之用。追为此赋，聊以记言，不无危苦之辞，唯以悲哀为主。"(《周书·庾信传》)梁朝吴均的《与朱元思书》，写富阳、桐庐一代的山水，诗情画意，也是骈文中的精品："风烟俱净，天山共色。从流飘荡，任意东西。自富阳至桐庐，一百许里，奇山异水，天下独绝。水皆缥碧，千丈见底。游鱼细石，直视无碍。急湍甚箭，猛浪若奔。夹岸高山，皆生寒树，负势竞上，互相轩邈；争高直指，千百成峰。泉水激石，泠泠作响；好鸟相鸣，嘤嘤成韵。蝉则千转不穷，猿则百叫无绝。鸢飞戾天者，望峰息心；经纶世务者，窥谷忘反。横柯上蔽，在昼犹昏；疏条交映，有时见日。"(《汉魏六朝百三家集》卷一百一《吴均集》)

书法、绘画和雕刻，可代表魏晋南北朝时期艺术发展的水平。书法之成为艺术，其风气起于东汉，而极盛于两晋。东晋王羲之被称为"书圣"，隶、楷、行、草，无不擅长。时人誉其笔势"飘若浮云，矫若惊龙"。东晋的顾恺之是与王羲之齐名的"画圣"，精通人物、山水、禽兽等画科，其画最善传神，后人赞其行笔如春蚕吐丝、行云流水。雕刻艺术集中体现在敦煌、云冈、龙门的石窟造像中。石窟造像均源于佛教题材，故早期石窟造像带有域外风格，粗放而豪迈；其后融入本土特色，线条流畅，风格精细圆润，成为中外艺术风格相互渗透、融合的典型。

▷　《洛神赋图》(图5-6)为顾恺之的代表作，系画家根据曹植《洛神赋》的内容和意境而创作，可惜原画早已亡佚。图为宋代摹本(局部)，现藏于故宫博物院。此图笔法秀劲，意致潇洒，被认为是最接近原画的佳作。

三、科学技术

魏晋南北朝虽然是一个战乱时期，科学技术却有长足的进步。其

---

❶　瞿林东：《中国古代史学批评纵横》，中华书局1994年版，第210页。

❷　赵翼著、王树民校证：《廿二史札记校证》卷四《后汉书编次订正》，中华书局1984年版，第81页。

图5-6

顾恺之的《洛神赋图》（宋摹本局部）

中犹以数学、地理学和农学最为突出。

数学是一门既抽象又具体实用的科学。秦汉以来，人们在生活、生产中获得和提炼的一些数学公式，如勾股定理等，到1世纪时，集成了一部数学著作《九章算术》。在数学界，公式的认识、运用与公式的证明、概念界定，不可相提并论，后者代表了学科发展的更高水平。而公式证明和概念界定的研究，在魏晋时代才实现。三国时吴国的赵爽，第一次从学理上证明了勾股定理；魏国的刘徽，对诸如幂、齐、同、率等20多个数学概念一一界定，奠定中国古典数学的理论基础。南朝的祖冲之，把圆周率推算到小数点后七位的准确度，这比欧洲数学家的同样研究早了1000多年。

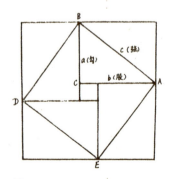

图5-7

赵爽的勾股定理证明示意图 ❶

▽　勾股定理在成书于汉代的《周髀算经》《九章算术》中虽都有清晰的记载，但作数学上的证明则以赵爽为始。赵爽的证明方式是（图5-7）：

（1）勾 × 勾 + 股 × 股 = 弦 × 弦（即 $a^2+b^2=c^2$）

（2）弦 = $\sqrt{勾^2+股^2}$（即 $c=\sqrt{a^2+b^2}$）

图中正方形ABDE是由四个直角三角形（ABC）和中间一个正方形构成的。直角三角形的面积是 $\frac{1}{2}ab$，中间小正方形的边长是b-a，面积是$(b-a)^2$。这样，正方形ABDE的面积是：$\frac{1}{2}ab \times 4+(b-a)^2=c^2$

整理之后，就成 $a^2+b^2=c^2$，也就是 $c=\sqrt{a^2+b^2}$。刘徽曾对勾股定理作过证明，他善于定义概念，如他说"率"为"数相与者"，即两数同时扩大或缩小，其比例不变。后人称他的定义，简洁明了，准确严谨。

地理学的成就可以裴秀的"制图六体"与郦道元的《水经注》为代表。裴秀是晋朝的地图学家，他绘制的《禹贡地域图》18篇，是历史上最早的历史地图集。他在《禹贡地域图》的序言中提出了"制图六体"，即编制地图的六条原则：分率（比例）、准望（方位）、道里（距离）、高下、方邪、迂直（高低、方斜、曲直等复杂地形的绘制方法）。自裴氏以后直到明末，"制图六体"一直是绘制平面地图所遵循的基本原理。郦道元的《水经注》是历史上极重要的地理学要籍。《水经注》以水道为纲，对1000余条水系的发源地、流经地域、支系汊流，以及所经之地的地质地貌、植被气候、历史沿革、人文风情，甚至神话传说都有详细的记载，是6世纪前我国最完备的一部综合性的地理著作。

▽　成书于三国时期的《水经》，是一部以水道为纲的地理学著述。《水经》体例新颖，但叙述过于简略，往往连水道的源委也未记载。北魏的郦道元以注释的方式，对其加以扩充，《水经》1500字，载水道137条，《水经注》30万字，记水道1252条[2]。书名虽称注，实际上是重新创作。《水经注》不仅是一部重要的地理学著作，也是一部散文游记的杰作。作者文笔绚烂，描述生动，其中不少优美精练的游记小品，对后代文学家柳宗元、苏东坡的创作，产生过影响。《水经注》问世后，校勘和研究它的古今学者很多，全祖望、戴震、王国维、胡适等著名学者都进行过深入研究，现在已经出现了专门研究《水经注》的"郦学"。

农学方面的重要成就是贾思勰的《齐民要术》。《齐民要术》成书于533—544年，作者在自序中说他"采捃经传，爰及歌谣，询之老成，验之行事"，通过总结书本知识和实际经验而写成了这部农书。书中叙述了五谷、瓜果、蔬菜、树木的栽培，牲畜、家禽、鱼类的饲

---

❶　此图及下面的文字说明，采自周瀚光、王贻梁：《百工竞技（阅读中国·科技史卷）》，华东师范大学出版社2006年版，第104—105、107页。

❷　李林甫等：《唐六典》，陈仲夫点校，中华书局1992年版，第226页。

养，酒、酱、醋、豉脯、饧、糖等的制作，以及煮胶、造墨的方法等。《齐民要术》总结了6世纪前中国北部黄、淮地区农业、畜牧业的生产经验，是我国最早的农业百科全书，也是世界科技史上最宝贵的农学文献之一。

阅读书目

1. 王仲荦：《魏晋南北朝史》，上海人民出版社1979年版。

2. 唐长孺：《魏晋南北朝隋唐史三论》，武汉大学出版社1993年版。

3. 田余庆：《东晋门阀政治》，北京大学出版社1989年版。

4. 朱大渭等：《魏晋南北朝社会生活史》，中国社会科学出版社1998年版。

第六章

帝国的繁荣与开放：
隋唐

　　经长期的分裂动荡之后，581年至907年，相继出现隋、唐两个统一王朝。隋朝虽国祚短促，却具有承前启后、继来开往的历史意义，持续近300年的唐朝，则标志着中国帝制时代经过前期的曲折磨难，迈向辉煌。

　　隋唐时期，帝国统治阶层的主体发生划时代的更迭。自东汉以来独占各类特权的世族门阀趋于没落，庶族地主阶层的地位逐渐上升。社会阶层的升降、更替经历了长期而复杂的过程。其间，既有矛盾和对抗，也有妥协和倒退。根本性的转折出现于唐太宗、武则天时期，唐末农民战争之后，门阀势力终于完全退出历史舞台。

　　从历史的连续性看，隋唐是对两晋南北朝民族融合的一次总结，集民族文化之大成造就了唐朝文化的壮丽恢弘、丰富多彩。同时，隋唐的经济发展也是对北方劳动力和生产技术大举南迁成果的一次收获。北方经济的恢复使之重回全国中心的地位，而长江中下游经济发展的速度也明显加快，渐显后来居上的态势。与往昔相比，隋唐的社会经济与文化都跃上一个新的高度，并在世界上居于领先地位。当时的中国，以宽容、开放的心态全方位接纳外部世界，中外经济文化交流呈现空前活跃的景象。

第一节
隋唐开国　重建统一

　　自东汉末年以来，战乱频仍、分分合合的中华帝国至隋重获统一。与秦朝出奇地相似，隋王朝虽对于制度的改革和创建颇有作为，却如昙花一现，二世而亡，其间的教训发人深思。继之而起的唐王朝，不仅在制度安排上承前启后，续有创置，而且时以隋亡为前车之鉴，多有更张，经前期数朝努力，终将帝国推向全盛。

一、国祚短促的隋王朝

　　隋朝重建南北一统，凭借了北周所奠定的基础。北周武帝宇文邕雄才大略，在位期间厉行改革，振兴国势，致力于统一战争，577年攻灭北齐，统一北方后，南北对峙的天平已明显向北倾斜。可惜他英年早逝，578年病死时年仅36岁。继位的宣帝宇文赟昏庸暴虐、骄奢荒淫，一年后他自称"天元皇帝"，传位于不满6周岁的太子宇文衍（后改名阐），是为静帝。宇文赟死后，隋国公杨坚联结郑译、刘昉等大臣，矫诏以外戚身份辅政，任左大丞相、都督内外诸军事，总理朝政；随后，又升任相国，晋爵隋王。

　　杨坚出身北周军事贵族，祖籍弘农华阴（今属陕西），世居武川镇（在今内蒙古武川西南）。其父杨忠追随宇文泰，为北周开国功臣，赐鲜卑姓普六茹氏，官至柱国大将军、大司空，封隋国公。承袭父爵的杨坚娶妻独孤氏，妻父独孤信为西魏八柱国之一，其家族门第显赫，为北方胡人中极有权势的军事贵族。杨坚长女杨丽华嫁给宇文赟为太子妃，宇文赟即位后，她成为正选的天元皇后。正是凭借这些特殊的身份和关系，杨坚一步步迈向权力的顶端。北周宗室诸王和一些地方大将对杨坚独揽大权深感不满，他们在相州、青州、郧州、益州等地相继起兵反杨。杨坚从容应对，剪灭叛军，诛杀诸王，稳固了自己的地位。至此，篡周自立堪称水到渠成。

　　581年，杨坚逼迫静帝"禅让"，登上帝位，建立隋朝，改元开

图6-1
隋文帝画像

皇，是为隋文帝（图6-1）。次年，他下令营建大兴城（在今西安城和城南、城东、城西一带），作为新都。

▽　宇文泰专制西魏朝政时，组合六镇武将、鲜卑贵族和关陇地区的汉族豪强创立府兵制，形成以八柱国为核心，以十二大将军、二十四开府将军为主要成员的军事贵族集团。史家陈寅恪称之为"关陇集团"，并指出其特点是"融合胡汉文武为一体，故文武不殊途，而将相可兼任"❶。在西魏、北周、隋及唐初的政治舞台上，这一集团长期占据主导地位，所以也是一个政治统治集团。宣帝在世时，最多曾并立五位皇后，静帝的生母为天大皇后朱氏，但列于首位的则是天元皇后杨丽华。杨坚既是关陇集团的一员，又是地位至高的外戚，因而获得关陇集团和不少朝中大臣的支持，得以掌控朝廷军政大权，并在风平浪静中实现了朝代的更替。赵翼在《廿二史札记》中评论说："古来得天下之易，未有如隋文帝者，以妇翁之亲，值周宣帝早殂，结郑译等，矫诏入辅政，遂安坐而攘帝位。"❷

隋文帝即位后，在继续铲除异己力量的同时，积极准备南下攻陈，而南方的陈朝却日益腐朽，逐渐丧失对抗的能力。开皇八年（588）十月，文帝下令伐陈，由次子晋王杨广统率50余万人马，分路进军，直逼江南。昏庸荒淫的陈朝后主陈叔宝却以为长江天险足资凭借，并未严加防备。次年（589）正月，隋军渡过长江，迅速攻下建康，俘虏了陈后主，灭亡了陈朝，随后又陆续平定南方各地的零星反抗。东晋以来270余年的南北分裂局面宣告结束，中华帝国的历史由此揭开新的一页。

▽　陈后主在位时，荒于酒色，不恤政事，日与佞臣、嫔妃游宴后庭。隋军直入皇宫时，陈后主惶恐奔逃，仓促间与张贵妃、孔贵嫔一同跳入枯井藏匿。入夜，为隋军发觉，被迫援绳而上。拽绳的士兵惊其沉重，出井后方知是抱成一团的三人。后世遂传为笑谈。

隋文帝在历史上以励精图治著称，在位期间，躬行节俭，勤于政事，倚靠高颎、苏威等名臣的谋划辅佐，推行了一系列改革，制度上颇有创置。他废除仿效《周礼》不合时宜的北周六官制度，在汉魏以来官制演变的基础上初创三省六部制。为简化地方行政机构，加强中央对地方的控制，他将先前的州、郡、县三级制，改为州、县两级制（炀帝时改州为郡，成为郡、县两级制）。与此相联系，他又废除汉以来地方长官自辟僚佐的惯制，规定九品以上的地方官，一律由中央吏部任免，每年年终须接受吏部考核；此外，还实行回避制和三年任期制，即吏部选任地方官吏，全用外地人，且三年一换，不得重任。这些举措，使世族豪强通过充任州县佐官而垄断地方实际权力的状况大为改观。文帝还废除九品中正制，取消官吏任用的门第限制，下令诸州每年举送三人到中央参加科目考试，形成例行的常贡之科，按才学标准选拔文士出任官吏的开科考试制度由此发端。

北周后期，刑罚苛滥，致使"内外恐怖，人不自安"。主张宽政省刑的文帝先后任命高颎、裴政、苏威等人参酌旧法，撰修新律。最终编定的《开皇律》与前代律法相较，篇章体例大为改进，罪名、刑罚有所简省，在历史上影响深远。

▽　开皇三年（583）改定的《开皇律》对汉魏以来的法律制度做了较大改革。新律废除前代枭首、车裂等酷刑，确立笞、杖、徒、流、死五刑，并减除死罪81条，流罪154条，徒、杖等罪1000余条，所定刑律仅500条，为南梁律的1/4，北周律的1/2。唐代史官称其"刑网简要，疏而不失"，当属中肯的评价，而唐律正是在《开皇律》的基础上修订的。尽管在君主专制时代，律外行法的事例屡见不鲜，但隋律轻而简的立法倾向毕竟对暴君酷吏肆行淫威有所牵制。诚如王夫之《读通鉴论》所言："今之律，其大略皆隋裴政之所定也。政之泽远矣。千余年间，非无暴君酷吏，而不能逞其淫虐，法定故也。"❸

❶　陈寅恪：《唐代政治史述论稿》上篇《统治阶级之氏族及其升降》，上海古籍出版社1982年版，第49页。

❷　赵翼著、王树民校证：《廿二史札记校证》卷一五《隋文帝杀宇文氏子孙》，中华书局1984年版，第332页。

❸　王夫之：《读通鉴论》卷一九《隋文帝》，中华书局1975年版，第627页。

为稳固新建政权的经济基础，文帝采取多项措施推进农业生产。他颁行均田和租调的新法令，成丁年龄由18岁推迟至21岁，丁男服役期限由每年1月减为20天，调绢减半缴纳，并规定丁男年满50岁，可输庸（纳绢）代役。文帝还对府兵制加以改革，令军人户籍悉归州县管辖，士兵既与民户相同，在地方从事生产，又保留军籍，以备征召，轮番宿卫。

文帝的改革与创设不仅使其有实力一举覆灭陈朝，统一全国，而且令隋朝在短时间内即呈现一派殷富强盛的景象。

然而，文帝也有不少可指摘之处。他生性刻薄猜忌，独断专行，且吝啬财物，精于搜刮，晚年更是急功近利，喜怒无常，内建仁寿宫，外伐高句丽，皆死伤无数，靡费巨大，并多于法外施刑，随意杀戮，以致开国元勋、忠臣名将罕有善终者。可见，隋朝虽亡于炀帝之手，但祸根早已种下。诚如唐代史官在《隋书》中总结的："迹其衰怠之源，稽其乱亡之兆，起自高祖，成于炀帝，所由来远矣，非一朝一夕。"

仁寿四年（604），文帝遽然病亡，太子杨广继位，是为隋炀帝。作为亡国之君的炀帝向以荒淫昏暴闻名，其实他颇有文才武略。伐陈之役，他任行军元帅，卓有功勋；其后，在平定江南反抗、防御北边突厥等战事中，皆展现不凡的才干。他喜爱藏书，擅作诗文，文化上也有所建树，即位后，继续推进文帝的各项举措，国势一度臻于极盛。

▽ 文帝初立长子杨勇为太子，后听信谗言，改立次子杨广。有传闻说，文帝病重时，得知其宠爱的宣华夫人遭杨广非礼，暴怒悔恨，欲废黜杨广，重立杨勇。情急之下，杨广与亲信合谋，害死了亲父，随即又矫诏缢杀杨勇。杨广遂有"弑父杀兄"之名。然而，据日本学者宫崎市定考证，"杀兄"固为事实，"弑父"未必可信。❶

炀帝最受后人非议的是其骄奢暴虐，荒淫无度，好大喜功，刚愎自用，穷兵黩武，大兴土木，恃仗富庶而滥用民力。不过，他的重大举动中有数项初衷并不错，甚至可说颇有远见。

其一，营建东都。炀帝意识到，旧都长安局踏西北，欲控制全国，尤其是迅速发展的江南地区，实有鞭长莫及之虞，故即位当年便下诏，决意营建东都洛阳；次年正式动工，由将作大匠宇文恺主持，经十个月完成，其后炀帝常居于此。新都规模宏大，人口众多，是当时的政治、军事中心和最大的商业城市，运河修成后，还成为全国的漕运中心。凭借这一基础，后来的唐朝也长期以洛阳为东都。

其二，开凿运河。为加强与经济发达的江淮、江南地区的联系，加强对北方边地的控制，大业元年（605），炀帝下令开凿运河，至大业六年完工，形成一条以洛阳为中心，贯通南北的水路大动脉。整项工程在利用原有河流与渠道的基础上，分四段进行。通济渠，从洛阳通到淮水；邗沟，从山阳（今江苏淮安）通到江都（今江苏扬州）；永济渠，引沁水南达黄河，北通涿郡（今北京城西南隅）；江南河，从京口（今江苏镇江）通到余杭（今浙江杭州）。作为世界上最伟大的工程之一，沟通海河、黄河、淮河、长江、钱塘江五大水系，全长四五千里的隋朝大运河，对加强南北联系，促进经济文化交流和国家的统一，在当时及后世，皆起过重大作用。

其三，经营西域。炀帝在位时有志于开疆辟土，曾派吏部侍郎裴矩驻扎张掖，负责西域事务。大业五年（609），炀帝亲征吐谷浑，拓地数千里，在今青海、新疆一带设置西海（治今青海湖一带）、河源（治今青海兴海东南）、鄯善（治今新疆若羌）、且末（治今新疆且末西南）四郡，控制了中原通往西域的门户。

上述举动虽多出于国家战略的考虑，且具有深远的历史意义，但就隋朝而言，毕竟须承受人力、物力、财力的沉重负担，从而引发诸多社会矛盾。如营建东都，每月征发丁男200万人，开凿运河，前后役丁更多达数百万。况且炀帝生性尚奢华，好炫耀，又附加了大量不必要的耗费。为造东都显仁宫，"发大江之南、五岭以北奇材异石，输之洛阳"；所建西苑，穷极华丽，搜"海内嘉木、异草、珍禽、奇兽，以实园苑"。他在位时，年年远出巡游，曾三下江都，两巡塞北，一游河右，三至涿郡，每次出游都大建离宫，随意挥霍；乘龙舟游江都时，随行舰船竟多达数万艘，绵延200余里。十余年间，前后征发的丁男，总计不下1000万人次。这些豪侈之举更使社会矛盾急剧激化。

▽　《资治通鉴》记载，炀帝见有众多西域酋长、客商前来东都洛阳，命每年元宵时"于端门街盛陈百戏，戏场周围五千步，执丝竹者万八千人，声闻数十里，自昏至旦，灯火光烛天地，终月而罢，所费巨万"。有胡商入东市交易，炀帝"先命整饰店肆，檐宇如一，盛设帷帐，珍货充积，人物华

❶　参见［日］宫崎市定：《隋代史杂考·隋文帝被弑说》，《宫崎市定全集》第7册，东京岩波书店1992年版，第419—430页。

盛，卖菜者亦藉以龙须席。胡客或过酒食店，悉令邀延就座，醉饱而散，不取其直。给之曰：'中国丰饶，酒食例不取直。'胡客皆惊叹。其黠者颇觉之，见以缯帛缠树，曰：'中国亦有贫者，衣不盖形，何如以此物与之，缠树何为？'"❶可见，炀帝的炫富已到了荒唐之极的地步。

在中国历史上，隋朝以"暴富"闻名，马端临《文献通考》即称："古今称国计之富者，莫如隋。"但何以会"骤亡"呢？究其原因，关键在于其富在君，而不在民。农业技术的进步、东南地区的开发、南北对峙局面的结束以及隋朝一些鼓励农业生产的政策，确实使国民经济在全国统一、安定平和的环境中获得较快恢复与发展。然而，天下的财富却因官方的恣意盘剥，大多流入"内府"和"国库"，平民百姓并未摆脱衣食之忧。隋朝创行的"大索貌阅"和"输籍定样"，目的就在于增加赋役的承担对象。开皇三年（583），文帝下令州、县官吏严查户口，依照户籍上登记的年龄与本人体貌核对，检验是否谎报年龄，诈老诈小，有户口不实的，严加处罚，称为"大索貌阅"。官方鼓励百姓互相检举，并强令亲属关系远于堂兄弟者，一律析籍分户。通过这番检括，北方地区当年即新增丁男443000人，新编入户籍的达1641500人。随后，文帝又接受高颎的建议，由中央确定划分户等的标准，称为"输籍定样"，颁发到州、县，每年正月初五，县令派人下乡，依照定样确定户等，写成定簿，以此杜绝人口的隐漏和逃亡。炀帝时继续推行上述举措，大业五年（609）的检括，增丁243000人，增口641500人。隋朝实行均田制，在授田普遍不足的情况下，政府却竭力将尽可能多的百姓编入户籍，以此增收赋税，加派徭役，导致矛盾激化、民怨鼎沸是必然的。据《贞观政要》记载，唐朝君臣在总结隋朝的教训时认识到"自古以来，国之兴亡，不由蓄积多少，惟在百姓苦乐"，确属精辟之见。

▷　隋朝还以变更度量衡制的手段剥削百姓，汉制三石在隋仅折合一石。通过大肆聚敛，隋朝廷迅速致富，物资储备达到惊人的地步。文帝、炀帝在各地建有大量仓窖，用以储藏粮食布帛；仅长安至洛阳一线，即有太仓、常平仓、广通仓、含嘉仓、回洛仓、河阳仓、兴洛仓、黎阳仓等八大粮仓。以兴洛仓（也称洛口仓）为例，周围20里，有粮窖3000个，每窖储粮8000石，总计约2400万石。然而，开皇十四年（594），关中大旱，百姓以豆屑杂糠充饥，文帝却"不怜百姓而惜仓库"，不准开仓赈济，令人们到外地讨饭。王夫之《读通鉴论》论及隋亡之鉴，精辟地指出："财聚则民

散，财散则民聚。……聚钱布金银于上者，其民贫，其国危；聚五谷于上者，其民死，其国速亡。"❷

炀帝最大的失策莫过于三征高句丽，大规模反隋起义的导火索由此点燃。大业七年（611），炀帝决意征伐高句丽，下诏集结兵马，赶造战舰，船工日夜泡在水中，腰部以下皆腐烂生蛆，死者十之三四。为调运粮草武器，炀帝征发民夫200余万人，往返于道，昼夜兼程者不下数十万人，因饥饿劳累，沿途"死者相枕，臭秽盈路"。百姓忍无可忍，当年，邹平（今山东邹平西北）县民王薄自称"知世郎"，作《无向辽东浪死歌》，聚众长白山（在今山东邹平南），首揭义旗。随后，山东、河北、河南等地相继爆发起义。

大业八年正月，一意孤行的炀帝悍然出兵113万，分水陆两路大举进攻高句丽，结果大败而归，损兵折将30万人。炀帝恼羞成怒，又于大业九年、十年两次发兵东征，最终都无果而返。战争使人民遭受深重灾难，造成"士卒填沟壑，骸骨蔽原野。黄河之北则千里无烟，江淮之间则鞠为茂草"的惨状，反抗遂如风起云涌。数年间，各地大小义军增至130余支，人数多达三四百万。与此同时，隋王朝内部也分崩离析，叛隋武装蜂拥而起。

> ▽　隋末农民起义军后逐渐汇聚成三大主力：河南翟让、李密的瓦岗军；河北窦建德、刘黑闼的夏军；江淮杜伏威、辅公祏的吴军。大业九年，隋朝权贵杨素之子礼部尚书杨玄感起兵反叛，虽不久败死，但促使了关陇集团的迅速分裂。州县官吏和地方豪强也纷纷叛隋自立，武装割据，重要的有朔方梁师都、江东沈法兴、江陵薛铣、陇右薛举、武威李轨、马邑刘武周、涿郡罗艺等。

自感穷途末路的炀帝于大业十二年（616）南下江都，不敢再回烽火遍地的中原。惶惶不可终日之中，他曾引镜自照而言："好头颈，谁当斫之！"大业十四年三月，禁军将领宇文化及等发动兵变，面责炀帝种种罪状后将其缢杀。隋亡，国祚仅38年。

---

❶　司马光：《资治通鉴》卷一八一，隋炀帝大业六年春正月朔，中华书局1956年版，第5649页。

❷　王夫之：《读通鉴论》卷一九《炀帝》，中华书局1975年版，第654页。

二、从"贞观之治"到"开元盛世"

大业十三年（617），太原留守、唐国公李渊见隋朝大势已去，与次子李世民及属下刘文静、裴寂等密谋乘乱自立，遂招募军队，精心准备。当年七月，李渊自太原起兵，率军三万南下，渡过黄河，攻占长安，控制了渭水流域。李渊先世原在河北一带，后迁居山西，世仕北魏，逐渐成为关陇地区的显贵之家。祖父李虎西魏时为统领府兵的八柱国之一，官至太尉，赐鲜卑姓大野氏，北周时追封唐国公。父亲李昞为柱国大将军，娶独孤信女为妻，与北周明帝、隋文帝为连襟。作为关陇集团的重要成员，李氏在北周及隋皆颇有声望和势力，因此，李渊进入关中后，很受当地官僚、豪强及民众的拥戴。

次年（618）五月，李渊正式称帝，国号为唐，建元武德，定都长安，是为唐高祖。在此后的十余年间，唐朝军队逐一击破各地的农民起义军和武装割据势力，恢复了全国统一的局面。与此同时，李唐皇室的权力之争也日益激烈。李渊次子秦王李世民于武德九年（626）六月发动"玄武门之变"，杀死长兄李建成、四弟李元吉，随后迫使李渊禅让，顺利登上帝位，是为唐太宗（图6-2）。次年，改元贞观。

▽　唐太宗的继位堪称惊心动魄。高祖与皇后窦氏生有四子，长子李建成被立为太子，次子李世民爵封秦王，三子李玄霸早死，四子李元吉爵封齐王。李建成一般留在长安，协助高祖处理军国大事。李世民则时常领兵出战，在东征西讨、削平群雄的过程中，功勋卓绝，且身边聚起一批忠心耿耿的谋臣猛将。为此，他遭到父亲的猜疑和兄弟的妒忌。李建成与李元吉合谋，企图加害李世民，而高祖则时时偏向太子一方。李世民与亲信的妻兄长孙无忌等商议，决定先发制人，在长安宫城的北门玄武门设下埋伏。他亲手射死李建成，李元吉为伏兵袭杀。二人的儿子也全遭诛杀。高祖被迫立李世民为太子，不久，又被迫禅位。

图6-2
唐太宗画像

在南征北战、四处奔波的戎马生涯中，唐太宗与社会有较多接触，由此丰富了阅历，增长了才干，而隋亡之鉴更令其常怀戒惧之心，所以他善于体察民情，懂得"水能载舟，亦能覆舟"的道理，即位后明智地实行疏缓刑罚、宽政安民、轻徭薄赋、休养生息的政策，使社会日趋安定，生产逐渐恢复。

    ▽　唐太宗对君主与臣民的关系有比较清醒的认识。吴兢《贞观政要·论君道》记载："贞观初，太宗谓侍臣曰：'为君之道，必须先存百姓。若损百姓以奉其身，犹割股以啖腹，腹饱而身毙。若安天下，必须先正其身，未有身正而影曲，上治而下乱者。'" ❶

    唐太宗深知"为政之要，惟在得人"，欲使治国方略顺利施行，关键在于广招贤才，知人善任。因此，他用人不论资历门第，不计亲疏恩怨，凡有治国安邦之术，均予以信用，委以重任。当时，唐太宗身边人才云集。相传著名画家阎立本曾奉诏在宫中凌烟阁绘制了24位功臣的画像，其中文臣有房玄龄、杜如晦、长孙无忌等，武将有李靖、李勣（即徐世勣）、尉迟敬德等。名臣魏徵，原为太子李建成的谋臣，曾力劝李建成早些除掉李世民。李建成被杀后，唐太宗器重魏徵的才能，不计前嫌，化敌为友，揽为亲信。

    ▽　唐太宗曾以隋文帝为反面例子，指出隋文帝最大的缺点是好猜疑，从不信任百官，事无巨细皆独断专行，虽殚思极虑，劳神苦形，但行事未必都能合情合理。唐太宗认为："以天下之广，四海之众，千端万绪，须合变通，皆委百司商量，宰相筹划，于事稳便，方可奏行。岂得以一日万机，独断一人之虑也。" ❷

    对守成之君因骄奢淫逸而失国的事例，唐太宗深以为戒，故能居安思危，时时以长治久安为念。他经常鼓励臣下敢言直谏，指出皇帝的过错，自己也能努力克制，虚心纳谏，勇于改过。他自知君主不能尽知天下之事，欲使国情上通下达，须避免偏听偏信；而军国大事的决策也应倾听各种不同意见，以便集思广益，择善而从。当时，朝廷上下，谏臣云集，面折廷诤，蔚然成风。其中最突出的是魏徵。魏徵忠诚耿直，敢于犯颜直谏，前后进谏二百余事，多为太宗采纳。尽管他直爽激切的言辞有时也引起太宗不快，但太宗知其为国家长治久安

❶　吴兢：《贞观政要》卷一《君道第一》，上海古籍出版社1978年版，第1页。
❷　吴兢：《贞观政要》卷一《政体第二》，上海古籍出版社1978年版，第15页。

考虑，最终还是乐于接受。鉴于魏徵的忠心，太宗对他恩宠有加，极其信任，以至多次留宿于禁中，与他彻夜长谈。魏徵去世时，太宗亲往吊唁，撰文书石，悲伤痛哭地说："以铜为镜，可以正衣冠；以古为镜，可以知兴替；以人为镜，可以明得失。朕常保此三镜，以防己过。今魏徵殂逝，遂亡一镜矣！"❶

唐太宗在位期间，王朝的制度建设有明显推进。政治上，实行三省六部制，完善决策和行政机构建设，并健全御史台，加强监察机构职能。御史台主掌纠察、弹劾文武百官，协同其他司法部门共同审理重大案件。对于人才选拔与培养，除推行科举制外，他尤重视学校建设。贞观年间，学校教育制度逐渐完备，京师设国子监，为全国最高学府，地方上则有州县学。各级学校皆以儒家经典为必读教科书，成绩优良者，送吏部参加科举考试。太宗还重视法制建设，多次与大臣商讨立法原则，确立宽简、慎刑的宗旨，基于唐初法律删改修订而成的《贞观律》，条文完备，刑罚较轻，不仅废除前朝肉刑，也减少了死刑的判罚。

▽ 《资治通鉴》记载："上（太宗）与群臣论止盗。或请重法以禁之，上哂之曰：'民之所以为盗者，由赋繁役重，官吏贪求，饥寒切身，故不暇顾廉耻耳。朕当去奢省费，轻徭薄赋，选用廉吏，使民衣食有余，则自不为盗，安用重法邪！'"❷ 由长孙无忌、房玄龄等人据唐初《武德律》修订而成的《贞观律》，至唐高宗时又编定为《永徽律》，并据此编撰了《唐律疏议》一书。《唐律疏议》是我国完整保留的最早的一部法典。

唐太宗在位的贞观年间（627—649），政治清明，经济发展，社会安定，民族和谐，史称"贞观之治"。然而，唐太宗晚年也多有错失，不仅意骄志满，生活上趋于奢靡，纳谏、用人、施政、执法等远不如前，且连年用兵，广建宫室，赋税日益沉重，致使社会矛盾逐渐显露。当时的朝中大臣多唯唯诺诺，明哲保身，已无魏徵那样的诤臣。太宗曾劳师动众，亲征高丽，结果无功而返，懊悔不已中怅然曰："魏徵若在，不使我有是行也！"

▽ 历代史书都对"贞观之治"大加赞赏，《贞观政要》称：当时"商旅野次，无复盗贼，囹圄常空，马牛布野，外户不闭。又频致丰稔，米斗三四钱，行旅自京师至于岭表，自山东至于沧海，皆不赍粮，取给于路。入山东村落，行客经过者，必厚加供待，或发时有赠遗。此皆古昔未有也。"❸

《新唐书》称："贞观初，户不及三百万，绢一匹易米一斗。至四年，米斗四五钱，外户不闭者数月，马牛被野，人行数千里不赍粮，民物蕃息，四夷降附者百二十万人。是岁，天下断狱死罪者二十九人，号称太平。"❹此类记载虽难免溢美之词，但贞观年间社会比较安定繁荣，当属事实。帝国时代君主专制体制的特点是"人治"，通过"人治"的手段，成就清明宽容、国泰民安的太平盛世，唐太宗与"贞观之治"可谓典范。即便以唐太宗为例，仍可看出"人治"的缺陷与局限是十分明显的。

唐太宗去世后，儿子李治继位，是为高宗。高宗优柔寡断，体弱多病，朝政大权落入皇后武则天手中。高宗死后，武则天临朝称制，独揽朝纲。690年，武则天自立为帝，改国号为周，成为中国历史上唯一的女皇帝。后人习称武则天的统治为"武周政治"。

▽　武则天出身富商之家，性格倔强，富有才智，14岁时被唐太宗召入宫中，立为才人（嫔妃称号）。太宗有一匹骏马，名"狮子骢"，形体高大，性情暴烈，无人能驯服。而武则天却自告奋勇地说："妾能制之，然须三物，一铁鞭，二铁杖，三匕首。铁鞭击之不服，则以杖杖其首，又不服，则以匕首断其喉。"太宗惊讶其小小年纪竟有如此气魄，大加赞赏。太宗死后，武则天按惯例出宫，削发为尼，后又被高宗召入宫中，成为皇后。她掌权后，即用驯马的铁腕对付政敌和异己。

武则天的当政遭到李唐宗室和众多勋臣贵戚反对，她采用严厉镇压、残酷杀戮的手段铲除政敌和异己，以此树威天下，稳固统治。她依靠亲信，独断专行，削夺宰相的决策权；对于国家行政，则能继承唐初以来的一系列政治、经济制度与措施，延续了贞观年间的繁盛。为抑制贵族势力，她大力推行科举制，广招平民子弟入仕，所任用的贤能之士，有不少在唐玄宗开元年间成为名相贤臣。武则天的一些举

❶　刘昫等：《旧唐书》卷七一《魏徵传》，中华书局1975年版，第2561页。

❷　司马光：《资治通鉴》卷一九二，唐高祖武德九年冬十月丙午，中华书局1956年版，第6025—6026页。

❸　吴兢：《贞观政要》卷一《政体第二》，上海古籍出版社1978年版，第24页。

❹　欧阳修、宋祁：《新唐书》卷五一《食货志》，中华书局1975年版，第1344页。

动曾遭后人非议，但她的统治客观上对唐朝日后臻于鼎盛起了承前启后的作用。

图6-3

武则天陵墓前的无字碑

▽　武则天在历史上是位毁誉参半、颇有争议的人物（图6-3）。有些指责，完全基于传统的伦理道德，其实并无道理。但她的滥杀，确为事实。她实施严刑酷法，大肆杀戮政敌和异己，凡被她视为障碍，或引起她怀疑的，皆毫不留情地加以诛除。尤其是任用索元礼、周兴、来俊臣等酷吏实行恐怖政治，罗织罪名，奖励告密，严刑逼供，大开杀戒。所杀虽多为李唐宗室、贵族官僚，但也有不少无辜者。武则天的广招俊才，知人善任，则多为后人所肯定。她任用的一批贤能之士，如狄仁杰、姚崇、宋璟等，都是历史上的名臣。徐敬业起兵反武时，著名文士骆宾王为其撰写《讨武氏檄》，对武则天大肆攻击，言辞极为尖刻。武则天读完檄文后却对他的文才极为欣赏，说："天下竟有如此奇才！而让他流落在外，不为我所用，完全是宰相的过错。"

705年，武则天去世，此后，宫闱纷争，政局动荡，混乱的局面直至712年李隆基即位方告结束。唐玄宗李隆基，后人也称唐明皇，年轻时即以博学多才、精明强干著称，在位前期的开元年间（713—741），尤能励精图治，锐意革新，表现出卓越的政治才干。他力纠武周政治之偏，废止严刑酷法，恢复宽简、慎刑的法制原则。政治上，革除弊端，抑制腐化，精简机构，裁汰冗官，提高行政效率，并重用贤臣，鼓励直言极谏，复振清明宽容的贞观之风。经济上，重视生产，清查户籍，减免徭役，努力缓解社会矛盾。凭借唐朝前期近百年发展、积累所奠定的良好基础，开元年间的治理与整顿大见成效，王朝统治被推向全盛，出现政治清平、社会安定、经济高度繁荣的景象，后人赞誉为"开元盛世"。杜甫的《忆昔》诗生动地描述了当时的情景："忆昔开元全盛日，小邑犹藏万家室。稻米流脂粟米白，公私仓廪俱丰实。九州道路无豺虎，远行不劳吉日出。齐纨鲁缟车班班，男耕女桑不相失。"

▽　玄宗在位前期，处处以曾祖父唐太宗为榜样，勤于政事，好贤纳谏，堪称英明有为之君。他先后任用的宰相如姚崇、宋璟、张说、韩休等，都

有杰出的才干，且以贤良方正、直言极谏著称。如韩休，为人刚直不阿、淡泊名利，任宰相后时时对玄宗直言规劝，玄宗也能自我克制。《资治通鉴》记载："上（玄宗）或宫中宴乐及后苑游猎，小有过差，辄谓左右曰：'韩休知否？'言终，谏疏已至。上尝临镜默然不乐，左右曰：'韩休为相，陛下殊瘦于旧，何不逐之！'上叹曰：'吾貌虽瘦，天下必肥。萧嵩奏事常顺指，既退，吾寝不安。韩休常力争，既退，吾寝乃安。吾用韩休，为社稷耳，非为身也。'"❶可见，这时的玄宗还是比较清醒的。

三、隋与唐前期的制度创设

隋朝虽二世而亡，但能借鉴前朝经验，融汇南北之长，在制度层面推出一系列改革与创置。随后的唐朝，在此基础上，传承发扬，扩充改进，使当时的政治格局呈现新的气象和特点。隋唐两朝的制度创新在历史上影响尤为深远的是三省六部制与科举制。均田制以及与之相维的租庸调制和府兵制，虽沿袭前朝，但隋唐时也有变更，而这一配套制度的兴衰则与唐朝政局的嬗变密切关联。

三省六部制初创于隋文帝时，经唐朝的继承和发展，运作过程更趋规范化、程序化。制度规定，中央设中书（隋称内史）、门下、尚书三省为最高政务机构。中书省负责起草诏敕，长官为中书令（隋称内史令），副长官为中书侍郎；门下省负责审核封驳，长官为侍中（隋称纳言），副长官为黄门侍郎（后改称门下侍郎）；尚书省负责政令执行，长官为尚书令，副长官为左、右仆射。尚书省作为行政机构，下设六部，分管具体事务，各部长官称尚书，副贰为侍郎。其职能为：吏部掌铨选考核，礼部掌礼仪科举，兵部掌兵籍军令，刑部（隋称都官）掌司法刑狱，户部（隋称度支）掌户籍财政，工部掌工程营造。三省长官都是宰相。唐朝还设立政事堂作为宰相议事处所，凡遇军国大事，皆由政事堂会议商议决定，经皇帝批准后，以诏令形式颁布执行。其后，凡被加以同中书门下三品、同中书门下平章事等官衔而能参加政事堂会议的官员也都成为宰相。

---

❶　司马光：《资治通鉴》卷二一三，唐玄宗开元二十一年三月乙巳，中华书局1956年版，第6801页。

自秦朝确立中央集权的帝国体制以来，皇帝与宰相便形成微妙的关系。按照制度规定，皇帝是国家元首、至尊的全国统治者；宰相是掌握一定决策权的最高行政长官。正常情况下，中央政府的权力结构与运作程序是，作为百官之首的宰相应辅佐皇帝，共同对军国大事作出决策，然后统领各职能部门官员贯彻执行皇帝的决策；百官对宰相负责，宰相对皇帝负责，皇帝通过宰相指挥百官，实行对全国的统治，但并不越过宰相，直接干预职能部门的具体事务。历代宰相的正式官名虽不尽相同，但传统宰相制度所规定的权力与职责大体一致。显然，相权对皇权形成一定的制约。专制帝国历史发展的必然逻辑是皇权的不断增强，因此自汉代以来，皇帝往往通过中央官制的创设与调整以分夺、削弱宰相的决策权与行政权，例如，信用身边近臣组成内朝决策机构，令多人共行宰相之职使其互相牵制等。历史上的宰相由一人增为数人，乃至一二十人，即是皇权加强、相权削弱的表现。由此可见，三省六部制其实是皇权逐渐增强的产物，众多宰相集体议事，分工明确的三省互相牵制，目的就是使个别宰相难以擅权专断。不过，这一制度若能严格执行，皇权仍受到一定限制，因而隋唐时代的皇帝尚无绝对的专制独裁之权。后世，三省制因皇权的不断强化而屡有损益变更，但作为具体行政部门的六部制则十分稳定，沿袭千余年而未变。

▽   按照唐代三省制的惯例，凡遇军国大事，包括五品以上官员的任免，先由中书省属官中书舍人秉承皇帝旨意草拟初步意见，经政事堂会议商讨议决后，进呈皇帝画敕批准，再送交门下省属官给事中审核，然后由政事堂加盖印章，颁布执行，若有错失，给事中有权涂改驳回，使中书省重新拟定。当时，所有以皇帝诏敕形式颁行的政府法令，既须皇帝画敕，又须中书、门下两省共同认可，并经政事堂盖印，否则便不具有合法性。因此，宰相无法专权，皇帝也不能完全独裁。

由隋朝开创，经唐朝健全的科举制是一种通过分科考试形式选拔官员的制度。唐代科举取士分为制举和常举两大类。制举由皇帝特旨召试，多临时设置，意在选拔特殊人才。常举为例行的定期考试，通常每年都举行。常举科目有秀才、进士、明经、明法、明书、明算等，其中最重要且真正常设的为明经、进士两科。明经科主要考帖经，旨在检测应试者记诵儒家经典的能力。进士科主要考经史和时务策，后改以诗赋为主，较能体现应试者的文才学识。当时的高官多出身于进士科，非进士出身者，即便位极人臣，也难享时人美誉，因此进士科极受人们重视，每年应试者少则八九百，多至一两千，而考取者仅十余人，多也不过三十左右，难度较明经科大得多。然而，读书人一旦考取进士，即刻蜚声士林，社会上称为"成名"，或比作"登龙门"，意指可仕途顺畅，飞黄腾达（图6-4）。

▽　著名诗人孟郊出身清贫，年过四十才应考进士，不料两次落第，颇遭讥讽，于是失意潦倒，浪游各地。后来，孟郊终于考取进士，欣喜之余，当即作诗一首，名《登科后》，诗中称："昔日龌龊不足夸，今朝放荡思无涯。春风得意马蹄疾，一日看尽长安花。"将"登龙门"后的心情描述得淋漓尽致。

秦汉以来，选拔官员主要采用推举的方式。魏晋南北朝，门阀世

图6-4
通过这幅18世纪宫廷画师绘制的图画可以想见隋唐时期朝廷命题考试的大致情景

族更凭借显赫的声望逐渐把持选举大权，庶族子弟多遭排斥。科举取士主要依据考试成绩，普通士人原则上皆可赴京应试，中央政府得以网罗天下俊才，扩大了政治统治的基础。先前的推举制，还使推举人与被推举人之间结成特殊的施恩、报恩关系，地方门阀往往凭借这种盘根错节的政治、社会联系扩展自己的势力，对统一王朝构成潜在威胁。人才选拔、官员任用的权力完全收归中央后，经科举入仕的都成为"天子门生"，于是，门阀势力受到有效抑制，地方上的离心因素逐渐消解，中央集权得到进一步加强。

▽　隋唐以前的推举制主要依据社会舆论的评价选拔人才，士人的道德才学一旦获得他人肯定和赞扬，闻名遐迩，即可经察举、征辟等途径入仕。在难以确立客观标准的情况下，能控制地方舆论的名门望族自然取得绝对优势，互相标榜、沽名钓誉之类的弊病也无法避免。魏晋以来的"九品中正制"将人才分为上下九等，并按照品第授以大小官职，此举虽有地方舆论须经官方鉴别、确认的初衷，但门阀世族完全控制这一制度后便导致"上品无寒门，下品无势族"的结果。清美显要之官多被门阀子弟占据，庶族平民屡遭压制排斥，致使朝廷无法广泛选拔真才实学之士，中央集权统治因此受到削弱。

科举制的实行是我国官员选拔制度的一次重大变革，在政治、社会、文化等方面均产生深远影响。隋唐之后，科举制不断发展和完善，一直沿用至清末。

▽　科举制究竟何时起源，目前学术界仍有争论。一般认为，隋文帝开皇年间令各州举荐人才赴京考试，已开其端。也有人据杜佑《通典》"炀帝始建进士科"的记载，认为其始于炀帝大业年间。隋朝科举制的具体情况现已无法确知。至唐朝，科举制渐趋规范化，不过，尚有欠缺。当时虽原则上规定平民阶层皆可应试，但仍讲究门第，名门望族子弟仍居优先地位。考生与考官并不回避，士子往往事先向考官呈送诗文，趋附巴结，求取赏识，利用私交影响考试成绩，甚至出现泄漏试题、冒名顶替等科场舞弊现象。士人考取进士后并不立即授以官职，还须再经吏部考试，合格者才可正式入仕；而且从官员总数看，非科举入仕者仍占很高比例，科举取士并未成为选拔官员的主要途径。上述状况直至宋代方有明显改观。

均田制的实施始于北魏，其具体规定在后世迭有变动。隋朝大体沿袭北齐，但授田的对象及数额有所调整，规定官员永业田与品级相适应，从诸王至都督，最多100顷，最少40亩；官员职分田也按品级授予，最多5顷，最少1顷。

唐朝建立后多次下令推行均田制，其主要规定为：丁男和18岁以上的中男（唐代前期，以16岁为中男，21岁为丁男，60岁为老男）各授永业田20亩，口分田80亩；老男、残疾者各给口分田40亩，寡妻妾30亩。受田足额的称宽乡，不足的称狭乡。狭乡的口分田减半给授。宽乡的工商业者也可请受永业田和口分田，数量为农户之半。永业田皆传子孙，不再收还；口分田若身死绝户，须还给官府。

贵族和五品以上官员，可按品级请受永业田5顷至100顷。勋官可按勋级请受勋田60亩至30顷。在职官员按等级有80亩至12顷的职分田，各官署还有多少不等的公廨田。

唐朝明确取消奴婢、妇人及耕牛可受田的规定，实际上降低了农户的受田数额。但土地买卖的限制有所放宽。官员的永业田、勋田可以出卖，平民迁徙他乡或无力置办丧葬的，也准许出卖永业田。迁往宽乡以及卖田用于住宅、邸店、碾硙的，更准许出卖口分田。买田者皆可按宽乡的限额买入，在宽乡有剩田之处，经申牒立案，还可超限买田。

关于均田制的性质以及实施的程度与范围，目前学术界较通行的看法是，均田令中所谓的"给田""授田"，并非国家将其掌握的土地重新分配，按照一定的数额主动授给官员和百姓。均田令所规定的授田数额仅指户籍中的"应受田"，即准许编户占有或请垦田地的最高限额。官员和百姓可依据各自的限额向国家请受荒地和无主田、绝户田，并可在限额内购买田地。户籍簿上的"已受田"，则是该户编民实际占有的田地。编民将其继承的永业田及已占有的无主荒地等按规定进行申报，国家将这些田地登记在户籍上，承认该户编民对这些田地的占有和使用。因此，给田、授田不是实授，其实质是"限田"，即对超额占田的限制，以及对编户在限额下实际占有田地的认定。

编民的"已受田"经登记计入"应授田"数额后，不足限额的部分能否补充，补充多少，则因时因地而异。大体而言，长期战乱之后，荒地、无主田众多，均田制实施的程度就高些，范围广些，编户受田数也多些。然而，综观北魏至唐前期的近三百年，百姓受田不足始终是一个较为普遍的现象。均田制能推行的时候，如唐初因隋末兵燹而地荒人稀，确实在一定程度上促使劳动力固着于土地，有利于政府对编民的控制，也有利于农业生产的恢复与发展。若长期和平，情况必然发生变化。唐玄宗时，土地的还授实际上已不能实行，德宗建中元年（780）实行两税法后，均田制终于废弛。

> ▽ 据敦煌、吐鲁番出土文书及相关文献记载所反映的情况看，即便在均田制能够实施的时候，编户的实受田仍远远不足应授田的数额。隋初狭乡一丁受田仅 20 亩，唐前期的狭乡，一丁受田仅 30 亩，一户六口之家的自耕农，平均占地不过六七十亩。其后，随着条件的变化，均田令更成一纸空文。宋代史家刘恕曾一针见血地指出："魏、齐、周、隋，享国日浅，兵革不息，农民常少而旷土常多，故均田之制存。至唐，承平日久，丁口滋众，官无闲田，不复给受，故田制为空文。" ❶

北魏以来的历代王朝推行均田制虽有调整土地关系的意图，但根本的目的是在此基础上制定统一的标准向编户收取赋税，征发徭役，以确保国家赋役的来源。所以，历朝的赋役制度，无一例外，皆以编户受田足额为依据，即无论百姓实际占田多少，所承担的赋役是相同的。魏、齐、周都实行租调制。隋朝沿袭前朝而有所变化，规定：一夫一妇为一床，纳租粟三石，交调绢一匹（后减半为二丈）或布一端（五丈），绵三两或麻三斤；丁男每年服役一月（后减为 20 天），并规定不服役者纳庸代役，后又规定丁年 50 岁，免役收庸。炀帝时，"除妇人及部曲、奴婢之课"（可能此时妇女、部曲、奴婢已不再受田），赋役完全按丁征收。

唐朝在隋的基础上实行租庸调制，规定：每丁每年纳租粟二石，交调绢（或绫、绝）二丈或布二丈五尺，绵三两或麻三斤；每丁每年服役 20 天，闰月加 2 天，若不服役则纳绢或布替代，每天折合绢三尺或布三尺七寸五分，称为庸。若额外加役，加 15 天，免调；加 30 天，租调皆免。正役与加役，总数最多不得超过 50 天。遇有水旱虫霜之类灾害，年成十分损四以上免租，十分损六以上免调，十分损七以上，赋税徭役全免。

作为唐前期主要税源的租庸调是建立在均田制基础之上的，其实施的必备条件是占有一定数量土地的自耕农大量存在。随着均田制的逐渐瓦解，土地兼并日益严重，失去土地的农民不堪承受沉重的赋役，纷纷逃亡，租庸调制无法继续实行，终为两税法所取代。

初创于西魏的府兵制原本具有明显的鲜卑部落兵制的色彩。北周武帝将其改造为皇帝的亲军，并扩充编制，广招汉民入伍。当时实行军民异籍制度，充当府兵者免除赋役，全家编入军籍，在城居军坊，在乡为乡团，不属州县管辖。隋朝进一步推行改革，其军府原名骠骑府，后改称鹰扬府，府兵虽仍归军府统领，但本人及其家属全都列入州县户籍，与农户一样依照均田令占有田地。军人平时耕作，定期宿卫，战时应召出征。至此，府兵制完成了从"兵民分治"到"兵农合一"的演变，成为与均田制相结合的、集权于皇帝的中央军事制度。

唐承隋制，至唐太宗时，府兵系统更趋周密。其军府更名折冲府，全国共设600多府，每府有府兵千人左右，分别由直接隶属于皇帝的中央十二卫及东宫六率统领，每卫领40～60府。军府的分布极不平衡，约40%的军府集中在关中一带，起拱卫京城长安的作用，形成"内重外轻"的军事布局。

府兵挑选壮丁充当，从21岁入伍，至60岁免役。服役期间，受田优先，免除租调，但必须自备常用武器和装备；军官则受职分田。其成员虽以均田农民为主体，但也有相当数量的官僚、地主及富裕农民的子弟。他们平时在家从事农业生产，农闲时接受军事训练。军事任务主要有二：一为轮番赴京宿卫，称"番上"；二为遇事应征出战，战事结束，即解甲归农。

> ▽　唐朝前期规定，三年拣点一次壮丁，以补充府兵缺额，拣点的原则为"财均者取强，力均者取富，财力又均，先取多丁"。为鼓励府兵将士英勇作战，唐朝设有勋官，授予有功人员。勋官按等级受勋田，服役期满，经铨选合格，可获得官职。尽管唐朝在府兵之外还有其他兵种，如京城有守卫皇宫的禁军，遇有大的战事，往往临时征募壮丁入伍，称为"征人"，但唐朝前期的府兵确实具有较强战斗力，是军队的骨干。

与均田制相结合的府兵制是以受田为保障的，随着受田的难以为继，府兵的番上、出征及自备兵甲衣粮便成为不堪忍受的沉重负担，逃亡隐匿不可避免。因此，唐朝中叶，军府名存实亡，府兵终为雇佣兵所取代，实属大势所趋。

❶　刘羲仲：《通鉴问疑》，台北新文丰出版公司1985年影印《丛书集成初编》版，第106册，第52页。

第二节
盛唐的社会与文化

　　学术界多以初唐、盛唐、中唐、晚唐四个阶段来划分唐朝的历史进程。经初唐高祖、太宗、高宗、武周诸朝的积累，至玄宗时，国力臻于鼎盛，社会高度繁荣，遂称"盛唐"。然而，"开元盛世"实为"贞观之治"的延伸和发展，究其推动力，很大程度来源于李唐王朝胡汉"混血"的特质。唯因其既得中原文化之精髓，又取"北胡"强悍鲜活之朝气，故能以宽容开放的心态平等对待周边各族，吸纳外来文化，从而成就恢弘灿烂的大唐气象。时至今日，海外的华人集聚地仍被称为"唐人街"，足见唐朝的历史地位与国际影响。

一、"胡汉融合"的历史底蕴

　　在中国历史上，三国、两晋、南北朝继春秋、战国之后，又兴起一波民族融合的高潮。南迁中原的匈奴、鲜卑、氐、羯、羌等北方"胡族"与汉族长期混居杂处、接触交流，逐渐认同并接受了汉族文化。与此同时，北方游牧民族勇猛强悍的民族性格也对中原农耕民族深有触动，胡文化中的优秀部分被汉文化广泛吸收。畜牧业生产技能和经验的输入推动了中原经济的多样化发展，胡族的生活习俗、歌舞器乐等，皆对汉族产生深远影响。李唐王朝前期极富开拓进取的精神，即凭借了300多年"胡汉融合"的历史底蕴。

　　▽　陈寅恪在考定李唐氏族先世为汉族时，曾精辟地指出："李唐一族之所以崛兴，盖取塞外野蛮精悍之血，注入中原文化颓废之躯，旧染既除，新机重启，扩大恢张，遂能别创空前之世局。"❶

　　考察李唐氏族的婚姻状况，其"混血"的特质非常明显。李氏先世原非名门望族，本无多少传统包袱，故迁居关陇后对胡族人和胡文化颇乐于接纳，长期与胡族联姻通婚。高祖之母独孤氏为鲜卑人，太宗之母窦氏（即纥豆陵氏）为鲜卑化的匈奴人，高宗之母长孙氏亦为鲜卑人。李唐氏族血缘上、文化上"胡汉浑融"的特质必然有意无意地对其政治思想和经国方略产生重要影响。

从制度层面看，隋唐在典章制度上的因袭和创置，主要渊源于三条线索。其一，北魏、北齐系。即汉、魏的礼、乐、政、刑、典章、文物，经两晋及南朝宋、齐的发展演变，因北魏、北齐的仿效、采纳而保存的部分。其二，南朝梁、陈系。即汉、魏旧制经梁、陈二朝改革更新的部分。其三，西魏、北周系。即西魏、北周在兼采魏晋文化与鲜卑习俗基础上，为适应关陇地区特点而创立的新制度。上述三系对隋唐的影响虽错综复杂，但毋庸置疑的是，隋唐制度传承因革的来源既非纯粹的汉族传统，亦非完全的胡人旧俗，而是在民族融合基础上形成的"混合品"❷。

> ▽　在汉族的文化传统中，礼制一直被视为至关重要的部分，然而李唐皇室内部却有诸多违背礼制、合于胡俗的事例。如李元吉被杀后，李世民纳其妃杨氏为妃，且非常宠爱，曾想立为皇后，唯因魏徵极力劝谏方作罢。李世民死后，其才人武则天被李治纳入宫中，封为昭仪，最终成为皇后。宋代理学家朱熹曾直斥："唐源流出于夷狄，故闺门失礼之事不以为异。"殊不知，浸染于胡俗的唐代妇女确实与严守男女之大防的后世女性颇不相同，妇女改嫁非常普遍，包括皇家公主、达官贵妇，皆无忌讳。再从唐代壁画、彩塑中的女性形象看，日常生活中袒胸露臂的服饰，马球场上纵横驰骋的英姿，也都体现了唐代社会的开放气象。

从社会风俗看，胡文化的影响在人们衣、食、住、行等方面皆有明显反映。唐朝帝王和官吏的常服为幞头、窄袖圆领袍衫、乌皮靴，其样式即源于胡服。出土的唐代陶俑和文献记载也揭示，在日常生活中，文武官员、平民百姓及各阶层妇女戴胡帽，穿胡服，骑马代车，更是十分普遍的现象。而好吃奶酪、胡饼之类胡食，也是盛行于时的社会风尚。

❶　陈寅恪：《李唐世族之推测后记》，《金明馆丛稿二编》，上海古籍出版社1980年版，第303页。

❷　参见陈寅恪：《隋唐制度渊源略论稿》，上海古籍出版社1982年版。

　　宋代沈括《梦溪笔谈》追述唐初尚胡服的风气称："中国衣冠自北齐以来，乃全用胡服。窄袖、绯绿、短衣、长靿靴、蹀躞带，皆胡服也。……唐武德、贞观时犹尔。"❶ 至玄宗时，"胡风"更盛，《旧唐书·舆服志》记载："开元初，从驾宫人骑马者，皆著胡帽，靓妆露面，无复障蔽。士庶之家，又相仿效。……俄又露髻驰骋，或有着丈夫衣服靴衫，而尊卑内外，斯一贯矣。奚车，契丹塞外用之，开元、天宝中渐至京城。……太常乐尚胡曲，贵人御馔，尽供胡食，士女皆竞衣胡服。"❷

　　李唐王朝对周边少数民族实行开明的民族政策，也是"胡汉融合"的具体表现。当时与中原地区交往比较密切的边地各族，西北和北方有西突厥、东突厥、吐谷浑、回纥（后称回鹘）等，东北有靺鞨、契丹，西南有南诏，青藏高原有吐蕃。中央政府虽与一些民族发生过冲突和战争，但大多数时间还是保持着友好往来、和平相处的关系。历代汉族君王皆强调"夷夏之别"，而唐太宗却主张"夷夏一家"。他曾说："自古皆贵中华，贱夷狄，朕独爱之如一。"又说："夷狄亦人耳，其情与中夏不殊。人主患德泽不加，不必猜忌异类。盖德泽洽，则四夷可使如一家；猜忌多，则骨肉不免为仇敌。"❸ 因此，他既重视加强国防，平息边患，又能以宽容、开放、温和、克制的态度处理民族事务，致力于民族关系的改善。贞观年间，除因东突厥南下侵扰而出兵征服外，中央政府一般不主动发起大规模的讨伐战争。对于入居中原的各族人士，唐太宗皆一视同仁，真诚相待，凡有文才武略的，还予以信任重用。上述政策与举措为唐王朝维持与各民族的友好关系奠定了良好基础，边地各族慕风向化，纷纷归附。

　　据记载，贞观四年（630），东突厥归附唐朝者多达近10万人，先后入居长安者数千家。唐太宗予以妥善安置，其酋长皆授予将军、中郎将等官职，其中五品以上者100多人。此事在北边各族激起巨大反响，为此，各族尊称唐太宗为"天可汗"。当时，少数民族人士在朝廷当官颇为普遍，不少人还担任宰相、大将军、节度使等重要官职。据统计，整个唐朝共有宰相369人，其中少数民族人士为24人，占6%左右，这在历代汉族王朝中是罕见的。

　　对归附的边地民族，唐朝还创造性地实施宽松怀柔的"羁縻"政策。中央政府遵循"全其部落，顺其土俗"的原则，在内附各族部落中设置一种不同于内地的特殊行政区划，分为羁縻都护府、都督府、

图6-5

相传为唐代阎立本
所绘《步辇图》，
表现了松赞干布派
遣使者向唐太宗要
求和亲的情景

州、县四级，习惯上总称"羁縻州"。羁縻州的长官多由原先的部落首领担任，可以世袭，朝廷则颁发印信予以确认。部落首领保持其原有的称号与权力，统领原先的部众，自理内部事务，依照本族习俗生活，中央政府不加干预。太宗至玄宗时，羁縻州的设置尤为盛行。此外，唐朝还通过册封、和亲、互市等方式维系民族间的友好关系。

在民族间友好交往的事例中，唐王朝与吐蕃的关系颇为典型。吐蕃是藏族的祖先，很早就生活在我国的青藏高原，约在6世纪形成政权，其君王称为"赞普"。629年，松赞干布继承赞普之位，随后统一青藏高原各部，定都逻些（今西藏拉萨），正式建立吐蕃王国。他仰慕中原文化，多次派使臣赴唐都长安，请求通婚（图6-5）。经过一番波折，贞观十四年（640），唐太宗终于答应将宗室女文成公主嫁给他，双方结成和亲关系。次年，文成公主由唐朝大臣护送入藏，松赞干布率部下至柏海（今青海鄂陵湖、扎陵湖）亲迎。文成公主入藏时，携带了工艺品、药材、茶叶和谷物、蔬菜的种子，以及诗文、农艺、医学、历法、工技等各类图书，还有一批手工业工匠随行。成婚后，松赞干布派遣贵族子弟前往长安国子学学习汉文典籍，并聘请汉

❶　沈括：《梦溪笔谈》卷一《故事一》，文物出版社1975年影印元刊本，第7—8页。

❷　刘昫等：《旧唐书》卷四五《舆服志》，中华书局1975年版，第1957—1958页。

❸　司马光：《资治通鉴》卷一九八，唐太宗贞观二十一年五月庚辰，中华书局1956年版，第6247页；卷一九七，唐太宗贞观十八年十二月甲寅，第6215—6216页。

图6-6
西藏拉萨大昭寺门前的唐蕃会盟碑

族文士为他掌管文书。高宗即位后，封松赞干布为驸马都尉、西海郡王，还应松赞干布的请求，向吐蕃输送了蚕种以及酿酒、碾硙、纸墨等各业工匠。

▽　松赞干布12岁继位赞普，在位期间为藏汉民族的友好交往作出不少贡献。650年，34岁的松赞干布英年早逝。文成公主继续留在吐蕃生活了30年。680年，文成公主病逝，当地民众为她举行了隆重的葬礼。松赞干布与文成公主结婚的故事，以及他们推进藏族文化发展的业绩，至今仍以戏剧、小说、民歌、传说等形式在汉藏民族间广泛流传。

松赞干布去世后，吐蕃与唐朝有过数次战争，但双方仍互通使者，往来不绝。709年，唐中宗又应吐蕃之请，以宗室女金城公主出嫁赞普弃隶蹜赞，次年赴藏，也有工匠随行。唐穆宗时，唐朝与吐蕃两次会盟，约定各守本境，互不侵扰。823年，吐蕃特地立唐蕃会盟碑（图6-6），作为双方结盟的见证。

▽　唐蕃会盟碑上有盝顶宝珠石盖，下有碑座，碑身正面以汉藏两种文字刻写盟约全文，规定：彼此不为寇敌，不举兵变，不相侵扰边境，不相掠夺人口。背面以藏文叙述吐蕃的起源，唐蕃会盟的始末以及立碑年月等。此碑现仍立于西藏拉萨大昭寺门前，千余年来，一直是汉藏两族友好关系的象征。

唐王朝在民族问题上的开放观念和明智政策，对提升中央政府的威望，和谐民族关系，促进各族间的经济文化交流，都具有非常重要的意义，统一的多民族国家也因此日臻巩固。

▽　中原地区汉民族先进的生产技术和文化传入少数民族地区后，对当地的经济发展和社会进步皆产生极大影响。据考古发掘，西域焉耆地区发现小米、高粱、麦粉、胡麻及铁犁、铁镰、石碾硙等生产工具，龟兹地区发现长达百里的干渠遗址及管理水渠的官方文书。一些民族受汉族影响，逐渐改变了原先的生活方式，如回纥人从游牧生活逐步向半定居、定居生活转变，开始营建城市，修筑宫殿。与此同时，边地民族的一些生产技术和文化也传入内地。唐朝每年须从边地输入大量马匹、牛羊等牲畜，以满足

军事、交通和农业生产的需要。

二、国力强盛与开放政策

唐朝在国力日益强盛的基础上，对域外各国实行高度的开放政策，中外经济文化交流遂被推进至一个前所未有的新阶段。

西汉以来，连接中国与中亚、南亚、西亚以及欧洲、北非的陆路通道"丝绸之路"持续兴旺，对东西间的经济、文化交流起了重要作用。唐朝西部疆域的拓展超过汉朝。贞观十四年（640），唐朝在西州交河城（今新疆吐鲁番西交河古城址）设置安西都护府，长安二年（702），武周朝廷又将安西都护府的管辖区域一分为二，在庭州另置北庭都护府（今新疆吉木萨尔北破城子）。两都护府大致以天山为界，分别管辖西部边疆的军政事务。更加安全顺畅的交通使丝绸之路臻于全盛。西域及大食（唐代对阿拉伯帝国的称呼）、波斯、天竺（中国古代对印度的别称）等亚洲诸国的商贾、僧侣和使节往返于途，络绎不绝。其中，擅长经商的粟特人尤为活跃，他们成为沟通东西经济与文化的重要媒介。

▽　粟特人（图6-7）原居住在中亚阿姆河、锡尔河流域，曾形成康、安、曹、石、米、史、何等九姓之国，史称"昭武九姓"。粟特人以善于经商闻名，长期操纵丝绸之路上的转运贸易，唐代，蒲昌海（罗布泊）、西州（吐鲁番）、伊州（哈密）、敦煌、酒泉、武威，以及长安、洛阳等地都有粟特人的聚落，不少人还久居长安。他们对中国商品的输出，及外域宗教、历法、音乐、舞蹈的传入，都起了重要作用。如唐朝十部乐中的安国乐、康国乐，石国的胡腾舞、柘枝舞，康国、米国、史国的胡旋舞，皆经由粟特人传入而盛行于长安。

当时，海上交通的主要路线是由广州通往今越南、印度尼西亚、斯里兰卡、伊朗、阿拉伯等地。唐朝后期，中日之间的海上交通日益发达，中国商船可直航日本，新罗的船只也时时往来于中国、朝鲜和日本之间。

图6-7
粟特人形象的唐代陶俑

▽　据记载，玄宗时，广州江面上停泊着来自大食、天竺、波斯、师子国（斯里兰卡）、昆仑（今中南半岛南部及南洋诸岛的泛称）等地的船舶，"不计其数，并载香药、珍宝，积载如山"；客商"往来居住，种类极多"❶。为此，朝廷在广州特设提举市舶使，对海上贸易加以管理。至唐朝末年，福建泉州也成为重要的通商口岸。

通过海陆交通，中国的丝绸、纸张、瓷器等商品源源不断运往域外，许多中国特有的工艺技术随之向外传播。域外的物品以及音乐、舞蹈、绘画、雕塑、建筑艺术、天文、历算、医药，包括宗教信仰也由此输入中国。当时进入中国文化系统的外域文化虽以中亚、西亚、南亚为三大支，但其中蕴含的文化背景则广阔得多，以西亚萨珊波斯文化与拜占庭文化为例，二者曾接受并传承了古代埃及、亚述、希腊、罗马文化以及古代北方欧亚文化，所以说中国文化实以亚洲诸国为中介，与世界文化进行了广泛的交流与融合。

▽　唐朝传入的各类外域奇技异术令人眼花缭乱，如天竺的杂技、魔术和天文历算学，拜占庭帝国的外科医术和引水上屋建筑技术，波斯的马球等，皆使唐朝文化变得更加丰富多彩。当时，先后传入中原的景教、伊斯兰教、摩尼教，以及先前传入的祆教，都因胡商的日益增多而趋于流行，因此，长安、洛阳等地还建起景教、祆教寺院，供宗教活动使用。

丝绸之路东端的唐都长安，不仅是全国政治、经济、文化中心，也是举世闻名的国际大都会。长安城是在隋朝大兴城的基础上扩建而成的，包括宫城、皇城和外郭城三部分，总面积达84平方千米，规模之大，在当时世界上首屈一指。城内以宽达150多米的朱雀大街为南北中轴线，加上20余条南北向与东西向的大街，将外郭城划出东市、西市两个商业区和100多个名为"坊"的居住区。城内寓居和滞留的各类外域人士，数量众多。西市周围聚居着大批西域胡商，在波斯人开的酒肆中，常见胡姬当垆沽酒，招徕顾客的情景，极为繁华热闹。作为东西方交通的枢纽，长安又是各国人士东来西往的必经之地，东西方文化在此交融汇合，呈现出一幅斑斓绚丽的图景。

▽　唐朝与域外70多个国家有交往，鸿胪寺即负责接待各国外交使节，许多外国使团颇具规模，往往形成"万国衣冠拜冕旒"的盛大景象。长安的

国子监前后接纳了大量外国留学生，平时在学的常有数百人，其中，日本、新罗的留学生最多。来自中亚、西亚的商贾在长安广设酒肆和珠宝店。李白、王绩等著名诗人经常光顾胡商的酒肆，李白即留下"胡姬貌如花，当垆笑春风"，"落花踏尽游何处，笑入胡姬酒肆中"等诗句。

唐朝中外交流的事例极多，其中，玄奘西行取经的故事尤为著名。玄奘原名陈祎（一作袆），13岁出家为僧，法号玄奘。他早年曾周游各地，遍访国内名僧，经多年孜孜以求，造诣日深，但也发现国内经论体系杂乱，异说众多，无所适从，于是决心前往天竺求取真经。贞观初年，他从长安出发，经长途跋涉到达天竺后，游历各地，悉心钻研，学养更为精深，因而在当地的讲学论辩中获得极高赞誉。贞观十九年（645），玄奘携带657部佛教经典回到长安，结束了历时近20年，行程5万余里，艰苦卓绝的西行壮举。返归之日，他受到人们的热烈欢迎，随即又在洛阳受到唐太宗接见。此后，他专心讲学、翻译，共译出佛经1300多卷，并据西行见闻撰成《大唐西域记》一书。

佛教自两汉之际传入中国后，至隋唐时期臻于鼎盛，形成天台宗、法相宗、华严宗、律宗、禅宗、净土宗等具有中国本土特色的佛教宗派。其中，对后世影响较大的为律宗、禅宗和净土宗。

律宗因着重研习并传承、持守戒律而得名。相传释迦牟尼在收徒传教时即制定各种戒律，作为约束僧尼的规章制度。戒律传入中国后，专研者渐多，至唐代正式形成宗派。后世的中国僧尼，出家受戒和日常起居，多依照律宗传承的戒律行事。

禅宗据说在南朝时从天竺传入，至唐代成为一大宗派。禅宗的传播与发展完全迎合中国本土文化的特点，提倡简易的修行方法，作为信徒，不必恪守繁琐的宗教仪规，无须讲诵浩瀚的佛学经卷，只要凭借自己的信仰和良心，即可修成正果，故成为最典型的中国佛教，在后世的影响尤为广泛而深远。

净土宗以称念阿弥陀佛名号，以求往生西方极乐净土为宗旨，因而得名。净土信仰的缘起虽可远溯东晋，但真正创立宗派是在唐代。净土宗的修行方法简便易行，信徒只需专心称念"阿弥陀佛"，不必探究义理，所以对民间影响极大，中唐以后，逐渐成为最流行的佛教

---

❶　[日]元开：《唐大和尚东征传》，收录于《大正藏》第2089号《游方记抄》。

宗派之一。

唐宋以后，佛教进一步融合儒、道二家，中国本土文化也吸收众多伴随佛教而来的异域文化因素，中国化的佛教逐渐成为中国文化的重要组成部分。

> ▷　佛教对中国本土文化的影响非常广泛而深刻。佛教哲学以逻辑性和思辨性见长，对宇宙人生的洞察，对人类理性的反省，对概念的分析，皆有独到之处。中国传统儒学正是在吸收佛、道两家思想精粹的基础上形成思辨层次更高的理学。佛教经典的翻译给中国文学带来新的意境、文体和遣词造句方法。不少佛教经典本身就是宏大富丽的文学作品，空灵的文笔，美妙的辞藻，为文学的发展开拓了新的途径，受此影响，中国古典诗歌的题材更加广阔，意境有所提高，语言和格调都显示出新的面貌。宣扬佛教的变文、俗讲以及禅宗的语录体，也都与话本、曲艺之类的中国俗文学很有关系。因佛经翻译而输入的新词汇、新语法使汉语语汇不断扩大，语法也有所变化。据统计，后世流行的汉语词汇中，外来语和专用名词多达3.5万多条，如世界、实际、觉悟、烦恼、解脱、方便、一针见血、三头六臂等，都源于佛教。中国绘画自魏晋以来常以佛经故事为题材，后世的文人水墨画则与禅宗思想有关。敦煌、云冈、龙门等石窟的壁画和雕塑，融合佛教艺术特点与中国本土风格，更成为举世闻名的艺术宝库。可见，中国传统文化的长河正是因为各种新成分的注入才变得更加宽阔浩荡。

唐朝在广泛吸纳外来文化的同时，也对周边国家尤其是东亚地区产生巨大影响。新罗在朝鲜半岛建立统一国家后，常与唐朝互遣使节，并不断派遣留学生赴中国学习，人数前后总计多达2000人。经归国留学生的积极传播，唐朝文化的精髓，如律令、科技、佛教、儒学、学校教育、科举制度等，皆为新罗广泛吸收。

日本视与唐朝交往为国家大事，曾先后十多次派"遣唐使"来中国交流学习，随行的除医师、画师、乐师及各类工匠外，还有众多留学生和学问僧，人数多时一次达五六百。留学生归国时，带回多方面的文化知识和大量文献典籍。日本不仅在政治、经济、法律等制度层面仿效唐朝，而且对宗教、文学、艺术、天文、历法，乃至衣食住行、风俗习惯，以及各类生产技术，皆予以吸收融合。

在中日文化交流史上，鉴真东渡传律，尤称佳话。鉴真俗姓淳于，扬州（今属江苏）人，自幼出家为僧，专修戒律，后居扬州大明寺。

因受日本僧人礼请，他自天宝二年（743）开始，先后五次率弟子东渡日本，均告失败。此时的鉴真已年过六十，双目失明，但仍矢志不渝，第六次东渡终获成功，于754年到达日本九州岛。他受到日本朝野的盛大欢迎，并在平城京（今日本奈良）建坛传授戒律，被尊为日本律宗初祖（图6-8）。他还将中国的医药知识、建筑艺术、书法绘画等介绍到日本，日本民众赞誉他为"天平之甍"。

图6-8

供奉在日本奈良唐招提寺中的鉴真坐像

▷　日本对唐文化的汲取非常全面。中央官制仿三省六部制设二官八省；律令基本采用唐律而稍加损益；各级学校皆以儒家经典为教科书，祭祀孔子的礼仪也日益隆重；历法完全沿用唐历；佛教以中国为母国，中国佛教各宗派在日本都有相应宗派。日本迁都奈良时，奈良的城市建造完全仿照唐都长安的城市布局和建筑样式，有朱雀大街、东市、西市等；后迁都平安，仍仿照长安的街市布局。日本社会各阶层人士也深受唐文化浸染，他们吟咏唐诗，雅好唐乐，研习唐绘（指中国风格的绘画），行唐礼，穿唐服，食唐式点心，用唐式餐具，唐风极为盛行。

由于新罗、日本在各方面都深受唐朝影响，西方汉学家常视之为唐朝的微型翻版。在19世纪西方影响进入之前，东亚诸国形成以中国文化为轴心的"东亚文化圈"。

宽容、开放的唐文化正是在广泛吸收、融汇外域文化的基础上更显其博大恢弘，同时，唐文化又以强大的力度向外辐射，在世界舞台上展示出独特的魅力。

三、气象宏阔的盛唐文化

生机勃勃、充满活力的唐朝文化是在扬弃传统文化，吸收胡族和异域文化的基础上生成的，故能以海纳百川的恢弘气势和锐意求新的创造精神，谱写出中国文化史上极为灿烂的一章。

唐朝是中国诗歌史上的黄金时代。对《诗经》《楚辞》以来优良传统的继承发扬，以及进士科考试以诗赋为主的制度规定，都对诗歌创作起了巨大促进作用，因而名家辈出，杰作如林。仅据清代康熙时编定的《全唐诗》统计，即收录作者2837人，作品49403首。深刻感人的思想内容、丰富多彩的题材形式、绮丽纷呈的风格流派和精妙绝伦的艺术技巧，使唐诗成为中国诗史的辉煌巅峰。

▽　从唐诗的发展行程看，以王勃、杨炯、卢照邻、骆宾王为代表的初唐诗人，力纠前人之弊，初启一代新风。一些诗人对诗歌声律做了进一步研究探索，使五言、七言格律诗的形式趋于定型。玄宗时期，众多名家同时涌现，诗歌创作全面繁荣，充分展示出盛唐的风貌。除李白、杜甫、王维外，孟浩然之清雅，储光羲之真率，王昌龄之声俊，高适、岑参之悲壮，皆表现了这一时代共同的艺术特色。

在群星荟萃的诗坛上，生活在玄宗时期的李白和杜甫可谓双峰并峙。

李白字太白，号青莲居士，祖籍陇西成纪（今甘肃静宁西南），幼时随父迁居绵州昌隆（今四川江油）。他生性傲岸不驯，虽早年颇有政治抱负，曾当过唐玄宗的文学侍从之臣，终因不愿迎合权贵，仅一年便辞官离京，自此郁郁不得志，遂浪迹江湖，纵酒赋诗，借以寄托情怀（图6-9）。他以

图6-9
清代苏六朋所绘
《太白醉酒图》

天马行空、放浪不羁的个性挥洒出豪迈奔放、清新飘逸的诗篇，将浪漫的情调与瑰丽雄奇的词句天才地融为一体。后人因其诗笔出神入化、浑然天成，称他为"诗仙"。

▽　李白的诗作感情炽烈，想象丰富，比喻生动，手法夸张，极具艺术感染力。写黄河咆哮万里，"君不见黄河之水天上来，奔流到海不复回"；写庐山瀑布飞泻喷涌，"飞流直下三千尺，疑是银河落九天"；写入蜀路途艰险，"蜀道之难，难于上青天"，皆为千古传诵的名句。

杜甫字子美，河南巩县（今河南巩义）人，曾任检校工部员外郎等小官，但仕途屡遭挫折，一生坎坷困窘。杜甫的诗作风格沉郁，语言精练，艺术技巧炉火纯青。他亲身经历了唐朝的由盛转衰，故以大量笔墨反映当时的社会现实，将个人的坎坷遭际化为对国家命运和生民疾苦的深切关怀，铸就了他的伟大，故被后人尊为"诗圣"。

▷　杜甫兼精各体诗歌，其作品体现出思想性与艺术性的完美统一。他的诗句"朱门酒肉臭，路有冻死骨"，已成为鞭挞贫富悬殊的千古名句。著名组诗"三吏"（《新安吏》《潼关吏》《石壕吏》）、"三别"（《新婚别》《垂老别》《无家别》），对人民的苦难深表同情，读来感人至深。在茅屋被风吹破时，他超越自身悲苦，转而关注天下寒士的命运，尤显出胸怀的博大。

王维字摩诘，蒲州（治今山西永济西南蒲州镇）人，官至尚书右丞，世称王右丞。后居蓝田辋川，过着亦官亦隐的优游生活。王维与李、杜同时，诗风则别具一格。他善于在描写山水田园风光中表现悠闲潇洒的情趣，风格宁静恬淡，意境深邃幽远，往往在空灵澄澈中透出浓浓的禅味，深得后世文人喜爱，被奉为"诗佛"。

▷　工诗善画的王维深受佛教禅宗影响，写景抒情细腻而传神，擅长在诗中缔造画的意境，在画中融入诗的韵味，取得独特的艺术成就。他的美学思想对后世文人具有深远影响。

盛唐之后仍有众多杰出诗人。中唐的白居易目睹唐朝的衰落，主张诗歌创作应与社会现实结合，发挥讽喻的功能。其作品明白流畅，通俗易懂，流传广泛，影响深远。晚唐的杜牧、李商隐等，诗作律对精切，文词清丽，笔意宛转，情味隽永，在艺术技巧上作出独特贡献，但情调哀怨深沉，充满伤时忧国的感喟，给人"夕阳无限好，只是近黄昏"的感觉，故论气势和境界，已无法与盛唐比肩。

唐朝是书法艺术发展史上又一高峰，各体书法皆有杰出名家，呈现绚烂多姿的景象。其中，楷书和草书的艺术成就最高，影响最深远。

唐朝楷书在融汇前人之长的基础上有所创造，字体更趋规范化。欧阳询、颜真卿、柳公权等大家的作品既体现出结构严谨、讲究法度的时代风貌，又各具特色，自成一家，成为后世取法的典范。

▷　欧阳询和虞世南、褚遂良同为初唐书风的代表。欧阳询的楷书虽多取法前人，但逐渐从潇洒妍美的模式中蜕化出来，自成一种秀健劲峭、法度森严的新颖风格，初显唐代的特征和面貌。盛唐的颜真卿取法初唐而加以变化，笔力浑厚劲健，字形雄伟端庄，创成一种大气磅礴、体势开张的新书风，成为唐代楷书的典型代表。中晚唐的书家以柳公权最为著名，他的楷书用笔遒劲，骨力清健，颇具盛唐遗韵，与颜真卿并称"颜柳"。

唐朝的草书尤富创新精神，在众多名家中，号为"颠张醉素"的张旭和怀素最为杰出。他们不为前人婉美流丽的书风所囿，发展出笔势恣肆纵逸，线条连绵回绕、跌宕飞动的"狂草"。二人的作品神采焕然，气势磅礴，尤能体现盛唐的气象，被后人视为草书艺术的顶峰。

▷ 笔画连绵、一气呵成的狂草，艺术性极高，难度也很大。张旭与怀素都善于通过各种物像来丰富自己的想象，激发创作灵感。张旭自称听人演奏鼓吹乐和观赏公孙大娘舞蹈后，大受启发。怀素也经常观察夏天多变的云彩和各种奇异山峰，以丰富草书的变化（图6-10）。

隋唐时期，绘画艺术空前繁盛。初唐的阎立本，集前人技法之大成，将传统人物画推向新的高峰。盛唐的吴道子，用笔雄放遒劲，创成一种笔墨圆润，富有粗细、浓淡等变化的线条，进一步提高了线条造型的表现力，后人尊他为"画圣"。当时及以后还有一些名家对人物画的题材、形式作了新的探索，创作出不少以仕女、婴儿、士大夫等为表现对象的佳作。

▷ 吴道子改变前人以细劲线条描绘人物的画法，创用状如兰叶、富有变化的笔法描绘人物，所画衣褶有轻盈飘举的动感，人称"吴带当风"。这一新画法已能很好表现各类物像的质感，无须填色，纯用水墨线条即可绘成形神完备的作品，于是又创成"白描"画法。可惜吴道子已无真迹传世，我们只能通过后人的仿摹本领略他的风格。

山水画与花鸟画在隋唐时期先后走上独立发展的道路，出现许多专门名家，形成不同的艺术追求和风格流派。至此，中国传统绘画以山水、花鸟、人物三大画科为主的格局基本成型。

▷ 唐朝的山水画至盛唐时期形成两种不同的艺术风格。以李思训、李昭道父子为代表的青绿山水，金线勾勒，设色浓艳，画面金碧辉煌，华丽典雅。王维的水墨山水别开生面，运用水墨渲染的技法，追求清润劲爽的

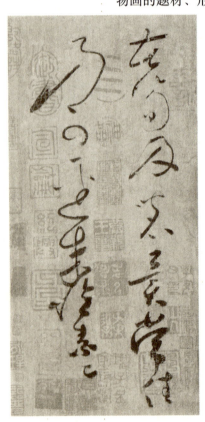

图6-10
怀素《苦笋帖》

效果，刻意表现诗歌的韵味，尤受文人推崇。两种画风皆为山水画的进一步发展奠定了基础。

唐朝的音乐舞蹈尤显现出海纳百川的气象。以宫廷乐舞为例，唐太宗时确立十部乐，其中的燕乐、清商乐为汉族的传统音乐，西凉乐融和了中原旧乐与龟兹乐，其余的高昌乐、龟兹乐、疏勒乐、康国乐、安国乐、天竺乐、高丽乐，皆来自边地民族或域外。贞观年间编定的大型乐舞《秦王破阵乐》，在传统清商乐的基础上融入龟兹乐，后为高宗、玄宗发展并沿用，流行时间达200余年。乐舞规模宏大，气势恢弘，表演时"擂大鼓，杂以龟兹之乐，声振百里，动荡山谷"。玄宗时，乐人进一步吸收边地民族和域外乐舞的精华，创作出许多新的乐舞，原先的十部乐逐渐演变为"立部伎"八部和"坐部伎"六部。立部伎、坐部伎中新创的乐曲普遍运用龟兹、西凉音乐，伴奏乐器也大部分来自龟兹等边地民族。

玄宗本人"雅好度曲"，喜爱羯鼓，尤热衷于乐舞大曲及法曲。当时的作品多"杂用胡夷里巷之曲"，广泛吸收西域的音乐素材，称为"胡部新声"。玄宗下令提升胡部乐的地位，命其与诸部乐混合演奏，中原音乐与西域音乐得以进一步相互渗透与融合。玄宗还在清商乐的基础上，改造、融合源于天竺的佛曲，谱成著名的大型乐舞套曲《霓裳羽衣曲》。❶

　　相传玄宗在三乡驿眺望女儿山时激发灵感，开始创作《霓裳羽衣曲》，恰巧西凉边将以所获《婆罗门曲》进献。玄宗遂取中外音乐之精华，糅合改造，完成全曲。这部乐舞描写了幻想中的月宫和仙女，乐曲清雅优美，舞蹈飘逸轻盈，可有独舞、双人舞和群舞多种表演形式。据说玄宗宠妃杨玉环的独舞尤为美妙。白居易曾在《霓裳羽衣歌》中描述说："飘然转旋回雪轻，嫣然纵送游龙惊。小垂手后柳无力，斜曳裾时云欲生。烟蛾敛略不胜态，风袖低昂如有情。"

当时，宫廷中和社会上流行的小型表演性舞蹈大体有两类：刚劲矫捷、节奏明快的健舞和优美柔和、节奏舒缓的软舞。健舞大多来

---

❶　参见杨荫浏：《中国古代音乐史稿》第九章，人民音乐出版社1981年版，第221—224页。

隋
唐

图6-11

唐三彩陶马为唐三彩中罕见的精品

自西域各族及中亚、波斯等地。如源于西域的胡旋舞以"急转如风"而得名，杨贵妃和安禄山都擅长此舞。白居易《胡旋女》描述说："天宝季年时欲变，臣妾人人学圆转。中有太真外禄山，二人最道能胡旋。"胡腾舞从中亚一带传入，舞者头带尖顶帽，身穿窄袖"胡衫"，腰间束带，足穿锦靴，舞蹈以跳跃和急促多变的腾踏舞步为主。唐人诗作描写说："跳身转毂宝带鸣，弄脚缤纷锦靴软。"软舞中的凉州舞、春莺啭等，也杂有西域乐舞的元素。

敦煌莫高窟壁画中保留了诸多唐朝音乐舞蹈的形象资料，胡旋舞、胡腾舞等"胡舞"都有所反映。唐朝的乐器据记载已有300种左右，敦煌壁画中描绘的有40多种，盛极一时的曲项琵琶，以及羯鼓、横笛、奚琴、竖箜篌等，皆来自西域。白居易曾在《琵琶行》中以"嘈嘈切切错杂弹，大珠小珠落玉盘"来形容琵琶演奏的高超技艺。

当时的雕塑、陶瓷等作品，也都反映了恢弘的盛唐气象（图6-11）。

第三节
"安史之乱"前后的社会变迁和唐朝的衰亡

唐玄宗晚年渐趋荒淫昏聩，政治日益败坏。安史之乱的爆发成为唐王朝由盛入衰的转折。在此前后，政治、经济、社会、文化已开始出现一系列深刻变化，史学界热议的"唐宋变革"，实从此时肇始发端。唐朝后期，各类矛盾交织显现，李唐政权深陷困局，疲于应付，无可挽回地走向分崩离析。

一、由盛入衰的历史转折

唐玄宗在位的开元前期，唐朝国势臻于鼎盛，但至开元末年及随后的天宝年间（742—756），玄宗逐渐从早年的英明果断转向昏庸荒怠。长期的升平殷富，使他误以为可高枕无忧，于是深居禁中，耽于声色，怠问政事，将朝政大权拱手托给臣下，政治渐趋恶化。

开元后期，姚崇、宋璟、张说等贤臣已先后谢世，朝中大臣多唯唯诺诺，谄谀奉承，唯有宰相张九龄，为人正直，尚在苦苦支撑。然而，玄宗却忠奸莫辨，宠信口蜜腹剑、阴险狡诈的李林甫，于开元二十二年（734）升任其为宰相。两年后，张九龄遭贬谪，自此，李林甫独揽朝政长达16年。为专权固位，他竭力堵塞言路，排斥异己，对恣意淫乐的玄宗一味迎合，从而助长了玄宗的昏聩，朝政愈益败坏。

这时，玄宗又遇到一位让其神魂颠倒的佳人杨玉环。徙居洛阳的杨玉环为名门之后，天生丽质，善歌舞，通音律，智算过人，16岁时被玄宗子寿王李瑁相中，册立为妃。婚后五年，玄宗与她首次相会便一见倾心，公公竟然横刀夺爱，将儿媳纳为贵妃。杨家一门由此飞黄腾达，大富大贵。天宝十一载（752），杨贵妃的堂兄杨国忠出任右相，取代死去的李林甫，成为炙手可热的权臣。杨国忠原名杨钊，自少酗酒嗜赌，品行恶劣，他善于窥测玄宗好恶，谄媚逢迎，深得玄宗赏识，任宰相后，身兼四十余职，专权期间，穷奢极侈，颐指气使，变乱制度，肆意盘剥，朝政更不可收拾。

▽　开元二十八年（740），56岁的玄宗与22岁的杨玉环首次见面后，即难分难舍，为克服名分上的障碍，掩人耳目，遂将杨玉环度为道士，道号太真，让她以这一身份出入宫闱，五年后正式册立为贵妃，礼数同于皇后。杨玉环入宫后获得玄宗的专宠，可谓"回眸一笑百媚生，六宫粉黛无颜色"。自此，玄宗日夜欢歌燕舞，宴饮作乐，朝政全被置于脑后。白居易《长恨歌》即有真切的描写："春宵苦短日高起，从此君王不早朝。承欢侍宴无闲暇，春从春游夜专夜。后宫佳丽三千人，三千宠爱在一身。"玄宗与能歌善舞的杨贵妃确为情投意合的一对，而且杨贵妃的"倩盼承迎"、温柔体贴也深得玄宗欢心，但她本人并未干预朝政，传统史家将其视为"祸

根"，实属本末倒置。不过，祸国殃民的杨国忠凭借裙带关系而步步高升，他与安禄山的个人积怨成为安史之乱的起因之一，这也是事实。

自恃国力强盛的玄宗还热衷于开边扩张，时时挑起边境战争，不仅恶化了民族关系，国家财政也因庞大的军费捉襟见肘，从民间大肆搜括，又使社会矛盾渐趋激化。尤为严重的是，不断加强边地军备，导致全国的兵力部署发生不利于中央集权的危险转变。

唐初，为控制边地，朝廷曾设若干大都督，统率精兵屯戍镇守。高宗以后，一些屯戍之地逐渐形成固定的军镇（当时的屯戍处所，大的称军，小的称守捉、城、镇），朝廷派遣大将长驻边地，统率诸军时，往往赐以旌节，代表皇帝威权，得以军事专杀，故称节度使。最初，节度使的委任较少，职权限于兵马战守，后节度使不断增置，执掌也扩大至民政和财政。派驻节度使的地方成为大军区，即所谓的藩镇（也称方镇），节度使成为一地的军政长官。为加强各自防区，兼掌政权、军权、财权的节度使皆囤粮制械，招兵买马，扩充自己的军事实力，唐初"内重外轻"，以关中制驭四方的格局遂发生急剧变化。天宝初年，边镇的兵力已达到49万人，东北、西北尤为精兵强将云集之地，而中央禁军仅八九万人，且缺乏训练，战斗力较弱。恃仗军事实力的节度使骄横跋扈，对中央政府的离心力日渐增大，终成尾大不掉之势。

> ▽　开元、天宝年间，唐朝在边地共设10个节度使：营州（今辽宁朝阳）的平卢节度使，幽州（今北京）的范阳节度使，太原（今山西太原西南古城营）的河东节度使，灵州（今宁夏灵武西南）的朔方节度使，凉州（今甘肃武威）的河西节度使，鄯州（今青海海东市乐都区）的陇右节度使，庭州（今新疆吉木萨尔北）的北庭节度使，龟兹（今新疆库车）的安西节度使，益州（今四川成都）的剑南节度使，广州的岭南经略使。天宝初年，河东、范阳、平卢三镇兵力合计18.49万，占边镇总兵力的1/3以上。《新唐书》论及当时的"外重内轻"之势，称："武夫悍将虽无事时，据要险，专方面，既有其土地，又有其人民，又有其甲兵，又有其财赋，以布列天下。然则，方镇不得不强，京师不得不弱，故曰措置之势使然者，以此也。" ❶ 因此，各地节度使实际上已成为半独立的地方割据势力。

唐朝惯例，出任方面大将战功卓著者，往往入朝为相。李林甫专权时，为稳固其相位，大量推荐不通汉文、无法为相的蕃将出任节度使。他与杨国忠还各自勾结藩镇为外援,遂引起藩镇与藩镇、藩镇与朝廷之间错综复杂的摩擦和矛盾。在先后出任节度使的蕃将哥舒翰、高仙芝、安禄山等人之中,安禄山尤获玄宗的宠信。

安禄山为营州柳城(今辽宁朝阳)的混血胡人,生父为康姓粟特人,生母为突厥人,原名轧(一作阿)荦山;后随母改嫁安姓突厥人,更姓安,名禄山。他入伍后以骁勇机智著称,且善于钻营,故升迁颇快。开元末,他被擢为营州都督,随后又通过贿赂李林甫,巴结杨贵妃,进献奇珍异宝,博得玄宗宠信,于天宝初升任平卢节度使。天宝十载(751),安禄山一身兼任平卢、范阳、河东三镇节度使,属下精兵已扩展至20万人。他囤积兵器粮草,蓄养战马数万匹,并将八千胡人子弟收为养子,组成一支效忠其个人的私家精锐,名"曳落河"(胡语,意为壮士),还派遣亲信长驻京师,时时窥测朝廷动静,谋叛之心昭然若揭。杨国忠与他不和,多次上奏称安禄山必反,玄宗却对他深信不疑。

▽ 史书称安禄山"外若痴直,内实狡黠",尤精于谄媚逢迎。据说他"体充肥,腹垂过膝",玄宗"尝戏指其腹曰:'此胡腹中何所有?其大乃尔!'对曰:'更无余物,正有赤心耳!'"玄宗让他拜见太子,他不拜,声称:"惟知有陛下一人,不知乃更有储君。"尤为肉麻的是,45岁的安禄山竟拜29岁的杨贵妃为义母,贵妃特作洗儿会,"以锦绣为大襁褓,裹禄山,使宫人以彩舆舁之",玄宗则厚赐洗儿钱。安禄山正是以此类手段骗得玄宗信任,荣宠备至,出入宫禁。直至叛乱爆发前夕,玄宗仍浑然不觉,还派中使送信,邀安禄山来骊山华清宫同洗温泉浴。

天宝十四载(755)十一月,安禄山发动叛乱,以"奉密诏讨杨国忠"为名,率15万人马自范阳南下,河北、河南诸多州县望风披靡,仅月余即攻占东都洛阳。天宝十五载正月,安禄山在洛阳称帝,国号大燕,谋反自立之心暴露无遗。玄宗慌忙调兵遣将抗击叛军,并任命哥舒翰镇守潼关,屏卫长安。潼关本宜守不宜攻,玄宗却平叛心切,迫令出击,结果惨遭大败,潼关失陷。六月,玄宗从长安仓皇出逃,奔往成都。途径马嵬驿(今陕西兴平西)时,随从将士哗变,杀

❶ 欧阳修、宋祁:《新唐书》卷五〇《兵志》,中华书局1975年版,第1328页。

死杨国忠，迫使玄宗缢杀杨贵妃。玄宗不顾当地父老的劝阻，执意西行，长安落入叛军手中。

太子李亨看到人心所向，决意担起平叛之责，遂与玄宗分道扬镳，在宦官李辅国扈从下，北上朔方节度使所在的灵武。当年七月，李亨即位，是为唐肃宗，改元至德，遥尊玄宗为太上皇。朔方节度使郭子仪、河东节度使李光弼率军赶赴灵武勤王，河西、北庭、安西节度使也派兵前来会合。肃宗以长子李俶（后改名豫）为天下兵马元帅，命郭子仪、李光弼统领军队，实施反攻，与叛军展开反复争夺。同时，河北、河南的一些州县官员和民众也组织武装，对叛军进行阻击。遭受挫折的叛军，内部矛盾加深，引发内讧。至德二载（757）初，安禄山在洛阳被儿子安庆绪杀死，安庆绪自立为帝。当年九月，李俶、郭子仪率领唐军，联合西域与回纥的军队，收复长安，十月，收复洛阳。安庆绪退保邺城（治今河南安阳）。年底，留守范阳的安禄山部将史思明因不愿接受安庆绪节制，率部降唐。

乾元元年（758），史思明复叛，他设计杀死安庆绪后，成为叛军统帅。次年，史思明称大燕皇帝，再次攻占洛阳。上元二年（761），叛军又发生内讧，史思明被儿子史朝义杀死。

宝应元年（762），太上皇李隆基和肃宗先后去世，太子李豫继位，是为代宗。唐军乘叛军分崩离析之机，重新收复洛阳。叛军陷入困境，几名主要将领相继降唐。宝应二年正月，穷途末路的史朝义自缢身亡。历时近八年的"安史之乱"终告结束。

叛乱虽平息，但后患无穷。平叛过程中，唐军并未在军事上取得决定性大胜，重创叛军的有生力量，叛乱的结束主要通过招降、妥协的方式得以实现。肃宗和代宗皆以在原地任高官的许诺，竭力诱使安、史部将易帜归顺。因此，安、史旧部依然存在，且摇身一变为唐朝的方面大员。武将由此坐大，藩镇割据的趋势无可避免。自此，中央集权严重削弱。朝廷政令不畅，财政拮据，群臣纷争不断；迭遭摧残的中原经济急剧衰落。国力大损的唐王朝从此由盛转衰。

二、动乱前后的社会变迁

安史之乱前后，经济、政治、社会、文化出现一系列变化，并在历史上产生深远影响，史学界有关"唐宋变革"的讨论由此而起。

社会结构的一大变迁是，门阀世族和关陇集团相继退出历史舞台。汉末以来的门阀世族曾在历史上独领风骚数百年，但至隋朝、初唐已可谓江河日下，仅凭借旧时的社会声望和文化上的优势，维持一定的身份地位，政治上全无作为。李唐王朝通过修订谱牒，重新排列姓氏的尊卑高下，更使门阀世族日趋消亡。中唐诗人刘禹锡的名句"旧时王谢堂前燕，飞入寻常百姓家"，即真切地揭示了门阀贵族的没落。西魏以来的关陇军事贵族集团曾在隋唐的政治舞台上纵横驰骋，叱咤风云，李唐王朝的建立和巩固即得益于这一集团的支持。但武则天对关陇集团的刻意打压，通过科举广招平民入仕，以及玄宗多重用蕃将，也使其风光不再。安史之乱的爆发和李唐王朝后期的软弱衰微，实与关陇集团的衰亡有关。与之相应，等级身份的划分标准也开始发生深刻的变化，血缘门第的因素逐渐消退，所操职业的因素日益受人重视，尊卑贵贱与官职高低、权力大小画上了等号。

均田制的废弛及其引发的连锁反应也影响深远。玄宗开元、天宝年间，均田制所规定的土地还授实际上已不能实行，具有限田作用的均田制遭到破坏，其直接后果是土地兼并的现象日益严重，编户农民因受田不足，收入不稳定，无法应付沉重的赋税徭役，往往典田卖地，逃亡他乡，或充当地主的佃农。因此，在全国总人口中，自耕农的数量不断下降，半自耕农、佃农的数量大大增加。

▽　　杜佑《通典》记载："虽有此制（指均田制），开元之季，天宝以来，法令弛宽，兼并之弊，有逾于汉成哀之间。"玄宗也在天宝十一载的诏书中称："如闻王公百官及富豪之家比置庄田，恣行吞并……口分、永业违法卖买，或改籍书，或云典贴，致令百姓无处安置，乃别停客户，使其佃食。"据杜佑的统计，天宝末年，全国总户数有一千三四百万，其中，被地主隐匿的佃农以及流落他乡未入户籍的农民有四五百万户。❶

均田制废弛后，与之密切相关的府兵制和租庸调制也无法实行。玄宗时，由于府兵逃亡现象日益普遍，京师宿卫人数严重不足，唐朝廷遂于开元十一年（723）废弃府兵番上宿卫的制度，招募强壮男丁

---

❶　杜佑：《通典》卷二《食货二》，卷七《食货七》，王文锦等点校，中华书局1988年版，第32、153页。《禁官夺百姓口分永业田诏》，董诰等编：《全唐文》卷三三，中华书局1983年版，第365页。

12万充当卫士，免除赋役，号"长从宿卫"，后改称"彍骑"，分隶于十二卫。开元二十五年（737），又招募丁壮充当边镇戍军，称"长征健儿"。此后，中央禁军和边镇戍军全由招募而来的雇佣兵组成，府兵制名存实亡。

雇佣兵取代府兵，必然导致藩镇的强盛。府兵制正常实行时，兵农合一，兵将分离，府兵除番上宿卫外，若边疆有事，则应征出战，战事结束，"兵散于府，将归于朝，故士不失业，而将帅无握兵之重"，其意就在于防止将领拥兵自重，率部叛乱。雇佣兵以行伍为职业，由其组成常备军，长期驻扎在各地军镇，兵、将之间容易结成休戚与共、紧密联系的统属关系，从而在地方上形成盘根错节的军事集团，出现军阀恃仗实力、骄横跋扈、武装割据的局势。《新唐书》称："府兵法坏而方镇盛。"可谓一语中的。所以说，安史之乱是藩镇强盛、中央衰弱的产物，随后的藩镇割据则是安史之乱的延续和发展。

安史之乱爆发后，唐王朝为抗击叛军，将边地的军镇制度扩展至内地。重要的州设节度使，指挥数州军事；次要的州设防御使或团练使，扼守军事要冲。于是，从边地到中原出现诸多大小藩镇，"大者连州十余，小者犹兼三四"，其后又扩展至全国，形成藩镇相望的局面。今陕西、四川以及江淮以南的藩镇大多能听命于朝廷，但今河北、山东、河南、湖北、山西一带，则有不少藩镇父死子袭，官爵自为，甲兵自擅，刑赏自专，户籍不报中央，赋税不入朝廷，成为雄踞一方的军阀割据势力（图6-12）。其中，为祸尤烈的是河北三镇，即幽州节度使李怀仙、成德节度使李宝臣、魏博节度使田承嗣，三人皆为安、史降将。

唐王朝曾作过削藩的努力。德宗建中二年（781），成德节度使李宝臣死，其子李惟岳要求继任，德宗拒绝。李惟岳联合魏博、淄青、山南东道发动四镇叛乱。其后，淮西节度使李希烈也起兵反唐，形成五镇连兵的局面。建中四年，德宗调泾原镇军队东征平叛，结果泾原兵在长安哗变，拥立原泾原节度使朱泚为大秦皇帝，德宗逃奔奉天（今陕西乾县）。不久，李希烈也称帝。德宗只能交替使用赦免与镇压的手段，利用藩镇打藩镇，故连年混战，局势纷乱。后朱泚、李希烈等虽被先后平定，河北、山东四镇也表示服从中央，但经过这场危机，德宗被迫放弃削藩，转而采取姑息政策，以求暂时的安定。

宪宗在位期间，国势稍振，遂决心"以法度制裁藩镇"。宪宗采取先弱后强，各个击破的策略，于元和元年（806）、二年首先平定实力较弱的剑南西川节度使和镇海节度使的叛乱；七年，又使长期抗命的魏博镇归顺朝廷；然后，集中全力讨伐实力强盛的淮西节度使吴元济。十二年，宰相裴度亲赴淮西督战，名将李愬雪夜突袭蔡州（今河南汝南），生擒吴元济。淮西的平定，产生极大震慑作用，成德、幽州等诸多藩镇纷纷献地归顺。唐朝后期，宪宗的削藩是最为成功的，但维持时间很短，宪宗死后，河北三镇相继复叛。此后，藩镇数量曾多达六十多个，割据之势也愈演愈烈，直至唐亡。

均田制的破坏导致租庸调制无法实行，政府税收难获保证，而诸多藩镇不纳贡赋，对藩镇用兵耗费巨大，更是雪上加霜，遂使唐王朝的财政收入陷于严重危机。整顿财政，改革税收制度，成为燃眉之急。

在肃宗、代宗时长期担任度支使、盐铁使、转运使的刘晏推行了一系列旨在扩大税收、缓解财政困难的改革，取得明显成效。肃宗时为增加盐税收入，实行由政府垄断食盐产销的榷盐制度，代宗大历元年（766），刘晏加以改革，在产盐地区设官统购，再加价卖给商贾，由其转销各地，同时，在各地设立机构，查禁私盐。经十余年，每年的盐利收入从最初的 60 万贯跃升为 600 万贯，占当时国家财政总收入的一半以上。安史之乱以后，唐朝财政仰赖江淮，刘晏疏浚运河，整顿漕运，使驶往长安的漕船航行更为顺畅。刘晏还实行常平法，在各地设据点报告物价涨落，官府遇贱买入，遇贵卖出，既平抑了物价，也获得丰厚利益。

图6-12
唐代彩绘武官陶俑

唐朝全面的赋税制度改革，是在德宗时实行的。针对土地兼并严重，佃户、客户、逃户、隐户众多的现状，宰相杨炎制定两税法，以取代不合时宜的租庸调制，建中元年（780），德宗颁诏，推行于全国。

两税法的基本精神为：无论是土著户还是外来的客居户，一律编入现居州县的户籍；征收赋税不再以人丁为主要依据，而以土地财产为主要依据。其主要内容为：中央根据财政支出状况确定总税额，即所谓的"量出以制入"，各州县皆按照中央核定的税额，向当地人户征收。官府按照各户丁壮与财产（包括田亩和杂赀财）的多寡划分户等，各户按户等纳钱，按田亩纳米粟，田亩税以大历十四的垦田数为准，均平征收。两税分夏、秋两次征收，夏税限六月纳完，秋税限十一月纳完。租庸调、杂徭和各种杂税全部取消，但丁额不废。无固定住所的商贾，所在州县按其收入的三十分之一征税。

　　两税法的得名源于夏、秋两次征收（一说源于户税、地税），其特点是简单化、合理化。与租庸调制相比，其征收的依据由人丁转变为资产，征税对象一为户，二为地，户税按资产定等级，地税按亩数定高低。征收方式则由实物改为部分货币，徭役也正式并入两税，基本上取消了力役制。这种主要按财产、田亩多寡划分等级征收财产税、土地税的赋税制度，实为中国赋税制度史上的一大变化。中国古代赋役由人丁转向田亩，由力役和实物赋役转向货币赋役的演进，由两税法开其端，中经明代的一条鞭法，至清代的摊丁入亩终告完成。

> ▷　实行两税法的根本目的是保证政府的财政收入。尽管其扩大了赋税的承担面，在一段时间中多少改变了课役集中在贫苦农民头上的状况，但这一制度也使土地兼并不再受限制，在此后的三十年间，"富者兼地数万亩，贫者无容足之居"的现象随处可见。而且，两税法在以后的实施中，逐渐成为人们的苛重负担。人们缴纳户钱，多折为绫绢，最初纳绢一匹，当钱三千二三百文，其后货币紧缩，钱重物轻，至贞元十年（794）前后，纳绢一匹，仅当钱一千五六百文，再至元和十四年（819），绢价已降到原先的三分之一，纳税户的实际负担可想而知。

三、唐王朝的分崩离析

　　唐朝后期，除藩镇割据对中央集权构成严重威胁外，朝廷内部也出现宦官专权、朋党相争的局面，宫禁内外一片乌烟瘴气，王朝统治在混乱纷争中走向衰颓瓦解。

　　中晚唐是继东汉之后又一个宦官为祸尤烈的时期。唐朝宦官的擅权可追溯至玄宗时的高力士。玄宗晚年宠信宦官高力士，四方表奏皆先经其审阅，再转呈玄宗，小事则由其自行裁决。高力士虽炙手可热，但在玄宗面前仍是个惟命是从的"老奴"。安史之乱中，宦官李辅国因拥立之功被肃宗视为心腹，任判元帅府行军司马事，宣传诏命、四方奏事、符印军号等，皆委其执掌，遂为宦官典兵之始。肃宗返回长安后，李辅国身兼数职，加开府仪同三司，封郕国公，不仅专掌禁军，诏命制敕也都经他押署，于是，军政大权全落其手中。肃宗死后，李辅国又拥立代宗，更专横跋扈，不可一世，竟公然对代宗说："大家（指皇帝）但内里坐，外事听老奴处置。"代宗怒其不逊，但因其手握兵权，无可奈何，只得尊称他为"尚父"，事无巨细，皆由他参与裁决。继之而起的宦官程元振和鱼朝恩，也先后专擅军政大权，骄横跋扈较李辅国有过之而无不及。

> 　805年，顺宗即位。他任用其东宫旧臣王叔文、王伾入居翰林院裁决朝政，并引进刘禹锡、柳宗元、韦执谊等人，形成政治上的革新集团，共谋革除弊政，削夺宦官兵权。宦官俱文珍、刘光琦串通藩镇，发动宫廷政变，迫使顺宗禅位，改立宪宗。王叔文、王伾以及刘禹锡、柳宗元等八人皆被贬往边远地区。即所谓"二王八司马"事件。

> 　文宗即位后，又试图诛除宦官，夺回大权。大和九年（835），他任亲信李训为宰相，命其密谋筹划。李训等人预先埋下伏兵，诈称大明宫金吾左仗院中石榴树夜间有天降甘露，诱使中尉、枢密等典兵宦官前往观看，准备一网打尽。事情泄露，宦官率禁军大事搜捕，李训及参与谋划的大臣皆遭族诛。史称"甘露之变"。此后，宦官更加专横，凌逼皇帝，蔑视朝官，文宗因此郁郁而死。

由于宦官掌握朝中大权，藩镇多引为内援；而宦官为增强自己的实力，也多引藩镇为外援。两股势力互相勾结，将朝廷上下牢牢控制在手中。故唐朝后期的皇帝多成为宦官的傀儡，大臣多成为宦官的附庸。为争夺朝政大权，宦官中又形成派别，互相厮杀，肆行废立。自宪宗至唐亡，共10个皇帝，除末代的哀帝外，宪宗、穆宗、敬宗、文宗、武宗、宣宗、懿宗、僖宗、昭宗，皆为宦官所立，宪宗、敬宗则为宦官所杀。宦官肆虐的状况一直延续至唐末。天复三年（903），昭宗采纳宰相崔胤的建议，借汴州节度使朱温（即朱全忠）的力量尽诛宦官，然而，朝廷军政大权又落入朱温之手，崔胤与昭宗本人也先后为朱温所杀。而此时，李唐王朝已处在覆灭的前夜。

在宦官专权的同时，朝廷大臣中也出现激烈的朋党之争。自穆宗朝开始，经敬宗朝、文宗朝、武宗朝，至宣宗朝，以牛僧孺、李宗闵为首的"牛党"，与以李德裕为首的"李党"，持续进行了长达40年的政争，史称"牛李党争"。两党群相攻讦，交替掌权。文宗时，两党势均力敌，参差并用；武宗时，李党占优；宣宗时，牛党臻于全盛。两党还各自联结不同派别的宦官势力为援，致使局势错综复杂。每逢朝廷议政，双方总是激烈争吵，相持不下，往往都是门户之见，意气用事。一党掌权时，对于敌党之人，无论其有无真才实学，一概打击排斥，无论其建言献策有无可取之处，一律反对否定。其结果自然是导致政治更加败坏。宣宗以后，牛、李两党的领袖人物相继去世，朋党之争方才停息。

> ▽ 关于牛李党争的内在原因，史学界的意见并不统一。陈寅恪从两党成员的社会背景分析，认为牛党多通过科举进士科考试而入仕，李党多出身旧时的世家大族，通过世袭的荫庇途径当官，故牛李党争实为新兴的士人阶层与旧门阀贵族的斗争。但日本学者砺波护通过实证研究揭示，两党成员科举出身和世家大族出身的人数其实是大致相当的。从争论的具体内容看，确非因为政见或出身而分派，其间有着复杂的人际关系以及个人的权力地位、恩怨得失等。❶ 不过，两党成员在执政时，都做过一些有益的事情。如李德裕，曾提出打击藩镇、恢复中央集权，抗击外族入侵、保卫边疆安全，裁汰冗官、精简机构等主张，可见他本人还是比较正直和明智的。

藩镇割据、宦官专权、朋党相争，使唐王朝处于风雨飘摇之中，再经不起任何动荡，就在这时，一场全国性的农民大起义如狂风暴雨般袭来。

唐朝晚期，统治集团因财政危机而肆意搜括，对东南财赋重地更是竭泽而渔，致使官民矛盾日益激化。宣宗以来，江浙、桂林等地先后爆发多次起义。僖宗乾符二年（875）初，濮州（治今山东鄄城北）人王仙芝在长垣（今河南长垣东北，另一说在濮阳），聚众起义，自号"天补平均大将军兼海内诸豪都统"，发布檄文，指斥唐朝"吏贪沓，赋重，赏罚不平"，随后，攻取濮州、曹州，部众扩至数万。同年，冤句（今山东曹县西北）人黄巢聚众数千响应。

王仙芝、黄巢皆出身"贩盐白丁"，曾武装贩运私盐，故熟悉交通路线，善于和官军周旋。乾符三年，他们在茶盐私贩最活跃的淮南、荆襄一带迂回出击，相继攻克汝、郢、复、蕲等州。不久，王仙芝欲以降唐谋取官职，未果；乾符五年，在黄梅（今湖北黄冈）兵败被杀。部将尚让率余部归附黄巢，黄巢实力大增，成为全军统帅（图6-13）。

图6-13
明刊本《残唐五代史演义传》中的黄巢画像

他号称"冲天大将军",采取避实捣虚的战略,流动作战,横扫各地,着重打击财赋重地。他在和州渡过长江南下,转战于长江、闽江、珠江流域,先后攻下杭州、越州、福州、泉州、潮州等地。期间,黄巢曾通过唐朝地方官上书朝廷,欲谋取节度使的官职,结果未能如愿。乾符六年(879),黄巢攻克广州,俘获岭南东道节度使李迢,又试图通过李迢向朝廷谋职,遭到拒绝后,一怒之下,杀死李迢,洗劫了广州。

广明元年(880),黄巢挥师北上,渡过长江、淮河,占领东都洛阳,部众已达60万人,十二月,又攻破潼关,进占长安。僖宗逃亡成都。十二月十三日(881年1月16日),黄巢在长安含元殿登基称帝,国号大齐,年号金统。在此期间,长安的宗室公卿、达官显贵被黄巢杀戮殆尽。

此时,留在关中的唐朝禁军暗中调集部队,并联络邻近藩镇,共同抗拒农民军。朝廷又重赂沙陀贵族李克用,招其率兵自雁门(在今山西代县)南下,进攻长安,加上黄巢的大将朱温在同州(今陕西大荔)叛变降唐,形势遂发生重大逆转。农民军被包围在长安及其附近地区,兵源、粮源近乎断绝,致使军心浮动。中和三年(883),黄巢被迫放弃长安,向东撤退。中和四年,黄巢退至泰山狼虎谷(今山东济南市莱芜区西南),遭沙陀兵追击,自杀身亡。

▽ 在忍无可忍的情况下揭竿而起的唐末农民起义无疑有其正义性,但黄巢本人的动机并不单纯,而且其军队成分复杂,纪律很差。在转战各地的过程中,黄巢军对城市的破坏,对平民百姓的戕害都非常严重。占领广州后,黄巢曾纵兵劫掠屠杀,致使这一通商口岸化为废墟。据10世纪阿拉伯旅行家的记载,当时被杀者多达12万人,其中大多是来自东南亚、印度、波斯和阿拉伯的商人。黄巢军在长安除诛杀李唐宗室和政府官员外,还大肆抢劫,伤害了大量无辜平民。据《资治通鉴》记载,因黄巢无力控制,其将士"各出大掠,焚市肆,杀人满街"。撤离长安时,黄巢又"焚宫室遁去",加上随后入城的唐军的抢掠,致使这座世界上最富庶的大都市破败不堪。唐末诗人韦庄在著名的长篇叙事诗《秦妇吟》中唱道:"长安寂寂今何有,废市荒街麦苗秀。采樵斫尽杏园花,修寨诛残御沟柳。华轩绣毂皆销

❶ 参见[英]崔瑞德:《剑桥中国隋唐史》第九章《晚唐的宫廷政治·朋党问题》,中国社会科学出版社1990年版,第659—676页。

散，甲第朱门无一半。含元殿上狐兔行，花萼楼前荆棘满。昔时繁盛皆埋没，举目凄凉无故物。内库烧为锦绣灰，天街踏尽公卿骨。"可谓当时的真实写照。

　　唐末农民起义虽以黄巢之死而告结束，但经过这次沉重打击，统一的唐王朝已分崩离析，名存实亡。唐朝的辖地几乎全被各种军阀割据势力所分割。在此后的 20 年间，数十个地方军阀互相争斗、火并，最终形成三个实力最强的军事集团，即以汴州（今河南开封）为中心的朱温，以太原为中心的李克用，以凤翔（今陕西宝鸡市凤翔区）为中心的李茂贞。

　　朱温为宋州砀山（今安徽砀山东）人，幼时为人当佣工，参加唐末农民起义后，成为黄巢部将，中和二年（882），叛变降唐，任河中行营副招讨使，赐名全忠。次年，朱温任宣武军节度使，加东北面都招讨使，与李克用等连兵镇压黄巢军，后逐步吞并割据中原与河北的藩镇，晋封梁王。天复三年（903），他受召入朝，尽诛宦官，挟制昭宗，独揽军政大权。次年，他迫使昭宗迁都洛阳，不久将其杀害，改立 13 岁的李柷，是为哀帝。天祐四年（907），朱全忠改名晃，废哀帝自立，国号梁，史称后梁，定都汴州（后一度迁都洛阳），是为后梁太祖。唐朝名实俱亡，历史进入了五代十国时期。

阅读书目

1. 王仲荦：《隋唐五代史》，上海人民出版社 1988 年版。

2. [英]崔瑞德：《剑桥中国隋唐史》，中国社会科学出版社 1990 年版。

3. 陈寅恪：《唐代政治史述论稿》，上海古籍出版社 1982 年版。

4. [美]谢弗：《唐代的外来文明》，中国社会科学出版社 1995 年版。

5. 李斌城等：《隋唐五代社会生活史》，中国社会科学出版社 1998 年版。

第七章

帝制成熟与社会转型：
五代辽宋西夏金

　　唐宋之间的数十年，中原王朝频繁更迭，各地出现诸多割据政权，史称"五代十国"。经过这一过渡期，中国终由唐末以来的分裂割据再次趋向统一。相对于北方的战乱频仍，南方地区较为安定，中国经济重心由北往南的迁移，至此出现关键的转折。

　　960年建立的宋朝，历时320年而为元朝所亡，后人习分北宋、南宋两大阶段。在此期间，宋王朝与北方少数民族政权辽、西夏、金形成长期的对峙、并存局面。民族之间既有冲突，也有融合，社会、经济、文化皆有长足发展。

　　北宋初期的制度创设，以革除前朝之弊为核心，凸显出内敛、守成的特色，颇见政治上的圆熟。然而，在有效防止武将专横、藩镇割据的同时，也造成冗官、冗兵、冗费与积贫、积弱的后果。庆历新政和王安石变法的失败，说明统治阶层已丧失通过体制内的改革，实现自强自救的能力。两宋时期，南方地区的社会经济堪称突飞猛进，城市的发展及其格局和功能的演变，农业、手工业生产的显著进步，商品贸易的空前活跃等，皆使当时的社会呈现前所未有的新面貌，经济重心的南移终告完成。与此同时，社会结构、社会阶层也发生深刻的变化，社会流动较先前更加频繁。尤令人瞩目的是，宋朝的科技领域迭有发明，居世界领先地位；文化的发展，雅俗并进，高度繁荣，成为后人仰止的巅峰。

第一节
过渡期的混乱与纷争

　　五代十国作为两个统一王朝间的过渡，延续了唐末以来的动荡与分裂。短暂的半个多世纪，中原王朝争战不息，迭经更替，北方为契丹所据，辖境被迫南缩。十国政权虽割土分治，却相对稳定，南方经济得以进一步发展。人心思安，人心思治，终使纷乱中萌发出新的统一趋势。

一、五代更迭与中原战乱

　　自907年唐朝覆灭，至960年宋朝建立，前后54年，是历史上的五代十国时期。"五代"是指中原地区相继建立的梁、唐、晋、汉、周五个王朝，为与以往的同名王朝相区别，史称后梁、后唐、后晋、后汉、后周。

　　与此同时，南方及北方山西地区先后出现吴、前蜀、楚、吴越、闽、南汉、南平、后蜀、南唐、北汉十个地方割据政权，史称"十国"。

　　907年，朱温建立后梁，除今山西大部及河北北部外，基本统一黄河中下游地区。后梁王朝北与山西的沙陀族首领李克用、李存勖父子长期争战，为掠夺资源又南下攻击吴国，连年用兵，耗损巨大，且征敛苛重，引发民众暴动，故国势日趋衰微。

　　923年，已攻取河北的李存勖在魏州（治今河北大名东北）即帝位，建立后唐王朝，是为唐庄宗。同年，庄宗遣军进攻汴州，后梁末帝朱友贞自杀，后梁灭亡。后唐迁都洛阳，统一了华北地区，随后又南下攻灭前蜀。但李存勖宠任伶官，耽于声色，不修朝政，苛剥百姓，统治出现危机，在兵变中被杀。李克用养子李嗣源继位，是为唐明宗。他废除弊政，与民休息，一度呈现小康景象。然而不久，沙陀贵族的内部矛盾日益激化，致使王朝陷于内乱之中。

　　936年，后唐河东节度使、李嗣源的女婿、沙陀人石敬瑭乘朝廷内乱，以割让幽蓟十六州为代价，卑躬屈膝地求得契丹国主耶律德光出兵援助，在太原建立后晋王朝，是为后晋高祖。937年初，石敬瑭攻入洛阳，灭亡后唐；同年，迁都汴州。石敬瑭死后，养子石重贵继位，他改弦易辙，不愿臣服契丹。947年初，耶律德光率军攻下汴州，俘虏石重贵，后晋灭亡。当年，耶律德光在汴州称帝，改国号为辽，然后引兵北返。

▽　石敬瑭为求得契丹出兵，助他夺取帝位，付出的代价极为沉重。45岁的他恬不知耻地称34岁的耶律德光为"父皇帝"，自称"儿皇帝"，每年贡绢30万匹及其他奇珍异宝，并将长城以南北京至山西北部一线幽、蓟、瀛、莫、涿、檀、顺、新、妫、儒、武、云、应、寰、朔、蔚十六州割让给契丹。自此，中原王朝失去北边防守的天然屏障，北方游牧集团的长驱南下由此获得极大便利。这对后世数百年间的政权格局，影响深远。

947年，后晋河东节度使、沙陀人刘知远见后晋被灭，遂在太原称帝。耶律德光引兵北返后，刘知远统兵南下，定都汴州，改国号为汉，正式建立后汉王朝，是为后汉高祖。刘知远死后，群臣内讧，将相争权，继位的隐帝刘承祐诛杀多名权臣后，又派人谋害邺都（治今河北大名东北）留守郭威，激起郭威叛变。

951年初，率军南下的郭威进逼汴州，隐帝为乱兵所杀，后汉灭亡。当年正月，郭威在汴州即帝位，建立后周王朝，是为后周太祖。

后梁以来，华北地区混乱残破的局面在后晋、后汉之际达到最为严重的程度。郭威在位期间，为挽回政治上、经济上的颓势，着手进行改革，国势为之一振，局面出现新的转机。

▽　郭威字文仲，邢州尧山（今河北隆尧）人，据说本姓常，其母改嫁郭氏，遂姓郭，少时应募从军。他出身贫寒，颇知民间疾苦，即位后，虚心纳谏，任用贤能，革除不少前朝弊政。如免除正税之外的苛敛及长期存在的"牛租"；各地不必再向朝廷贡献珍稀食品和土特产；废止政府营田，将田地、耕牛、农具、庐舍等分给营田佃户，充作永业；留心农田水利，鼓励农民开垦荒地。这些举措使百姓的负担有所减轻，故民众较乐于附籍。短短两三年，后周直接控制的编民即增加3万多户。

954年，周太祖郭威去世，34岁的柴荣继位，是为后周世宗。柴荣，邢州龙冈（今河北邢台）人，姑母为郭威之妻，自小随姑母在郭家长大，郭威爱其谨慎敦厚，将内侄收为养子，家事皆委其处理。后周时，官至开封府尹，判内外兵马事，爵封晋王。史书称其"器貌英奇，善骑射，略通书史、黄老，性沉重寡言"。柴荣雄才大略，为五代最有作为的君主，即位后，在郭威的基础上继续推进一系列的整顿与改革。

政治上，整顿纪纲，肃清吏治，严惩贪污、失职的官员，纠正科举弊端；整理现行法律，删繁就简，编成《大周刑统》，使全国遵守统一的法律文本。

经济上，招民开垦无主荒田；颁布《均田图》，派遣官吏分赴州县，核查河南等地60州耕地，按田亩数均定赋税；兴修水利，恢复漕运，扩建京城开封，扶植城市工商业；抑制佛教，废除大量寺庙，使僧尼还俗为编户。

▷ 佛教传入中国后，历代王朝都有准许寺院占田、免除赋役的规定。随着寺庙的大量兴建，其占有的土地与劳力不断增加，国家的赋税收入颇受影响。历史上，北魏太武帝、北周武帝和唐武宗三次大规模的抑佛毁寺之举，即著名的"三武灭佛"，除其他因素外，经济问题实为重要的原因。继"三武"之后，周世宗又一次大兴抑佛之举。显德二年（955）下诏，禁止私自剃度僧尼，除朝廷赐额特许的2694所寺庙外，其余30336所寺庙全部停废，所废寺庙共有僧尼61200名，皆令还俗，编入户籍。此外，还下令收购民间铜制佛像、法器之类，铸为铜线。

军事上，严申军纪，赏罚分明，力纠骄兵悍将飞扬跋扈的旧习；着力整顿中央禁军，裁汰老弱，选留精锐，招募各地壮士入伍，组成一支精良的殿前常备军。周世宗的强兵之术成效明显，史称"士卒精强，近代无比，征伐四方，所向皆捷"。

周世宗的各项改革举措，其实皆围绕其心中的首要目标——开疆拓土，统一全国。他即位的次年便与群臣商讨统一大业，比部郎中王朴条分缕析前朝之失，认为意欲外拓疆土，必先整顿内部，并就统一战争提出先易后难，先南后北，各个击破的战略方针，世宗"欣然纳之"。

▷ 据《资治通鉴》记载，王朴提出："凡攻取之道，必先其易者。唐（指南唐）与吾接境几二千里，其势易扰也"，待其民疲财竭，"乘虚取之。如此，江北诸州将悉为我有。既得江北，则用彼之民，行我之法，江南亦易取也。得江南则岭南、巴蜀可传檄而定。南方既定，则燕地（指契丹）必望风内附，若其不至，移兵攻之，席卷可平矣。惟河东（指北汉）必死之寇，不可以恩信诱，当以强兵制之。……宜且以为后图，俟天下既平，然后伺间，一举可擒也"❶。周世宗及宋朝初年的统一战争，基本上遵循了这一战略方针。

显德二年（955），周世宗出兵进攻后蜀，收取秦、凤、成、阶四州。此后，三次亲征南唐，占领江北、淮南十四州。显德六年（959），乘辽朝内乱之机，率军分水陆两路北伐，收复北方幽、蓟一线的瀛（今河北河间）、莫（今河北任丘）、易（今河北易县）三州以及瓦桥、益津、淤口三关。当年五月，他欲乘胜进取幽州时，突患重病，被迫班师回朝；六月因病逝世。未竟的夙愿只能留待后人去实现。

▽　史载，周世宗英气勃勃，志向远大，唯恐天不假年，功业不就，故向精于术数的王朴询问："朕当得几年？"王朴回答："臣固陋，辄以所学推之，三十年后非所知也。"世宗喜曰："若如卿言，寡人当以十年开拓天下，十年养百姓，十年致太平，足矣！"❷可惜其在位仅五年六个月。世宗虽未实现自己的抱负，但确实为北宋的统一事业奠定了基础。

二、十国割据与地方治理

十国政权多由唐末地方军阀的割据势力演变而来。位于南方的九国中，前蜀与后蜀，吴与南唐，为前后相继的两个政权。山西的北汉是唯一建于北方的割据政权。

前蜀。神策军（禁军）将领王建出任壁州（今四川通江）刺史后，在当地组织武装，于891年攻取成都，其后，逐渐占有四川全境。903年，唐朝封王建为蜀王。907年，王建称帝，国号蜀，定都成都，史称前蜀（图7-1）。其辖境最盛时，除四川、重庆外，兼有今甘肃东南部、陕西南部和湖北西部。当时，不少文人学士避乱奔蜀，王建多予以任用，社会比较安定，经济平稳发展。其子王衍继位后，奢侈荒淫，政治败坏。925年，为后唐所灭。

后蜀。后唐灭亡前蜀后，任命孟知祥为西川节度使。孟知祥整顿吏治，减轻苛税，境内渐趋安定。932年，孟知祥杀东川节度使，兼

图7-1

全国重点文物保护
单位前蜀主王建墓

有东川之地；次年，被后唐封为蜀王。934年，孟知祥称帝，国号蜀，仍以成都为国都，史称后蜀。在孟知祥、孟昶父子统治时期，社会经济继续发展，文化事业也颇有起色。五代十国时期，后蜀和南唐同以经济文化发达而闻名。965年，为宋朝所灭。

　　吴。庐州刺史杨行密在唐末军阀混战中逐渐扩展自己的势力，892年，他被唐朝任命为淮南节度使，拥有淮南二十八州之地。902年，唐朝又封他为吴王，杨行密遂定都扬州，建立割据政权。辖境盛时约为今江西全省及江苏、安徽、湖北的一部分。其子杨溥即位后，于927年称帝。937年，权臣徐知诰废杨溥自立，吴亡。

　　南唐。937年，徐知诰废吴帝自立，迁都金陵（今江苏南京），自称是李唐宗室后裔，改姓名为李昪，改国号为唐，史称南唐。李昪执掌吴国权柄时，以及建立南唐后，皆能以保境安民为念，轻徭薄赋，休兵息戈，使社会经济在相对安定的条件下得以迅速发展，出现"旷土尽辟，桑柘满野"的繁荣景象。同时，他兴科举，建学校，文化事业也颇为昌盛。因此，南唐号称"地大力强，人才众多"，为南方地区最为富强的割据政权。李昪死后，其子李璟继位，国势尤盛，而后渐趋衰落，958年向后周称臣。其后继位的李煜，以擅长文艺，

❶　司马光：《资治通鉴》卷二九二，周世宗显德二年三月丙辰，中华书局1956年版，第9526页。

❷　陶岳：《五代史补》卷五《世宗问王朴运祚》，台北新文丰出版公司1989年影印《丛书集成续编》版，第274册，第97—98页。

精于作词著称，政治上则无所作为。976年初，宋军攻陷江陵，李煜被俘，南唐灭亡。

吴越。893年，钱镠升任镇海节度使，后又兼任镇东节度使，遂辖有浙东、浙西十一州。902年，唐朝封他为越王，904年，又封他为吴王；907年，后梁封他为吴越王。他以杭州为都城，割据一方，辖境最盛时据有太湖周边十三州，约为今浙江全省及江苏西南部、福建东北部。吴越较相邻的吴及后来的南唐弱小，为求自保，钱镠及其后继子孙皆向中原王朝称臣、纳贡，且尽力与吴及南唐通和，故长期保持比较安定的局面，并无重大战争。钱镠在位时颇注重兴修水利，发展生产。他修筑钱塘江石塘，置龙山、浙江两闸，以防潮水内灌；又设都水营使，专管治河筑堤，发展了太湖一带的圩田。当时，吴越境内的农业及丝织、造纸、陶瓷等手工业，都在唐代的基础上有较大推进，并且通过海路与北方及海外进行贸易往来。钱镠还致力于杭州的扩建和西湖的疏浚，西湖风景区由此初具规模。他晚年礼敬文士，文化事业也比较昌盛。宋朝攻灭南唐后，吴越主钱俶深感恐慌，978年入朝，尽献所据土地，全家迁汴，吴越亡。

闽。唐朝末年，王潮、王审知兄弟在南安（今属福建）发动兵变，占领泉州。893年，攻占福州，并逐渐扩展势力范围，据有泉、福、汀、建、漳五州之地，于是以福州为都，形成武装割据。唐朝先后任命王潮为福建观察使、威武军节度使。王潮死后，其弟王审知继立。909年，后梁封王审知为闽王。他深知闽地境狭地僻，势单力薄，难与邻近诸国抗衡，遂力求保境安民，外则称臣纳贡于中原王朝，与邻国通好，内则勤修政事，轻徭薄赋，致力于经济文化的发展。他利用泉州、福州等天然良港，大力促进海外贸易，为后世海外交通的大发展奠定了基础。王审知死后，后继者皆昏庸腐败，国势衰微。945年，为南唐所灭。

楚。马殷于唐末任湖南节度使后，四出扩张，拥有二十余州之地。907年，后梁封他为楚王，927年，后唐又封他为楚国王。他以潭州（今湖南长沙）为都，建立割据政权，辖境盛时约为今湖南全省及广西东北、广东西北、贵州东部一带。楚受吴及南唐的威胁，故向中原王朝称臣纳贡以自保，并获得许可，以茶叶换取中原的丝织品和战马，获利颇丰。楚不纳商税，境内较安定，四方商贾纷至沓来，也促进了境内经济发展。马殷注重开发湘中、湘西地区，鼓励植桑养蚕，使丝织业大盛。马殷死后，后继者奢侈腐败，内讧不断，951年为南唐所灭。

　　南汉。905年，唐朝任命刘隐为清海军（岭南东道）节度使；后梁又先后封他为南平王、南海王。他收罗外来人才，逐渐扩展势力，控制了岭南地区。刘隐死后，其弟刘龑继立。917年，刘龑称帝，国号大越，以广州番禺（今广东广州）为都，次年改国号为汉，史称南汉。其辖境盛时约为今广东、广西两省及云南的一部分。刘龑推行文人政治，诸州刺史皆用文官，并通过科举录用文士，意在防止武将拥兵自重。但刘龑及其后继者均荒淫残暴，刑酷赋重，故民变频起。971年，为宋所灭。

　　南平，也称荆南。朱温建立后梁后，于907年派部将高季兴出任荆南节度使。高季兴以荆州（今湖北荆州市荆州区）为据点，谋划割据。924年，后唐封高季兴为南平王，南平俨然成为一个独立王国。但其辖境仅荆、归、峡三州，在十国中最为弱小。因此，高季兴及其后继者始终保持谦恭的姿态，对南北称帝诸国一概上表称臣，以求和平相处；经济上则利用其地处交通要道的便利，依靠征收商税和掠夺过境财物来维持财政开支。963年，为宋所灭。

　　北汉。郭威建立后周后，后汉河东节度使刘崇（刘知远弟）割据山西，于951年在太原称帝，仍以汉为国号，史称北汉。979年，为宋朝所灭。

　　相对于中原王朝的频繁更迭，兵燹连年，南方诸国处于比较和平、稳定的状态。在互相抗衡、制约的格局中，各国出于自保的考虑，皆致力于促进境内的农业生产，重视和鼓励工商业的发展，使南方经济跃进到一个前所未有的高度，与迭经战火摧残、经济严重衰退的北方形成强烈反差。经过各国的治理与开发，以苏州、杭州为中心的江浙地区，以成都为中心的四川地区，以扬州为中心的江淮地区，皆成为新兴的蓬勃发展的经济中心，而福建、湖南、岭南等地的社会经济也有长足进步。中国古代的经济重心，曾经历了一个由北向南转移的历史过程，南方开始超越北方的转折点即出现在五代十国时期。

第二节
民族政权的多元并立

　　取后周而代之的宋朝，再次实现全国的统一。宋初统治者虽在加强皇权和防范武将乱政上颇获成功，却留下日益严重的冗官、冗兵、冗费问题。宋朝与北方民族的对抗，也始终处于下风，以致形成民族政权长期对峙、多元并立的局面。

一、北宋的建立及其基本国策

　　周世宗病逝后，年仅7岁的儿子柴宗训继位，是为后周恭帝。禁军将领殿前都点检、归德军节度使赵匡胤见主幼国疑，人心浮动，遂谋划篡周自立。赵匡胤出身将门，祖籍涿郡（今河北涿州），生于洛阳，最初在郭威帐下从军，后周时，获柴荣赏识，因战功卓著，逐步升任为殿前都点检。禁军高级将领慕容延钊、石守信、王审琦、高怀德等，皆为其密友，他身边则有足智多谋的赵普及同母弟赵光义等人为之出谋划策。

　　显德七年（960）正月初一，后周朝廷商议边地所上奏报，称契丹与北汉联兵南侵，宰相范质、王溥等决定派赵匡胤率军抵御。初三晚上，大军行至开封东北40里的陈桥驿（今河南封丘东南陈桥镇），发生兵变；次日凌晨，赵光义、赵普授意将士将黄袍加在赵匡胤身上，拥立他为皇帝。当日，赵匡胤率军返回，在石守信、王审琦等人接应下，顺利进入汴京，迫使恭帝禅位，建立宋朝，仍都汴京。后人习称1127年之前的宋朝为"北宋"，之后，为"南宋"。

　　宋太祖赵匡胤即位三年后，即着手进行统一战争，963年，灭南平及湖南的割据势力；965年，灭后蜀；971年，灭南汉；976年1月1日，灭南唐。太祖死后，赵光义继位，是为宋太宗，继续推进统一大业。978年，太宗迫使吴越主钱俶及漳州、泉州一带的割据势力相继纳土归附。979年，太宗亲自率军攻灭北汉。至此，持续二百余年的分裂割据局面终告结束。

太祖、太宗在致力统一的同时，又从防止晚唐、五代弊政考虑，在制度层面进行一系列的改革与创置，将政权、兵权、财权、立法与司法权集中在皇帝手中，严防文臣、武将专擅独裁，形成适应赵宋王朝需要的中央决策系统及相应的运行机制。

图7-2

明代刘俊所绘《雪夜访普图》，描绘了宋太祖夜访谋士赵普共商军国大事的情景

对晚唐、五代以来，因武将权重导致藩镇割据、王朝频繁更替的弊端，太祖深有体验。即位的次年，他便就此向赵普询问对策："吾欲息天下之兵，为国家长久计，其道何如？"赵普回答："方镇太重，君弱臣强而已。今所以治之，亦无他奇巧，惟稍夺其权，制其钱谷，收其精兵，则天下自安矣。"❶（图7-2）太祖对赵普的建议极为赞赏，不仅用以对付武将，还推广至各个方面，以此加强中央集权，解决"君弱臣强"的问题。不久，他通过"杯酒释兵权"的方式，夺去禁军将领石守信、王审琦等人的兵权。殿前都点检、副都点检之职，因军权过重，皆废而不置。禁军由资望较低的次一级军官统领，以便控制，且时常易置和更调，使"兵无常将，将无常师"；又行更戍法，令军队驻地经常更换，借以防范士兵与将领、军队与地方之间，结成盘根错节的关系。为解决藩镇割据问题，太祖、太宗取消各地节度使兼领驻地附近若干州郡（支郡）的制度，缩小其辖区和权力，将藩镇的财权和司法权收归中央，令藩镇选拔属下精兵补充中央禁军，并逐步撤罢藩镇，将节度使陆续调入汴京，解除兵权，担任闲职。

    ▽　史书上关于"杯酒释兵权"的记载极富戏剧性。建隆二年（961）某晚，太祖邀石守信等人宴饮。酒酣，太祖屏去左右，曰："我非尔曹不及此，然吾为天子，殊不若为节度使之乐，吾终夕未尝安枕而卧。"诸将顿首

---

❶　李焘：《续资治通鉴长编》卷二，宋太祖建隆二年七月戊辰，中华书局1979年版，第49页。

曰："今天命已定，谁复敢有异心，陛下何为出此言耶？"太祖曰："人孰不欲富贵，一旦有以黄袍加汝之身，虽欲不为，其可得乎？"诸将曰："臣愚不及此，惟请陛下开导。"太祖曰："人生驹过隙尔，不如多积金，市田宅，以遗子孙，歌儿舞女，以终天年。君臣之间无所猜嫌，不亦善乎。"诸将曰："陛下念及此，所谓生死而肉骨也。"明日，石守信等人皆称病辞职，太祖欣然同意，任以闲职，为其修建府第，赏赐极为丰厚。❶其后，太祖又以类似的方式，解除多名节度使的兵权。历史的细节是否如上所述，或可存疑，但太祖以土地财物换取众将的兵权则为事实。这一温和平稳的方式，避免了有可能激发的矛盾与冲突，确有其高明之处。

北宋沿用唐朝中期以来的雇佣兵制度，军队的编制、使用、分布、屯驻贯彻"强干弱枝""守内虚外"的方针。宋朝军队分为禁军、厢军、乡军、蕃军四种。禁军是中央军、正规军，为宋军的主干和精锐所在，士兵皆挑选年轻力壮、骁勇善战者充当，主要布防在京师及军事要地。厢军是正规军中的地方部队，士兵多为禁军选取精壮后留下的老弱者，职责是维持地方安全，也从事各种劳役。乡军是保卫乡土的非正规地方军。蕃军是边地少数民族组成的非正规边防军。后三者属宋军的末枝，战斗力远不如禁军。兵力部署，京师也较地方精良雄厚得多。太祖时，禁军近20万，一半驻守汴京，一半分驻外地，其意即在于强化京师保卫力量，弱化地方武装。

为防止宰相专权，太祖又对中央政府的中枢机构加以改革。北宋以同中书门下平章事为宰相，常设若干人，官署名为中书门下，简称中书，也称政事堂。为不使宰相事权过高，太祖又增设参知政事若干人为副宰相，分担一部分职责。此外，将前朝权宜设置过的枢密使（枢密院长官）和三司使确定为常设官员。枢密使负责军政大权，分去宰相的军权，中书门下与枢密院对称"二府"。号称"计相"的三司使负责财政大权，分去宰相的财权。宰相主政，枢密使主兵，三司使主财，三权分离，各不统属，凡事皆须通过皇帝。而且主兵的枢密使虽可发号施令，却不统领军队，高级将领虽统领军队，却无制令之权，于是，二者互相牵制，都无法发动兵变。

为加强对地方的控制，太祖、太宗时规定，州郡长官由中央派遣文臣担任，一般三年一任，长官之外又设置通判，使二者互相牵制。州郡之上又设路，太宗时，全国分为15路，各路皆设转运使、提点刑狱等官员，相当于中央的特派员，总管所辖州郡的财赋、司法等事务，并有监察辖区内州县官吏的权力。

宋初还发展、完善了隋唐以来的科举制。太祖晚年亲自在讲武殿主持考试，此后，殿试成为制度。太宗更加重视"文治"，科举取士的名额大为增加，每科录取人数由先前的数十人猛增至数百人，甚至上千人，科举考试遂成为选拔官员的主要途径。

宋朝承五代乱极之世，太祖、太宗从加强中央集权，防止前朝弊政出发，推行一系列以重文抑武、强干弱枝、守内虚外为基本原则的立国举措，对消弭武将坐大、藩镇割据的现象，实现并维护全国统一的局面，巩固赵宋王朝的统治，可谓卓有成效。以较为宽容、温和的驭下之术，维系统治阶层内部的相对稳定，通过制度调整，保持权力制衡，防范将相、后妃、外戚、宗室、宦官等专权乱政，也有其独到之处。故后代史官在《宋史》中对太祖备加赞誉："三代而降，考论声明文物之治，道德仁义之风，宋于汉、唐，盖无让焉。"

▽　宋代即有传闻，说太祖曾密镌誓碑，藏于太庙，告诫子孙善待柴氏后人，不得杀士大夫及上书言事者。虽后世学者或疑此事真伪，但除某些例外，太祖、太宗确实对功臣和士大夫，包括各国的降王、降臣，比较优容，其后的历朝宋帝也无大开杀戒之举，故与前之汉，后之明，形成鲜明对照。赵翼在《廿二史札记》中评论说："角力而灭其国，角材而臣其人，未有不猜防疑忌而至于杀戮者，独宋初不然。……于此见宋太祖、太宗并包天下之大度，震服一世之神威，非诈力从事者所可及也。后之论者，往往谓宋开国之初即失于弱，岂知不恃诈力以为强者，其强更甚也哉！"[2] 帝国时代的王朝，除两汉外，宋朝国祚最久，其间不无可借鉴之处。

太祖、太宗的基本国策自然有其偏颇之处，而后继者恪守"祖宗家法"，不能因时制宜，变革改进，更导致日益严重的流弊，这也是事实。对武将的猜防，对士兵的钳制，兵将分离所造成的将帅无权、指挥失灵，皆严重削弱军队的战斗力，故与辽、西夏、金的对抗，无法取得优势。以增设官职，分散各级政府权力的手段，达到权力制衡的目的，致使官僚机构空前臃肿庞大，叠床架屋，人浮于事，行政效

❶　脱脱等：《宋史》卷二五〇《石守信传》，中华书局1977年版，第8810页。
❷　赵翼著、王树民校证：《廿二史札记校证》卷二四《宋初降王子弟布满中外》，中华书局1984年版，第520—521页。

率低下。而官僚和军队的不断膨胀，又使国家财政不堪负担。凡此种种，都对赵宋王朝日后的统治产生深远影响。

二、北宋与辽、西夏的抗衡和并存

北宋继隋、唐之后再次实现全国的统一，然而，其与前之汉、唐，后之元、明、清的"大一统"有所差别。宋的"统一"只是在五代中原王朝以及十国政权所控制的疆域内，结束了分裂割据的局面，使各地直属中央政府管辖。若从盛唐时期的疆域看，宋的统一便有其相对局限性，因为在中国的北方地区有辽、西夏及后来崛起的金。辽、西夏、金已非周边附属性的民族政权，而是在政治、军事、经济等方面都足以与宋长期抗衡的少数民族王朝。因此，在大中国的范围内，宋朝与辽（后为金）、西夏形成鼎峙而并存的格局。

辽为契丹族建立的王朝。契丹是活动于潢河（今内蒙古西拉木伦河）、土河（今内蒙古老哈河）交汇处的游牧民族，约于唐初形成部落联盟。唐朝后期，藩镇割据，政局混乱，契丹迅速崛起。耶律阿保机于901年继任夷离堇（联盟军事首领）后，率兵马四处扩张，出击邻近的奚、室韦、女真等族，南侵唐朝的河北、河东地区，大肆掳掠，取得一系列军事上的胜利。907年，阿保机凭借实力和才略成为契丹诸部可汗。其后，阿保机采纳一些汉族谋士的建议，统一契丹各部，于916年仿照汉族王朝体制建立国家政权，国号契丹，自称天皇帝，是为辽太祖。阿保机在位期间，在潢河北面营建了皇都（在今内蒙古巴林左旗南），创制了契丹文字（图7-3），修订了首部成文法典《决狱法》，并积极开疆拓土，向西征服了诸多游牧部落，向东攻灭了渤海国，向南不断深入汉地掠夺。

图7-3

契丹文铜镜

▽　阿保机建立契丹国后，耶律德光于947年改国号为辽。983年，辽圣宗再改国号为契丹。1066年，辽道宗复改国号为辽。但习惯上，自916年阿保机称帝建国，至1125年为女真所灭，统称辽朝。阿保机时营建的皇都，后经耶律德光数次扩建，改称上京。辽朝前后共设五京，除上京外，还有中京（在今内蒙古宁城大明镇）、东京（今辽宁辽阳）、南京（今北京）、西

京（今山西大同）。辽朝中叶以后，皇帝常驻中京。

926年，阿保机病逝，继位的辽太宗耶律德光继续扩展领土，取得幽蓟十六州后，势力已延伸到今河北和山西北部的汉族地区。其版图最盛时，"东至于海，西至金山（阿尔泰山），暨于流沙，北至胪朐河（今克鲁伦河），南至白沟（今河北高碑店东白沟河），幅员万里"。中世纪欧洲人多称中国为Cathay，即从"契丹"的发音演变而来。当时，辽境内的汉人、渤海人主要从事农业，契丹人、奚人等主要从事畜牧业，辽朝统治者不拘泥传统，务实求变，明智地实行"南北面官制"，以两种不同的政治制度分别管辖境内的不同民族。

▽　《辽史》记载：辽朝"官分南北，以国制（契丹旧制）治契丹，以汉制待汉人。国制简朴，汉制则沿名之风固存也"。中央分设南、北两套官制系统，官署分别设于皇帝宫帐的南面与北面。南面官多由汉人担任，也杂用契丹人，北面官则多为契丹人。立朝时，皇帝与南面汉官穿汉服，太后与北面官员穿契丹服。日常行政，"北面治宫帐、部族、属国之政；南面治汉人州县租赋、军马之事。因俗而治，得其宜矣" ❶　其法律也分蕃、汉，断案判刑，对契丹及其他游牧民族一般采用蕃律，对汉人与渤海人则依据汉律。

宋朝建立后，与辽形成冲突，发生数次战争。太平兴国四年（979），宋太宗统兵灭北汉后，乘胜攻辽，进军幽州（辽南京，今北京），结果在幽州城外的高梁河惨遭大败，宋太宗负伤，仓皇逃归。

雍熙三年（986），宋太宗再次发兵，分东、中、西三路，大举北伐。开战初期，宋军虽取得一定进展，但最终仍遭败绩，全线撤退。此后，宋朝被迫放弃收复北方失地的计划，对辽转而采取守势。

▽　雍熙北伐，以潘美为主帅、杨业为副帅的西路军进展顺利，收复寰、朔、应、云四州。东路军溃败后，西路军奉命撤退。监军王侁和主帅潘美指挥失误，且怯阵先退，致使断后的杨业陷入重围。杨业孤军搏斗，百余部下包括其子杨延玉皆浴血死战，无一生还。杨业受创数十处，仍奋力拼

---

❶　脱脱等：《辽史》卷四五《百官志一》，中华书局1974年版，第685页。

杀，手刃敌军上百人，最后中箭被俘，绝食而死。其后，杨业的儿子杨延昭、孙子杨文广也久镇边陲，为北宋抗击辽、夏的名将。杨业一门的事迹早在北宋仁宗时已流传于民间，南宋以来，"杨家将"的故事更通过评话、戏曲等形式被后人广为传诵。

宋真宗景德元年（1004）秋，辽圣宗与萧太后率军20万南下奔袭，十一月，进至黄河北岸的澶州（又名澶渊，今河南濮阳）。宋朝廷惊慌失措，多人提出迁都南逃的建议，宰相寇准主张抵抗，力劝真宗亲征，真宗勉强接受。十一月二十日（1005年1月3日），真宗自汴京出发，二十六日抵达澶州南城，随即渡过黄河，登上北城督战，宋军士气大振。在此之前，辽军大将萧挞览（一作凛）中宋军伏弩身亡，辽军士气受挫。十二月，双方正式举行和谈，达成协议，史称"澶渊之盟"。和约规定：宋与辽以兄弟相称；宋每年给辽银10万两、绢20万匹；双方停战，各守旧界（以白沟为界）。

此后，宋、辽之间保持了百余年的和平友好关系，双方得以在边境地区恢复和发展农业生产，并通过"榷场"进行经济文化交流。显然，战争状态的结束，有利于双方的社会安定和经济发展。

西夏为党项族建立的政权。党项属羌族的一支，也融合了鲜卑族，原在今青海省东南部黄河河曲一带过着游牧生活，隋唐之际，形成诸多部族，逐渐向外扩展。其后，因吐蕃北上扩张势力，党项诸部受其侵逼，纷纷归附唐朝，陆续内迁至今甘肃东部、宁夏、陕西北部地区。其中，入居夏州（治今陕西靖边东北白城子）一带的党项拓跋部最为强大。唐末，该部首领拓跋思恭因参与镇压黄巢起义，被唐朝任命为定难军节度使，统领夏、绥、银、宥四州，爵封夏国公，赐姓李。自此，夏州拓跋氏改称李氏。历经唐末五代，这一党项割据政权一直以藩镇身份，与中原王朝维持臣属关系。

宋朝建立后，太祖承认党项李氏的割据地位，以换取其臣服。太宗时，党项李氏因内讧出现分裂，宋朝廷乘机收回其割据的夏、绥等州。党项李氏贵族李继迁联合党项诸部反宋，他向辽朝称臣请婚，获封夏国王，与辽结成掎角之势，不断攻掠宋朝。真宗时，李继迁成功运用时叛时降的策略，不仅恢复原先的割据地盘，还攻克战略要地灵州（治今宁夏灵武西南）。他在灵州建都，改名西平府。李继迁死后，其子李德明嗣位。他周旋于辽、宋之间，既向辽请求册封，获大夏国王的封号，又与宋达成和约，被真宗任为定难军节度使，封西平王，同时，全力向西拓展，控制了河西走廊。李德明死后，雄心勃勃的长子元昊嗣位。他弃用汉姓，废去辽、宋封号，继续开疆拓土，将李德明所建新都兴州（治今宁夏银川）升为兴庆府，仿照唐宋都城建制，扩建宫城，营造殿宇，并创制文字，颁行官制，改革兵制，更定仪服、礼乐制度，准备建国称帝。1038年，元昊正式称帝，国号大夏，史称西夏。其版图东尽黄河，西界玉门，南接萧关，北控大漠，包括今宁夏全部、甘肃大部、陕西北部及青海、内蒙古的部分地区。

> 西夏官制与辽朝南北面官制颇为相似，也分别设立汉官和党项官两个系统，蕃汉并行，蕃汉分治。其中，汉制官职仿照宋朝，官员由党项人和汉人分别担任，以中书省和枢密院分掌行政与军事，长官为中书令和枢密使，下设十六司，后又增设尚书令，总管十六司。此外，有三司管财政，御史台掌监察。元昊还通过更新兵制，将党项的部落军事组织改造为国家常备军，进一步增强了战斗力，全国总兵力可达50万人。

元昊称帝后，背弃和约，大举进攻，夏、宋之间爆发激烈冲突。宋仁宗时的三次大战：1040年的三川口战役、1041年的好水川战役、1042年的定川寨战役，宋军皆遭大败，损失惨重。连年鏖战，使双方都陷入兵疲财竭的困境，不得不罢战议和。庆历四年（1044），宋、夏达成和议：宋册封元昊为夏国主，西夏取消帝号，宋、夏名义上以君臣相称；宋每年以各种名义给予西夏"银、绢、茶、采，凡二十五万五千"❶。此后，双方维持了近30年的和平相处关系，边境重开榷场，恢复了互市贸易。

自元昊建国称帝，至1227年为蒙古所灭，西夏一直是并立格局中的一方。西夏王朝的建立实现了中国西北地区的局部统一，其190年的统治，对辖境内的民族融合和社会经济发展，都起了积极的作用（图7-4）。

> 西夏境内的居民除党项人外，还有汉人、吐蕃人、回鹘人等。当地的社会经济，原先以游牧为主，自李继迁提倡农业、兴修水利以来，农业生产也有所发展，河西、陇右地区出现农牧两旺的景象。西夏的手工业很有

❶　脱脱等：《宋史》卷一一《仁宗纪》，中华书局1977年版，第219页。其中银72000两，绢153000匹，茶30000斤。

图 7-4
西夏王陵

特色，冶铁和兵器制作颇为发达，所造弓弩、佩剑和甲胄闻名遐迩。西夏文化深受汉文化的影响，大量的经史、诸子著作由汉地输入，诸多汉文典籍被译成西夏文，或依据汉籍编译新著。民族文化的交流与融合造就了独具特色的西夏文化。❶

三、北宋的改革尝试及其失败

宋初确立并推行的一系列政策，其弊端在第三代皇帝真宗时已明白显露，其后，问题越来越严重。

北宋前期任官制度有"官""职""差遣"之别。"官"指寄禄官，仅用以确定品级和俸禄，如谏议大夫、光禄卿之类，与实际职掌无关。"职"是一种加官，如学士、直学士之类，为授予某些有名望的中高级文官的虚衔。"差遣"是职事官，为官员所担任的实际职务，如知州、知县之类。当时，通过恩荫、科举、进纳、军功等途径进入官僚队伍的人数不断增多，但差遣之额有限，因此，担任官职，领取俸禄，却不掌管具体事务的现象十分普遍，故史称："居其官不知其职者，十常八九"。而宋朝中高级官员的待遇非常优厚，财政负担可想而知。

▽　宋代的恩荫入仕极滥，高官除荫子孙外，还可荫及旁系亲属和门客，宗室子弟在襁褓中即可当官。以阁门祗候为例，宋初仅三、五员，真宗时，

"逾数百而除授未已"。包拯的奏疏称，真宗时，文武官员共9785人，仁宗时，已达17300多人。上述数字还不包括等候差遣空缺的候选官员，若一并计入，数量将翻以数倍。诚如宋祁所揭示的："一位未缺，十人竞逐，纡朱满路，袭紫成林。"

宋朝军队战斗力低下，为应对内忧外患，不得不以增加数量来弥补，致使兵员数急剧上升。据《宋史·兵志》记载，由政府出钱雇佣的禁军和厢军，太祖时为37.8万人，太宗时为66.6万人，真宗时为91.2万人，仁宗时为125.9万人。建国未满90年，军队数量即增加了两倍多，庞大的军费开支消耗了财政收入的大半。

> ▽ 仁宗时，大臣富弼感叹："自来天下财货所入，十中八九赡军，军可谓多矣，财可谓耗矣。"英宗初年，蔡襄上《论兵十事》疏，统计了全国钱、帛、粮、草四项收支及军费开支。钱的支出，军费占30%；帛的支出，军费占103%；粮的支出，军费占76%；草的支出，军费占85%。❷

由冗官、冗兵及皇室的挥霍浪费所造成的冗费，使国家财政捉襟见肘，入不敷出。仁宗庆历以后，财政多年亏空，差额达300万缗；至英宗治平二年（1065），财政赤字更高达1570余万缗。为此，朝廷上下忧心忡忡，改革时弊，挽救危机，愈益成为群臣热议的话题。早在真宗初年，扬州知州王禹偁即上疏建言，主张减冗兵，并冗吏，慎选官，汰僧尼，节制浪费。仁宗时，判礼院宋祁也提出去三冗，节三费的建议。

庆历三年（1043），仁宗迫于形势，任用范仲淹为参知政事，富弼、韩琦为枢密副使，欧阳修等为谏官，责成他们针对当世急务，条陈对策，以图更张。范仲淹字希文，苏州吴县（今江苏苏州）人，为官清正敦厚，颇有政绩，在士大夫中极有声望（图7-5）。他关心国计民

图7-5
明人所绘范仲淹画像

---

❶　参见李范文主编：《西夏通史》第十、十一章，人民出版社、宁夏人民出版社2005年版。

❷　蔡襄：《端明集》卷二二《论兵十事》，《景印文渊阁四库全书》第1090册，台北商务印书馆1986年影印本，第515—516页。

生，以天下为己任，此前已多次上书朝廷，主张革新。任参知政事的当年，他在富弼、韩琦、欧阳修等人支持下，向仁宗奏上《答手诏条陈十事》疏，提出一套以整顿吏治为中心的改革方案。仁宗采纳范仲淹等人的建议，连续颁布数道诏令，推行改革。史称"庆历新政"。

> ▽   范仲淹提出的十项改革举措为：明黜陟，改革据年资升迁的磨勘制度，提拔官员注重实绩。抑侥幸，限制恩荫特权，减少冗官。精贡举，改革科举制度，选拔有真才实学者入仕。择官长，严格选任地方官员，不称职者一律罢免。均公田，纠正官吏职田不均的现象，促使其廉洁奉公。厚农桑，兴修水利，发展生产。修武备，仿府兵制，招募精壮卫士。减徭役，合并州县，减轻民间徭役。覃恩信，督责地方官员落实朝廷恩泽。重命令，严肃政令，取信于民。显然，其绝大部分措施皆针对吏治，意在限制冗官，提高效率，并借以达到节省财用的目的。❶

由于庆历新政涉及统治阶层的财产、权力再分配问题，直接触及上层官僚集团的既得利益，实施不久便遭到激烈反对。对新政的谤议一时甚嚣尘上，力主改革的官员皆被指斥为"朋党"。原先寄希望通过新政"兴致太平"的仁宗出现动摇，心生疑忌。庆历五年初，范仲淹、富弼、韩琦、欧阳修等相继罢官，新政仅持续一年多即告夭折，所推行的改革举措也废除殆尽。

庆历新政失败后，"三冗"现象愈演愈烈，与之相应的积贫、积弱问题也愈益严重。随着危机的加深，有识之士的改革呼声再趋高涨。时人多将变法更新的希望寄托在才高学富，极负盛名的王安石身上。王安石字介甫，抚州临川（今江西抚州）人，庆历进士，曾历任多处地方官，仁宗嘉祐时，王安石任三司度支判官，上万言书主张变法，虽未被采纳，但在朝野形成很大反响，由此颇负时望。当时舆论称其"独负天下大名三十余年"，"远近之士，识与不识，咸谓介甫不起而已，起则太平可立致，生民咸被其泽矣"❷。

英宗死后，19岁的神宗继位。神宗年轻而有朝气，力图有所作为，因素闻王安石之名，即位不久便召其入京，商讨兴国之策。君臣晤谈，甚为投契，遂就变法事宜形成共识。熙宁二年（1069），神宗任王安石为参知政事；随即，又专设制置三司条例司，作为主持变法的机构，由王安石等人领衔，筹划并制定各项新法。变法的大幕自此揭开，史称"熙宁新法"，今人习称"王安石变法"。次年，王安石升任同中书门下平章事，变法进入高潮。

自熙宁二年起，一系列新法陆续颁行，其核心为理财，也涉及强兵和育才。

理财方面有：均输法，规定发运京师的物资皆据京师库藏和各地物资的实际情况，按"徙贵就贱，用近易远"的原则采办，以稳定物资价格。青苗法，青黄不接之际，贫困农户往往须借高利贷，现由官府贷钱物给农户，本金加40%利息随夏秋二税一同缴还。免役法，原由主户上三等户承担的职役，现改为出钱雇人服役；原承担职役的主户按户等缴纳免役钱；原不必服役的人户也须按户等半数出钱，称助役钱；在所需役钱之外，另加征20%，称免役宽剩钱。市易法，在大城市中设市易务，以平抑物价，并让商贾以40%年息率赊购市易务库存货物转销各地。方田均税法，丈量耕地，清查逃税漏税，均定税额高低。

强兵方面有：保甲法，统编农户，不分主户、客户，设保、大保、都保，训练壮丁，组织民兵，与募兵相辅，省养兵之费。保马法，在京东、京西等五路，保甲可自愿养马，减免部分赋税。将兵法，将禁军划分若干辖区，置将练兵，将领统军，改变兵将分离的旧制。

育才方面：改革科举、学校制度，选拔真正有才干的俊杰。

以"富国强兵"为主旨的熙宁新法涉及诸多方面，深度和广度非庆历新政可比，但其未触犯上层官僚集团的核心利益，故论政治勇气，实逊于庆历新政。关于新法的评价，颇有争议，较为认同的看法是富国有术，强兵无方。宋军战斗力弱的弊病未因变法而有大的改观，但理财之术却收效显著，熙宁、元丰年间，出现"中外府库，无不充衍"的情景，国家财政状况明显好转。不过，其富在国，而非民。与庆历新政注意"节流"相异，熙宁新法强调"开源"，但在社会生产总量并无多大增长的情况下，国库的增收，只能向民间索取，故就青苗法、免役法等获利最大的举措看，其实质是在国家规定的赋税之外，加征了变相的税收，且实施过程中又产生种种弊端，民间怨声载道是必然的，《宋史》称"由是赋敛愈重，而天下骚然矣"，当为实情。

❶ 范仲淹：《范文正公集·政府奏议》卷上《答手诏条陈十事》，《四部丛刊初编》，上海商务印书馆影印本，第176—182页。

❷ 司马光：《传家集》卷六〇《与王介甫书》，《景印文渊阁四库全书》第1094册，台北商务印书馆1986年影印本，第532页。

▽　青苗法的本意是限制高利贷者，且使国家可从中获利，但实施中往往不论百姓要否借贷，一律硬性摊派，年息大大高于四分，甚至有六分或以上者。免役法以货币徭役替代力役，自然有其进步性，但以募役的名义向原先不必服役的人户收钱，还另征免役宽剩钱，显属不合理的加派。国用确实由此丰饶，熙宁六年的青苗钱利息达292万贯，熙宁九年的免役宽剩钱达392万贯，但广大贫民的负担也因此变得更加沉重。故蒙文通曾指出："熙丰新法，免役、青苗多是刻薄贫民。"

新法推行数年后，虽有成效，但诸多问题也渐次暴露，且王安石信用的变法骨干吕惠卿、曾布、章惇等，品行多遭非议，又引发错综复杂的矛盾。朝野反对变法的呼声越来越激烈，神宗颇感疑虑，发生动摇。熙宁七年（1074），王安石辞去宰相之职，次年复相；熙宁九年，再次辞相，自此退居江宁，不再预政（图7-6）。

元丰八年（1085），神宗去世，年仅10岁的哲宗继位，改元元祐，垂帘听政的高太后（哲宗祖母）起用司马光主持朝政，除科举、文教之外的新法全被罢废，史称"元祐更化"。次年，王安石、司马光先后去世。

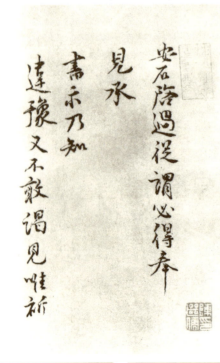

图7-6
王安石手迹《致通判比部尺牍》（局部）

▽　与王安石私交甚笃的司马光，却是反对新法的代表人物。二人虽因政见不同而相持不下，但全出于公心。某次，他们在神宗面前进行了一场激烈争辩，颇能反映各自的观点。王安石说："国用不足，非当世急务，所以不足者，以未得善理财者故也。"司马光说："善理财者，不过头会箕敛尔。"王安石说："不然，善理财者，不加赋而国用足。"司马光说："天下安有此理？天地所生财货百物，不在民，则在官，彼设法夺民，其害乃甚于加赋。"❶

哲宗亲政后，起用章惇、曾布、蔡京等人，恢复新法。然而，在他们的推行下，不少举措已背离王安石的初衷，完全成为聚敛的工具。

四、宋室南渡与宋金对峙

哲宗死后，其弟赵佶继位，是为徽宗。他精

书善画，是位天才的艺术家，但作为君主，则穷奢极欲，昏庸荒淫，所信用的蔡京、王黼、朱勔及宦官童贯、李彦、梁师成，植党营私，祸国殃民，时人称为"六贼"。徽宗又崇奉道教，大兴土木，变乱新法，肆意搜括，故社会矛盾尖锐，农民反抗频起，国势日趋衰微。正在此时，东北的金朝异军突起，打破了原先的鼎分之势。

建立金朝的女真族原活动于今黑龙江、松花江流域，隋唐时称黑水靺鞨，8世纪中叶后曾役属于粟末靺鞨建立的渤海国。10世纪辽灭渤海时，黑水靺鞨已被称为女真。辽将居于辽阳一带汉化程度较深的女真部落编入辽朝户籍，称为"熟女真"，留居今松花江以北，宁江州（治今吉林松原市北伯都村古城）以东的众多女真部落，保持本族习俗，称为"生女真"。11世纪初定居于按出虎水（今黑龙江哈尔滨市东南阿什河）一带的生女真完颜部，开始种植五谷，修建房屋，制造舟车，烧炭炼铁，势力逐渐强大，于是向外扩张，兼并掳掠，形成部落联盟，随后，生女真各部以完颜部为中心，逐步走向统一。当时，辽朝对生女真的压榨勒索非常沉重，生女真各部愤怒怨恨，反抗情绪日益高涨。1114年，完颜部首领阿骨打（汉名完颜旻）举兵反辽，相继在宁江州、出河店（今黑龙江肇源茂兴镇南）大败辽军，乘胜攻占宾州（治今吉林农安东北松花江和伊通河交会处红石垒附近）、咸州（治今辽宁开原市北老城镇）等地，军队扩展至铁骑万余。

1115年正月，阿骨打仿照汉制称帝建元，国号大金，定都会宁（今黑龙江哈尔滨市阿城区南白城），正式建立金朝。在此后的八年间，金军连续打败辽军，先后攻占辽东京辽阳府、上京临潢府、中京大定府、西京大同府。辽朝的统治土崩瓦解。

▽　在女真族崛起的过程中，其兵民合一的部落氏族组织猛安谋克起过重要作用。女真族的部落、氏族首领名为"孛堇"，平时由其组织民众从事生产；战时，孛堇分别冠以猛安（意为千夫长）、谋克（意为百夫长）之名，率部出征。后发展为军事编制单位。阿骨打起兵反辽后，定制以三百户为谋克，十谋克为猛安。这种部落兵战斗力很强，辽人曾称："女真兵若满万，则不可敌。"

❶　脱脱等：《宋史》卷三三六《司马光传》，中华书局1977年版，第10763—10764页。

宋朝廷见辽朝覆亡在即，遣使经海路北上，与金签订海上之盟，双方约定：南北夹攻，共同灭辽，金攻取长城之北的辽中京，宋攻取长城之南的辽南京（燕京，今北京），并以给辽的岁币如数给金作为交换，收回燕京一带。

宣和四年（1122），童贯率军北上进攻燕京。不堪金军一击的辽军却将宋军打得大败。最终还是由金军攻下燕京。金以宋朝失约为由，不肯交还燕京一带，宋朝再加以重金，才换回数座被金军掳掠一空的破败之城。更为严重的是，通过燕京之役，金朝已洞悉宋朝的腐朽虚弱。

1125年，辽天祚帝在逃往西夏的途中被金军俘虏，辽朝灭亡。当年十月，金军分东、西两路，南下袭宋。惊慌失措的徽宗不敢承担抵抗重任，匆忙禅位于长子赵桓，是为钦宗，改元靖康。次年正月，金军兵临汴京城下，迫使宋朝割地赔款后返回。

靖康元年（1126）八月，金军再次大举南下，势如破竹，于闰十一月二十五日（1127年1月9日）攻破开封城门。钦宗亲赴金营乞和，降表卑躬屈膝地称："微臣捐躯而听命。"金军在京城内大肆掳掠，府库、民居皆被搜括一空。靖康二年三四月间，金军北撤，挟带而去的，包括被俘的徽宗、钦宗与后妃、皇子、宗室、外戚、朝臣、娼优、工匠等，共十余万人，以及大量的金银财宝、玺印、舆服、礼器、文物、图书等。北宋覆灭，史称"靖康之变"。徽、钦二帝后皆死于五国城（今黑龙江依兰）。

靖康二年五月，被北宋旧臣拥立为帝的徽宗第九子赵构，在应天府（今河南商丘）即位，是为高宗，改元建炎。赵构所延续的宋朝，史称"南宋"。

高宗即位之初，曾起用力主抗战的李纲为相，以宗泽为开封留守，并派员经略河北、河东二路（约为今山东、河南、河北黄河以北、长城以南地区），谋划收复黄河以北失地。然而，此举仅是一种姿态，高宗及其亲信黄潜善、汪伯彦等，已被金军吓破了胆，故唯求苟安，一味妥协求和，无意北上。李纲任相仅75日即遭罢免，宗泽因出兵计划始终不能实施而忧愤成疾，临终还三呼"过河"。

建炎元年（1127）十月，高宗弃黄河流域于不顾，南迁扬州。十二月，金军兵分三路，再次大举南侵。建炎三年，金军直逼扬州，高宗仓皇渡江，逃往杭州，随后，又因金军的追击而辗转逃奔越州（今浙江绍兴）、明州（今浙江宁波）、定海、温州，直至建炎四年金军北撤，方获喘息之机，得以在杭州（临安）安顿下来。

在此期间，金朝曾立宋朝叛臣刘豫为傀儡皇帝，建立伪齐政权，给予陕西、河南之地，作为宋金之间的缓冲。金朝在华北占领区的野蛮掠夺和残暴统治，激起当地居民的强烈反抗，河东、河北各地涌现多支抗金义军。但终因得不到南宋政府的支持，逐渐归于沉寂。

图7-7
岳飞画像

高宗以临安为行在（1137年定为都城）后，南宋的北部边界大致在江淮一带，由南宋四大将分区防守。岳飞负责江州（今江西九江）至江陵（今湖北荆州）的沿江防务，江州以下和淮南东、西路的防务由刘光世、韩世忠、张俊分别负责。岳飞字鹏举，相州汤阴（今属河南）人（图7-7）。20岁从军，因战功卓绝，逐步升迁，绍兴四年（1134）授清远军节度使时仅32岁，为南宋继刘、韩、张等人之后第五位建节的武将。❶ 他是力主抗战的代表人物，所部军纪严明，英勇善战，号为"岳家军"。四将中唯岳飞曾率军北上，对伪齐和金军展开主动攻击，取得辉煌战果。绍兴四年，岳飞击败齐金联军，收复襄阳、郢、随、唐、邓、信阳六州。绍兴六年，派兵深入敌境，收复洛阳西南一些州县。绍兴十年，岳飞挥师大举北伐，迅速挺进河南中部，相继收复颍昌（今河南许昌）、郑州、洛阳等地，郾城（在今河南漯河）之战，重创金军主力，获得大捷。就在这时，高宗连下十二道金字牌班师诏，迫令退兵。岳飞痛惜十年之功，废于一旦，悲泣而返，恢复之地再次沦陷。

▽　郾城之战，金军以精锐的两翼骑兵"拐子马"冲击，岳飞亲自出马，令其子岳云和爱将杨再兴率轻骑跃马驰突，运用巧妙的战术，或角其前，或掎其侧，击溃金军。金军又以重甲骑兵"铁浮图"投入战斗，岳飞遣步

❶　建节，即授节度使，为武将的极高荣誉。

兵上阵，以麻札刀、大斧等专砍马足，杀得金军尸横遍野。金朝大将完颜宗弼（兀朮）哀叹："自我起北方以来，未有如今日之挫衄！"金军士兵也惊呼："撼山易，撼岳家军难！"❶

在此期间，唯求偏安的高宗信用从金营逃归、形迹可疑的秦桧为宰相，命其主持谈判，奴颜婢膝地向金乞和。岳飞成为和议的最大障碍，声威大震、众望所归的岳家军又令高宗深怀疑忌，于是，高宗与秦桧沆瀣一气，一场加害岳飞的阴谋悄然展开。

绍兴十一年（1141），高宗召岳飞及韩世忠、张俊入京，解去兵权。不久，诬陷岳飞与部将合谋反叛，系狱严刑逼供。高宗下手诏："岳飞特赐死"。当年十二月二十九日（1142年1月27日），岳飞遇害，年仅39岁。狱中，他满腔悲愤，奋笔写下"天日昭昭，天日昭昭"八个大字。

▽　岳飞以谋反罪下狱后，众多朝臣上书营救，一贯明哲保身的韩世忠也挺身而出，当面质问秦桧。秦桧支吾道："其事体莫须有（意为或许有）。"韩世忠愤然说："莫须有三字何以服天下！"主审此案的御史中丞何铸听了岳飞的申诉，也向秦桧力辩岳飞无辜，秦桧无奈中泄露了天机："此上意也。"高宗后改任万俟卨为主审，用尽酷刑，却一无所获。在无任何证据和供词的情况下，高宗仍以毒酒赐死岳飞，并将其部将张宪和岳云处斩。

绍兴十一年十一月，即岳飞遇害前一个月，宋金达成和议，双方约定：宋向金称臣，谨守臣节；两国边界，东以淮水中流为界，西以大散关（今陕西宝鸡西南）为界；宋割让唐、邓二州全部及商、秦二州大半给金；宋每年向金纳银25万两、绢25万匹。史称"绍兴和议"。

绍兴和议是对宋金南北对峙格局的正式确认。其后，双方虽有过数次战争，但始终没有改变这一抗衡而并存的态势，大体保持着和平共处的关系。在相对稳定的状况下，平民百姓遭受的战争灾祸有所减轻，北方经济得以逐渐恢复，南方经济更有长足发展。双方还在边界设立榷场，互通贸易，促进了民族间的经济、文化交流（图7-8）。

▽　绍兴和议对宋而言是屈辱的，但确实是宋金两国地缘政治达到相对平

图7-8
河北井陉柿庄金墓中的壁画《饮宴图》（摹本），反映了金朝的生活状况

衡的产物。双方皆不堪连年交战，在无法消灭对方的情况下，为避免战争将双方都拖垮，达成和议，并立共存，未必不是明智而务实的选择。清代史家钱大昕在《十驾斋养新录》中，分析了宋金双方的实力对比，认为宋与金决战，并无胜算，故和谈的主张，"以时势论之，未为失算"❷。这一见解不无道理。然则，该谴责的恐非和谈本身，而是高宗和秦桧的卑躬屈膝和过度退让。

蒙古兴起后，1227年灭西夏，1234年灭金，1279年灭宋，再次实现大一统的局面。

---

❶ 脱脱等：《宋史》卷三六五《岳飞传》，中华书局1977年版，第11389—11395页。

❷ 钱大昕：《十驾斋养新录》卷八《宋季耻议和》，上海书店1983年版，第171页。赵翼也持相同观点，《廿二史札记校证》卷二六《和议》称："是宋之为国，始终以和议而存，不和议而亡。盖其兵力本弱，而所值辽、金、元三朝，皆当勃兴之运，天之所兴，固非人力可争，以和保邦，犹不失为图全之善策。"中华书局1984年版，第553页。

第三节
宋代社会经济的深刻转型

经过唐末、五代的过渡，中国古代的社会与经济在两宋时期出现一系列令人瞩目的变动。以门阀世族为主要形态的家族退出历史舞台，代之而起的是普通官僚和平民的家族；社会阶层出现诸多变化，社会流动日益频繁；城市化进程开始启动，商品经济渐趋繁荣；经济重心南移的完成，使原先的经济格局发生根本的偏转。凡此种种，皆反映了中国社会在唐宋之际的深刻转型。

一、家族制度的嬗变及其社会功能

中国古代的家族也称宗族，这是由同一位男性祖先的若干代子孙汇集聚居，按照一定规范，以血缘为纽带结合而成的一种特殊的社会组织。中国家族制度的发展演变在历史上曾经历了三个阶段，先秦时期为宗法制家族，魏晋至唐为门阀制家族，也称世家大族式家族。中唐以来，随着门阀世族的消亡以及界定姓氏贵贱的官修谱牒散佚不存，门阀制家族逐渐瓦解，至宋代，代之而起的是普通官僚及平民的家族，一般称之为宗族制家族，或族权制家族，自此，中国的家族制度进入一个新的阶段。

▽   唐代以前，姓氏贵贱，门第高下，是由官修谱牒予以确认的，门阀世族凭借谱牒的界定而取得世袭特权。唐末五代，伴随门阀世族的衰亡和谱牒的散佚，门阀制家族也退出了历史舞台。钱大昕曾论及这一过程："魏晋至唐，朝廷以门第相尚，谱牒之类，著录于国史，或同姓而异望，或同望而异房，支分派别，有原有委。五季以降，谱牒散亡。"❶

宋代的儒家学者从稳定社会秩序考虑，多主张恢复宗法，重建家族。如北宋张载称："造宅一区及其所有，既死则众子分裂，未几荡尽，则家遂不存，如此则家且不能保，又安能保国家！"为此呼吁：

"管摄天下人心，收宗族，厚风俗，使人不忘本，须是明谱系世族与立宗子法。"❷ 这对宋代平民型家族的兴盛起了重要的促进作用。

宋代的家族大致有两种类型：

其一，为累世同居的大家庭组织。形式为同一祖先的子孙数代同堂，同居共财，合爨而食。此类家族虽属少数，但朝廷往往给予鼓励和表彰，或免其杂科，或免其徭役，或贷以粟米，以"旌表门闾"。

▽　据宋代史书记载，江州义门陈氏，至仁宗时已"聚居二百年，食口二千"❸。池州青阳方氏，"八世同爨，家属七百口，居室六百区"❹。河中永乐姚氏，"有田数十顷，聚族百余人，子孙躬事农桑"❺。

其二，为聚族而居的宗族组织。形式为已分裂成个体小家庭的多代族人，聚居于一个村落或邻近几个村落，组成宗族。宗族首领为族长，由他主持同族的祖先祭祀，处理日常事务。族内有严密的组织系统，有严格的宗族规范和族权统治，但每个小家庭在经济上是独立的。此类家族为数众多，为宋代以来家族制度的主流。宋代的儒家学者在呼吁"敬宗收族"的同时，还身体力行，大力倡导建祠堂，修家谱，置族田，从精神和物质两个方面维系族众。

▽　聚族而居的现象在宋代颇为常见，如南宋孝宗时的宰相叶颙，"祖宅在兴化仙游县，叶氏族派百余家，皆居一村"❻。鄱阳义仁乡车门为一大村落，"曹氏环而居之，至数十百家"。有的村落以族姓命名，如信州永丰县的管村，所居皆为管氏家族成员；婺源的毕村，也为毕氏一姓所居。

供奉祖先牌位的祠堂是家族的象征，也是凝聚家族成员的重要纽

❶　钱大昕：《潜研堂文集》卷二六《周氏族谱序》，陈文和主编：《嘉定钱大昕全集》第9册，江苏古籍出版社1997年版，第430页。
❷　张载：《张载集·经学理窟·宗法》，中华书局1978年版，第258—259页。
❸　李焘：《续资治通鉴长编》卷一〇一，宋仁宗天圣元年十二月癸亥，中华书局1979年版，第2344页。
❹　脱脱等：《宋史》卷四五六《孝义传·方纲》，中华书局1977年版，第13396页。
❺　脱脱等：《宋史》卷四五六《孝义传·方纲》，中华书局1977年版，第13403页。
❻　洪迈：《夷坚志·支戊》卷二《叶丞相祖宅》，中华书局1981年版，第1064页。

带。每逢例行祭日，族人齐集祠堂，在族长主持下举行隆重的祭祖典礼。此外，推选族长、调解纠纷、执行家法、训谕族规等族内大事，也都在祠堂内办理。宋仁宗以前，社会上的家族祭祀多在住宅的内室举行，仁宗诏许设立家庙后，祠堂的修建逐渐推广开来。传为朱熹所撰的《家礼》，将祠堂列入首要位置，此后，民间祠堂的建立日益普及。《家礼》中设计的祠堂，供奉高、曾、祖、祢四龛，后世祠堂皆以此为基本格局（图7-9）。

▽ 浦阳郑氏建立祠堂后，全体家族成员每月两次参谒祠堂，聆听祖训，家长教斥子弟，也在祠堂的祖先牌位下进行，"凡为子者必孝其亲，为妻者必敬其夫，为兄者必爱其弟，为弟者必恭其兄" ❶。可见，祠堂作为家族公共活动的场所及宣讲礼教、维护秩序的法堂，对强化家族意识，延续家族血脉，维系家族团结等，都具有重大作用。

家谱也称族谱、宗谱、世谱、家系、家乘等。魏晋至隋唐的谱牒主要为官修，是门阀世族炫耀门第及选官、婚配的依据。宋代家谱均为私修，是家族的档案、经典、法规，也是家族的组织标志。家谱的内容包括本族的世系源流、子嗣系统、婚配关系、祖宗墓地、公产义田、族规家法等，主要作用是明确本族的血缘关系，避免因年代久远、流徙分化等造成家族瓦解。南宋学者欧阳守道即称："族非谱，无以知枝叶本根之分合。"同时，家谱也是解决族内纠纷、惩治违规族人的文本依据。

图7-9

宋代以来祠堂的兴建极盛，这是始建于明代的徽州旌德江村江氏宗祠

▽　宋代较早的私修家谱有欧阳修所编《欧阳氏族谱》和苏洵所编《苏氏族谱》，此后，众多家族群起仿效，家谱的编撰盛行于时。诚如钱大昕所述："五季之乱，谱牒散失，至宋而私谱盛行，朝廷不复过而问焉。"[2] 当时人对编撰家谱非常重视，认为是对祖先的一种孝道，以至社会上流行这样的说法："三世不修谱，则同小人矣。"

族田是家族的公共财产，一般分为祭田、义田、学田几类。祭田收入用于家族祭祀开支，义田收入用于赈济族人的贫困灾病，学田收入为族内儿童提供学费。由于族田是家族制度的物质基础，为防止侵吞滥用，多订有管理条例，并严禁出售。

宋代家族大多置有祭田，一般由全族成员平均抽份置办，或由族中富户出资购置、捐献。《家礼》对"置祭田"的设计为："上世初未置田，则合墓下子孙之田计数而割之，皆立约闻官，不得典卖。"因祭祀有墓祭、祠祭之分，故祭田又有墓田、祠田之别。

见于史籍最早的宋代义田，当为范仲淹在苏州设置的范氏义庄。范氏义庄有良田千亩，招家族以外的农户租佃耕种，其收益由专人管理，按照规定为族人提供衣食、婚嫁、丧葬所需，所谓"日有食，岁有衣，嫁娶凶葬皆有赡"。此后，义田、义庄在各地逐渐推广，至南宋，几乎遍及全国，小者百余亩，大者五千亩。有的家族还设有义宅，以收恤"贫不能自存"的族人。

一些家族为培养族内的科举人才，设立义学，招聘名士，"聚族教养"，与之相应，专设学田，作为义学的经费来源。有的家族还设立助学基金，资助贫寒族人读书应试。苏州范氏《义庄规矩》规定："诸位子弟得大比试者，每人支钱一十贯文。"

宋代的家族组织在基层社会起着举足轻重的作用。血缘纽带将分散的个体家庭凝聚起来，通过祖先崇拜、礼法规范、伦理道德等手段，促进族人之间的和谐，有效地稳定了基层社会的秩序。家族所具有的仲裁职能，使族内的民事纠纷获得平息和解决，因贫富分化而造成的阶级矛盾，也在尊祖睦族的温情脉脉中得以缓和。家族内部在经济上的赈济与互助，弥补了个体家庭的缺陷，有助于人们抵御灾害，

---

❶　（郑氏）《义门规范》第十一则，成都文伦书局宣统二年印本。

❷　钱大昕：《十驾斋养新录》卷一二《郡望》，上海书店1983年版，第268页。

缓解所遭受的痛楚。家族的作用还为国家政权所利用，基层行政机构往往是在与家族组织协调、合作的过程中，履行其行政职能。

二、社会阶层及其变动

宋代将全国的编户齐民分为主户和客户两类。主户为占有土地，有常产，承担赋役的人户。宋代的品官之家称为官户，担任吏职的人户称为吏户，官户和吏户合称形势户，形势户皆为主户。客户一称的内涵，唐宋之际发生很大变化。唐代，脱离原居地户籍流徙他乡的"逃户""浮户"，在新居地入籍后，称为客户。宋代则不论是否外来户，凡居住农村，不占有土地，租种地主土地的人户，一概称为客户。客户一般不须缴纳夏秋两税，但成年男子须缴纳不同名目的人头税，修治城池、河渠、堤坝等徭役也往往加派于客户。户口统计中主、客户的比例，不同地区、不同时期颇有差别，取北宋的平均数，总户数中主户约占三分之二，客户约占三分之一。

宋代依据土地资产的多寡将主户分为五等。一等户占田三百亩以上至几千亩甚至几万亩，二等户占田一百亩至三百亩，三等户占田五十亩至一百亩，四等户占田二十亩至五十亩，五等户占田二十亩以下。一、二、三等户称为上户，四、五等户称为下户。其人数比例，据时人称"中等以上户不及五分之一，第四第五等户，常及十分之九"。主户除按户等缴纳两税外，还须缴纳人头税及杂变之赋、和买绢帛、和籴粮米等各种杂税。主户中的官户可免除徭役，非官户的上户须承担职役，也称差役，轮流充任州县衙门的办事人员或充当基层政权乡、里、都的头目。神宗时实行免役法，改为雇役后，下户也须缴纳役钱。

主户中的下户皆为自耕农或半自耕农，他们是主户的主体，也是国家赋役的主要承担者和社会稳定的重要因素。下户与客户相加，约占全国总人数的十分之九，这些农户生活最为困苦，却又是社会生产的主要担当者。

　　▽　司马光的《乞省览农民封事札子》曾对贫苦农民的生活状况作了真切的描述："四民之中惟农最苦，农夫寒耕热耘，沾体涂足，戴星而作，戴星而息。蚕妇育蚕治茧，绩麻纺纬，缕缕而积之，寸寸而成之，其勤极矣。而又水旱霜雹蝗蟆，间为之灾。幸而收成，则公私之债交争互夺，谷未离

场，帛未下机，已非己有矣。农夫蚕妇所食者糠粃而不足，所衣者绨褐而不完。"❶

随着城市化进程的启动，宋代城镇数量大为增加，除都城、州城、县城外，还出现大量固定的贸易场所镇和草市，与之相应，城镇人口也不断增长。政府将居住在大小城镇包括草市中的人户，称为坊郭户，单独列籍，并依据其有无房产分为坊郭主户、坊郭客户两类。宋代的商贾和独立的手工业者多编入坊郭户，也有一些编入乡村主户或客户。坊郭主户一般按房产和资财的多寡分为十等，其中上五等户称坊郭上户，多为城居的官户、地主及商贾、房产主等；下五等户称坊郭下户，多为小商、小贩、小手工业者。坊郭主户须承担徭役并按户等缴纳宅税、地税及各种杂税。

　　　▽　坊郭户划定户等的标准各地并不一致，有些地区还将坊郭主户和客户混通分为十等。据北宋末年陕西一带的划分标准，家产在六千贯至一万贯的定为第一等，超过这一标准一倍、三倍、五倍以上的分别称为富强户、高强户、极高强户。河东路的辽州（今山西左权），将坊郭客户也纳入十等，其下户便极为贫穷。其中，七等户家产十几贯钱，八等户家产仅九贯钱，十等户多为卖柴、卖水者及孤老妇人。

宋代还有为数不多的贱民阶层，主要是供主人家驱使的婢女、家仆，即前代的奴婢。不过，奴婢一词，在宋代已普遍为婢仆、僮仆、人力、女使等名称所取代。尤为重要的是，《唐律》中规定的"奴婢贱人，律比畜产"的世袭人身占有，已广泛转变为暂时的雇佣与契约关系。当时，以契约为依据被雇佣为婢仆者，原本都具有良人身份，在合法雇佣期间，其人身自由很大程度上已出卖给雇主，故地位卑贱，主人以主仆名分占有其人身。但法律规定雇佣期一般不得超过十年，一旦契约期满，去留悉由婢仆，主人不能继续占有其人身与劳动。

　　　▽　北宋前期，仍有少数官奴婢存在，宋《天圣令》中，即有官奴婢可以

❶　司马光：《传家集》卷四八《乞省览农民封事札子》，《景印文渊阁四库全书》第1094册，台北商务印书馆1986年影印本，第452—453页。

图7-10

河南禹州白沙宋墓壁画所反映的宋代主人夫妇与婢仆的关系

作为财产，被买卖、转让、质举的内容。仁宗以后，逐渐减少将罪犯籍没为官奴婢的做法。南宋建炎以后，籍没罪犯为官奴婢的制度得以正式废止。

伴随以上变化，婢仆的社会地位和法律地位也逐渐上升。仁宗景祐元年（1034），政府规定：婢仆与商人、佃农均为编户齐民。法令严格限制官吏利用职权强雇部民为婢仆，严格限制债主强勒负债之家男女为婢仆，更禁止掠贩良人为婢仆，禁止私自殴打惩罚婢仆。自北宋末年开始，擅杀婢仆皆判死罪。婢仆在法律上还享有控告主人的权利，而在《唐律》中，奴婢告主是违法的。

显然，宋代婢仆的"贱民"身份已颇具相对性，宋代文献中的"仆"在许多情况下实与雇工无异（图7-10）。若严格按照唐代的标准衡量，宋代婢仆已难以称为贱民。所以，宋代的良贱之别虽未完全泯灭，但确实已变得颇为模糊。以至有学者认为，宋代的良贱制度已趋于消亡。

上述社会各阶层仅是静态的划分，若对宋代的社会现实作动态的考察，可以发现，由于经济、制度等多方面因素的影响，不同阶层之间的界限正在逐渐淡化，垂直升降的社会流动较前代更为频繁。品官的非世袭性，使这一阶层的成员构成变动不居，其与平民之间并无不可逾越的鸿沟。普通人户通过科举、军功及买官买爵，可以成为品官之家。有学者统计，在《宋史》列传所载1533人中，布衣出身的文臣武将占55.12%。部分乡村上户充任各级政府吏职后，成为形势户，也进入官吏阶层。可见，官吏与平民两个阶层之间的界限并不清晰，其成员往往出现部分的交错与重合。

宋代的土地政策是不立田制，不抑兼并，因此，土地买卖盛行，贫富分化严重，贫富更替的现象颇为普遍。主户与客户的划分自然是相对的，二者互相转换的事例屡见不鲜。宋朝政府出于稳定社会秩序和赋役来源的考虑，也鼓励客户转化为主户。神宗时吕大均称："为国之计，莫急于保民，保民之要在于存恤主户，又招诱客户，使之置田以为主户。主户苟众，而邦本自固。"❶故法令规定，客户只要购置田产，即可立为主户。这也是宋代主户比例略呈上升之势的原因之一。

▽　南宋袁采《袁氏世范》论及当时贫富转换的现象称："贫富无定势，田宅无定主，有钱则买，无钱则卖"；又称："富贵盛衰，更迭不常……或昔富而今贫，或昔贵而今贱"。又据魏泰《东轩笔录》记载，北宋时汜县李诚庄有百余家佃户，因租种的田地，"河贯其中，尤为膏腴"，逐渐致富，其中有不少户"皆建大第高廪，更为豪民"。

富贵人家因种种原因，骤然失势、破产，降为贫民的事例，在宋代也不胜枚举。北宋黄庭坚在《家戒》中以亲眼看见的情景告诫子弟："谛见润屋封君、巨姓豪右、衣冠世族金珠满堂。不数年间复过之，特见废田不耕，空囷不给。又数年复见之，有缧绁于公庭者，有荷担而倦于行路者。"❷凡此种种，皆反映了宋代社会流动的频繁和等级界限的松动。

三、城市化进程与商品经济的繁荣

中国古代城市的发展，至宋代进入一个新的阶段。城镇数量的迅速扩展和城镇人口的不断增长；城市建制、格局和功能的显著变化；商税收入在国家财政收入中所占比重的逐步扩大等，都表明城市化进程的启动与加速。

宋代城镇和城镇居民的数量，皆数倍于前代。北宋境内10万户以上的城市，神宗时有40多座，徽宗时增至50多座，而唐代仅十余座。户数达20万以上的城市有开封、京兆府（今陕西西安）、临安、福州、泉州、潭州6座，其中开封和临安的人口皆在百万以上。此外，诸如建康、鄂州（今湖北武汉市武昌区）、成都、洛阳、荆州、苏州、南昌、汉中等，都是盛极一时的繁华城市，户数达一二十万。

除都城、府州县城外，还有雨后春笋般兴起的镇和草市。镇在唐以前具有军事据点的性质，既为据点，必有物资供应，久而久之便成为市井繁华之处。入宋，大多的镇已变成纯粹的居民点。宋朝规定，居民集聚达到一定规模，且有商业活动和税收，便可设镇，所谓"民

❶　吕大均：《民议》，吕祖谦编：《宋文鉴》卷一〇六，上海商务印书馆1937年版，第1406页。
❷　黄庭坚：《家戒》，刘清之：《戒子通录》卷六，《景印文渊阁四库全书》第703册，台北商务印书馆1986年影印本，第67页。

聚不成县而有税课者，则为镇"。于是，镇随着商品经济的发展大量涌现。较镇低一级的为草市，这是由设在乡村的定期集市发展而来的固定贸易场所。较大的草市有茶肆、酒家、邸店、米行之类的店铺，当其发展到一定规模后，就可上升为镇。星罗棋布的镇和草市是宋代城乡联系的纽带与窗口，对城市化进程及区域性地方市场网络的形成，均有重要的促进作用。

▷　据统计，神宗元丰年间，全国府州县城共1350余座。同期，非军事性的镇约1700个，镇与草市的比例平均为1∶3，二者合计近7000个。城镇（包括草市）人口数目前无法确知，当代学者曾就城镇人口所占全国总人口的比例，作过多种推测，最高的估计为北宋20.1%，南宋22.4%，较为保守而稳妥的估计为12%至16%。据《宋会要辑稿》记载，徽宗大观三年（1109）全国总户数为20882258户，若以学术界较为认同的户均人口5.4人计算，在籍总人口约为1.13亿人，加上未入户籍的人口，总数约为1.2亿人。因此，即便依据最保守的估计，北宋末年的城镇人口也应达到1500万人。❶

宋初以来，传统政治性城市的工商业成分不断增长，逐渐向经济性城市转变，伴随城市功能的变化，其建制与格局出现前所未有的新风貌。宋以前的城市皆实行商业区与住宅区严格隔离的坊市制，坊、市皆有围墙环绕，坊门、市门须于早晚按时启闭，所有的商业活动只能在规定时段，局限在市内进行。入宋后，坊、市界限被彻底打破，坊、市围墙皆被拆除，商家沿街设铺，既有闹市，又有诸多分散的商业点，还有串街走巷的小商小贩。坊市制下长期实行的"夜禁"终被取消，开封、临安等大城市，不仅有日市、夜市，还有拂晓前营业的"鬼市"，出现"通宵买卖，交晓不绝"的景象。

▷　北宋张择端的《清明上河图》对开封的繁华情景做了细致而逼真的描绘，只见汴河两岸，城门内外，大小店铺作坊，酒楼茶肆，鳞次栉比，高展的市招商标，山积的南北货物，琳琅满目。虹桥一段尤为热闹，行商摊贩，拉车挑担，人流如潮，摩肩接踵（图7-11）。城内的大型集市也规模空前，文献记载，大相国寺每月五次开放万姓交易，各类商品，无所不有。从三门至后廊，满设彩幕，遍布摊位，中庭两庑可容万人交易。寺外戒坛一带也发展成商业街，为金银彩帛的贸易场所，屋宇雄壮，门面广阔，"每一交易，动即千万"。

　　成都、苏州、洛阳、汉中、荆州、潭州等城市，逐步成长为区域性经济中心。北宋经济大动脉汴渠沿线的淮、泗等州以及长江中下游的鄂州、真州、扬州，都成为重要的货物集散地和商品中转站。尤令人瞩目的是，一些生产型的工商业城市先后崛起。如婺州金华（今属浙江），"县治城中，民以织作为生，号称衣被天下"；梓州（今四川三台），有"机织户数千家"，皆为纺织城镇。信州铅山场（在今江西上饶），韶州岑水场（在今广东韶关），常聚集冶工五六万乃至十数万，属冶金城镇。陵州井研（今属四川），自仁宗时创以卓筒井吸取卤水后，数万井盐工人汇集当地，成为盐业城镇。涪江中游的遂宁府（今属四川），则为糖霜生产基地。此类城镇虽为数不多，但意义重大，其生产性的特点标示了古代城市向近代城市演进的根本方向。

图7-11

宋代张择端所绘《清明上河图》（局部）

---

❶　　参见吴松弟：《中国人口史》第三卷《宋辽金元时期》第十三章，复旦大学出版社2000年版。

五代辽宋西夏金

在工商业发展与城市化加速的互动过程中，宋代的商品经济日臻繁荣。两宋市场上的商品大致可分三类。一类是金银细工、珠宝犀玉等高档奢侈品，消费对象主要是皇亲国戚、达官富豪。一类是农具、手工业用具，以及耕牛、船只等生产资料。一类是日用器皿、布帛，以及粮食、茶盐等城镇居民的生活必需品。与前代相较，商品的构成发生重大变化，为平民百姓生产和生活服务的日常用品成为商品的主体。正因为生产、生活资料急速涌入市场，其比重随着城市化进程而不断上升，宋代商品经济的规模扩张到前所未有的程度。

宋代商品种类的激增和交换规模的扩大，使政府的商税收入得以大幅增长。据记载，北宋的商税收入，太宗至道年间（995—997）为400万贯，至英宗治平年间（1064—1067），已达846万贯。大致而言，商税收入约占政府货币总收入的1/5。

> ▽   宋代法定税额为5%，但实际上常重复抽税，姑且以10%的税额推算，治平年间846万贯的商税，其商品贸易总额至少为8460万贯。当时全国总户数为14181486户，平均每户人家一年的商品交易额约6贯，相当于8石粮食或1头耕牛的价格。这在汉唐时代是不可想象的。

商品经济的空前繁荣促使货币出现突破性的变革，世界上最早的纸币应运而生。北宋货币以铜钱为主，四川、陕西等地还流通铁钱，金银作为货币的流通量较小。四川是仅次于两浙的经济发达地区，大宗的商品贸易，使用铁钱极为不便。太宗末年（10世纪末），当地民间私下印制一种纸质钱券，称为交子，用于市场交易。不久，"奸弊百出，狱讼滋多"。真宗咸平、景德之际（1003—1006），益州（今四川成都）知州张詠加以整顿改进，授权当地16户富商联合发行新制交子，但仍有缺陷和漏洞。仁宗天圣元年（1023），宋朝政府在益州设立交子务，始由官方发行交子。❶

> ▽   唐朝后期出现一种办理铜钱汇兑的信用票据，称为"飞钱"，北宋的交子即由此发展演变而来。益州富商联合发行的交子，"同用一色纸印造。印文用屋木人物，铺户押字。各自隐密题号，朱墨间错，以为私记。书填贯，不限多少。收入人户见钱，便给交子"。官方印制、发行的交子，盖有官府铜印；改变填写面额，不限钱数的旧法，将固定面额印制在交子上；规定两年一界，每界发行额125万余贯，备本钱36万贯铁钱；每界交子以两年为期予以兑换。

最初，交子仅在四川流通，后推广到陕西、河东。徽宗崇宁五年（1106）发行的小钞，已流通于全国。南宋时，纸币逐渐成为主要货币，遍行境内。除流通最广的东南会子外，还有四川钱引、湖广会子、两淮交子等。交子、会子虽因发行机制不完备，出现诸多弊端，但其作为最早的纸币，在商品经济发展中的历史意义不容低估。

四、经济重心南移的完成

中国经济重心的南移经历了一个漫长的历史过程。自商周秦汉以来，经济和政治的重心一直位于黄河流域。东汉末年，中原离乱，人口南迁，长江流域得以加速开发，社会经济呈现上升态势，但直至隋唐，农业和手工业的发展水平，北方仍居领先地位。安史之乱以后，原已垦殖过度的中原地区，迭遭战祸蹂躏，且气候恶化，灾害频发，经济颇显颓势，而南方尤其是东南地区，因北方移民大量南迁，人口急剧增长，经济突飞猛进，传统的经济地理格局遂于五代十国出现转折。至北宋后期，南方经济已全面超越北方，经济重心南移的进程基本完成。

　▽　一般认为，经济重心的南移最终完成于南宋。但近年来，不少学者通过实证研究，认为这一进程在北宋后期已基本完成。当时的南北之分，大体以秦岭、淮水一线为界，北方9路，南方15路。其中经济最发达和发展速度最快的路，绝大多数在南方。据学者统计，神宗元丰年间，南方总户数约1094万户，占全国总户数1660万户的66%。同期的簿载耕地面积，南方约315万顷，占全国耕地总面积的近70%。南方水稻亩产大多高于北方麦豆一倍以上。茶树、桑树、桐树、苎麻、棉花、甘蔗等经济作物大多产于南方，以此为原料的手工业也是南方较北方更发达。南方造纸业的产量和质量全面超过北方，全国四大印刷中心，三个在南方（杭州、成都、建阳）。造船业，南方居压倒优势。有色金属铜、铅、锡等，大多产于南方。与此同时，政府的财赋重地也转移到南方，东南六路每年600万石漕粮成为开封以及河北、河东、陕西驻军的生存基础。据记载，徽宗宣和元

❶　参见李埏、林文勋：《宋金楮币史系年》，云南民族出版社1996年版，第3—23页。

年（1119），全国各路上供钱物共1503万贯石匹两，南方为1284万贯石匹两，占总数的85%，其中江南东路和两浙路占总数的56%。上述指数皆表明，"国家根本，仰给东南"，已成定局。

靖康之变发生后，北方民众又兴起一波南迁高潮。有学者估计，在绍兴和议签订前，约有500万北方移民定居南方，这给南方经济的发展输入了新的动力。宋金对峙期间，南北经济的差距进一步扩大，南方尤其是东南地区，不容置疑地成为全国经济的重心所在。

当时，农业发展的南北不平衡愈益明显。南方的水利建设远超北方，除修复原有的设施外，还兴建了不少新的工程，四川眉山的通济堰、淮东的绍熙堰，都使大片土地得到灌溉。农田垦辟范围的扩大，南方尤为突出。江东丹阳、固城、石臼三湖的湖滨之地都被修成圩田。太平州（治今安徽当涂）的当涂、芜湖、繁昌三县，圩田面积皆占全县农田面积的十之八九。此外、涂田、沙田、梯田等也大量开垦。

> ▽　江南水乡的圩田是当地农民将农田与水利结合起来的杰出创造。"圩"就是"围"，即修筑圩堤，堤内围农田，堤外围河渠，不少地方堤外河水反而高于堤内农田。圩堤上再修斗门，用以控制河水进出，可引水灌溉，排水防涝。南宋诗人杨万里《圩丁词》描述道："河水还高港水低，千支万派曲穿畦。斗门一闭君休笑，要看水从人指挥。"

农具和农业生产技术以江浙一带最为进步，其次为四川地区。曲辕犁和犁刀的使用，对江南沼泽地的改造和水田的耕作，起了关键作用。踏犁、秧马、耘荡等，皆为适合江南水田的新式农具。龙骨水车的推广和普及，牛转翻车的创制，成为南方水田最有效的灌溉工具。经过精耕细作，江浙的上等田，一亩可收五六石，"苏湖熟，天下足"的民谚由此流行。

南宋时，棉花的种植已从两广、福建逐渐扩展到长江和淮河流域的广大地区，"江、淮、川、蜀，既获其利"。占城稻的引进与推广，也对提高水稻产量具有重要意义。

> ▽　原产越南的占城稻具有早熟、耐旱、适应性强等优点，尤适宜在缺水高亢的丘陵地带种植。11世纪初，福建地区最早引进，开始种植，不久，又推广到江淮两浙地区。至11世纪中叶，通过各地的改良，已培育

出早占、寒占、红占等适合各种气候、耕地条件的新品种。占城稻的引种和改良，对南方早晚稻系列的形成，及单熟制向多熟制的过渡，皆有重大促进作用。

南方的手工业生产此时已跃升至一个新的水平。丝织技术不断提高，苏州、杭州、成都的官营织锦院，各有织机数百架，工匠数千人，形成比较细致的分工。产量远超北宋，且品种丰富，精致美观。私营作坊更多，能织造白缎、沙绢等品种。棉纺织业的迅速发展令人瞩目，闽、广一带的棉纺技术已非常成熟。人们以铁杖碾去棉籽，以弹弓弹松棉花，并使用纺车、织机等工具。织出的棉布，细致紧密，最上品的花布，"横数之得一百二十花"。海南岛民间所织棉巾，"上出细字，杂花卉，尤工巧"。

图7-12
宋代景德镇烧造的
青白釉瓷观音像

造船业原本就是南方的长项，此时进一步发展，其技术居世界前列。海船制造中心分布于东南沿海的大城市，所造远洋船舶，可载五六百人，蓄一年之粮，能经受强风大浪。内地江河干流沿岸的州城，则多有制造内河船舶的工场。各地所制内河航船，数量巨大，打造奇巧，车船、楼船之类，极富创造性。

制瓷技术的进步在南方表现得尤为明显。后来居上的江西景德镇，逐渐成为全国瓷业中心。其瓷窑扩展至300座，不仅产量巨大，而且工序复杂，产品精美（图7-12）。由开封迁往临安的官窑，所烧瓷器，极为精致，质量超过先前。浙江的龙泉窑保持着原有的特色和水平，仍然十分兴旺。

此外，军器制造、制茶、造纸、印刷等行业，都在北宋的基础上继续发展。

城市和商业的繁荣程度也较北宋有所提升。南宋都城临安为当时世界之冠的大都市，西方学者将其视为9世纪至13世纪发生在中国的"商业革命""都市革命"的标志。吴自牧《梦粱录》称："杭州人烟稠密，城内外不下数十万户，百十万口。"当代学者推算，度宗咸淳年间（1265—1274），临安城内外的人口约有一百二三十万人，其规模超过北宋的开封。商业的兴盛可谓空前，《梦粱录》称："自大街及诸坊巷，大小铺席，连门俱是，即无虚空之屋"，"万物所聚，诸行百市，自和宁门权子外至观桥下，无一家不买卖者"。此外，如平江（今江苏苏州）、建康、鄂州、江陵、成都等城市，也延续并推进了北宋以来的繁华。

南宋的海外贸易非常发达，繁盛程度超过北宋。广州、泉州、明州迅速发展，成为对外贸易的三大港口，由此出海，通往日本、高丽、东南亚、印度、波斯、阿拉伯等地，形成海上丝绸之路。高宗晚期，政府所设市舶司每年收入达 200 万贯，较北宋的最高额增长一倍。

第四节
臻于巅峰的宋代文化成就

陈寅恪对宋代文化给以极高赞誉："华夏民族之文化，历数千载之演进，造极于赵宋之世。"❶是言虽就宋人崇尚气节之风而发，但推广论之，宋代高度发展的科学技术，精致缜密的哲学思想，开拓创新的史学著作，丰富多彩的文学艺术，确属中国文化之瑰宝。

一、居世界前列的科学技术

中国古代的科学技术发展至宋代，已臻于巅峰状态，在诸多领域居于世界前列。英国著名科学史学家李约瑟称："对于科学史家来说，唐代却不如后来的宋代那么有意义。……每当人们研究中国文献中科学史或技术史的任何特定问题时，总会发现宋代是主要关键所在。"❷

就中国古代四大发明而言，指南针、印刷术、火药这三项，皆在宋代出现划时代的发展，得以推广使用。早在战国时期，我国已认识磁性物体指示南北的特性，并用天然磁石制成世界上最早的指向仪器"司南"。至北宋，人们又发明人工磁化的方法，以天然磁石摩擦钢针制成磁针。由于磁针的磁性较强，指向准确度较高，使用较简便，用磁针制作的多种形式的"指南针"很快被应用于军事、生产、航海、日常生活、地形测量等许多方面。随后，人们又将指南针与方位盘联成一体，创制出更具实用价值的"罗盘"。指南针的发明，对航海事业起了重大推进作用。北宋末年，船舶航海中遇阴雨大雾，已用指南针辨识航向，南宋以后，不论阴晴，船舶都使用指南针导航。约12世纪末，指南针经阿拉伯人传到欧洲，并有所改进，为后来欧洲航海家开辟新航路、实现环球航行提供了重要条件。

据北宋沈括《梦溪笔谈》记载，当时的指南针有四种装置形式：将磁针贯穿灯芯浮于水上；将磁针架于碗沿；将磁针架于指甲；用丝缕悬挂磁针。罗盘至晚在南宋初期已经出现，并日益广泛地应用于航海。不过，我国长期沿用的是由水浮法指南针发展而来的"水罗盘"，西方在此基础上加以改进，采用支轴装置，使磁针平衡旋转，制成"旱罗盘"。16世纪时，旱罗盘又经日本传入我国。

约在唐代初年，人们受图章捺印、石刻捶拓等图文复制方法的启示，发明了雕版印刷术。随着雕版工艺的不断进步和日益普及，至唐代中后期，市场上已有不少雕版印刷的历书、佛经、诗文集等出售。五代、北宋，雕版印刷术更加成熟，政府曾大规模刻印儒家经籍，私家、书坊刻书也纷纷兴起，此后，雕版印刷逐渐取代手工抄写，成为古代复制和传播图书的主要形式。

北宋庆历年间（1041—1048），平民毕昇又发明活字印刷术。他以黏土刻成一个个单字，用火烧硬；排版时，先在一块铁板上放置松香、蜡、纸灰，再框一铁框；框内排满单字后，用火烤化松香和蜡，以平板压平字面；冷却后固定成一版，即可印刷。印完一版，单字可拆下，以备再用，因此称为"活字"（图7-13）。为提高效率，还可设置两板，一板印刷，一板排版，交替使用。自毕昇发明泥活字后，元代、明代又相继出现木活字、锡活字、铜活字和铅活字。活字印刷方便灵活，省时省力，是古代印刷技术的重大突破。印刷术发明后，先后传到朝鲜、日本、中亚、西亚和欧洲，为世界文明作出了卓越贡献。

❶　陈寅恪：《邓广铭宋史职官志考证序》，《金明馆丛稿二编》，上海古籍出版社1980年版，第245页。

❷　李约瑟著、王铃协助：《中国科学技术史》第一卷《导论》，科学出版社、上海古籍出版社1990年版，第131、139页。

图7-13
毕昇所发明的泥活
字模型

火药是中国古代炼丹家发明的。他们在长期的炼丹过程中逐渐认识到，点燃硝石、硫黄、木炭的混合物，会产生猛烈的燃烧和爆炸，当能掌握此类混合物的特性并有意识加以利用时，火药就产生了。以上述混合物制作的火药是人类掌握的第一种爆炸物，现代黑火药由此发展而来。

唐宪宗元和三年（808）的炼丹"伏火矾法"，以及更早一些的"伏火硫黄法"，对中国古代黑火药的配方作了明确记载。唐代中后期成书的《真元妙道要略》则对火药的特性和威力作了描述。据此，学术界多认为，火药的发明时间约在隋末唐初。近年虽有学者推测，火药的发明远在隋唐之前，但并无确切证据。

唐代末年，火药始用于战争，但早期的火药武器主要利用其燃烧特性，如在箭头上缚火药，点燃后用弓弩发射，或制作火药包，用抛石机抛射。至宋代，火药已广泛应用于军事，火药武器的制作也不断发展，北宋仁宗时官修的兵书《武经总要》所记载的火药武器有十余种。北宋末年，宋军利用火药的爆炸性能，用纸筒装石灰和硫黄制成"霹雳炮"，点着后先升空，再落下爆炸，石灰烟雾四散，用以迷蒙敌方人马。其后，金军创以铸铁壳制作炸弹，称为"震天雷"，杀伤力极大。

南宋时，人们又创制出发射型的管形火器"突火枪"。枪身用竹筒制作，填入火药和"子窠"（瓷片、碎铁、石子之类），利用火药燃烧、爆炸时产生大量气体所形成的反作用力，将"子窠"射向敌方。此类原始管形火器虽很简单，却是近代枪炮的前身。其后，竹筒又被金属所取代。最初的金属管形火器并无枪与炮的区分，为了使用轻便，造得小些，称为枪；为了增强威力，造得大些，称为炮。这一使用上的差别，后来导致了枪和炮的不同发展方向。此外，火药还被用于制作爆竹、鞭炮、烟火等，丰富了人们的娱乐生活。13世纪，火药传到阿拉伯地区；14世纪，再传到欧洲。

三大发明之外，宋代在其他领域也取得许多卓越成就。

数学方面，北宋中期的贾宪所创"开方作法本源图"，是一个由数字组成的开高次方的三角形数表，即指数为正整数的二项式定理系数表，今人称贾宪三角。法国数学家帕斯卡制作的类似数表，较贾宪晚约600年。贾宪所创求高次幂正根的"增乘开方法"，较英国数学家霍纳的同类方法早700多年。南宋的秦九韶在其代表作《数书九章》中提出的高次方程数值解法"正负开方术"和一次同余式组解法"大衍总数术"，代表了当时世界数学的最高水平。

天文学方面，苏颂、韩公廉等人于元祐七年（1092）研制成功的水运仪象台，使浑仪、浑象与报时融为一体，协调运行，既能观察天象，演示天象，又能计时、报时，成为世界科技史上的杰出创造。在天象观察、星图绘制、历法修订上，宋代也有不少贡献。南宋宁宗时，杨忠辅主持修成《统天历》，其测定的回归年为365.2425日，较地球公转周期仅差26秒，精度与现行公历相当，但比西方早380多年。

在宋代科学家中，沈括的贡献尤为全面。沈括字存中，杭州钱塘（今浙江杭州）人，嘉祐进士，神宗时曾参与王安石变法，晚年撰成名著《梦溪笔谈》。书中关于科学技术的条目占40%以上，体现出作者在天文、地理、数学、物理、化学、生物、医药、工程技术等领域的精深造诣。他提倡的十二气历为纯阳历，以立春为元旦，将二十四节气与十二个月稳定对应，与公历颇为相似，虽未能实行，但在历法史上实属卓越之见。他对1064年的陨星作了翔实的观测记录，在历史上首次提出陨星为陨铁的解释。他最早使用"石油"这一名称，意识到石油的用途与价值，预言："此物后必大行于世。"他进行了凹面镜成像的光学实验，取得新的结果；又通过实验证明了弦线的基音与泛音之间的共振关系；并首次记载了地学上地球磁偏角的现象。当时不少科技成就，如活字印刷术、指南针应用、喻皓《木经》等，也凭借此书得以传世。尽管《梦溪笔谈》属笔记体例的"谈噱"之作，称不上严格的科学论著，但也因此广泛而密集地保存了众多科技领域的大量史料，在科学技术史上具有极高价值。李约瑟即盛赞此书为"中国科学史上的里程碑"。

二、理学的成型及其影响

唐代中期以来，儒学的研习和传播面临新的严峻挑战。其困境主要来源于两个方面。其一，经历了"中国化"的佛教与融入部分儒家学说的道教，已有长足发展和广泛传播，儒家极力维护的社会等级秩序以及相应的伦理纲常遭受巨大冲击；"三教合一""三教并行"的状况对儒学的正统地位构成威胁。其二，儒学本身出现深刻危机，今文经学的荒诞粗疏和古文经学的繁琐僵化，已暴露无遗。传统经学既不能令人信服，也难与佛、道对抗，更无法解答一系列现实问题，若不脱胎换骨，其发展便会遭遇很大困难。为此，有学者大声疾呼：复兴儒学，直接孔孟"道统"。

自宋初开始，众多儒家学者致力于儒学经典的重新诠释。他们在排拒佛、道的同时，融合佛、道思想，将儒家的伦理、政治学说提升到哲学思辨的高度，就宇宙本原问题展开广泛而深入的探讨，创成一个以"理"为核心的更加精致完备的新儒学体系——理学。在构建理学体系的过程中，贡献最突出的有程颢、程颐和朱熹。

▽　宋代理学家虽以抨击佛、道为己任，但又不得不汲取大量佛、道思想。原因在于，"入世"的儒学以解答现实的伦理、政治问题见长，而佛、道则善于讨论宇宙本原等哲学问题，在理论思维的层次上，儒学明显处于下风。理学家必须吸收佛、道的思想成果，对儒学加以创新改造，才能在更为概括、更为抽象的理论高度与佛、道进行论辩、对抗。所以，宋代理学家多精通佛、道之学。后人形容理学为"儒表佛里"之学，可谓一语中的。

理学在北宋前期经历了一个草创、奠基的过程，周敦颐、邵雍、张载等学者曾作出重要贡献，他们的研讨和探索使理学的理论基础与体系构架初具规模。至北宋中期的程颢、程颐兄弟，理学正式形成。程颢字伯淳，人称明道先生，洛阳人；程颐字正叔，人称伊川先生。"二程"兄弟长期在洛阳讲学，其学说被称为"洛学"。他们明确提出哲学意义上的"天理"观念，认为天理是超越万物、永恒存在的宇宙本原，主张万事万物只是一个天理，先有理而后有物。程颢明确说："吾学虽

有所受，天理二字却是自家体贴
出来。"二程还将天理与礼治秩序
和伦理纲常直接联系，称："人伦
者，天理也"；"父子君臣，天下
之定理"。

图7-14
朱熹画像

　　南宋的朱熹为理学的集大成
者。朱熹字元晦，号晦庵，别称
紫阳，徽州婺源（今属江西）人
（图7-14）。因侨寓建阳（今属
福建）讲学，其学说被称为"闽
学"。他在继承、发扬二程之学
的基础上，融会贯通诸家之说，形成一个庞大而完整的理论体系。其
中的核心是天理论，而关键仍落实到天理与人伦的沟通。他认为天理
既是宇宙的本原，又存在于现实世界之中，人世间的伦理纲常就是其
具体体现："天理流行，触处皆是；暑往寒来，川流山峙，父子有亲，
君臣有义之类，无非这理"；"天理，只是仁义礼智之总名；仁义礼
智，便是天理之件数"。他指出人性本似明珠，与天理一致，但为后
天的欲望所蒙蔽，所以要"明天理，灭人欲"。

　　▽　理学家讨论宇宙本原问题的出发点和归宿，毫无例外，都紧紧围绕伦
　　理道德这一基点，其旨趣无非是论证儒家伦常的永恒、合理、至善。不过，
　　他们的理论阐述确实较先秦儒学和两汉经学严密、精致得多。理学家提出
　　的"天理"，既是宇宙的本原，又是万事万物的总法则，"天理"与儒家伦
　　理纲常的联结，所唤起的是建立在人们高度的理性认识和道德意识基础上
　　的出自内心的自觉行为，显然，这样的基础是比较稳固而可靠的。所以说，
　　以理学形态出现的新儒学确实已达到儒学发展的最高阶段。

　　二程和朱熹都高度强调人们对天理的自觉意识，力图将外在的社
会规范转化为内在的主动追求。为此，他们提出"格物致知"的认识
途径和"正心诚意"的修身公式，要求人们通过一步步的体验、领
悟，逐渐达到道德与天理一体的最高境界。

　　▽　在二程、朱熹的学说中，"正心诚意"与"格物致知"是联系在一起
　　的。有人问："进修之术何先？"程颐回答："莫先于正心诚意，诚意在致
　　知，致知在格物。"并解释说："格犹穷也，物犹理也，犹曰穷其理而已

图7-15

清代画家上官周所绘《晚笑堂画传》中的陆九渊画像

也。"可见，"格物致知"就是通过对天下万物的深刻探究，以穷尽其中的"理"，进而达到对普遍天理的认识。这一过程应该是逐步递进的，所以程颐称："须是今日格一件，明日又格一件，积习既多，然后脱然自有贯通处。"对此，朱熹做了进一步的阐发："是以大学始教，必使学者即凡天下之物，莫不因其已知之理，而益穷之，以求至乎其极。至于用力之久，而一旦豁然贯通焉，则众物之表里精粗无不到，而吾心之全体大用无不明矣。"❶ 修身达到"心之全体大用无不明"的最高境界，自然就成为能齐家、治国、平天下的"圣贤"。

二程、朱熹的学说后经历代帝王的推崇成为居于正统地位的官方哲学，世人习称"程朱理学"。

与朱熹同时的南宋理学家陆九渊在程朱理学之外，异军突起，别开一派。陆九渊字子静，号存斋，人称象山先生，抚州金溪（今属江西）人（图7-15）。就为学宗旨而言，陆九渊与其他理学家并无差别，都是通过对宇宙本原的探讨，以论证儒家伦理的永恒与至善。朱、陆的根本分歧在于修身方法，即通过何种途径去完成个人的道德修养。陆九渊认为程、朱"格物致知"的渐进方式过于支离繁琐，既然天理存于人心，远不如直求本心更为简易便捷。因此，他提出心理合一的观点，认为"人皆有是心，心皆具是理，心即理也"，宣称"宇宙便是吾心，吾心即是宇宙"。道德修养不必向外探求，只需反省内心即可获得天理。

▽　陆九渊基于"心即理"的思想，认为唯有"切己自反"的简易功夫"可大可久"，强调为学的关键在于通过内心的体认、省察去"剥落心蔽"，"发明本心"。读书的目的是陶冶性情，涵养道德，而非增长知识，扩展智慧。显然，这与佛教禅宗直指本心、明心见性的"顿悟"方法是相契合的。朱、陆之争初起之时，双方的好友吕祖谦于1175年邀请他们同往信州（今江西上饶西北）铅山鹅湖寺聚会讲学，希望以此平息争端。这就是历史上著名的"鹅湖之会"。不料，经过数日的辩论，朱熹和陆九渊更加明确了双方的分歧，自此在学术上分道扬镳，形成对立的两派。不过，思想上的分歧并未妨碍朱熹与陆九渊的友情。六年后，陆九渊前往庐山白鹿洞书院拜访朱熹，朱熹请他登堂升席开讲，亲率弟子聆听，并大加赞赏，由此成为学术史上的一段佳话。

陆九渊的思想后为明代理学家王守仁继承，并发扬光大。因他们都高度重视"心"的作用，世人习称这一学派为"陆王心学"。

宋代理学在新的哲学基础上重建了传统的礼治秩序。理学家在人伦关系中强制注入以"理"为依据的尊卑名分，使"礼"的权威性和普遍必然性在更高的层次上得到确认。其"明天理，灭人欲"的说教，无疑是对个体独立、自由的严重束缚。在君主专制不断加强的明清时代，其负面作用尤为明显。不过，理学在道德自觉的基础上努力建树理想的人格，也不乏积极意义，中华民族塑成独特的文化性格——重气节、重道德、富有社会责任感和历史使命感，显然受到理学的深刻影响。

三、史学的创新与开拓

在中国学术史上，繁荣发达的宋代史学以其杰出的成就和锐意创新的精神，成为后人仰慕的高峰。陈寅恪曾给予极高评价："中国史学，莫盛于宋"，"宋贤史学，今古罕匹"，"有清一代经学号称极盛，而史学则远不逮宋人"。

▽　据《四库全书总目》的著录统计，宋代史家有著作流存者不下130人；在清朝初期之前的564部、21950卷历代史书中，宋人著作有189部，5644卷。宋代史书在编撰体例上也多有创制，《四库全书总目》史部分15类，大体包罗古代史书的各种体裁，而这些体裁在宋代均已齐备，后世罕有大的创新。

宋代史学的空前繁盛当与宋朝君臣重视以史为鉴有关。唐代确立的官方修史制度，至宋更为完善。朝廷设立起居院、日历所、实录院、国史院、会要所、玉牒所等修史机构，置有专职史官，并由宰相兼任"提举"或"监修"。除沿袭唐代成例官修前朝纪传体断代史，如《新唐书》《旧五代史》外，宋人尤重视当代史的修撰，其中"会要"的编纂，尤称史料的渊薮。

❶　朱熹：《四书章句集注·大学章句》，中华书局1983年版，第7页。

▽　宋朝例由起居郎、起居舍人记录皇帝言行和朝政大事，编成起居注；由枢密院和中书记录皇帝与大臣关于军政要事的讨论，编成时政记；史官依据起居注、时政记、诸司报状及大臣的行状、墓志等，编成日历；在日历的基础上，又征集官私相关资料，严加考订后修成编年体的实录和纪传体的国史。会要的资料最为丰富，除依据日历、实录、国史外，更调集各级政府的档案，分类汇编而成。玉牒为皇族世系的谱牒，以编年体形式记载帝系及政令罚赏、封域户口等大事。

　　宋朝允许私人修撰前代史和当代史，且官方搜集、编纂的史料可供私人利用，故私修史书也大量涌现。前代史有欧阳修的《新五代史》（图7-16）、路振的《九国志》、陆游的《南唐书》、王溥的《唐会要》《五代会要》等。当代史名著有李焘记北宋九朝史实的《续资治通鉴长编》，徐梦莘记徽宗、钦宗、高宗三朝与金朝和战关系的《三朝北盟会编》，李心传记高宗一朝史事的《建炎以来系年要录》等，上述三书皆以资料翔实、考订精当著称，史料价值远在元代官修《宋史》之上。

　　当时，地方志的编修也臻于前所未有的规模与水平，体例渐趋完备，举凡舆图、疆域、山川、名胜、建置、职官、赋税、物产、乡里、风俗、人物、方伎、金石、艺文、灾异等，无不汇于一编，后代方志大体未出宋人窠臼。

图7-16
元刊本《五代史记》书影

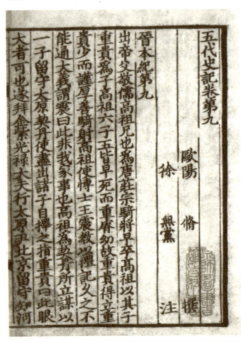

▽　宋代全国性总志有《太平寰宇记》《元丰九域志》《舆地广记》《舆地纪胜》等。专记一地的志书更是不胜枚举，著名的有范成大的《吴郡志》、梁克家等的《淳熙三山志》、罗愿的《新安志》、施宿等的《嘉泰会稽志》以及孟元老的《东京梦华录》、吴自牧的《梦粱录》等。

　　宋代史学不仅以著述浩繁、资料丰富及编纂体例的推陈出新令人瞩目，更以卓绝的识见和完善的方法，为后世推崇备至。宋人的史学理论与方法，尤值得称道的是其怀疑精神和会通思想。

　　宋代学术以"怀疑"著称，这一精神最

初凸显于儒学传习的"疑经思潮",随后,又体现在史学研究中。故宋人治史更重视史料的真实性和可靠性,对前人成说多持怀疑态度,在运用史料时往往详加考证,努力使史学著述更接近历史事实。赵翼曾盛赞宋代的"考古之学",认为历史考据学至宋"最精博",史臣皆"熟于经史之学,原原本本,非以口给",撰述时"稽典故,援经史,俱确有据依,岂后代所可及哉"。同时,宋人还提出"会通"的史学主张。面对空前丰富而复杂的社会现实,宋人延展了研究时段,扩大了研究领域,力图更为全面、广泛、深入地了解历史全貌,在此基础上总结前人的经验教训,达到"垂劝诫,示后世"的目的。为此,宋人史学研究和史料搜寻的范围大为拓展,不仅在传统文献资料上另辟蹊径,旁及谱录、文集、行状、别传、野史等,还进而在铜器、碑刻等古代文物中搜集第一手资料。宋代史学的上述特点在《资治通鉴》《通志》等通史类巨著中,表现得尤为明显。

图7-17
《资治通鉴》

◯ 以铜器、碑刻等古代文物为研究对象的金石学,在宋代成为一门独立的学问。众多学者投身其中,创作出一大批金石学名著,如欧阳修的《集古录》及其跋尾,吕大临撰的《考古图》,赵明诚的《金石录》,洪适的《隶释》《隶续》等,皆在后世影响深远。金石学为研究古代物质文化的专门之学,可视为广义历史学的一个分支;同时,金石器物的考释,为历史考证提供了第一手的资料,故其又是传统文献史学的同盟军。

　　司马光的《资治通鉴》可谓宋代史学成就的最高代表。司马光字君实,陕州夏县(今属山西)人,宝元进士,神宗时擢翰林学士,哲宗时为宰相。他曾取战国史事编成史书,神宗嘱其继续编撰,并赐名《资治通鉴》。司马光在刘攽、刘恕、范祖禹等人协助下,研精极虑,呕心沥血,费时19年,终于完成这部上起战国,下讫五代,记载1362年历史,共294卷的编年体通史(图7-17)。在编撰过程中,司马光首创长编法和考异法,成为史学方法的杰出范例。长编的修纂务求史料完备,宁失于繁,毋失于略。所用资料除正史外,泛及"稗官野史,暨百家谱录、正集、别集、墓志、碑碣、行状、别传"等,凡322种。故长编的稿件堆满两间房屋。作为主编的司马光根据长编,考其异同，删其冗繁，润色文字，勒为定稿。其中，考据的工作尤费心思，所谓"抉摘幽隐，校计毫厘"。凡年月、事迹有歧异处，司马光均综合诠次，详加考证，并将斟酌、取舍的原因撰成《考异》30卷，附书并行。由于《资治通鉴》兼取纪传、编年二体之长，纪事真实可信，行文古雅优美，遂成为与《史记》并列的两大史学名著。清代史家王鸣盛赞誉道："此天地间必不可无之书，亦学者必不可不读之书也。"❶

宋人因《资治通鉴》还派生出不少别具匠心的史著。南宋袁枢从便于阅读考虑，对《资治通鉴》原文加以改编，以事为目，每事一篇，撰成《通鉴纪事本末》，开创了"纪事本末"这一新的史书体裁，对后人影响巨大。朱熹及其弟子赵师渊，主要以《资治通鉴》为依据，突出儒家的伦理纲常，编成《资治通鉴纲目》。书中大字为纲，体现褒贬，小字为目，记载史实。所创立的"纲目体"，也对后世颇有影响。

宋人的"会通"思想在南宋郑樵的《通志》中表现得最为充分。郑樵字渔仲，学者称夹漈先生，兴化军莆田（今属福建）人。学问广博，著述繁富，曾任枢密院编修官，其代表作《通志》共200卷，是继《史记》之后又一部大型纪传体通史。该书《总序》就"会通"之意做了系统阐发，在史学思想史上影响深远。书中以纪、传、略和年谱记载各类史事，虽纪、传、年谱多依据旧史，史料价值不高，但确实是其会通思想的具体实践。《通志》中最为后人看重的是富有新意的二十略，其中的十略可谓前人未及，自有所得的开创之作。如《六书略》《七音略》分别论述文字与音韵；《艺文略》提出图书分类的新体系；《校雠略》从辨章学术，考镜源流的角度谈论目录学；《图谱略》《金石略》分别阐述图像谱系和金石器物；《氏族略》叙述姓氏源流和氏族谱系；《都邑略》论历代都城；《谥略》论历代谥号；《昆虫草木略》论各类动植物。显而易见，郑樵的研究范围较前人确有很大拓展。

四、文学艺术的雅俗并进

相对于唐代文化的气势恢弘，开张奔放，宋代文化往往给人内敛精致，优美潇洒的感觉。这在宋人的词作和书画中，体现得颇为明显。

兴起于唐代的词由五七言诗演变而来，原先流行于民间，至晚唐、五代，许多文人也爱填词，南唐后主李煜即有不少佳作。两宋时期，词家众多，佳作迭出，词成为当时最具特色的文艺样式。

北宋中期的柳永对推进宋词的发展，卓有贡献。他改变五代、宋初词作多为小令的风气，开始大量创作曲调舒缓的慢词。慢词篇幅宏大，适于铺陈，更易于表达作者的思想感情，自此，宋词的特色得以充分彰显，发展途径也更为广阔。柳永是位失意文人，为人放荡不羁，喜欢与民间乐工、歌女交往，常以俗语入词，作品流传极广，当时人曾说："凡有井水处，即能歌柳词。"稍后的苏轼，学识渊博，才华横溢，他突破"词为艳科"，多写儿女相思别情的传统，拓展了词的思想内容，提升了词的意境与表现力，作品意境豪放，气象雄浑，为词坛别开生面。在他笔下，词不仅可言情，还可怀古、咏史、说理，其名作《念奴娇·赤壁怀古》《水调歌头·明月几时有》等，已成千古绝唱。

北宋后期的词人多注重文字锤炼和音律和谐，艺术技巧更为纯熟，词风婉约柔美。秦观的淡雅含蓄，周邦彦的精致典丽，都对后人有很大影响。生活在两宋之际的女词人李清照，词风婉美，语言清新，感情真挚，也写下许多脍炙人口的名篇。

南宋词坛大家首推辛弃疾，他继承并发展了苏轼豪放清雄的词风，在作品中表现抗金主题，寄寓奋发激越的情怀，显现出金戈铁马的气势，由此独树一帜，深受后人赞叹。受辛弃疾影响，南宋形成一批"辛派词人"，代表人物有陆游、陈亮、刘过、刘克庄等。另一位影响深远的大家为姜夔，其词作主要继承周邦彦、李清照等人风格，讲究协律，雅正婉约，善于以清新峭拔的语言，表达缠绵宛转的情思，表现出一种潇洒柔美、清空疏宕的新风貌，从而形成一大流派。不仅南宋后期众多词家纷起仿效，影响所及，直至清代。近于姜派的名家吴文英，词风秾挚绮丽，幽邃密实；宋元之际的张炎，词风清远蕴藉，婉丽空灵，皆颇受后人推崇。

宋代书法的特点是"尚意"。当时的文人学者多通过书法作品来抒发个人情怀，强调个性和新意，表现出崇尚意趣的艺术倾向，由此形成不同于唐人的新风貌。因行书可不拘一格，挥洒自如，尤为宋人所喜爱，故最具特色。北宋苏轼、黄庭坚、米芾等名家可谓宋代新书风的代表。苏轼曾称："诗不能尽，溢而为书，变而为画"；又称：

---

❶　王鸣盛：《十七史商榷》卷一〇〇《缀言二》，上海书店出版社2005年版，第932页。

图7-18

苏轼的书法名作
《寒食诗帖》（局部）

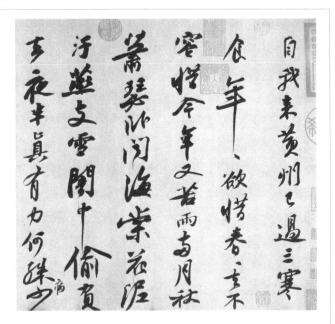

　　"我书意造本无法，点画信手烦推求"。其作品丰腴跌宕，充满天真烂漫之趣，典型反映了宋人在书法艺术上的独特追求（图7-18）。黄庭坚的书法，纵横奇崛，雄放峻美；米芾书风跌宕多姿，隽逸疏放，皆在书坛影响深远。此外，宋徽宗的书法细劲秀逸，号为"瘦金书"，也别具一格，富有特色。

　　宋代画坛，名家辈出，绘画题材有所扩展，技巧更加成熟，形成多种风格争奇斗艳的景象。其中，山水画和花鸟画的成就尤为突出。宋初山水画家继承五代画风，形成南北两大流派。北方山水画派取法五代的荆浩、关仝，李成、范宽为其代表。李成善写山东的平野寒林，笔锋颖脱，风格潇洒清旷；范宽擅画中原的高山大川，笔墨浑厚，画风雄峻苍劲。南方山水画派的代表为僧人巨然，他师承五代的董源，笔墨秀润，善于表现南方烟岚清朗的山色风光。北宋中期的画院画师郭熙，博采众长，自出新意，对推进山水画的发展颇有贡献。五代以来的花鸟画，也形成黄筌的典丽富贵和徐熙的潇洒野逸两种风格，入宋后，黄家体制曾主导花鸟画坛百余年。北宋中期，画院画师崔白以清新疏秀的格调，生动逼真的形象，使画风为之一变。北宋后期，由于宋徽宗的倡导，花鸟画创作更加兴盛，作品注重形似，风格工丽，号为"宣和体"。当时，反映民间生活的风俗画也日益流行，北宋画家张择端的《清明上河图》即一件旷世名作。

　　▽　宋朝皇帝对书画艺术饶有兴趣。北宋统一后，后蜀和南唐的宫廷画师，

以及中原地区的绘画名家多被召入开封。太宗雍熙元年（984），朝廷设立御用的翰林图画院，真宗以后，画院中按画艺高下，设待诏、艺学、祗候、学生、工匠各若干人。徽宗时，画院臻于极盛，且另设画学专门培养绘画人才。宋代画院集中了众多绘画高手，对繁荣绘画创作起了重要作用。

北宋中后期，苏轼、文同、米芾等许多文人学者以绘画抒发情感。他们的作品强调神韵，忽略形似，讲求笔墨情趣和诗文意境，后人称为"文人画"。这一新的艺术追求对水墨、写意画法的发展，具有极大影响，元代以后，逐渐成为画坛主流。南宋绘画最具特色的是以李唐、刘松年、马远、夏圭为代表的院体山水画，作品水墨苍劲，形成独特的艺术风格。

两宋时期，随着城市的发展，顺应市民阶层精神生活需要的民间通俗文艺也迅速崛起，大放异彩。开封、临安等大城市中都有许多名为"瓦子"的大型游乐中心，瓦子中有名为"勾栏"的文娱表演场所。演出的俗文艺节目，主要为说唱和戏剧。

说唱大致可分"说话""杂说""演唱"三种形式。说话即讲故事，所用底本称为"话本"，据其内容又可细分为"说经""小说""讲史"等。说经为讲说儒家和佛教的经书。小说为讲说市井故事，其内容有灵怪、烟粉、传奇、公案、朴刀、杆棒、神仙、妖术等名目，一般篇幅不长，有说有唱。讲史主要讲说历史故事，以三国和五代史事最受欢迎，有时也说当代史，一般篇幅较长，只说不唱，间发议论。

杂说是以机敏幽默的语言说噱逗笑。其中，"学乡谈"以模仿各地方音俗语娱悦观众，"说诨话"以滑稽诙谐的语言演说故事或歌诗，逗人笑乐，颇似现代的相声。

演唱可分数种，如"小唱""嘌唱""唱赚"等，最具代表性的为"诸宫调"和"鼓子词"。诸宫调兼用多种宫调演唱长篇故事，以唱为主，说唱兼备。演唱时用琵琶等乐器伴奏，因此也称"挡弹词"。"鼓子词"表演时也是兼有说唱，说用散文，唱用韵文，伴以击鼓，用同一宫调演唱。

宋代的戏剧有傀儡戏、影戏、杂剧和南戏。傀儡戏即木偶戏，以线牵提傀儡表演的，称"悬丝傀儡"；以木棍操纵傀儡表演的，称"杖头傀儡"；在船上或水上表演的，称"水傀儡"。傀儡戏题材广泛，生动有趣，深受民间欢迎。当时的影戏已由纸影发展为用羊皮雕形的皮影，艺人边说唱故事，边摆弄人物皮影，利用灯光投射

图7-19

南宋《杂剧人物图》
中的女伶

在布幕上，做出各种动作造型。时人有诗描绘影戏表演的情景："三尺生绡作戏台，全凭十指逞诙谐。有时明月灯窗下，一笑还从掌握来。"

北宋出现的杂剧由唐代参军戏演变而来，但情节和人物更为复杂，也间有插科打诨，剧中角色有末泥、引戏、副净、副末、装孤等，表演时有音乐伴奏，以锣鼓打节拍（图7-19）。南戏也称戏文，北宋末年萌芽于闽、浙沿海一带，南宋时日趋盛行，最初是一种以村坊小曲演唱的民间小戏，后传入临安，融合杂剧、唱赚、词等艺术形式，逐渐成熟和完善。其演出体制与杂剧大体相近，以表现故事情节为主，结构完整，篇幅较长。宋元之际，南戏受北杂剧南传的影响，开始形成南北曲兼用的体制，成为明代传奇的前身。

▽   辽和金的市民通俗文艺也相当繁荣。辽朝宫廷已有杂剧表演，民间也应流行。金灭北宋，将开封的说话、杂剧、影戏等艺人150余家迁往北方，此类俗文艺遂在金朝广泛流行。金朝杂剧演员的居所称"行院"，因此，杂剧称为"院本"。山西侯马出土的金朝砖雕戏台模型，设施完善，角色齐全，形象地反映了北方杂剧的繁盛情景。

阅读书目

1. 陶懋炳：《五代史略》，人民出版社1985年版。

2. 陈振：《宋史》，上海人民出版社2003年版。

3. 李锡厚、白滨：《辽金西夏史》，上海人民出版社2003年版。

4. 漆侠：《宋代经济史》，上海人民出版社1988年版。

5. 朱瑞熙等：《辽宋西夏金社会生活史》，中国社会科学出版社1998年版。

第八章

大一统的再实现：
元

　　1206年，蒙古族领袖成吉思汗统一蒙古高原各部，创建蒙古汗国。此后，成吉思汗及其后继者在发动三次西征的同时，先后攻灭西夏和金。忽必烈继承汗位后，于1271年改国号为元，次年定都大都，并于1279年灭亡南宋，建立统一的元王朝。

　　忽必烈在位的前期，倚靠中原汉族士大夫的谋划和帮助，对落后的蒙古旧制进行一系列改革，缓和了蒙古贵族入主中原后所造成的倒退与破坏，汉族地区高度发展的社会经济与文化得以大体延续，并有所发展。但晚年的忽必烈，以及其后继者，又对汉人深怀疑忌，严加防范，致使先前的改革举措多束之高阁，未能继续推行。因此，元朝的统治具有浓厚的民族歧视、民族压迫色彩，制度规定，蒙古人、色目人与汉人、南人，在社会、政治和法律上，皆处于不平等的地位。元朝后期，官场腐败，政治黑暗，社会矛盾日益激化，终于导致如火如荼的反元大起义。

　　在中国历史上，元朝有其特殊地位。辽阔疆域内的统一辖治，边疆地区的进一步开发，使各民族之间的经济文化交流进至前所未有的程度，由此形成民族融合的又一波高潮，为明清数百年稳固的统一局面奠定了基础。而中外经济文化交流之积极与活跃，在中国历代王朝中，也堪称空前绝后。

第一节
再造统一的元朝政权

　　蒙古崛起后，相继攻灭夏、金、宋，持续三百年的多民族政权并立格局终告结束，蒙古族建立的元朝再次实现全国大一统的局面。元朝统治期间，陆、海交通空前发达，中外交流盛极一时。统一的重建也在客观上促进了民族间的交往与融合。

一、蒙古崛起与元朝统一

　　宋金对峙之际，蒙古在金朝背后悄然崛起。蒙古族的祖先是室韦诸部的一支，称蒙兀室韦，蒙兀当为蒙古的异译，唐朝时，原居今内蒙古东北额尔古纳河上游，约于唐末，蒙古族的一部分西迁至斡难河（今蒙古国鄂嫩河）上游，以游牧和狩猎为生，在与中原地区日益密切的交往中，社会经济逐渐发展。

　　11—12世纪，大漠南北草原上，活动着诸多游牧部落，除蒙古部外，还有汪古部、克烈部、乃蛮部、篾儿乞部、塔塔儿部等。各部为扩大领地，掠夺人口和牲畜，互相展开激烈争战。其间，蒙古族部落联盟乞颜部贵族铁木真的势力日趋强盛。

　　铁木真姓孛儿只斤，诞生之际，其父也速该在与世敌塔塔儿部的作战中获胜，杀死对方首领铁木真斡怯，为纪念这次战役，遂为儿子取名"铁木真"。铁木真成年后，聚集蒙古部众，扩展自己的势力，约于12世纪80年代末被推举为汗。其后，铁木真通过长期的战争，陆续降服诸部，完成漠北草原的统一，自此，草原各部统称蒙古。

　　▽　铁木真年少时，父亲被塔塔儿人毒死，部落中衰，因而历经磨难。成年后，他将妻子陪嫁的黑貂皮袄进献给克烈部首领脱里，认脱里为父，与克烈部结为同盟；随后，又臣服金朝，就任金朝官职。他借助克烈部和金朝的力量，先后战胜塔塔儿、篾儿乞等部，势力不断壮大。此时，铁木真与克烈部的矛盾凸显，双方终于兵戎相见，一决雌雄。铁木真奇袭脱里牙

元

帐，激战三昼夜，击溃克烈部。不久，他又降服汪古部，打败乃蛮部，成为蒙古草原上最大的统治者。

1206年，铁木真在斡难河源召开忽里台大会（最高部族大会），树起九旒白旗，即蒙古大汗之位，尊号成吉思汗，"成吉思"意为海洋，或伟大强盛。所建国号蒙古语为"也客蒙古兀鲁思"（Yeke Mongghol Ulus），意为"大蒙古国"。

建国后，成吉思汗着手军政制度的整顿和建设。他以军政合一的千户制取代旧时的部落氏族制，将全蒙古民众划分为数十个千户，任命开国功臣和贵戚为千户那颜，世袭管领。扩充护卫军，人数增至一万，规定了严格的护卫制度。设立最高行政长官大断事官，掌管民户和刑狱，其下置若干断事官。创制蒙古文字，1219年确立的"大札撒"（法令），即以蒙古文书写。

与此同时，成吉思汗及其子孙大规模向西向南扩张，西征的兵锋最远抵达欧洲多瑙河流域，建立起地跨欧亚的蒙古大汗国；向南则不断进攻西夏和金朝。1227年，成吉思汗在率军攻灭西夏前夕，病死于六盘山南的秦州清水县（今甘肃天水），终年66岁（图8-1）。1229年，成吉思汗第三子窝阔台经忽里台大会推选，继位大汗。他在契丹人耶律楚材辅佐下，强化国家机器，提高大汗权威，仿照汉制创立朝廷礼仪，定都和林（今蒙古国中部鄂尔浑河上游的哈尔和林）。当时，蒙古已占有中国北方大部分地区，为南下统一全国奠定了坚实的基础。

▽   1219年至1223年，成吉思汗亲自率军发动第一次西征，攻灭花剌子模，在迦勒迦河击败斡罗思（今俄罗斯）诸公国，将领土扩展至今中亚地

图8-1

成吉思汗陵

区。1235年至1242年，继任的蒙古大汗窝阔台派遣拔都、贵由、蒙哥等率军第二次西征。蒙古军攻占斡罗思，侵入东欧的孛烈儿（今波兰）、马扎儿（今匈牙利）等地。1253年至1258年，蒙古大汗蒙哥（成吉思汗幼子拖雷的长子）派遣旭烈兀第三次西征。蒙古军击败黑衣大食，攻陷巴格达和大马士革，势力伸展至西南亚。蒙古在几次西侵时，烧杀抢掠，使当地遭受极大破坏。军事征服的结果，形成一个以和林为中心的横跨欧亚大陆的蒙古大汗国。但这个大汗国仅是一个不稳固的政治军事联合体，并无共同的经济基础，不久便分裂为元朝和钦察、察合台、窝阔台、伊利四个独立的汗国。

金朝后期，因连续遭受蒙古的攻击，被迫将都城南迁至开封，此后，黄河以北的领土完全落入蒙古手中。窝阔台即位后，又大举攻金。1233年，金哀宗放弃开封，先后逃往归德（今河南商丘南）和蔡州。蒙古约南宋联合进攻金朝。南宋朝廷竟然未吸取北宋"海上之盟"的历史教训，再次铸下大错，与蒙古达成协议：共同出兵攻金，灭金后，河南之地归宋，河北之地归蒙古。

1234年，宋蒙联军攻破蔡州，金哀宗自杀，金朝灭亡。失去金朝这一缓冲地带，蒙古与南宋接壤，此后，在四川、襄阳、黄州（治今湖北黄冈）、蕲州（治今湖北蕲春西南蕲州镇）及江淮之间，蒙古军对南宋展开全面攻势，双方进行了激烈的争夺。

    ▽　金哀宗曾派使者与宋议和，明白指出相互的利害关系："（蒙古）灭国四十，以及西夏，夏亡及于我，我亡必及于宋。唇亡齿寒，自然之理。若与我连和，所以为我者，亦为彼也。"[1]宋朝廷却予以拒绝。灭金后，南宋调兵进入开封和洛阳，想乘机收复黄河以南地区。不料，蒙古军即刻前来争夺，宋军溃败撤退，不仅原先的如意算盘完全落空，还使自己直接面对蒙古的威胁。

南宋理宗后期及度宗时，专制朝政的权臣贾似道，瞒上欺下，穷奢极欲，对民间肆意盘剥，引发激烈的社会矛盾，而北边又有蒙古的不断进攻，国势危在旦夕。唯因各地军民对蒙古军进行了英勇顽强的抗击，才延迟了南宋政权的覆灭。

---

[1]　脱脱等：《金史》卷一八《哀宗纪下》，中华书局1975年版，第400页。

元

宝祐六年（1258），蒙古大汗蒙哥亲自率军攻入四川。蜀境宋军倚靠诸山城堡沿途阻击，使蒙古军行进缓慢，直至开庆元年（1259）二月，蒙古军才到达钓鱼山的合州城下。合州知州王坚与部将张珏率军凭险固守，蒙古军千方百计，倾力猛攻，皆无法奏效。时至七月，正逢四川雨季，蒙古军因攻城失利和疾疫流行，死伤极多，蒙哥也突然死去（一说中宋军飞石而亡），遂被迫解围北撤。

蒙哥攻蜀之际，又命二弟忽必烈渡河南下，围攻鄂州。得知蒙哥死讯后，忽必烈急欲北返争夺汗位，也匆促撤退。

1260年，忽必烈在开平（今内蒙古正蓝旗东闪电河北岸）即大汗位，并按中原王朝惯例，始建年号中统，又仿效汉制设立政权机构，任命内外官员。

1271年，忽必烈诏告天下，取《周易》"大哉乾元"之意，定国号为大元，正式建立元朝，忽必烈即元世祖（图8-2）。次年，将金中都东北所建新城定名大都（蒙古人称为汗八里，今北京），作为元朝都城，与上都开平并立为都。

忽必烈即位后，继续南下攻宋。咸淳九年（1273），战略要地襄阳、樊城（今湖北襄阳市樊城区）遭元军围攻逾五年后，终于失陷，南宋的国门自此敞开。次年，忽必烈下诏大举攻宋，以名将伯颜为帅，分军进击，直趋宋都临安。

德祐二年（1276）正月，年仅6岁的南宋恭帝向兵临城下的元军奉表投降，但南宋军民的抵抗依然如火如荼。宰相陈宜中从临安逃出

图8-2

元代画家刘贯道所绘《元世祖出猎图》，中间的忽必烈内穿汉式锦衣，外披皮裘

后，与大臣陆秀夫、张世杰等在福州拥立益王赵昰为端宗，坚持抗争，后为元军所迫，退往广东沿海，端宗病死于碙洲（广东湛江雷州湾外东海岛东南碙洲岛）。陆秀夫、文天祥等又拥立卫王赵昺为帝，流徙于南海中的厓山（今广东江门市新会区南）。1279年，元军切断厓山水源，乘潮南北夹攻，宋军大溃，陆秀夫背负帝昺投海而死，突围的张世杰也遭遇风浪，覆舟而亡。南宋至此灭亡。元朝再次实现全国大一统的局面。

　　▽　在最后的抗元斗争中，文天祥的事迹尤为后人广泛传诵。文天祥字宋瑞，号文山，吉州庐陵（今江西吉安）人。宝祐四年（1256）进士第一。元军进逼临安时，他在知赣州任上组织武装，入卫临安。端宗时，他任右相兼枢密使，率军在福建、广东一带坚持抗元，曾收复多处州县。1278年，文天祥在五坡岭（今广东海丰北）兵败被俘。元军大将张弘范要他写信劝南宋流亡政权投降，他书录《过零丁洋》诗以明心迹，张弘范读到"人生自古谁无死，留取丹心照汗青"之句，再不提劝降之事。文天祥被押解大都后，关入低矮潮湿的土室，饱受折磨，但坚贞不屈，写下千古传诵的《正气歌》。元世祖亲自做最后的劝降，遭文天祥断然拒绝。1283年1月，文天祥在大都从容就义，衣带中留下绝笔书："孔曰成仁，孟曰取义。惟其义尽，所以仁至。读圣贤书，所学何事？而今而后，庶几无愧！"❶

二、空前拓展的中外交流

　　成吉思汗及其子孙通过西征和南下，建立起一个横跨欧亚大陆的蒙古大汗国，在这片广袤的领土上，以往因各国疆界而造成的人为隔绝被消除，东西南北可通行无阻。其后，忽必烈建立的元朝统一了中国，元朝以外地区则形成若干个相对独立的汗国。这些汗国仍尊奉元朝皇帝为大汗，称之为"一切蒙古君主的君主"，与元朝保持着藩属与宗主国的关系，相互之间往来密切，元朝途经各汗国前往亚欧其他地区依然畅通。

　　从成吉思汗建立大蒙古国至后来的元朝，蒙古统治者因政治、军

---

❶　脱脱等：《宋史》卷四一八《文天祥传》，中华书局1977年版，第12540页。

事及经济的需要，十分重视陆、海交通的建设。成吉思汗已在境内设立驿站，继位的窝阔台下令在不断扩展的领土上广建驿站，忽必烈定都大都后，驿站制度进一步发展和完善。当时，以大都为中心修筑了四通八达的驿道，形成遍及各地的驿站网络。除驿站外，还有专送紧急文书的急递铺。规定每10里或15里、25里设一铺，每铺置铺丁5人。铺丁徒步疾奔，接力传递，一昼夜可行400里。

▽   据至顺二年（1331）成书的《经世大典》记载，元朝境内（不包括各汗国）共有驿站1500多处。驿路东北至奴儿干（今俄罗斯境内黑龙江下游东岸特林地方），北方至吉利吉思部落（在今俄罗斯叶尼塞河上游），西南至今西藏地区，范围之广，前所未有。驿站分为陆站和水站。水站用船，陆站用马、牛、驴、车等，奴儿干地区则用狗拉雪橇行于冰上，称为狗站。驿站和急递铺的设置，不仅便于"通达边情，布宣号令"，而且有利于国内外交通。《元史》记载，驿站制度的完善，使"四方往来之使，止则有馆舍，顿则有供帐，饥渴则有饮食，而梯航毕达，海宇会同，元之天下，视前代所以为极盛"。清代万斯同《昆仑河源考》也称："元有天下，薄海内外，人迹所及，皆置驿传，使驿往来，如行国中。"

元朝内河与海上交通非常发达。元初的南北漕运，没有直通河道，须利用隋朝开凿的旧运河，迂回曲折，水陆转运，费时费力。元世祖至元二十年（1283），完成济州河的开凿，引汶水、泗水为源，从济州（今山东济宁）至须城安山（今山东东平西南），全长约150里。至元二十六年，开凿会通河，南接济州河，北达临清入御河（卫河），全长250余里。至元二十八年（一说二十九年），开凿通惠河，从通州至大都，全长164里。此外，还对江南旧运河作了疏浚。直通南北的京杭大运河完工后，形成大运河的新格局，对南北乃至中外经济文化交流皆有重要促进作用。

海运在元朝也受到空前重视，不仅漕运以海路为主，内河为辅，而且政府还竭力拓展海外贸易，视为"军国之所资"，"国家大得济的勾当"。元世祖时，兼营海外贸易的行泉府司所统海船多达1.5万艘，从泉州至杭州的海路曾设15处海站，"专运番夷贡物及商贩奇货"。"挂十丈之竿，建八翼之橹"的"富人之舶"也不少见。元政府对海外客商，积极招徕，优礼相待，使其"往来互市，各从所欲"，对从事海外贸易的本国"舶商"及其家小，给予"除免杂役"的优惠，市舶进口货物仅收十分之一或十五分之一的"抽分例"，民间商人因从事外贸而致富者不少，如嘉定沈氏"因下番买卖致巨富"。当时，沿海的广州、泉州、温州、庆元（今浙江宁波）、澉浦（在今浙江海盐西南杭州湾北岸）、上海等，都是对外开放的贸易港口。

在人为阻隔消除，道路空前畅通的基础上，中外经济文化交流盛极一时。

传统的中西陆路通道"丝绸之路"再次兴盛，西方各国包括中亚、西亚、欧洲等地的使者、商人（图8-3）、旅行家、传教士等络绎来华，与此同时，大批蒙古人、汉人前往中亚、西亚。中国发明的指南针、火药、印刷术经阿拉伯传入欧洲，阿拉伯的天文历法、数学、医学等也先后传入中国。忽必烈下令颁行的《万年历》，即由波斯人札马鲁丁编制。叙利亚人爱薛奉忽必烈之命掌管西域医药院，配制回回药物。阿拉伯建筑家也黑迭儿参与了大都的营建。伊斯兰教在中国内地广泛传播，基督教也再度流行。

▽ 基督教徒和教士在元朝被称为"也里可温"，意为信仰基督之人。当时，中国的基督教有两派，一派为聂斯脱利派（唐代称景教），其传播途径，海路由波斯商人经泉州、广州等城市传入内地，陆路由蒙古人自西域传入中原。另一派为天主教圣方济各派。意大利圣方济各会教士孟特戈维诺（Giovannida Montecorvino）受罗马教廷派遣，于1294年抵达大都传教，并成为第一任天主教总主教，其后，又有多名教士来华传教。由于两派都崇敬十字架，所以统称为"十字教"，教堂称为"十字寺"。元朝基督教在全国各地都有信徒和教堂，据孟特戈维诺称，十余年间，他在大都建起两座教堂，受洗的信徒有6000多人。

图8-3
这尊元代灰陶骑骆驼俑，反映了当时来往于丝绸之路上的外国商人形象

在来华的西方使者中，最著名的是意大利人马可·波罗（图8-4）。他出身于威尼斯的商人家庭，17岁时随父亲和叔父自家乡启程，沿丝绸之路东行，经四年长途跋涉，于1275年到达上都。他深得忽必烈的赏识与信任，出任元朝官职，侨居中国17年。在此期间，他曾奉命出使各地，足迹几乎遍及中国南北，后奉命护送元朝阔阔真公主出嫁伊利汗国，于1291年从泉州

图 8-4

马可·波罗画像

启程，经海路到达波斯，完成使命后返抵威尼斯。不久，他依据在东方的见闻完成著名的《马可·波罗行纪》。

▽　马可·波罗于 1295 年返回威尼斯，随后，在威尼斯与热那亚的一场海战中被俘。他在热那亚的监狱中讲述游历中国和东方诸国的见闻，由同狱难友小说家鲁思梯谦笔录成书，名为《世界的描述》，中译本作《马可·波罗行纪》，或作"游记"。书中对中国各地的记述尤为详尽，涉及当时的重大政治事件以及工商行业、风土人情、宗教信仰等。该书以浓墨重彩描绘了一个富庶而神秘的东方世界，问世后在西方引起轰动，广泛流传于意大利、法国等欧洲国家。据说，哥伦布就是读了这部游记，才对遍地黄金的东方大国产生由衷向往，从而激起冒险远航的决心。

元朝中外交流的另一重要通道是海路。欧洲、北非、西亚、南亚、东南亚等地经南海航路来华者众多。作为外贸第一大港的泉州是与巴格达齐名的国际城市，来往两地的阿拉伯商人不计其数。元朝在泉州置市舶司，城南设番坊，供各国商人、教士居住。聚居于此的阿拉伯侨民数以万计，他们与当地人通婚，死后即安葬于泉州。现今泉州一带蒲、丁、郭等姓居民，多为当年阿拉伯人的后裔。

▽　出生于摩洛哥的北非著名旅行家伊本·拔图塔，于元顺帝时经海路来华访问，游历了泉州、广州、杭州等地。归国后，奉摩洛哥国王之命口述其旅行见闻，由国王委派的书记官伊本·术札伊以阿拉伯文笔录，著成《伊本·拔图塔游记》。书中对其在中国的所见所闻，包括风土人情、中外贸易、海舶构造、伊斯兰教徒的情况等，皆有比较详细的记载。如描述泉州称："泉州为世界最大港之一，实则可云唯一之最大港，余见是港有大海船百艘，小者无数。"

元朝与东亚、东南亚国家的关系曾有一些波折。窝阔台和蒙哥在位时，皆出兵攻打高丽。忽必烈继位后，致力改善两国关系，以公主出嫁高丽国王之子王愖。王愖继位后，与元朝皇室结为"甥舅之好"，依附关系较深。元朝曾在高丽设征东行省，以高丽国王为行省丞相。不过，高丽始终保持其相对独立的地位，有自己的政权机构和制度，赋税不入元朝，与元朝其他行省不同。两国文人士大夫交往密切，不少高丽士人在元朝当官。中国的棉花种植、火药武器等技术，皆在此时传入高丽。

忽必烈曾两次渡海侵日，均遭失败。元成宗即位后，与日本维持和平关系，开展正常的经济文化交流。元朝赴日寓居的名僧有十余人，来华学习的日本僧人更多，有姓名可考者达 220 多人，中国文化对日本的影响依然广泛而深远。元朝与日本的商品交易一直很频繁，双方商船来往见于记载的即有 40 余次，实际情况远不止此数。

忽必烈还遣军侵入东南亚的安南、占城、爪哇、缅国等，但也未能征服这些国家。元成宗时下诏罢征南之役，元朝与东南亚各国传统的经济文化联系渐次恢复。安南陈朝的儒学和佛教都非常兴盛，赴元使者多命儒士充任，他们喜欢结交元朝的文人学士，并带回大批汉文典籍。元杂剧传入安南后，促进了安南歌剧艺术的形成。

日本、高丽等国来华的商船主要停泊在庆元，所以庆元的对外贸易也十分繁荣，元人张翥有诗句描述说："是邦控岛夷，走集聚商舸。珠香杂犀象，税入何其多。"在航海业迅速发展的状况下，海路确实较陆路更为便利，因此，南宋以来的海上丝绸之路在元朝臻于极盛。经泉州、庆元、广州等港口输入的各国商品有沙金、黄铜、药材、香料、珠宝、钻石、象牙、犀角等，而中国出产的丝绸、瓷器、茶叶等也由海路大量销往海外。据元人汪大渊《岛夷志略》记载，当时与泉州有往来的国家和地区多达近百个，据此，可以想见元朝对外交往的规模与力度。

三、民族融合的又一次高潮

蒙古入主中原，建立元朝后，不仅结束了南北对峙的局面，而且实现了包括辽东、漠北、西域、吐蕃、云南等地区的大一统，幅员超汉迈唐，空前辽阔。与前朝多在边地民族中设置羁縻府州不同，元朝除西域有相对独立的宗藩封国外，全国绝大部分地区都确立统一的行政建制，设行省分别管辖。地方官皆由中央任命，当地民众须承担赋役，中央政府对地方直接控制的程度远高于先前各朝。当时，在元朝统治下的民族极多，除蒙古外，有汉族、契丹、女真、渤海、畏吾儿及西北、西南地区的众多少数民族，还有从中亚、西亚、东欧等地来华寓居的各国侨民。

元

从蒙古崛起到元朝统治期间，民族迁徙十分频繁。当时，大批北方少数民族迁居内地，而大批内地汉人又迁往边疆少数民族地区，出现大规模南北对流的现象。其主要原因有以下数项：其一，俘虏迁置。如1214年成吉思汗攻金时，掳掠华北各地，"尽驱山东、两河少壮数十万而去"。蒙古攻宋时，也有大批南方汉民被俘虏后迁往北方。被掠往他乡，充当宫廷、官府、贵族、官僚奴婢者称为"驱口"，其数量极为惊人，忽必烈宠臣阿合马即拥有7000驱口。其二，避战逃亡。在蒙古与西夏、金及南宋混战期间，各族人民为躲避战祸而越界逃亡是非常普遍的现象。成吉思汗统一草原诸部时，汪古、乃蛮等部皆有不少人逃往金朝。蒙古灭金，北方的汉人、契丹人、女真人又大量逃往南宋。其三，军事屯驻。元朝军种有蒙古军、探马赤军（成员以蒙古人为主）、汉军（成员为北方的汉人、契丹人、女真人）和新附军（成员为被俘和投降的南宋军人）。蒙古军、探马赤军大量屯驻内地，山东、河北及大都附近尤多，还有屯驻云南的。由西域各少数民族组成的元朝侍卫亲军多驻扎在山西、河南、湖北等地。不少汉军和新附军则被发往漠北、新疆等地。久而久之，屯驻军户多成为当地居民。其四，因罪流徙。元朝犯罪判流刑的惯例，蒙古人流往南方炎热地区，汉人则流往极北的奴儿干。元朝宗王乃颜叛乱败亡后，其部下数千蒙古军人被发配到河南、江浙、湖广、江西等地。其五，经商、仕宦。当时，以善于经商著称的回回（元朝对中亚、西亚信奉伊斯兰教各国各族人的泛称）富商，"皆以中原为家，江南尤多"。蒙古及西域各族之人至内地为官者，也大多世居其地，不再回乡。由于民族迁徙的频繁，民族杂居的现象在各地都非常普遍。

> 有学者对元末镇江城中侨寓人户及驱口的民族成分作了统计。侨寓人户共3845户，10555口，驱口2948人。其中，畏吾儿人14户，93口，驱口107人；蒙古人29户，163口，驱口429人；回回59户，374口，驱口310人；也里可温23户，106口，驱口109人；河西人（西夏人）3户，35口，驱口19人；契丹人21户，116口，驱口75人；女真人25户，261口，驱口224人；汉人3671户，9407口，驱口1675人。通过镇江管窥全国，可以推知当时民族杂居的状况。❶ 至于大都、杭州、泉州等著名城市，其居民的民族成分当更加复杂。

建立元朝的蒙古人仅二三百万，在辖境极为辽阔、民族成分异常复杂的情况下，为确保蒙古人的统治地位，加强对包括约7000万汉人在内的各族人民的控制，元朝统治者建立民族等级制度，实行民族歧视、民族压迫的政策。元世祖时将全国之人分为四等。第一等级为蒙古人，是号为"国族"的统治民族，享有一切特权和自由。第二等级为色目人，意为"各色各目"的"诸国人"，指蒙古人以外的西北各民族及中亚、西亚、欧洲各民族，包括吐蕃、乃蛮、汪古、回回、畏吾儿、钦察等，其地位仅次于蒙古人。第三等级为汉人，指原金朝统治下的汉人、契丹人、女真人，以及较早被蒙古征服的四川、云南人。第四等级为南人，指原南宋统治下的汉人及其他民族。四等人在政治待遇、法律地位、经济负担以及其他权利义务上都有种种不平等的规定。如中书省丞相必用蒙古人，平章政事多用蒙古人、色目人；各行省丞相、平章也大多如此。元朝尤忌汉人掌军权，故枢密院长官除少数色目人外，皆用蒙古人。法律上规定，不同人等犯罪，分属不同机构审理，并给以不同处罚。强征马匹时，蒙古人不征，色目人征三分之二，汉人、南人全数强征。

　　▽　　元人孔齐《至正直记》记载时人诗句："寒向江南暖，饥向江南饱。物物是江南，不道江南好。"讽刺蒙古人、色目人"来江南者，贫可富，无可有，而犹毁辱骂南方不绝，自以为右族身贵，视南方如奴隶"。当时法律规定，蒙古人、色目人殴打汉人、南人，汉人、南人不得还手。蒙古人殴死汉人，仅杖责五十七下，赔付烧埋银，即可了事。但汉人殴死蒙古人，不仅须处死，正犯和从犯还要分别赔付家产和烧埋银。据至元十七年（1280）的户口调查，蒙古人、色目人仅占全国总户数的3%，汉人占15%，南人占82%。显然，元朝的民族歧视政策激化了广大民众与蒙古贵族的矛盾，这也是元朝国祚不永的重要原因。

　　不过，元朝统治者还是非常重视对各族上层人士的笼络、利用，包括汉人和南人，尤其对较早为蒙古贵族效力的文武官员和地方豪强，往往优容有加。在元朝各级政府机构中，除军政要害部门的正职外，汉人、南人担任各级官员者为数不少。而且元朝对各族民众不同的宗教信仰实行兼容并蓄的政策，允许各种宗教自由传播，因此，佛教、道教、基督教、伊斯兰教（图8-5）都十分流行。蒙古人原先信

❶　　参见周良霄、顾菊英：《元代史》，上海人民出版社1993年版，第475页。

图8-5
元朝亦集乃城清真
寺遗址，在今内蒙
古额济纳旗东，当
时是聚居于此地的
回回商贾的礼拜寺

奉北方民族盛行的原始宗教萨满教，后来又尊奉藏传佛教，但并未因
此而压制其他宗教，表现出十分宽容的态度。

▽   据《元典章》记载，元朝中期的内外官员中，汉人、南人虽多担任次
要官职，但数量占优。其中，中央政府官员共2089员，蒙古人、色目人为
938员，汉人、南人为1151员，后者占55%；京都地方官员共506员，蒙
古人、色目人为155员，汉人、南人为351员，后者占69.4%；京都以外
的地方官员共19895员，蒙古人、色目人为5689员，汉人、南人为14236
员，后者占71.6%。当然，这一比例若与人口比例相较，明显不合理。因
此，广大汉族知识分子仕进无门，深感愤懑是必然的。当时曾流行"一官，
二吏，三僧，四道，五医，六工，七匠，八娼，九儒，十丐"的说法，虽
属讥刺之语，而非元朝的制度规定，但汉族读书人的地位空前低下，则为
事实。

元朝的民族政策固然有引发民族矛盾的一面，但其大一统的中央集
权统治又在客观上对民族融合起了重大的推动作用。全国人口在地
域上的大规模相互流动所造成的交错居处格局，使各民族之间的接触
和交往更加密切，从而促进了经济文化的交流。在各民族文化相互补

充、相互吸收、相互融合的基础上形成的元朝文化，凸显出多样性的特色。当时涌现出大批精通汉文化的非汉族文人学者，尤为前代所未见。所以说，元朝的统治虽为时短暂，但兴起历史上又一次民族融合的高潮，成为中国多民族国家发展、壮大的重要时期。

　　▽　回族这一中国新民族的形成，为元朝民族融合的典型事例。蒙元时期，中亚、西亚信奉伊斯兰教的各国各族人，包括波斯人、阿拉伯人等，大批迁往中国。他们寓居各地，从事各种职业，担任各级官吏，被泛称为"回回"。其中，有受元朝重用的高官，也有善于赢利的富商。元人记载："我元始征西北诸国，而西域最先内附，故其国人柄用尤多。大贾擅水陆利，天下名城巨邑，必居其津要，专其膏腴。"❶据至元初的统计，仅中都路（治今北京西南）的回回即达2953户。经元朝至明代，回回与汉、蒙、畏吾儿等民族长期杂居通婚，同时又保持原先的宗教信仰和风俗习惯，逐渐形成回族这一民族。

第二节
元朝统治政策的成与败

　　元朝统治者在入主中原，统一全国的过程中，为适应被征服地区的社会、经济与文化，曾一度吸收"汉法"，对统治政策作了某些调整。元朝建立的行省制度以及对边疆地区的有效治理，皆在历史上影响深远。其统治趋于稳固后，社会经济也有所恢复和发展。但总体上

❶　许有壬：《至正集》卷五三《西域使者哈扎哈津碑》，《景印文渊阁四库全书》第1211册，台北商务印书馆1986年影印本，第379页。

说，元朝统治者仍多保持蒙古旧制，不能适时变化，且后期政治日趋腐朽，致使社会矛盾迅速激化。曾如此强悍的元王朝，未满百年，便在如火如荼的武装起义中土崩瓦解。

一、元朝的政治制度与社会经济

　　蒙古是生活在草原上的游牧民族，进入农耕地区后，所面临的是与其迥然有别的生产方式、统治策略和思想观念。从蒙古国到元朝，蒙古统治者陷于两难选择。作为立国之本的蒙古旧俗是维持其统治地位和所有特权的根基，然而，若不能适应被征服地区的传统和惯制，又难以在全国实施稳定而有效的辖治。因此，蒙古统治者逐渐吸收、采纳"汉法"，对"旧俗"加以调整，曾经历了一个缓慢渐进的过程，其间充满争论、犹疑和波折。

　　早在成吉思汗和窝阔台时期，精通汉文化的契丹人耶律楚材即建议采纳汉法，其主张虽被部分吸收，但并未很好推行。忽必烈为藩王时，立志"大有为于天下"，希望有所更张，故热衷于了解、学习汉文化，信用刘秉忠、姚枢等汉族士人为其出谋划策。忽必烈继位后，中原汉地成为其政权重心，于是顺应时势，进一步采纳汉法，对蒙古传统的统治方式作了颇多改革。

　　▽　成吉思汗时，蒙古大臣别迭等人提议："汉人无补于国，可悉空其人以为牧地。"耶律楚材反驳说："陛下将南伐，军需宜有所资，诚均定中原地税、商税、盐、酒、铁冶、山泽之利，岁可得银五十万两、帛八万匹、粟四十余万石，足以供给，何谓无补哉？"❶汉法试行后，果然获利丰厚。继位的窝阔台盛赞耶律楚材的主张"能使国用充足"，遂委以重任，命其推行改革。但窝阔台死后，耶律楚材即遭到排挤，他所策划的一些改革措施，多未能继续实行。蒙哥汗时，忽必烈曾任总理漠南汉地军国庶事，对汉法比较了解，而身边的汉族谋士也对他颇有影响。如著名儒士许衡曾上书分析治国之策："考之前代，北方之有中夏者，必行汉法，乃可长久。故后魏、辽、金历年最多，他不能者，皆乱亡相继，史册具载，昭然可考。使国家而居朔漠，则无事论此也。今日之治，非此奚宜？"❷故忽必烈在位时能大力推行汉法。

　　忽必烈时建立的元朝中央和地方行政机构大体仿效汉族王朝的政

治体制，重在加强中央集权，防止地方分裂。皇帝为全国最高统治者，中央政府主要由中书省、枢密院和御史台构成。中书省又称"都省"，总理全国政务，长官为中书令，其下设吏、户、礼、兵、刑、工六部。枢密院掌管全国军事，长官为枢密使。御史台负责黜陟监察，长官为御史大夫。新设宣政院，主管全国释教以及吐蕃地区的军政与民政。

地方行政创置行省制度。元朝将大都及其周围地区，包括今河北、山东、山西及内蒙古部分地区称为"腹里"，由中书省直辖。其余地区先后设立十个行中书省，即陕西、甘肃、辽阳、河南江北、四川、云南、湖广、江浙、江西、岭北，简称"行省"或"省"。行省长官为丞相或平章政事，由中央任命，直接派遣。行省以下的行政区划为路、府、州、县，行省长官统领属下各级地方官，负责辖区内的钱粮、兵甲、屯种、漕运以及其他军政要务。

> ▽　行中书省原为中书省的临时派出机构。元初，为处理重要地区的军政事务，例由中书省重臣以"行某处省事"的名义，前往地方行使中书省职权。后逐渐演变为常设的地方一级行政区划与行政机构。名义上元朝还在高丽设征东行省，其实高丽是个相对独立的宗藩之国，性质与其他行省不同。行省制度的确立，是中国行政制度的一大变革，明清以来，虽地方最高行政机构的名称有所变化，但"行省"或"省"作为地方一级行政区的名称，则长期沿用，直至今日。

元朝对边疆地区的辖治空前加强。蒙古灭金后，派军进驻吐蕃地区。1247年，蒙古与吐蕃经协商，建立宗藩关系，西藏遂归蒙古国管辖。1253年，忽必烈在六盘山召见吐蕃藏传佛教萨迦派法王八思巴。忽必烈即位后，尊八思巴为"国师"，后又升号为"帝师、大宝法王"。元朝所设宣政院，主要职责之一为兼掌吐蕃政务，"遇吐蕃有事，则为分院往镇"。吐蕃作为宣政院辖地，被划分为三道，设置三个宣慰使司都元帅府分别管辖，其下又各设若干万户府，官员由皇帝直接任命。中央政府通过各级地方官推行与中原类似的制度，如清查

❶ 宋濂等：《元史》卷一四六《耶律楚材传》，中华书局1976年版，第3458页。
❷ 宋濂等：《元史》卷一五八《许衡传》，中华书局1976年版，第3718—3719页。

户口、征收赋税、设置驿站、屯驻军队等。自此，西藏地区正式成为中国的一个行政区域。

云南地区自南朝以来便形成割据局面，唐宋时期，又先后出现南诏、大理等割据政权。蒙古于1253年灭大理国后，在当地设若干万户府进行统治。至元十一年（1274），元朝在云南设置行省，实施统一管辖，云南长期割据的局面至此结束。元朝后期还设立澎湖巡检司，隶属泉州晋江县，这是中原王朝在澎湖列岛正式建立的地方行政机构。

元朝将包括边地少数民族地区在内的全国各地置于中央政府的直接控制之下，加强了中央与地方、中原与边疆的联系，从政治上巩固了大一统的局面。

中原地区的社会经济在蒙古灭金、灭宋的过程中遭受极大破坏，出现"白骨纵横似乱麻，几年桑梓变龙沙"的惨败景象。蒙古贵族南下后，又大肆侵占农田作为牧场，诚如时人所称："王公大人之家，或占民田近于千顷，不耕不稼，谓之草场，专放孳畜。"山东一带，蒙古将领"据民田为牧地"，"田游无度，害稼病民"的现象也比比皆是。

忽必烈受汉族谋士的影响，认识到要在汉地稳固其统治，须"使百姓安业力农"，故即位之初，即改变蒙古人重游牧、轻农业的传统，诏令天下："国以民为本，民以衣食为本，衣食以农桑为本。"推行一系列恢复农业生产的措施。他多次颁令禁止蒙古贵族和军队侵占农田为牧场，不准因田猎而践踏田亩，并将一部分牧场恢复为农田。中统二年（1261），设立劝农司；至元七年（1270），设立司农司（不久改名大司农司），地方设巡行劝农司。各级农官"专以劝课农桑为务"，鼓励民间大力垦殖。地方官吏以劝课农桑的成效作为考核的重要标准，劝农不力者，御史台按察究治。官方组织编撰农书，总结和推广农业生产技术。司农司于至元十年编成《农桑辑要》一书，书中"耕蚕之术，畜孳之方，天时地利之所宜，莫不毕具"，颁行各地后，力省而功倍，"灼有明效"。元朝政府对兴修水利也十分重视，中央设都水监，地方置河渠司，"以兴举水利，修理河堤为务"。郭守敬于至元年间主持都水监时，曾修复宁夏80余条河渠，灌田9万余顷。通过上述举措，全国的农业生产有所恢复和发展。

与之相应，元朝的手工业也在前代基础上有所发展，其中，棉纺织业的兴盛尤令人瞩目。当时，棉花的种植已迅速推广至江东、江淮、陕右、川蜀等地，棉布作为商品的流通也逐渐扩大。元世祖至元二十六年（1289），政府在浙东、江东、江西、湖广、福建设置木棉提举司，每年向民间征收10万匹棉布的赋税，其后又规定，江南夏税折木棉等物征收，可见棉花种植和棉布生产已相当普遍。

图 8-6
元青花三顾茅庐盖瓶

▽　元代女纺织家黄道婆对棉纺织技术的进步作出卓越贡献。黄道婆是松江府上海县乌泥泾（今上海徐汇区东湾村）人，年轻时流落到崖州（治今海南三亚市崖州区），学会海南黎族的棉纺织技术。13世纪末返回故乡后，不仅将黎族先进的纺织技术传授给乡亲，而且对轧花车、弹棉椎弓、纺车等纺织工具，以及织造、配花、织花等纺织技术做了一系列革新，使乌泥泾成为先进纺织技术的传播中心，并带动松江府（治今上海松江区）及邻近地区棉纺织业日趋繁荣，出现“衣被天下”的盛况。

此外，陶瓷业在宋、金的基础上继续发展，异军突起的景德镇成为全国制瓷中心，产品以高质量的青白瓷为主，彩瓷有青花（图8-6）、釉里红、红釉、蓝釉等品种，为这一时期的重要创制。印刷业非常普及，北方以大都和平阳（今山西临汾）为中心，南方以杭州和建安（今福建建瓯）、建阳（今福建南平）为中心。木活字印刷和套色印刷为当时的突出成就。

全国的统一，交通的发达以及农业、手工业的恢复和发展，促使商业臻于繁荣。当时的大都、杭州、泉州等都是闻名于世的商业大都市。大都城内有米市、铁市、皮帽市、马牛市、骆驼市、珠子市、沙剌（珊瑚）市等，经常流通的商品有粮食、茶、盐、酒、绸缎、珠宝等。元世祖时先后发行的纸币有“中统元宝交钞”（图8-7）和“至元通行宝钞”，交钞的使用遂通行全国。

然而，元世祖忽必烈吸收部分汉法、对旧制作必要更改的前提，是确保蒙古贵族的统治地位和所有特权，因此其统治政策具有明显的蒙汉杂糅特色，诸多落后的蒙古旧

图 8-7
元中统元宝交钞

制，如括人户赐予贵族的分封采邑制、掠良民为奴婢的驱口制、强征民间工匠奴役的官工匠制、蒙古贵族世袭的选举制，以及民族歧视、民族压迫的政策等，始终保留。而且忽必烈对汉人一直深怀猜忌，严加防范，即便任用汉官，也必以色目人分掌事权，使二者互相牵制。晚年的忽必烈更加保守、嗜利、黩武，不仅采行汉法、革新旧俗之举多被束之高阁，不再推行，而且连续遣军进攻邻国，国用匮乏后又加重对民间的赋敛搜括。显然，元王朝不能长治久安，其祸根早在创制立法时已种下。

> ▽ 赵翼的《廿二史札记》论及元世祖时称："元世祖混一天下，定官制，立纪纲，兼能听刘秉忠、姚枢、许衡等之言，留意治道，固属开国英主，然其嗜利黩武之心则根于天性，终其身未尝稍变。"信用阿合马、卢世容、桑哥大肆搜括；又连年用兵，攻伐邻国。"由是二者观之，内用聚敛之臣，视民财如土苴，外兴无名之师，戕民命如草芥，以常理而论，有一于此即足以丧国亡身"❶。

二、社会危机与元朝的灭亡

元朝诸帝中，元世祖可谓最明智的一位。其后，唯成宗尚能守成，仁宗、英宗、文宗稍有吸纳汉法、除弊兴革之举外，其余皆昏庸无能。蒙古统治阶层为争权夺利互相倾轧，展开激烈争斗。从1294年元世祖去世，至1333年元顺帝即位，40年间更换10个皇帝，而皇位之争，往往演成一场你死我活的混战。于是，朝廷军政大权逐渐转移到蒙古、色目权臣手中，政治日趋腐朽败坏。

元朝统治集团的骄奢淫逸、挥霍浪费也愈演愈烈。蒙古皇室和元朝政府将每年搜括的民脂民膏，大部分用于毫无节制的佞佛与赏赐。武宗在位时，礼佛、修寺等宗教活动的开支，一度高达政府全部收入的2/3。元朝后期，每一新帝即位，赏赐贵族的金银钞币皆在数百万锭以上，田地的赐予动辄千百顷。为弥补财政亏空，又加重税收，滥发纸币，引发恶性通货膨胀，钞法崩溃，大都市场上，"钞十锭（五百贯），易斗粟不可得"，社会经济陷入严重危机。且官场的黑暗腐败无以复加，卖官鬻爵，高下有价，贪污成风，贿赂公行，盘剥勒索的名目无奇不有。元朝末代皇帝顺帝在位时，一切腐败现象皆达到顶点，各类社会矛盾迅速激化，元朝的统治摇摇欲坠。

▽　元末明初人叶子奇所著《草木子》论及元朝的衰亡，称："元初法度犹明，尚有所惮，未至于泛滥。自秦王伯颜专政，台宪官皆谐价而得，往往至数千缗。及其分巡，竞以事势相渔猎，而偿其直，如唐债帅之比。于是有司承风，上下贿赂，公行如市，荡然无复纪纲矣。肃政廉访司官，所至州县，各带库子检钞秤银，殆同市道矣。《春秋传》曰：'国家之败，由官邪也。官之失德，宠赂章也。'岂不信夫！"元末无名氏所作小令《醉太平》对元末政治的鞭笞也非常深刻："堂堂大元，奸佞专权。开河变钞祸根源，惹红巾万千。官法滥，刑法重，黎民怨。人吃人，钞买钞，何曾见？贼做官，官做贼，混愚贤，哀哉可怜！"

元朝后期，忍无可忍的各族人民纷纷揭竿而起，遍及各地的小规模暴动此起彼伏，连绵不断，诚如民谣所传唱的："天高皇帝远，民少相公多，一日三遍打，不反待如何！"经过一段时间酝酿，一场波澜壮阔的红巾军大起义终于爆发了。

至正十一年（1351），元顺帝下令征发汴梁、大名等十三路民工15万人，开凿黄河新道。被征河工皆为遭受水灾的饥民，在军队监督下承担重役，而伙食、工钱又遭治河官吏克扣，因而民怨鼎沸，人人思反。向以白莲教组织民众的韩山童、刘福通乘机密谋起义。他们广泛散布"石人一只眼，挑动黄河天下反"的谶谣，暗中凿一独眼石人，背刻"莫道石人一只眼，此物一出天下反"，预先埋入待开挖的河道中。河工挖得石人，极为惊异，遂奔走相告，群情骚动。当年五月，韩山童、刘福通在颍州颍上（今安徽颍上）聚众策划举事，消息走漏，韩山童被捕遇害。刘福通逃脱官兵缉捕后，毅然发动起义，一举攻下颍州（今安徽阜阳），因起义军皆以红巾裹头，故称红巾军。

刘福通首义后，先后攻占安徽、河南多处府县，实力迅速壮大。南北各地民众纷纷起兵响应，汇成全国规模的反元大起义。数年间，半个中国已在红巾军控制之下，正如一首民谣所唱的："满城都是火，府官四散躲；城里无一人，红军府上坐。"当时，红巾军主要分为南、北两支，北方红巾军以刘福通为首，南方红巾军以彭莹玉、徐寿辉为

❶　赵翼著、王树民校证：《廿二史札记》卷三〇《元世祖嗜利黩武》，中华书局1984年版，第684—686页。

首。属于红巾军系统的部队还有萧县芝麻李，南阳布王三，荆、樊孟海马，濠州郭子兴等。非红巾军系统的反元武装则有浙东的方国珍、苏州的张士诚。

> 　吕思勉对元末大起义的一段论述颇发人深思："中央的变乱频仍，自然说不到求治，而最后又得一个荒淫的顺帝，胡无百年之运，客星据坐，自然不能持久了。元世祖所创立的治法，是专以防制汉人为务的。试看其设立行省及行御史台；将边徼襟喉之地，分封诸王；遣蒙古军及探马赤军分守河、洛、山东；分派世袭的万户府，屯驻各处；及因重用蒙古、色目人而轻视汉人可知。这是从立法方面说。从行政方面说：则厚敛人民，以奉宗王、妃、主。纵容诸将，使其掠人为奴婢。选法混乱，贪黩公行。而且迷信喇嘛教，佛事所费，既已不赀，还要听其在民间骚扰。可谓无一善政。所以仍能占据中国数十年，则因中国社会，自有其深根宁极之理，并非政治现象，所能彻底扰乱，所以其以异族人入据中原，虽为人心所不服，亦不得不隐忍以待时。到顺帝时，政治既乱，而又时有水旱偏灾，草泽的英雄，就要乘机而起了。……表面上的平静，是靠不住的，爆发的种子，正潜伏在不见不闻之处。这不见不闻之处是哪里呢？这便在各人的心上。"❶

至正十七年（1357），刘福通分兵三路北伐，六年间，转战各地，声势浩大，最终虽遭失败，刘福通遇难，但自首义以来，前后十三年，大小数百战，已从根本上动摇了元朝的统治。南方红巾军曾在湖北、湖南、江西、福建、浙江、广西等地给元军以沉重打击，后遭受挫折，彭莹玉、徐寿辉先后遇害，余部为部将陈友谅所掌握。

正当红巾军与元军鏖战之际，朱元璋异军突起，独树一帜，逐渐增强自己的实力。朱元璋原名重八，参加起义军后改名元璋，字国瑞，祖籍集庆句容（治今江苏南京）朱家巷，其父辗转定居于濠州钟离（今安徽凤阳）太平乡孤庄村。他自小贫苦，17岁时因父母、兄长皆死于瘟疫，不得已入皇觉寺为行童，后又成为游方僧，乞食于淮西一带，由此广泛接触社会，增长了才干。至正十二年（1352），25岁的朱元璋投入濠州红巾军郭子兴部下，不久，因智勇过人而深获郭子兴赏识，并娶郭的养女马氏为妻。郭子兴死后，朱元璋成为本部统帅。他军纪严明，知人善任，先后罗致的文士有冯国胜、李善长、刘基、宋濂等，手下大将有徐达、常遇春、胡大海等。

至正十六年（1356），朱元璋攻占集庆（今江苏南京），改名应天府，决心以此为根据地，夺取天下，建立帝业。他接受徽州老儒朱升"高筑墙，广积粮，缓称王"的建议，在应天实行屯田，兴修水利，恢复农业生产，增强经济实力，以保障军事供给，形成稳定的后方。在此后的数年间，朱元璋向元军力量较弱的东南一带发展，相继占领皖南及浙东地区。

当时的态势，北方仍由元朝控制，南方的多支反元武装已演变为割据势力。朱元璋的西面是实力强大的陈友谅，东北是据有富庶之地的张士诚，东南是方国珍，他接受刘基的建议，决定先各个击破南方的割据势力，然后北伐灭元。至正二十三年（1363），朱元璋与陈友谅在鄱阳湖展开决战，结果以少胜多，全歼对方主力，陈友谅中矢身亡。随后，朱元璋遣军征讨张士诚，于至正二十七年攻破苏州，张士诚被俘，自缢而死。当年，浙东的方国珍遣使归降，不久，占据福建、广东的割据势力也被剪灭。至此，朱元璋已奄有东南半壁江山。

至正二十八年（1368）正月，朱元璋在应天正式即帝位，国号明，建元洪武，以应天为都，朱元璋即明太祖。

在此之前，朱元璋已决意北伐，他任命徐达为征虏大将军，常遇春为副将军，率军25万，由淮入河，北取中原。洪武元年（1368）闰七月，徐达在临清（今属山东）会合诸军，随后，攻克德州（今山东德州市陵城区）、通州（今北京通州区），直逼大都。当月二十八日半夜，元顺帝率三宫后妃、皇太子等，开健德门逃奔上都。八月二日，徐达率军进入大都，元朝灭亡。

▽ 元朝虽亡，但山西、陕西、辽阳、云南等地仍有残余势力，而四川也有割据势力。朱元璋费时多年，逐一予以平定。逃往上都的元顺帝在明军追逼下，继续北奔，1370年病死于应昌（在今内蒙古克什克腾旗西达来诺尔西侧），其子爱猷识礼达腊继位，北逃和林，国号仍为大元，史称北元。明建文帝四年（1402），乞儿吉斯部首领鬼力赤杀北元皇帝自立，去除元国号，称鞑靼，北元灭亡。

---

❶ 吕思勉：《吕著中国通史》，华东师范大学出版社2005年版，第459—460页。

第三节
元朝的科技与文化

元朝的文化在前人的基础上续有发展。科技领域，农学的长足发展和天文学的杰出成就，皆可彪炳史册。文艺园地，杂剧和南戏不仅在中国戏曲发展史上具有承前启后的重要地位，而且以其高度的艺术成就和深刻的思想内容成为古代文化的瑰宝。以抒发心绪意趣为主要特点的元朝绘画，也对后世产生极为深远的影响。

一、令人瞩目的农学与天文历法

元朝因政府重视劝课农桑，农学研究迅速发展，各类官修和私修农书相继问世，其中最有代表性的为司农司所编《农桑辑要》、鲁明善的《农桑衣食撮要》和王祯的《农书》。

官修的《农桑辑要》成书于至元十年（1273），未提著者姓名，据后人推测，参与编撰或修订、补充该书的可能有孟祺、畅师文、苗好谦等人。全书共7卷，6万余字，内容分为10篇。首篇为《典训》，主要引用历史文献阐发重农思想。以下依次为《耕垦》《播种》《栽桑》《养蚕》《瓜菜》《果实》《竹木》《药草》和《孳畜》。最后附有《岁用杂事》，记述每月应作的农事。书中对前人的农学成就作了系统而全面的总结，主要征引北魏贾思勰的《齐民要术》，也摘录《士农必用》《务本新书》《四时纂要》《韩氏直说》等十余种前代农书。同时，编者又依据当时北方农业生产的实际经验加以增订和阐发，将我国北方旱地耕作区各项农业、副业生产所需要的技术与经验，大体包括在内，因而具有很强的实用性。许多后世已亡佚的农书，也因该书的摘引而得以部分保存。该书在元朝曾多次刊印，至顺三年（1332）一次即印行万部。元朝司农司派官员巡察各地督促农桑，推广农桑技术时，主要依据此书。

《农桑衣食撮要》为月令类的农书。作者鲁明善，畏吾儿人，以父字鲁为姓氏，名铁柱。他见《农桑辑要》所述农桑技术已颇完备，但所附《岁用杂事》过于简略，欲加以增补完善，故于元仁宗延祐元年（1314），出任安丰路（今安徽寿县）达鲁花赤时，编撰并刊印此书。全书共2卷，体例略仿东汉崔寔的《四民月令》和晚唐韩鄂的《四时纂要》，分别将每月应作的农事一一列举出来。书中除援引《农桑辑要》外，也增补不少新材料。内容包括农作物的栽培，家畜、家禽、蚕、蜂等的饲养，以及农产品的加工、贮藏等。其中，制笋干、取漆等方法适用于江南地区，制作乳酪、酥油等知识适用于北方牧区。为中国古代较完善而实用的一部月令书。

元朝农书成就最高的为王祯的《农书》。王祯字伯善，腹里东平（今山东东平西南）人，为当时名儒，曾游宦南北，对南方和北方农业生产条件、技术和经验的异同非常注意。元贞元年（1295），他出任宣州旌德（今安徽宣城）县尹，任内开始撰作该书，完成后于皇庆二年（1313）刊印。以往的农书多以黄河流域的经验技术为主，而王祯熟悉南北方的情况，故能在吸收前人精华的基础上，综合南北方的技术经验，所论更为体系化。全书约13万字，内容分为三大部分：一为《农桑通诀》，总论农业，共6集，既阐发作者的农学思想体系，又分别介绍农作的时宜、地宜、耕耙、播种、耘锄、施肥、灌溉、收获，以及蚕桑和畜、禽的饲养等。二为《百谷谱》，分论作物栽培，共11集，涉及粮食作物、蔬菜、水果、林木的栽种技术等，所论棉花种植的推广尤具新意。三为《农器图谱》，是全书最具特色的部分，共20集，分20门，绘制的图像多达300多幅，包括农具、农机、灌溉工具、运输工具、纺织机械等，几乎将传统农具和农业设施全部网罗在内。每幅图像后均附详细说明，介绍其名称、来源、构造、性能、使用方法等。其中有不少为当时创制的新式农具和机械，如新兴棉纺织业的杆、弹、纺、织等工具和机械。所录"水转大纺车"尤令人瞩目，书中不仅介绍这种水力纺纱机的机构和性能，还配以图像，形象展示了当时纺织工艺的进步。书末还附载《活字印书法》，系统记录木活字印刷的新成就。该书可谓一部图文并茂、规模宏大的农业百科全书，反映了元朝农业生产和农学研究所达到的新水平，故后人盛赞此书："引据赅洽，文章尔雅，绘画亦皆工致，可谓华实兼资。"

▽　王祯曾先后出任宣州旌德和信州永丰（今江西广丰）的县尹，任内对农事极为关注，"岁教民种桑若干株，凡麻苎、禾黍、牟麦之类，所以莳艺芟获，皆授之以方"，又绘制各类新颖适用的农具，"使民为之"，对提高当地的农业生产技术卓有贡献，故百姓都对他感恩戴德。

图8-8

河南登封的元朝观
星台

元朝的天文历法成就卓异，为此作出杰出贡献的首推郭守敬。郭守敬字若思，顺德邢台（今河北邢台）人，幼承家学，精研天文、算学、水利，后又师从名儒刘秉忠，并结识另一学者王恂。元初沿用辽、金以来的《大明历》，误差很大，刘秉忠曾建议修订历法。至元十三年（1276），元世祖忽必烈根据刘秉忠的遗愿，命令新成立的太史局制订新历，由王恂负责推算，郭守敬负责实测。他们分析研究汉代以来40多家历法，吸收前人之长，主张制历应"明历之理"。郭守敬更提出："历之本在于测验，而测验之器莫先仪表。"为此，他创制了简仪、高表、候极仪、浑天象、玲珑仪、仰仪、立运仪、证理仪、日月食仪、星晷定时仪等近20种天文仪器，使观测的精确度大为提高。后太史局扩建为太史院，任同知太史院事的郭守敬，主持了全国范围的天文测量。所设27处观测站（图8-8），除重要城市外，他还特别规定从北纬15°的南海开始，每隔10°设一观测站，直至北纬65°的西伯利亚北部。

至元十七年（1280），新历修成，元世祖赐名《授时历》，颁行天下。据郭守敬等人奏疏称，新历对冬至、岁除等7项天文数据依照实测作了考订，对天文推算方法作了5项改革。因此，《授时历》是中国古代一部非常精良的历法，所推算出的回归年长度为365.2425日，与地球实际绕太阳一周的周期仅相差26秒，其数值与现今世界上通用的公历值相同。《授时历》完成后不久，王恂去世，整理观测资料，编制各种数据用表等工作，遂由郭守敬一人主持。目前所知，郭守敬所编述的天文历法著作，有《推步》《立成》《历议拟稿》《上中下三历注式》等十余种。

▽　元朝天文历法的杰出成就还与阿拉伯天文学的传入有关。元世祖曾征召穆斯林星象学家来华，波斯天文学家札马鲁丁到大都后，进献了他编制的《万年历》以及浑天仪、方位仪、斜纬仪、平纬仪、天球仪、地球仪、观象仪等7件天文仪器。至元八年（1271），元朝设立回回司天台，任札马鲁丁为提点，吸纳诸多西域天文学家在其中工作。札马鲁丁曾与郭守敬作过学术交流，故郭守敬对阿拉伯天文历法的成就相当熟悉，所编《授时历》当参考过阿拉伯历法。

二、继往开来的戏曲与绘画

杂剧是元代最具特色的文艺样式，也是中国文学史上与唐诗、宋词并列的文化瑰宝。融合并完善前代多种戏曲表演形式而形成的元杂剧，将歌舞、音乐、动作、念白融为一体，具有完整的故事情节，是中国戏曲艺术臻于成熟的重要标志（图8-9）。元杂剧的成熟、完备及其日趋兴盛，约在忽必烈建立元朝以后，至元成宗元贞（1295—1297）、大德（1297—1307）年间，其创作和演出进入鼎盛时期。

▽　广义的元曲是元散曲和元杂剧的合称。散曲是一种新的诗歌体裁，由诗、词演变而来。通常所说的元曲，主要指元杂剧。杂剧的创作和演出最初以大都为中心，流行于河南、河北一带，后发展到南方，成为全国性的剧种。元杂剧作家辈出，作品众多，但因资料缺失，无法确切统计。目前所知，见于记载的作家（包括金末和明初）约有120人；元代作品中有作家姓名可考的约500种，无名氏作品约50种，元明之际无名氏作品约187种，共约737种；现存作品约150种。元代著名文士虞集论及杂剧称："一代之兴，必有一代之绝艺足称于后世者，汉之文章，唐之律诗，宋之道学，

图8-9

山西洪洞广胜寺水神庙中的元代壁画，描绘了元杂剧的演出状况

国朝之今乐府，亦开于气数音律之盛。其所谓杂剧者，虽曰本于梨园之戏，中间多以古史编成，包含讽谏，无中生有，有深意焉。是亦不失为美刺之一端也。"❶ 王国维也给元杂剧以极高评价："凡一代有一代之文学，楚之骚，汉之赋，六代之骈语，唐之诗，宋之词，元之曲，皆所谓一代之文学，而后世莫能继焉者也。……往者，读元人杂剧而善之，以为能道人情，状物态，词采峻拔而出乎自然，盖古所未有，而后人所不能仿佛也。"❷

　　元杂剧作家中最著名的，是合称"元曲四大家"的关汉卿、马致远、白朴和郑光祖，而关汉卿尤为杰出。关汉卿号已斋叟，大都人，曾系籍太医院医户，主要活动于元代前期，是当时大都创作剧本、唱本的团体"玉京书会"中最优秀的作家。他长期接触市民，了解生活现状，对勾栏伎艺非常熟悉，与诸多杂剧、散曲作家及演员，如女演员朱帘秀等，交往密切，据说还亲自导演，甚至化妆登场。他的杂剧具有卓越的艺术表现力和高度的思想性，语言质朴精练，人物性格鲜明，一些杰作揭露了社会黑暗，对遭受压迫的人民，尤其是备受凌辱的妇女，寄予深切同情。他一生创作的杂剧有60余种，现存的有《窦娥冤》《救风尘》《拜月亭》《调风月》等十余种。

　　▽　《窦娥冤》为关汉卿的代表作。剧中描写孤女窦娥被卖给蔡家当童养媳，后遭地痞张驴儿父子的胁迫与诬陷，被昏庸愚蠢、草菅人命的地方官错判处斩。临刑时，悲愤之极的窦娥发出震撼人心的呐喊："地也，你不分好歹何为地！天也，你错勘贤愚枉做天！"并指天为誓，若冤屈而死，将血溅白练，六月下雪，大旱三年，其后果然一一应验。剧本鞭挞了当时的黑暗势力，塑造了窦娥这一善良、正直，敢于同恶势力作斗争的人物形象，富于积极浪漫主义精神。700多年来，这部催人泪下的悲剧曾被改编为诸多剧种，久演不衰。

　　马致远号东篱，大都人，所作杂剧今知有15种，现存《汉宫秋》《荐福碑》等7种。白朴字仁甫、太素，号兰谷先生，隩州（今山西河曲）人，所作杂剧今知有16种，现存3种，其中以爱情喜剧《墙头马上》最为著名。郑光祖字德辉，平阳襄陵（今山西襄汾西北）人，是元朝后期的代表作家。所作杂剧今知有18种，现存《倩女离魂》《㑇梅香》等5种。

　　四家之外，与关汉卿同时的大都人王实甫也是极负盛名的杂剧作家，所作杂剧今知有14种，大多以青年女性反抗传统礼教为题材，

可惜现存仅两三种。其中《西厢记》为五本二十一折的长剧，被誉为
"天下夺魁之作"。

南戏在元代有新的发展。随着元杂剧的南传，南戏也逐渐北上，
出现南北戏曲艺术互相交流的局面。元代后期，南戏更趋成熟，剧目
不断丰富，形成昆山、海盐、弋阳等多种声腔，产生多部在戏曲史
上具有重要地位的作品，如《荆钗记》《白兔记》《拜月亭记》、徐暕
《杀狗记》、高明《琵琶记》等，对明清戏曲的发展具有深远影响。

▽　目前所知，宋元南戏剧本约有230多种，后世流传的不及总数的十分
之一。南戏剧本作家除个别外，绝大多数已不可考。南戏的故事情节多半
涉及爱情、婚姻和家庭，其中不乏反传统礼教的思想内容。王国维《宋元
戏曲考》论及南戏的艺术特色："元南戏之佳处，亦一言以蔽之，曰自然而
已矣。申言之，则亦不过一言，曰有意境而已矣。故元代南、北二戏，佳
处略同，唯北剧悲壮沉雄，南戏清柔曲折。"

中国绘画发展至元代，出现划时代的变化，画风由写实转向写
意。元初，画坛领袖赵孟頫倡导宋代文人画的艺术主张，认为画家须
有精深的文化素养，作画旨在抒发个人的心绪意趣，强调书画同源，
追求古朴淡雅、简率灵动的画风。此后，文人画逐渐在画坛上占据主
导地位。当时的山水画创作尤令人瞩目，合称"元四家"的黄公望、
吴镇、倪瓒、王蒙，以水墨写意的画法表现山水，雅淡空灵，意境深
远，开创了山水画创作的新局面。

黄公望字子久，平江常熟（今属江苏）人，自幼聪明好学，有神
童之誉，长大后博览群书，多才多艺，常游荡于江湖山川之间，驾着
孤舟，卧睡山石，高歌狂饮，以此表达对元朝统治的不满。他50余
岁始专心从事山水画创作，取法前人而自出新意。作品或纯用水墨，
峰峦起伏，云树掩映，给人苍秀雅逸、气韵深厚之感，或于水墨中间
敷赭色淡彩，笔墨简练，气势雄伟，不仅在画纸上寄托情怀，也真切
表现了江南山水的秀丽风光。传世作品有《富春山居图》《九峰雪霁
图》等。

❶　孔齐：《至正直记》卷三《虞邵庵论》，上海古籍出版社1987年版，第96页。
❷　王国维：《宋元戏曲考序》，《王国维遗书》第9册，上海书店出版社1983年影印本，第
　　493页。

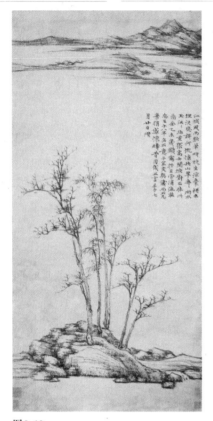

图8-10

倪瓒所绘《渔庄秋霁图》

吴镇字仲圭，嘉兴（今浙江嘉善）人，工诗文书法，善画山水、梅花、竹石，为人孤傲清高，隐居乡间，穷困潦倒，以卖卜卖画为生。他的山水画取法巨然而自成一格，笔力雄劲，善用湿墨表现山川林木郁茂的景色，颇有深厚苍郁之气。传世作品有《渔父图》《芦花寒雁图》等。

倪瓒字元镇，无锡人。他出生富豪之家，于元末社会动荡之际，卖去田庐，散其家资，驾扁舟浪游于太湖一带，常寄居村舍、寺观，故有"倪迂"之称。他擅作山水、竹石，大多纯用水墨，作品多取材太湖一带景色，好作疏林坡岸、浅水遥岑，意境清远萧散，自称"逸笔草草，不求形似"，在"元四家"中独树一帜。传世作品有《渔庄秋霁图》（图8-10）、《水竹居图》等。

王蒙字叔明，湖州人，擅长诗文、书法和绘画，画山水独具面貌，布局繁密，笔法苍秀，善于表现林峦郁茂苍茫的气氛。传世作品有《青卞隐居图》《夏日山居图》等。

元代文人山水画家所表现的绘画意境、审美情趣和思想感情，以及在笔墨技巧上的开拓创新，皆对后人产生深远影响，明代中期以后，山水画创作大多沿袭元人画风。

▽ 以梅兰竹菊、枯木窠石之类为题材的文人"墨戏画"，在元代也有长足发展。其旨趣多在于崇尚气节，标榜清高，同时也促进了水墨写意技巧的提高。当时，画竹之风极盛，不仅著名画家如吴镇、倪瓒等，皆擅长画竹，一般文人也多能画几笔墨竹。画梅则以王冕最为著名，枝干劲健，花朵繁密，尤觉风神绰约，生意盎然。此类文人墨戏实为明清水墨大写意花鸟画之滥觞。

(阅读书目)

1. 韩儒林主编：《元朝史》，人民出版社1986年版。

2. 周良霄、顾菊英：《元代史》，上海人民出版社1993年版。

3. 史卫民：《元代社会生活史》，中国社会科学出版社2005年版。

4. [意]马可·波罗著，冯承钧译：《马可·波罗行纪》，上海书店出版社2006年版。

第九章

君主极权的帝国体制：
明

　　在反元起义中崛起的朱元璋定鼎应天，于1368年灭元建明。建文帝时，朱棣发动"靖难之役"，夺得帝位，并迁都北京，形成历史上绝无仅有的两都格局。至1644年崇祯帝煤山自缢，明朝历时277年。清朝入关后，南方的残余力量建立南明政权，持续了18年。

　　明王朝的经国方略和典章制度实由太祖、成祖所奠定。传统的宰相制度正式废除，天下大权集于君主一人，厂卫之肆虐，君臣之疏隔，皆表明皇权已至于极端。君权的极度强化，所暴露的是其缺乏自信和实质上的虚弱，帝制内部的自我调节功能日趋衰微。

　　有明一代的社会经济受惠于国初70余年的社会稳定和农业生产的复苏，在此基础上，商品贸易和货币经济迅速发展，臻于繁荣。经济发达地区的社会观念和生活方式因此出现诸多深刻变化。

　　朱元璋确定的立国之策重在稳固国内的政治统治，遂使明朝的对外关系趋向消极保守。郑和七下"西洋"，在夸耀大明国威的同时，尚显出几分外交上的主动和自信，此后则日益封闭，唯求自固。然而，事与愿违，明朝中期的倭患正是严行海禁的结果。随着朝政的腐败，国力的衰弱，群臣的激烈党争，明朝中后期衰象丛生。面对不断侵扰的清军，风起云涌的农民起义，以及相继东来的欧洲殖民者，明王朝深陷内忧外患的危局。而耶稣会士传入的西方科技文化，也令有识之士认识到，故步自封的中华帝国已与西方形成不小差距。

第一节
明朝的建立及其制度创设

　　朱元璋建立明朝后，全面复兴与重建汉族王朝传统的国家体制和行政模式，农业经济、儒家伦理皆成为明初制度创设的核心内容，尤其是君主专制的中央集权政治，更被推进至空前强化的程度。其后的成祖朱棣，承继更张，使明朝制度更为周密完备。明初的定规立法对中国的政治文化影响深刻，而在专制皇权趋于极端的同时，中华帝制也步入垂暮之年。

一、朱元璋的开国奠基

　　在中国历代开国皇帝中，明太祖朱元璋（图9-1）的出身最为卑贱，一朝跃为九五之尊，便产生极强的权力欲，对大权旁落的恐惧和忧虑始终萦绕于心，与其一同出生入死，共创大业的开国元勋，位高权重，尤被视为潜在威胁，深受猜忌与防范。因此，朱元璋在致力于新王朝的制度创设时用意深刻，为进一步强化皇权，稳固君主专制的

图9-1

朱元璋画像

中央集权统治而推行的一系列措施，既有力纠元末制度苟简、法纪荡然之弊，拨乱反正的实际需要，也不乏一己之私的考虑。

　　政治层面，朱元璋对中央和地方官制做了重大变革。明初，中央最高行政机构曾沿袭元制，设中书省和丞相。而朱元璋觉得总理国家行政的丞相是对皇权的一大威胁，故于洪武十三年（1380）以谋反的罪名诛杀中书省左丞相胡惟庸，正式宣布并诏告后世，从此废除中书省，不再设立丞相之职，吏、户、礼、兵、刑、工六部，皆由皇帝直接统领。在中国历史上已延续1600年的宰相制度至此终结。六部分

割原宰相的事权，地位上升，并与中央其他权力机构分理庶务，形成互相牵制的格局。

朱元璋并未止于制度上的废相，更力图在人事上清除一切潜在危险，因而强化皇权的过程伴随着对开国功臣的大肆杀戮。胡惟庸专擅朝政，结党营私固为事实，而谋反则属欲加之罪。朱元璋却以此为由，穷治深究，株连众多高官显贵，以致10年后，年已77岁的开国第一文臣李善长还被牵进胡案，坐罪赐死，亲属70余人被杀。作为开国首席谋臣之一的宋濂已年过七十，仍受株连，原本论死，虽幸免，最终还是病死于安置茂州（今四川茂县）途中。在朱元璋肃清逆党的诏令下，十余年间，坐诛者多达3万余人。洪武二十六年（1393），朱元璋因大将军、凉国公蓝玉居功自傲，骄横恣肆，又以捕风捉影的谋反罪大兴蓝党之狱，再次处死大批文武功臣，连坐族诛者达1.5万余人。朱元璋下令公布《逆臣录》，名列其中的显贵有一公十三侯二伯。经过两次大案，明初功臣被诛除殆尽。

▽ 就"胡蓝之狱"而言，胡惟庸和蓝玉可谓咎由自取，但受株连的多属无辜者。李善长死后一年，著名文士解缙作《论韩国公冤事状》为其申冤辩诬，由虞部郎中王国用奏上，朱元璋无言以对。显然，朱元璋治胡、蓝之罪，仅为借口，真正的目的是解除心头之患，以确保朱家的皇位。当代明史专家吴晗在《胡惟庸党案考》一文中指出："胡惟庸的本身品格，据明人诸书所记是一个枭猾阴险专权树党的人。以明太祖这样一个十足地自私惨刻的怪杰自然是不能相处在一起。一方面深虑身后子懦孙弱，生怕和他自己并肩起事的一般功臣宿将不受制驭，因示意廷臣，有主张地施行一系列的大屠杀，胡案先起，继以李案，晚年太子死复继以蓝案。胡惟庸的被诛，不过是这一大屠杀案的开端。"❶

朱元璋对兵、刑也高度重视。中央设五军都督府，与兵部分掌军政。五军都督府负责军队的日常管理，兵部职掌武官选授和军队调发。前朝的御史台改名都察院，与刑部、大理寺合称三法司，三者互相牵制，共典国家刑政。刑部受理天下刑狱，都察院职掌纠察，大理寺主管驳正、平反案件，遇有大狱，例由三法司会审。朝廷一切兵、刑大权遂由皇帝一手总揽。

明初地方行政沿袭元制，设行中书省，朱元璋因行省丞相事权过重，于洪武九年（1376）废除行省，全国改设十三承宣布政使司，俗称省。除布政使司外，还另设提刑按察使司、都指挥使司，合称"三司”，分掌一省的民政、财政、刑狱和军事。鼎立的三司，皆为中央派出机构，互不统属，彼此牵制，三司长官均直接听命于皇帝。

官员的选任，自明初开始，施行较唐、宋更完备的学校、科举制度。官学分国子学和府州县学两种。国子学后改名国子监，学生通称“监生”，监生结业后可直接当官，或通过科举当官。府州县学的学生称“生员”，生员不能直接当官，必须参加科举考试，或经“岁贡”进入国子监，方获当官的机会。洪武三年（1370），明朝政府始设科举，十七年颁布科举程序。科举考试每三年举行一次，分乡试、会试、殿试三级，考中进士即可直接当官。

> ▽　明朝乡试在各省举行，中试者为举人。会试于乡试的次年在京师举行，中试者可参加由皇帝主持的殿试，分三甲发榜，统称进士。一甲三人，称进士及第，依次为状元、榜眼、探花；二甲若干人，称进士出身；三甲若干人，称同进士出身。科考形式为撰作八股文，据《明史·选举志》记载，八股取士由朱元璋与刘基共同商定提出，“其文略仿宋经义，然代古人语气为之，体用排偶”，但据后人考证，科考用八股文应始于宪宗成化（1465—1487）以后。程朱理学因朝廷的大力提倡，占据主导地位，考题皆出自四书五经，四书则以朱熹注为依据。

为加强皇帝对军队的控制，朱元璋创设卫所制度。明朝军队约有180万人，都编入卫所，分布于全国各地，一般5600人为一卫，1120人为一千户所，112人为一百户所。卫所设卫指挥、千户、百户等官职。军士皆别立户籍，称为军户，一经签派，世袭当兵，不能随意脱籍。军户由国家分给土地，屯田自养，平时的操练、耕作由卫所军官掌管，遇有战事，则拨归兵部派遣的总兵官统领。兵部、都督府、总兵官皆无法独专军权，军队的统率大权始终掌握在皇帝手中。

通过立法强化皇权，也是明初创制的重要组成部分。朱元璋及其臣属费时20余年制定的《大明律》，虽以《唐律》为蓝本，但又“因时以定制，缘情以制刑”，颇具特点。其中，谋反、贪污受贿等罪行，量刑更重，连坐范围更广。凡“谋反大逆”，不论首从，皆凌迟处死；而“造妖言”“劫囚”以及擅专铨选、纠结朋党等，也属死罪，此类律

❶　吴晗：《胡惟庸党案考》，原载《燕京学报》第15期。

令均为前代所无。朱元璋强调"以重典驭臣下"，推行严刑峻法，又于明律之外，亲自编定《大诰》及《大诰续编》《大诰三编》《大诰武臣》，汇集大量案例，颁示天下，用以告诫臣民。其中，诸多凌迟、斩首、族诛的案例，往往依朱元璋个人好恶而定，量刑较《大明律》更为酷重。在立峻法的同时，朱元璋又出重手整顿吏治，严禁各级官吏玩忽职守，蠹政害民。高级官员须接受御史监督；中下级官吏有定期考核，称职者升，不称职者降，品行卑劣者罢职为民。对贪官污吏的惩治尤为严厉，凡贪赃白银60两以上者，一概枭首示众，剥皮囊草。

朱元璋对农业生产极为重视，明初恢复农村经济的一系列措施，以及相关的制度建设，皆取得极大成效。元末的长期战乱，致使土地大量抛荒，经济严重凋敝，"道路皆榛塞，人烟断绝"，"人皆流亡，地多荒秽"之类的描述，在明初典籍中俯拾皆是。朱元璋颁令，奖励农民垦荒，承认所垦荒田永为己业。同时，又实施大规模的移民屯田政策，多次调集人口稠密地区的无田农民，前往地旷人稀的地区屯种。为使屯田顺利推行，政府还向屯田之家配发大量耕牛和农具，并减免徭役和赋税。朱元璋还鼓励农民种植桑、麻、棉等经济作物，责令地方官督促，从而优化了农产品结构，为丝、棉织业的发展奠定了基础。此外，政府对水利工程的修复和兴建也十分重视，元末水利失修、河滥成灾的情况得以明显改观。经上述措施，明朝前期的社会经济迅速恢复，生产力逐步提高。

▷　明初鼓励垦荒的政策收效明显，农村出现众多自耕农，大量荒芜土地得以开发。据不完全统计，从明太祖洪武元年至十六年（1368—1383），各地新垦田土共达1805216顷，约占当时全国土地数的一半，至洪武二十六年（1393），全国田土已达8507623顷，较元末增长四倍多。在此基础上，粮食总产量也逐步提高，洪武二十六年，政府所收税粮高达32789800石，较元代增长约两倍。

在这一基础上，朱元璋下令对传统农业时代至关重要的人户和土地进行清查统计，通过调查户口和丈量耕地，编制户籍与地籍。明代户籍以黄纸作封面，故称黄册。洪武三年（1370），曾在人口登记的基础上创设户帖；洪武十四年，朱元璋下令编制较户帖更为规范的黄册。黄册中详细登记每户人家的籍贯、丁口及田宅、山塘等产业，每十年重新编定一次，以显示人丁和产业的变化。与黄册相配套的是地籍，因农户的田地分布很不规则，绘成图像后呈鱼鳞状，故称鱼鳞图册。洪武元年，朱元璋曾派员至浙西核实田亩，编绘鱼鳞图册；洪武二十年，又派国子监生武淳等人分赴各地，丈量土地，全面编绘鱼鳞图册。图册详细记载各户土地的方圆四至、面积形状、高下沃瘠等，并据实地状况绘制成图。田主皆按图册登记的土地缴纳赋税，土地买卖须往地方政府办理田赋过割手续。黄册和鱼鳞图册相辅相成，"鱼鳞册为经，土田之讼质焉；黄册为纬，赋役之法定焉"。明朝政府通过这两种册籍，建立起一套较前代更为详备的户籍和赋役管理制度，对巩固专制国家的经济基础，具有重要作用。

▽　朱元璋终结了元末黑暗而混乱的统治，并以此为鉴，创制立法，兴利除害，为明朝近三百年的统治奠定了坚实的基础，促成明朝前期社会安定、经济繁荣的局面，故后代史臣对其赞誉有加，将他并列于汉、唐、宋的开国君主。但他在强化皇权上的一系列极端做法，也产生不少流弊，颇受后人非议。因此，朱元璋是历史上一位颇有争议的人物。

二、靖难之役与两都格局

朱元璋为确保其绝对皇权及子孙的长治久安，可谓处心积虑。既然功臣宿将皆为猜忌与防范的对象，所能信任的唯有自己的血亲，因此，他仿效汉高祖刘邦，大肆封王建藩，欲借此屏卫朱氏王朝的中央。朱元璋共生二十六子，除长子朱标立为太子，第二十六子早死，二十四子及一名侄孙全都分封为王（九子二岁封王，次年夭折），其中就藩的有二十王。建藩之处，均为各地冲要，所谓"据名藩，控要害，以分制海内"。一些藩王授以兵权，命其驻守北方边地，抵御蒙古，如西安的秦王朱樉、太原的晋王朱棡、北平（今北京）的燕王朱棣、大同的代王朱桂、甘州（今甘肃张掖）的肃王朱楧、宁夏（今宁夏银川）的庆王朱㮵、大宁（今内蒙古宁城西大明镇）的宁王朱权等；一些藩王分驻内地各省，以监督地方官吏，如开封的周王朱橚、武昌的楚王朱桢、青州的齐王朱榑、成都的蜀王朱椿等，意在"外镇边围，内控雄域"。在各地藩王中，北方诸王的势力最为强盛，宁王"带甲八万，革车六千，所属朵颜三卫骑兵，皆骁勇善战"。燕王、晋王尤被委以重任，屡次受命将兵出塞，筑城屯田，中央派驻山西、北平守边的大将宋国公冯胜、颍国公傅友德等，须听二王节制，朱元璋下诏二王："军中事大者方以闻"，一般军务可自行处理。朱元璋还担忧身后出现权臣专擅，危及朱氏王朝的情况，遂申令规定，若遇奸臣擅权，藩王可移文中央索取奸臣，并发兵"清君侧"。尽管他虑及唐代藩镇拥兵自重，尾大不掉之弊，作了"列爵而不临民"的限制，但对手握重兵，且可兴屯储粮的藩王而言，这一限制并无多大作用。事态的发展为朱元璋始料未及。

洪武三十一年（1398），明太祖朱元璋病逝，在此之前，太子朱标已死，故由皇太孙朱允炆继位，是为建文帝。建文帝见北边诸王势焰炟赫，日益坐大，深感忧虑，决意渐加裁抑。他先以太祖遗诏的名义下令，诸王除本人护卫外，不得节制文官武将。随后，又与亲信大臣齐泰、黄子澄商议削藩，定计首先削夺内地实力较弱的周、齐等数王爵位，然后再解决势力最强的燕王。于是，皇族内部矛盾骤然激化。燕王朱棣为太祖第四子，《明史》上说他"貌奇伟，美髭髯。智勇有大略，能推诚任人"，在边地"屡帅诸将出征"，并受太祖之命"节制沿边士马"，故威名远扬。这样的人物，自然不肯束手就擒。建文元年（1399）七月，朱棣援引祖训，以"清君侧"，诛讨"奸臣"齐泰、黄子澄为名，在北平举兵，称其部众为"靖难军"，迅速夺取河北大部分地区。

建文帝先后遣军讨伐，皆被朱棣击败。经过三年战争，建文四年（1402）六月，朱棣攻入京师，混乱中，宫内起火，建文帝下落不明。朱棣夺得帝位，是为成祖，随后族诛齐、黄等人，以次年为永乐元年。史称这一事件为"靖难之役"。

▽　靖难之役中，建文帝的踪迹和生死，成为历史上一大疑案。虽《明成祖实录》记载，建文帝于宫中自焚而死，但嘉靖年间郑晓所著《吾学编》收录的《建文逊国记》则称，建文帝于宫中起火之际，削发为僧，离城出逃，后云游于四川、云南、广西一带的寺庙。此后，建文帝自地道出亡为僧的传闻长期流行。后世学者对文献中留下的蛛丝马迹作了考证，提出多种推测。大致有三种说法：其一，建文确实自焚而死。其二，建文出逃为僧而得善终。其三，建文为朱棣所杀，并遭毁尸灭迹，有关建文自焚及出亡的种种传闻，皆为朱棣释放的烟幕，意在摆脱杀侄篡位的恶名。由于上述推测均无确凿证据，学界争论不休，莫衷一是。故建文帝的下落至今仍是一个谜。

朱棣于京师即位后，改北平府为顺天府，称为北京。永乐四年（1406）下令，于次年开始营建北京宫殿（图9-2），永乐十八年（1420）完工，当年诏告天下，改以北京为京师，原京师应天府为南京。次年，正式迁都北京。不过，成祖在迁都时曾下诏称："乃者仿

图9-2

始建于明代永乐年
间的故宫太和殿

成周卜洛之规，建立两京为子孙帝王永远之业。"并且将南京称为
"留都"，仍保留其重要地位。至英宗正统六年（1441），明朝中央政
府分设于北、南两京成为定制。北京所在的顺天府和南京所在的应天
府，合称"二京府"，两京建有两套大致相同的中央政府机构，各部
门官员的品秩也完全相同，并接受同一标准的考察。这样的两都格局
在中国历史上是绝无仅有的。当然，两都的轻重毕竟有所不同。南京
的政府机构主要负责江南地区的安全和赋税征收，因而规模和编制较
小，官署中副职、虚职和缺员较多。相同品级的官员，南京官员的权
限多有限制和削弱，其待遇、影响和前途也远不及北京官员。在实际
的政治运作中，北京政府掌握实权，而南京政府则被视为安排闲职的
养望之所，官员由北京调往南京成为一种贬谪。

　　▽　　关于成祖迁都北京的动机，后人推测可能基于多种考虑。其一，北方
　　蒙古等族的力量仍颇强盛，侵扰不绝，迁都北京，便于就近制御。其二，
　　成祖雄才大略，有开疆拓土之志，定都北京，既可控驭广袤的中原和华北，
　　又寓追慕"大元"帝国之意。其三，辅佐建文帝的多为江南士人，成祖即
　　位后，在南京杀戮过甚，唯恐结怨太深，有损执政基础。从稳固皇位考虑，
　　返回其发迹之地似乎更为有利。从迁都的结果看，确实增强了北方的军事
　　力量，对维护北方边境的安全，巩固多民族国家的统一，具有积极意义。
　　然而，另建新都毕竟是一笔巨大的耗费，且政治中心与经济重心的分离，
　　使南方的粮食及其他物资须通过运河长距离北运，也是不小的负担。

　　朱棣由藩王变成皇帝，思路自然不同，所以在位期间进一步采取
措施，巩固专制皇权。他继续推行建文帝时的削藩政策，先后将封于

北方的诸王徙往南方，如宁王被徙封南昌，谷王、齐王被废为庶人，削去代王、辽王、岷王、周王等的护卫。分裂割据的倾向被抑制，军政大权再度集中于皇帝。同时，又对中央行政机构作了调整，正式设立作为秘书咨询机构的内阁，并重用司礼监宦官，授予宦官"出使、专征、监军、分镇、刺臣民隐事诸大权"，使宦官与内阁互相制衡，重大政务最终皆取决于皇帝。为强化君主专制统治，成祖还在太祖所设锦衣卫的基础上，再设立东厂，推行特务政治。

明初，蒙古分为鞑靼、瓦剌和兀良哈三大部，其中，鞑靼的势力最强盛。明朝政府对各部采取羁縻和防御兼用的政策。成祖时，兀良哈部与明朝关系非常密切，双方和平共处，贸易往来频繁。鞑靼和瓦剌则时时在北边劫掠侵扰。自永乐八年（1410）至永乐二十二年（1424），成祖曾亲自率军五次出塞征讨，给鞑靼和瓦剌以沉重打击。

▽　成祖之后的仁宗和宣宗，以善于守成著称。他们在位期间，确立了文官政治的格局，调整了太祖、成祖过于专断严酷的驭下之术，大臣动辄得咎的现象有所改变，君臣关系比较融洽。同时，提倡节俭，专心内治，与民休息，使社会经济持续繁荣，史称"仁宣致治"。《明史》对宣宗的评价比较中肯："即位以后，吏称其职，政得其平，纲纪修明，仓庾充羡，闾阎乐业，岁不能灾。盖明兴至是历年六十，民气渐舒，蒸然有治平之象矣。"❶

三、极权政治与文化专制

中国古代的君主专制政治至明代被推向巅峰，皇权臻于极端，就制度规定和具体实施而言，最突出的表现是内阁制度与特务政治。

从先前各朝及明初中央政府的运作程序看，百官所上奏章，皆由宰相先行审阅整理，区别事情的轻重缓急，签署意见，然后进呈皇帝，共同商议对策，皇帝裁决后，再由宰相负责实行。明太祖罢中书省和丞相之职，意在独揽大权，即时人所说的"收天下之权以归一人"，但宰相所承担的日常政务不可能一同废去，因此，其实质是由皇帝兼任宰相，接管宰相的一切政务。皇权、相权集于一人的结果，使明太祖成为历史上最繁忙的皇帝。

▽　以《明太祖实录》所载为例，洪武十七年（1384），"自九月十四日至二十一日，八日之间，内外诸司奏札凡一千六百六十，计三千三百九十一

事"。就是说，朱元璋平均每天须审阅奏札207件，处理政事近424项。显然，这样的工作量非常人能够承受，为此，他曾规定上书言事的格式："许陈实事，不许繁文，若过式者问之。"让臣下将奏札写得尽可能简短。即便如此，他仍必须早起晚睡方能应付。《明太祖宝训》记载，朱元璋曾对侍臣说："朕即位有年，常以勤励自勉，未旦即临朝，晡时而后还宫。夜卧不能安席，被衣而起，或仰观天象，见一星失次，即为忧惕。或量度民事，有当速行者，即次第笔记，待旦发遣。"

明太祖虽以勤政著称，但日理万机，难免力不从心，故需要一些文人学士侍从身边，备顾问，供咨询。早在废中书省的当年，太祖便设置春、夏、秋、冬四辅官，每月上、中、下三旬，四辅官轮值，以备顾问，并对太祖交办的奏疏，提出处理意见，供其裁决。但这一做法未收到预期效果。洪武十五年（1382），太祖废除四辅官，仿效宋朝制度，始设华盖殿、武英殿、文渊阁、东阁等大学士数人，作为皇帝的侍从顾问，协助皇帝处理朝廷文书。

明成祖即位后，正式确立内阁制度。他特选翰林院编修、检讨等官入值文渊阁，在皇帝授意下参与机密重务。因文渊阁地处内廷，阁臣又常侍从皇帝于殿阁之下，故称"内阁"。但此时入阁值班者专理诏册和制诰，不置官属，不得专制诸司，诸司的所有奏章批答皆出自皇帝，并不通过内阁。其后，入阁诸臣的地位逐渐上升至学士、大学士。

仁宗、宣宗时，内阁的权力逐渐扩大，阁臣可以条对皇帝提出的议题。后又相继设立东、西制敕房，并由内阁属吏中书官掌办文书，内阁制度开始完备。这时，皇帝批答内外所上奏疏，始命阁臣拟出意见，形成所谓的"票拟""批红"制度。由于内阁具有代言拟旨的职责，逐渐成为协助皇帝决策的中央机构。内阁大学士人数不等，原无高下之别，明朝中期以后，主持阁务者称为首辅，以下依次称为次辅、群辅，职责为起草诏敕、票拟批答、咨询顾问、密疏进言等。嘉靖至万历初年，虽有内阁首辅权重一时，形同宰相的事例，但从制度上说，内阁必须完全遵照皇帝的旨意行事，不得妄提建议，不准自行其是，所以内阁实质上仍是皇权的组成部分，与前朝的宰相不可同日而语。

▽　内阁协助皇帝处理政务主要通过"票拟"的形式，其程序大致为：文武

---

❶　张廷玉等：《明史》卷九《宣宗纪》，中华书局1974年版，第125—126页。

百官的奏章经宦官转呈皇帝后，皇帝先作出原则性的指示，然后发往内阁；阁臣遵照旨意提出初步的处理意见，作为皇帝决策的参考，以墨笔书写在票签上，附于奏章，进呈皇帝，称为"票拟"；皇帝再以朱笔批示，发下执行，称为"批红"；若票拟不合皇帝之意，则令内阁再拟，称为"改票"。明朝中后期的皇帝往往将"批红"之事交亲信宦官代行，使宦官与内阁互相牵制。无论票拟还是批红，都不能单独生效，所以最终仍取决于皇帝。

图9-3
锦衣卫木印

建立特务机构，以特务手段控制臣民，可谓明太祖强化皇权的一大创举。明朝首个特务机构是锦衣卫（图9-3），洪武十五年（1382）创设，全称"锦衣亲军都指挥使司"。原为护卫皇宫的亲军，掌管皇帝的出入仪仗。为加强专制统治，太祖特令其兼管刑狱，赋予巡察缉捕的权力，遂成为特务机构。锦衣卫属下有17所和南、北镇抚司，最高长官为指挥使，由皇帝亲信的大臣、外戚充任。锦衣卫人员除掌卤簿仪仗而外，专司侦缉，名为"缇骑"。继太祖之后，成祖于永乐十八年（1420）设东厂；宪宗于成化十三年（1477）设西厂；武宗于正德三年（1508）设内行厂。上述机构合称"厂卫"。

东厂、西厂和内行厂的头目，多由司礼监太监充任，其下还设掌刑千户和理刑百户。厂与卫的职权基本一致，但因锦衣卫属外官，奏事须用奏疏，不如东厂、西厂、内行厂的太监亲近，因而厂的势力往往大于卫。于是，锦衣卫侦缉所有官民，厂则侦缉官民和锦衣卫；西厂有时还监视东厂，内行厂则监视官民以及锦衣卫和东、西厂；而皇帝则直接领导并监督厂卫，构成一套特务侦缉系统。

▽ 太祖运用特务手段侦伺臣民的一举一动，大至军政要务，小至柴米油盐，无不在他掌控之中。著名儒士钱宰受太祖聘请修订儒家经典，某天回家后作了一首打油诗："四鼓咚咚起着衣，午门朝见尚嫌迟。何时得遂田园乐，睡到人间饭熟时。"立刻有密探上报太祖。次日，太祖对他说："昨日好诗，然曷尝'嫌'汝，何不用'忧'字？"钱宰惊恐万分，连忙叩头请罪。❶

厂卫由皇帝直接指挥，故权力凌驾政府司法部门之上，可独立从事侦察、缉捕、审案等，并有自己的监狱和法庭。厂卫特务的活动可谓无孔不入，他们遍布各地，上至文武重臣，下及平民百姓，都被列为侦缉对象。中国历史上，以法外行事的特务政治加强专制统治，明朝皇帝开了一个恶例。

▽　厂卫可直接奉诏行事，任意逮捕官吏和平民，无须司法部门批准。据记载，提督东厂的宦官有爪牙十五六万，布满全国。小头目称"档头"，手下的密探称"番子"，一得密报，即行抓捕，并对受害人肆意搜括，严刑拷打。厂卫的监狱堪称人间地狱，审案时惯用断脊、堕指、刺心等酷刑，入狱者很少能活着出去（图9-4）。在厂卫的肆虐之下，冤狱不可胜数，致使朝野上下，人人自危。

明太祖及其后继者强化专制皇权的另一表现是，钳制思想，实行文化专制。太祖将程朱理学定于一尊，作为官方正统思想，并诏令天下："一宗朱氏之学，令学者非五经孔孟之书不读，非濂洛关闽之学不讲。"成祖敕修《四书大全》《性理大全》《五经大全》，作为士子习业的经典，有非议程朱者，予以严厉惩处。永乐时，饶州儒士朱季友上书批评程朱之学，成祖大怒，"命有司声罪杖遣，悉焚其所著书"。太祖曾对士子的思想言行作出一系列禁令，如生员不许建言，不准批评师长等，颁行天下各级学校，镌碑明示，"不遵者以违制论"。宋讷主持国子监时，管教监生极为严酷，监生赵麟揭帖抱怨，太祖竟将其处斩，立长竿悬首示众。科举考试时，除全遵朱熹注外，"但许言前代，不及本朝"，禁止士子议论时政。

▽　其实，太祖对孔孟、程朱的尊崇也是选择性的，孟子"民贵君轻"之说便令他极为恼火。清初全祖望《鲒埼亭集》记载：太祖"读孟子，怪其对君不逊，怒曰：'使此老在今日宁得免耶！'"为此，他曾下令将孟子的牌位从孔庙中撤去。洪武二十七年（1394），他命人编《孟子节文》，被认为有碍尊君的85章文字全部删除。如"民为贵，社稷次之，君为轻"；"行一不义，杀一不辜，而得天下，皆不为也"；"贼仁者谓之贼，贼义者谓之残，残贼之人谓之一夫，闻诛一夫纣矣，未闻弑君也"；"君之视臣如手足，则臣视君如腹心；君之视臣如犬马，则臣视君如国

图9-4

明代小说《皇明中兴圣烈传》插图描绘了厂卫肆意迫害忠良的情形

❶　叶盛：《水东日记》卷四《钱子予》，中华书局1980年版，第39页。

人；君之视臣如土芥，则臣视君如寇仇"。删去部分占全书近三分之一，皆为儒家民本思想和仁政学说的精华。

明太祖文化专制政策中尤为荒唐而残酷的是文字狱。前代虽有因诗文触犯禁忌而遭问罪的事例，但很少处以重刑，更罕见被杀的。太祖则"稍有触犯，刀锯随之"。文人吟花咏月，贺喜致谢，所作诗文凡被认为讥讽皇帝、诽谤朝政的，即遭杀身之祸。而且太祖及其后继者还大量使用特务手段，重点侦伺士人，"飞诬立构，摘竿牍片字，株连至十数人"。一旦犯禁，皇帝全无"刑不上大夫"的顾忌，直接施重典于大臣，诛其身而没其家。佥事陈养浩作诗："城南有嫠妇，夜夜哭征夫。"太祖怀疑他讥刺时政，将其投入水中淹杀。翰林院编修高启作诗："小犬隔花空吠影，夜深宫禁有谁来？"太祖认定他嘲讽自己，终将其腰斩。当时，因文罹祸、惨遭杀戮的文人学士不计其数。就众多文字冤狱看，实非偶然，而是朱元璋有意识地借此树立皇帝的绝对威权。

▷　明初文字狱之荒唐，骇人听闻。朱元璋当过和尚，而红巾军又被元朝官府骂作"红贼""红寇"，因此，"僧""光""秃""贼""寇"等字样及其谐音字都是犯忌的。浙江府学教授林元亮所作谢表有"作则垂宪"一句，"则"被视作"贼"。常州府学训导蒋镇所作贺表有"睿性生知"一句，"生"被视作"僧"。祥符县学教谕贾翥所作贺表有"取法象魏"一句，"取法"被视作"去发"。仅因一二字谐音，作者即遭斩首，文网之密，可见一斑。❶

第二节
明朝中后期的政局

明英宗在位时，发生"土木之变"，经过一番波折，明朝元气大伤。此后，宦官专权和朝臣中的朋党相争愈演愈烈，政治日趋败坏，国势逐渐衰颓。万历年间的张居正改革，虽有一定成效，却无补大局。在内外交困中继位的崇祯帝试图振起，无奈局势江河日下，亡国之运已无可挽回。

图9-5

明代为防御北方边患修筑长城，当时称为边墙

一、瓦剌之患与明运隆替

明英宗正统初年，蒙古瓦剌部势力逐渐强盛，其首领脱欢拥立前元朝皇室后裔脱脱不花为汗，自任太师，时时窥伺明朝边境。正统四年（1439），脱欢死，其子也先继太师位。他西侵哈密，控制西域要道，东破兀良哈，席卷女真诸部，直逼朝鲜，一时间声势大振。随后，多次侵扰明朝大同、宣府、蓟州、辽东等边镇（图9-5），成为明朝北方的严重边患。

当时，宦官王振专擅朝廷军政大权，他不仅未部署边防，反而接受瓦剌贿赂，私运兵器与瓦剌贸易。兵部侍郎于谦、翰林院侍讲刘球等朝臣已看出瓦剌南下侵袭的企图，主张加强军备，整顿边防。刘球的上疏因触犯王振，竟被下狱杀害。

正统十四年（1449）七月，也先出动军队，分四路南侵，自率一路攻打大同。王振调动50万人马仓猝应战，并挟持英宗亲征。八月初一，明朝大军刚抵达大同，即传来边将在前线屡败的消息，时遇连日风雨，军中人心惶惶，王振胆怯，不战而退。八月十四日，大军退至宣府土木堡（在今河北怀来东），被也先追及。土木堡地高缺水，将士干渴。次日，明军移营向南，也先率骑兵四面冲杀，明军大乱，自相践踏，死伤数十万，英宗被俘，随行的文武官员死50余人，王振也为乱军所杀。史称"土木之变"。

败报传到北京，群臣聚哭于朝，惊慌失措。当时京师精锐部队已因英宗亲征而丧失殆尽，唯剩弱旅不足10万，故有朝臣提议南迁。兵部侍郎于谦以国家安危为己任，挺身而出，力主抵抗。皇太后任命

---

❶　见赵翼著、王树民校证：《廿二史札记校证》卷三二《明初文字之祸》，中华书局1984年版，第740—741页。

他为兵部尚书，负责北京防务。于谦组织兵力加强守备，并传檄调集各地驻军急速赴京勤王。九月，皇太后立英宗弟郕王为帝，即景泰帝，遥尊英宗为太上皇。北京军民同仇敌忾，手工工匠数日内赶制出几万副盔甲，并加急打造兵器、火炮和战车。诸多居民也纷纷拿起刀枪，"赴官投报杀敌"。勤王部队陆续赶到，合兵力约22万。于谦率将士布防于九门之外，严阵以待。

十月，也先兵临北京城下，于谦率军在德胜门和西直门用火器大败瓦剌军，击毙万余，俘敌将数十人。北京西郊居民也登上屋顶掷砖瓦助战，喊声震天动地。双方激战五天，也先受挫，被迫撤退，途中又遭到良乡、清风店等地军民邀击。

也先退回后，并未放弃南下扩张的计划，景泰元年（1450）春夏之交，又屡次侵扰大同、宣府，但均为明朝守军击败。这时，脱脱不花汗等对也先的攻掠政策深感不满，主张释放英宗，与明廷议和。当年八月，英宗回到北京，以太上皇的身份居于皇城南宫。明朝政府在于谦等人筹划下，继续加强边防，并整顿京师守军，提高士兵战斗力。北方的局势渐趋稳定。

▽　也先进攻明朝失败后，瓦剌内部矛盾开始显现。景泰二年（1451），也先杀脱脱不花汗自立。其后，瓦剌再次发生内讧，也先为部下所杀，瓦剌各部分裂，势力日趋衰落。鞑靼复兴，实力逐渐强盛。

明朝外患刚缓解，内乱又接踵而来。英宗无奈成为太上皇，很不甘心，返回北京后不久，便与宦官曹吉祥以及武清侯石亨、左副都御史徐有贞等人策划复辟。景泰八年（1457）正月，景泰帝病危，英宗及其支持者乘机发动政变，于十六日晚领兵夺取东华门，闯入大内，次晨复辟，重登帝位，废景泰帝为郕王。史称这一事件为"夺门之变"。石亨、徐有贞等夺门有功者皆受封赏，于谦则被诬陷"谋逆"下狱，遭杀害。不久，徐有贞与曹吉祥、石亨等人产生矛盾而被贬谪。曹、石二人权倾天下，朝野侧目，英宗也渐生疑忌。天顺四年（1460），英宗通过锦衣卫逮捕石亨，瘐死狱中。次年七月，曹吉祥在北京发动兵变，迅即被平定。朝臣见曹、石二人被清除，又重提于谦保卫北京的功绩。宪宗继位后，正式为于谦平反。此后，政局渐趋稳定。然而，经过一系列动荡，明朝已元气大伤，国势开始下滑。

宪宗虽以平反于谦冤狱为人赞许，但在位期间，重用宦官，设置西厂，屡兴大狱，朝政日趋败坏，社会矛盾尖锐。孝宗兴利除弊，力图振起，故有"中兴"之称，但积重之势已成，兴革之举唯能小补而已。随后的武宗尤以荒淫昏聩著称，朝政乌烟瘴气，衰败迹象已明白显露。时人的一道奏疏即尖锐指出：祖宗之纪纲法度，"至是将荡然无余矣"，故"乱本已生，祸变将起"。世宗以藩王入继大统，因尊崇生父而与群臣纷争不已，曾不见朝臣20余年，又崇奉道教，大兴土木，政事皆委于权臣严嵩，加上边患频起，起义不断，国势遂风雨飘摇。神宗的荒怠也是历史上出名的，在位48年，竟然不郊、不庙、不朝、不召臣僚议事近30年。尽管奏牍山积，凡不合其意，一概留中，不批不答。更为荒唐的是，朝廷和地方的官缺也长期不补，听任各级政府机构趋于瘫痪，朝政的废弛可想而知。故万历以后，明王朝的统治已堪称摇摇欲坠。

▽　嘉靖四十五年（1566），户部主事海瑞在著名的《治安疏》中抨击了世宗崇信道教、不理朝政的昏聩统治："陛下则锐情未久，妄念牵之而去矣，反刚明而错用之，谓遥兴可得而一意玄修。富有四海，不曰民之脂膏在是也，而侈兴土木。二十余年不视朝，纲纪弛矣。数行推广事例，名爵滥矣。……天下吏贪将弱，民不聊生，水旱靡时，盗贼滋炽，自陛下登极初年，亦有之而未甚也。今赋役增常，万方则效，陛下破产礼佛日甚，室如悬磬，十余年来极矣。天下因即陛下改元之号，而臆之曰：'嘉靖者，言家家皆净而无财用也。'"❶

▽　赵翼《廿二史札记》论及神宗时的朝政："万历末年，怠荒日甚，官缺多不补。旧制，给事中五十余员，御史百余员，至是六科止四人，而五科印无所属，十三道只五人，一人领数职，在外巡按，率不得代。六部堂官仅四五人，都御史数年空署，督、抚、监、司，亦屡缺不补。文武大选急选官及四方教职，积数千人，以吏、兵二科缺掌印不画凭，久滞都下，时攀执政舆哀诉。诏狱诸囚，以理刑无人不决遣，家属聚号长安门。职业尽弛，上下解体。……自阁臣至九卿，台省曹署皆空。南都九卿，亦止二人。天下方面大吏，去秋至今，未尝用一人。……观此可见是时废弛之大概也。"❷

❶　海瑞：《海瑞集》上编《治安疏》，中华书局1962年版，第218页。
❷　赵翼著、王树民校证：《廿二史札记》卷三五《万历中缺官不补》，中华书局1984年版，第798页。

二、宦官专权与朋党之争

赵翼称："东汉及唐、明三代，宦官为祸最烈。"殊不知，在君主专制臻于巅峰的明代，宦官作为皇权的组成部分，其势力虽未达到废立皇帝的程度，但就其对国家政治和民间生活的危害而言，实较前代有过之而无不及。

明朝对宦官的信用始于太祖。太祖在位之初，曾吸取前代教训，对宦官专权有所防范，故宦官人数不多，并有不得干政的禁令，严格限制其活动。但太祖晚年，对外臣猜忌尤深，遂转而信任宦官，不断扩大内臣建制，增加人数，并委以一些外朝政务。

▷　据王世贞《弇山堂别集》记载，被太祖收为养子的外甥李文忠见宦官渐多，且受重用，曾劝谏太祖说："内臣太多，宜少裁省。"太祖竟勃然大怒，责骂道："若欲弱吾羽翼何？"并断定"此必其门客教之"，遂将其门下士人全部处死。李文忠由此"惊悸得疾暴卒"。显然，宦官作为专制皇权的羽翼和工具，被太祖视为不可或缺，而且对他们的信任已超过自己的外甥。太祖后期，曾有派宦官赴军中视察，往北地市马等举动，可见，正是他破坏了自己的禁令。明朝宦官的设置有所谓的"二十四衙门"，即十二监和四司、八局，太祖末年已有十二监、二司、七局，至成祖时，完全齐备。近代明史专家孟森曾一针见血地指出："明历世患奄，要不得不谓由太祖之作俑。" ❶

图9-6
明代绘画中所描绘的宦官形象

"靖难之役"中，有宦官为朱棣通风报信，出谋划策，乃至冲锋陷阵，故朱棣认为"家奴"较朝臣更为可靠，即位后，重用宦官担任出使、专征、监军、分镇、侦伺臣民隐事等军政要务，成为宦官全面干政的开端。成祖所设东厂，即由亲信太监掌管，可越过司法机关，随意缉拿官民。

不过，在成祖和仁宣时期，皇帝仍亲自听政，宦官有所顾忌。英宗以来，皇帝多昏聩无能，长期不问政事，宦官（图9-6）乘机窃弄权柄，挟制内阁，终成宦官专擅的局面。当时，宦官二十四衙门中，司礼监太监职掌百官奏章和各类机要事务，权势尤重，例由皇帝心腹宦官充任。随着票拟、批红制度的形成，本应由皇帝以朱笔批示的裁决意见，渐由司礼监秉笔太监代批，秉笔太监遂成为皇帝的代言人，甚至还利用职权之便擅改内阁的票拟。正统时，司礼监太监王振极受英宗宠信，被呼为"先生"，故威权日重。他引荐同党，诛除政敌，势焰可炙，公侯勋戚尊为"翁父"，朝廷大臣多依附屈从，竞相献媚、行贿。英宗还下令在大理寺筑坛，让太监与刑部、都察院共同审理囚犯，自此，宦官又插手司法，"三法司"断案量刑往往遵从宦官之意，不敢违忤。英宗复辟后，由司礼监太监曹吉祥总督京军三大营，开宦官总领京军之例。宪宗时，宦官汪直提督西厂，特务横行各地，官吏平民无辜而受害的不计其数。武宗时，刘瑾、马永成、谷大用等八名宦官深得宠信，号为"八虎"。其中，刘瑾尤为狡黠凶狠，掌司礼监时权势如日中天，党羽布满朝堂，包括内阁学士、吏部尚书等大臣，均成为其爪牙。他还设立内行厂，为害之烈在东、西厂之上。天启年间（1621—1627），秉笔太监魏忠贤势焰熏天，他诱引熹宗耽于声色狗马，自己一手遮天，独掌内外大权，朝中大臣多投其门下，逢迎巴结，惟命是从。他以其督领的东厂残酷镇压异己，民间人士稍有不满，即遭捕杀，甚至运用剥皮、割舌等酷刑，遇害者不可胜数。每次出行，随从万人，排场极为浩大，所过之处，官员跪拜迎候，献媚者甚至高呼"九千岁"。

可见，明朝中后期，随着宦官人数和势力的急剧膨胀，宦官已成为官僚体制中一支举足轻重的力量。除二十四衙门外，宦官还掌管内府诸多库、房、作、厂，并前往南京、昌平天寿山（皇陵所在，在今北京昌平区）、承天府（治今湖北钟祥）、凤阳府等地担任守备，负责南京、苏州、杭州的织造，时常外出监军，镇守各省要地，管理广东、福建、浙江的市舶司，监督各地的仓、场，充任采办、粮税、矿税、关隘等特使。他们不仅四处扰民害民，激化了社会矛盾，而且掌控和阻塞了政治运作与信息交换的所有管道，造成皇帝与外朝大臣的严重隔绝，导致政治环境的日益恶化和行政效率的不断下降。显然，宦官的专权乱政实为明朝统治趋于瓦解的一大原因。

---

❶　孟森：《明清史讲义》，中华书局1981年版，第76页。

▽　明代宦官人数虽无法准确统计，但数量空前是肯定的。据《明史》记载，成化年间，右副都御史彭韶所上奏疏称："监局内臣数以万计，利源兵柄尽以付之。"可知宪宗时其数量已有上万。神宗时，仅万历元年至六年即新增宦官6000多名。又据余金《熙朝新语》记载，入清后，有明末老太监称崇祯末年，"宫女九千人，内监至十万人"。十万之数疑有夸张，但说宦官人数不下数万，应当是可信的。

　　明代中后期，朋党相争之激烈也为历史上所罕见。朝臣党争的缘起实与宦官专权有关。文武百官为获皇帝赏识，在朝中立足和升迁，往往须与某些手握大权的宦官相勾结，组成特殊的利益集团，宦官之间因争权夺利而钩心斗角，为结党营私，也须引朝臣作为外援，于是，朝廷内外，派系林立，纷争不已。曾任内阁首辅的朱国祯对朝廷党争的描述颇为生动："又呼朋引类，张局作威。辟之老和尚，领袖众沙弥，鼓钵百花喧闹中。"❶每逢朝议，即便是细小的分歧也会激起轩然大波，诸多事务在无休止的争论中僵持不决，难以实行。

　　万历以来，党争愈演愈烈。当时，朝廷内外的政治势力分为两大阵营，一派为东林党以及支持、维护东林党的人士，另一派为反对东林党的官僚集团联盟。东林党得名于东林书院，创始人为顾宪成。顾宪成字叔时，常州无锡（今属江苏）人，万历进士，为官清正廉洁，敢于直言，累迁吏部文选司郎中，因得罪权贵、违忤帝意而被革职，返乡里居。无锡旧有东林书院，为宋儒杨时讲学所，经顾宪成倡议，于万历三十二年（1604）修复。顾宪成遂与同道高攀龙、钱一本、薛敷教等讲学其中。众多怀志失意，退处林野的文人士大夫纷纷前来切磋讲论，"学舍至不能容"。顾宪成坦言其志："官辇毂，志不在君父，官封疆，志不在民生，居水边林下，志不在世道，君子无取焉。"❷故于讲习之余，往往与众人"讽议朝政，裁量人物"。朝臣中与其志同道合的，也在京师遥相呼应。一时间，顾宪成等人声望大著，形成一支颇有影响的政治力量，并因此遭到政敌的围攻，被称为"东林党"。

　　东林党的成员多为比较正直开明的士大夫，他们以清流自视，为匡救时弊，主张改良朝政，任用贤能，澄清吏治，反对横征暴敛，减轻民众负担。与东林党对峙的政治派系有宣党、昆党、齐党、楚党、浙党等，诸党之间虽有矛盾，但在反对东林党上形成一致，故互相勾连，务以攻击东林，排斥异己为能事。万历后期，两派势力围绕立太子、推举贤才入阁、罢撤矿监税使等问题展开激烈争执。尽管东林一派的主张多未实现，但颇获社会舆论的支持。

　　熹宗继位之初，东林人士叶向高、邹元标、杨涟、赵南星等受到重用，一度势力颇盛。遭排斥的宣、昆、齐、楚、浙诸党中人，多投入宦官魏忠贤门下，形成所谓的"阉党"，专与东林作对。针对魏忠贤的专权擅政，为非作歹，杨涟上疏弹劾其二十四项"大奸恶"，东林人士左光斗、魏大中等群起响应，一时间弹魏的奏疏不下百余。魏忠贤怀恨在心，策划报复。天启五年（1625），他罗织罪名，兴举大狱，将杨涟、左光斗、魏大中等人捕入锦衣卫监狱，用酷刑杀害。次年，又派遣缇骑南下，捕东林党人周起元、高攀龙、周顺昌、缪昌期、黄尊素等人入京下狱，除高攀龙投水自尽外，余皆受酷刑而死。

　　▷　周顺昌曾任吏部员外郎，正直而有民望，因得罪权臣，辞官归乡，里居苏州。缇骑逮捕周顺昌时，苏州居民义愤填膺，聚众数万，群起殴击缇骑，立毙一人。事后，为首的市民颜佩韦、马杰、沈扬、杨念如、周文元等五人，挺身投案，慷慨就义。当地民众为之购地营葬，抚恤家属，并立碑颂扬。著名的《五人墓记》至今仍存苏州山塘街五人墓祠内。

　　魏忠贤还命党羽编制《东林点将录》《东林同志录》等黑名单，将异己的正人君子全列为东林党，欲按名单逐一捕杀，幸因熹宗突然病死，未及得逞。继位的崇祯帝朱由检拨乱反正，果断处置魏忠贤，魏在贬谪途中畏罪自杀，阉党成员也多被逐除。对东林党人的残酷迫害虽自此结束，但直至明亡，朝廷内外的派系之争始终没有消除。

　　▷　明朝后期，江南一带出现众多研习科考时文的文人社团。崇祯年间，苏州太仓人张溥联合各社团，组成复社联盟。复社成员以东林后嗣自居，在"兴复古学"的同时，又有很高的参政热情，故被称为"小东林"。复社曾多次举行大规模的集会活动，希望通过舆论影响朝政，并以声讨阉党余孽为务，揭帖传檄，口诛笔伐。明末的党争，很大程度上表现为复社成员与阉党余孽的斗争。复社的集会活动直至清初才停息。

❶　朱国祯：《涌幢小品》卷一六《阁部争权》，文化艺术出版社1998年版，第379页。
❷　张廷玉等：《明史》卷二三一《顾宪成传》，中华书局1974年版，第6032页。

三、寄望中兴的张居正改革

明朝的统治至武宗时已呈衰颓迹象。世宗在位的嘉靖年间，虽宦官势力暂受抑制，外廷又出现邪佞当道的局面。奸臣严嵩以善于诌媚逢迎获世宗宠信，成为内阁首辅。他专擅朝政近二十年，排斥异己，陷害忠良，贪污受贿，败坏政治，朝廷上下一片乌烟瘴气。在此期间，北边的鞑靼频繁侵扰，东南的"倭患"迅速蔓延，朝廷扩军设饷，忙于应付，导致军费激增，再加上皇室的奢靡，宗藩的耗费，国家财政陷于严重危机。

> 据《明世宗实录》记载，嘉靖时财政亏空惊人，多者每年近400万两，少者不下100余万两。穆宗时，情况更加严重。《明穆宗实录》记载，隆庆元年（1567）十二月，户部统计当时太仓存银1304652两，而每年应支官员俸银135万两，边饷银236万两，补发年例银182万两，总计553万两，以现银计，仅够三个月开支。京仓存粮6783551石，仅够维持在京官军月粮两年多。

神宗朱翊钧继位后，内阁学士张居正出任首辅，执政期间，为挽回颓靡，振兴国势，推行比较全面的革新改良，史称"张居正改革"。

张居正字叔大，号太岳，湖广江陵（今湖北荆州市荆州区）人，嘉靖进士。他是位颇有政治才干与手腕的人物，《明史》称其"勇敢任事，豪杰自许。然深沉有城府，莫能测也"。当时，内阁学士为争夺首辅之位，联朋结党，互相倾轧排挤，严嵩以及其后的徐阶、高拱，皆以这一手段相继出任首辅。张居正入阁后，依违于徐阶、高拱之间，稳固了自己的地位。神宗于隆庆六年（1572）即位时年仅10岁，张居正与宦官冯保联手，逐去高拱，自任首辅，并深获两位皇太后的信赖。年幼的神宗受太后与冯保的制约，外廷之事悉委张居正，张居正遂以辅政大臣的身份总揽朝政大权。

张居正一开始即向神宗表白："方今国家要务，惟在遵守祖宗旧制，不必纷纷更改。"可见，其改革仅为传统制度内的修补和调整，并非改弦更张。

政治方面，他以"尊主权，课吏职，信赏罚，一号令"为施政方针，从整顿吏治入手，改革因循苟且、遇事推诿的官场作风，用加强考核的办法，提高行政效率。万历元年（1573），他正式推行"考成法"。规定：六部、都察院等衙门将拟办之事依照路程远近、事情缓急，确定完成期限，登录于文簿备案，按月考核，每年总结。若有拖延耽搁的，须开列上报，并下各衙门诘问，责令其讲明原委。凡违限积压而不报的，由部院检举，论罪处理。吏部以此作为评定官吏勤惰的依据。考成法实行后，取得一定成效。不少疲软无能的庸官被裁汰，行政效率有所提高。

图9-7
一条鞭法实施后，许多地方通用银两来纳税，这是福建一带上交户部的"金花银"

经济方面是张居正改革的重点，主要内容为清丈土地和推广一条鞭法。张居正认为，官宦豪强之家隐占田地，逃避赋税，致使财政危机日益加重，"私家日富，公室日贫，国匮民穷，病实在此"。而田赋不均和逃漏拖欠的关键在于田地隐没不实，欲增加赋税收入，首要前提是核查全国土地，掌握田亩的确切数字。万历六年（1578），张居正以神宗名义颁令，首先在福建试行清丈田亩。两年后完成，清丈出隐匿逃税田地2315顷。张居正遂将清丈之法推行于全国，自万历八年至十一年，各地的清丈工作陆续完成。清丈的结果，全国总计田亩7013976顷，较万历六年清丈前的数额5182155顷，增加约35%。尽管其间存在不少弊端，数额也有虚报的成分，但成效还是显著的，承担赋税的耕地面积由此大幅度增加。

在此基础上，张居正实行赋役制度的改革，于万历九年（1581）将一条鞭法推广至全国各地。一条鞭法曾在嘉靖、隆庆年间试行于福建、广东、浙江等地，张居正集中各地实践经验，予以全面推行。一条鞭法旨在均平赋役，主要内容为："通计一省丁粮，均派一省徭役"，改变原先按照户、丁派役的办法，将徭役折成银两，平均摊入人丁和税粮，或丁六粮四，或粮六丁四，或丁粮各半，然后再与夏秋两税以及其他杂税合编为一条，故称一条鞭（或一条编）法。除漕粮中的白粮仍须征米外，其余的税粮和差役一律改征银两（图9-7），并由官府统一征收和解运；差役皆由官府以银两雇人承担。在中国古代赋役制度改革史上，一条鞭法作为两税法与清代地丁制（摊丁入亩）之间的重要环节，具有重要意义。按丁粮派役，将一部分差役转入地亩征收，多少减轻一些无地或少地农民的丁役负担。将赋税与差役合编为一，统一征银，使政府的征收趋于简便，且较有保证。尤为重要的是，折役为银，不仅使农民对国家的依附关系进一步松弛，而且使徭役与赋税的货币化趋于一致，客观上促进了明代中后期商品经济的发展。

张居正的改革在一段时间内收效明显，财政危机有所缓解。万历初年，太仓存银由嘉靖、隆庆时约200万两增至约400万两；藏粮也增加一倍，达1300余万石。

> ▽ 张居正对水利整治也十分重视，他信用著名水利学家潘季驯治理黄河、淮河，兼修运河。潘季驯贯彻"筑堤束水，以水攻沙"的原则，使黄河不再南流入淮，徐州、淮安之间800余里长堤蜿蜒，河水安流其间，于是，"田庐皆尽已出，数十年弃地转为耕桑"。黄河得以治理，运河也因此畅通，漕船可直达北京。

然而，张居正也不免权臣的通病。他私欲甚强，生活奢侈，三子相继高中进士，多有舞弊嫌疑。大权在握时，顺者昌，逆者亡，进退用人多依个人好恶，且施政严刻，树敌招怨颇多。又下令禁毁天下书院，激起众多儒生士人的反感。孟森称其"高不知危，满不知溢，所谓明于治国而昧于治身"，说得颇为中肯。万历十年（1582），张居正病逝。久受张居正、冯保压抑的神宗，随着年龄增长已渐生不满，却无法发作，此时大权回归，迅即实施报复。张居正的怨敌也乘时而起，纷纷上疏弹劾。于是，冯保遭贬谪，安置南京；张居正被追夺官阶，籍没其家。改革举措除一条鞭法外，多遭罢废。

神宗由压抑而逆反，并进而恣意妄为，此后的37年，其贪婪昏聩大大超过世宗，致使朝政日非，社会矛盾日益尖锐。他派遣大批宦官充当矿监、税使，前往各地，对民间横征暴敛，由此激起此起彼伏的民变。宦官陈奉在湖广征商时，"恣行威虐"，"惨毒备至"，荆州、武昌、汉口、襄阳等地工商业者和市民发起十余次暴动，陈奉仓皇逃匿，多名爪牙被投入江中。宦官马堂到山东临清征税，收罗无赖为党徒，大肆勒索，"中人之家，破者大半"，市民聚众万余，纵火焚烧马堂官署，杀其爪牙30余人。宦官孙隆前往苏州设务征税，使得众多织工"岌岌乎无生路"，织工葛成聚众2000余人，殴杀孙隆爪牙多名，迫使孙隆逃离苏州。此外，在江西景德镇、北京西山以及云南、陕西、广东、福建等地，都爆发过类似的民变。与此同时，东北的满族迅速崛起，对明朝统治构成严重威胁。至此，明朝的没落，已无可挽回。

> ▽ 孟森对万历朝的概述十分精辟："明之衰，衰于正、嘉以后，至万历朝则加甚焉。明亡之征兆，至万历而定"；"张居正当国，足守嘉、隆之旧，而又或胜之。盖居正总揽大柄，帝之私欲未能发露"；"至居正卒后，帝亲

操大柄，泄愤于居正之专，其后专用软熟之人为相。而怠于临政，勇于敛财，不郊不庙不朝者三十年，与外廷隔绝，惟倚奄人四出聚敛，矿使税使，毒遍天下。庸人柄政，百官多旷其职；边患日亟，初无以为意者"；"至四十六年，清太祖公然起兵，入占辽、沈，明始感觉，而征兵征饷，骚动天下，民穷财尽，铤而走险，内外交乘，明事不可为矣。"❶

四、鼎革之际的危机与困局

崇祯帝于1627年即位后，力图振兴朝纲，挽救危亡，他清算魏忠贤与阉党势力，起用东林党人，本人也勤于政事，一时间颇有一些新气象。然而，他生性猜忌多疑，刚愎自用，驭下严苛寡恩，在位期间频繁撤换阁部大臣，诛杀督抚大员，且重蹈倚重宦官的覆辙。加上弊政多多，积重难返，外有不断进逼的满族，内有此起彼伏的农民起义，明朝统治遂在内外交困中走向覆亡。

满族的前身为女真族的一支，长期居住在东北地区。女真族完颜等部建立金朝，南下中原后，留在东北的女真族至明初，分为建州女真、海西女真和野人女真三大部，满族即出自建州女真。永乐时，明朝政府在东北设立建州卫和建州左卫、建州右卫，满族的先祖猛哥帖木儿曾任建州卫指挥使。

16世纪后期，女真建州部逐渐强盛，其首领努尔哈赤，姓爱新觉罗，为猛哥帖木儿六世孙，于万历十一年（1583）起兵，经多年战争，基本统一女真各部，在此过程中，他创建了对满族的发展具有重要作用的八旗制度。

▽　　八旗制度是在氏族制基础上发展起来的，合军事、政治、社会组织为一的制度。原先，建州女真出猎，"凡十人设长一人领之"，其长名牛录额真。努尔哈赤统一女真各部后，将各部壮丁重新编制，以三百人为一牛录，五牛录为一甲喇，五甲喇为一固山，共八固山，约六万人。壮丁"出则为兵，入则为民"，"无事耕猎，有事征调"。出兵时，八固山有黄、红、蓝、白、镶黄、镶红、镶蓝、镶白八种旗色，故称八旗。各旗首领称固山额真，

---

❶　孟森：《明清史讲义》，中华书局1981年版，第246页。

即旗主，他们都是努尔哈赤最亲近的家族成员。努尔哈赤是八旗的家长和最高统帅，八旗旗主须听从其指挥。但在八旗内部，仍保留氏族制遗风，遇有军政大事，努尔哈赤皆召集八家共议，掳掠的财物由八家均分，并规定首领的继承人须由八家共选。

努尔哈赤还发展经济，促进贸易，订立行政和法制规条，选拔人才，创制文字，设立议政王大臣。万历四十四年（1616），努尔哈赤在赫图阿拉（今辽宁新宾西永陵镇老城村）称汗，建国号"大金"，史称"后金"。

努尔哈赤崛起之初，对明朝十分恭顺，受其官职，并多次亲往北京朝贡。后因羽翼逐渐丰满，且见明朝日趋腐朽，遂与明朝断绝关系，积极筹划攻明。万历四十六年（1618），他借口与明廷有"七大恨"，大举进攻，焚毁抚顺，掳掠大量人畜财物而去。为抵御后金的侵扰，万历四十七年，明朝调兵遣将展开反击，结果在萨尔浒惨遭大败。自此，努尔哈赤的地位更加巩固，明朝对辽东的统治开始动摇。

天启元年（1621），后金乘胜攻占沈阳和辽阳，其后又陆续夺取辽东大小七十二城，明朝在山海关外仅剩锦州、宁远（治今辽宁兴城）等极小块地区，余皆入后金之手。为便于控制新占领区，努尔哈赤迁都辽阳，天启五年，又迁都沈阳，后改称盛京。

为应对危局，按察使袁崇焕奉命监督关外防务，他提出坚守关外以保卫关内的战略方针，积极经营宁远一带的守备。天启六年（1626），努尔哈赤率军围攻宁远，袁崇焕指挥军民顽强抗击，重创后金军，收复一部分失地，成功遏制后金的南下势头。努尔哈赤在阵前受重伤，当年八月去世（一说为病逝）。

努尔哈赤死后，第八子皇太极势力最强，被拥立为汗。他改族名为"满洲"（后人通称满族），仿照汉族政权体制，进行一系列旨在加强中央集权，完善国家机构的改革。同时，以高官厚禄招降汉族文官武将，实行开科取士，拓展后金政权的基础；并设立汉军八旗、蒙古八旗，直接听命于汗，以增强军事实力。为加强君主专制，他还将满八旗中正黄、镶黄、正蓝三旗直接掌握在自己手中。皇太极在位期间，经济趋于繁荣，政治日益稳定，对明朝的掠夺战争也不断升级。他运用反间计迷惑崇祯帝，使袁崇焕蒙冤被杀，明朝由此损失一员干将。崇祯九年（1636），皇太极在盛京称帝，改国号为清。

这时，局势出现新的变化。明朝境内的农民起义风起云涌，声威日盛，明朝政府内外受敌，左支右绌，深陷困境。皇太极开始计划南下灭明，崇祯十三年至十六年，他大举用兵，攻占锦州、松山（今辽宁凌海南）等重镇，扫除进入山海关的障碍。明军在与清军的对决中，主力丧失殆尽，再无还手之力。清军长驱直入，覆灭明朝，已是迟早之事。不过，历史安排的捷足先登者，是农民起义军。

自天启七年（1627）起，陕西地区因连年饥荒、民不聊生，相继爆发多次农民起义。不断发展壮大的农民军如火如荼，转战山西、河南、四川、湖广、安徽等地，给明朝统治以沉重打击。十余年间，农民起义军虽屡遭挫折，时起时伏，但经长期坚持，终成燎原之势。其中，李自成和张献忠领导的两支农民军声势最为浩大。

李自成本名鸿基，陕西米脂双泉里人，出身农家，幼时曾为人牧羊，后充当驿卒。崇祯三年（1630），率众揭竿而起，不久，率部加入闯王高迎祥的起义大军。高迎祥被俘遇害后，李自成承袭闯王名号，转战于陕南、四川一带。在明军围剿、招抚两手交替使用的情况下，各支农民军或败或降，起义一度陷入低潮。李自成坚持战斗，多次失利后，潜伏于陕南山区，伺机东山再起。崇祯末年，河南地区发生严重灾荒，农民纷起暴动。李自成乘机从陕南进入河南，以"均田免粮"相号召，传播"不当差，不纳粮"的歌谣，获得广大农民的响应和支持，声势迅速扩大。在随后的作战中，李自成连获大胜，夺得河南、湖北等地，尽歼明军主力，部众增至近百万，成为明末农民起义的主力。他于崇祯十六年（1643）建立政权，随后进占陕西，次年在西安正式定国号为大顺（图9-8）。

张献忠字秉吾，号敬轩，陕西延安柳树涧（在今陕西定边东）人，曾供役为捕快、边兵。崇祯三年率众起义，自号八大王，转战于皖、豫、陕、鄂等地，一度因失利而伪降，休兵于谷城（今属湖北）。崇祯十二年，再次起兵，转战于四川、湖北一带；十六年攻占武昌，自称

图9-8

李自成大顺政权所使用的印信

大西王。次年，攻取成都，改称秦王，正式建立政权，国号大西。

崇祯十七年（1644）二月，李自成率大顺军由陕西进入山西，以摧枯拉朽之势直捣京师，仅月余即攻入北京。崇祯帝自缢，明朝灭亡。

▽ 李自成于三月十七日兵临北京城下，城外明军溃败投降。十八日傍晚，崇祯帝宠信的宦官曹化淳等为自保而开启城门迎降，大顺军先后进入外城和内城。当夜，崇祯帝促皇后、嫔妃自尽。十九日凌晨，他出宫城北门，登上煤山（今景山），自书衣襟为遗诏，称："朕凉德藐躬，上干天咎，然皆诸臣误朕。朕死无面目见祖宗，自去冠冕，以发覆面。……"遂悬帛于树，自缢而亡。《明史》称崇祯帝即位之初，"慨然有为"，在位时，"不迩声色，忧勤惕励，殚心治理"，但其"用匪其人，益以债事。乃复信任宦官，布列要地，举措失当，制置乖方"❶。明亡，固属"大势已倾"，但崇祯帝也难辞其咎。他将亡国全归罪于臣下，可见其至死都不肯反省自己的过错。

驻守山海关的明军总兵吴三桂原已接受李自成招抚，后又起兵反叛，并向关外的清军求援。李自成亲率大军东征，结果在吴三桂和清军的夹击下战败，返回北京后，仓促即皇帝位，次日弃城西撤，经山西、陕西、湖北辗转退却，1645年，在湖北通山遭地方武装袭击遇害。当年，四川的张献忠在与清军的交战中也兵败身亡。

▽ 李自成攻占北京后，队伍纪律松弛，迅速腐化蜕变。将领分据前明大官住宅，追逼珠宝钱财，耽于声色，骄奢淫逸；士兵也纷纷争抢财物，军心涣散，全无斗志。吴三桂原本已接受招抚，但在回北京的途中得知大顺军向前明官员追缴财物，自己的家属也遭掳掠，一怒之下，返归山海关起兵反叛，并引清军入关相助。可见，李自成在山海被吴三桂和清军打败后，无法组织有力反击，匆匆退却，迅速败亡，事非偶然。关于李自成的归宿，学术界颇有争论。通行的说法是，李自成退至湖北通山县九宫山，遭当地乡团袭击遇害。但也有传闻称他辗转逃脱，隐居于湖南石门县的夹山灵泉寺，清代康熙时圆寂，甚至还说他在灵泉寺自号"奉天玉和尚"，暗中指挥"联明抗清"。近年的最新研究，依据可信度较高的清初档案材料，认为李自成死于通山的说法是可信的，而为僧隐居的传闻并无确凿证据，一些所谓的物证，真伪也颇可疑。

李自成和张献忠的余部，后与明朝宗室建立的南明政权合作，在南方地区坚持了多年的抗清斗争。

第三节
一波三折的中外交流

　　明太祖朱元璋从稳固国内统治考虑，实行严格的海禁政策，故与元朝相比，明朝的中外交流大幅收缩。此后，虽有郑和下西洋的壮举，但明朝政府唯考虑其政治意义，经济上长期维持传统的朝贡体制，民间海外贸易只能以走私方式进行。明朝后期，政府被迫开放部分港口，中外贸易一度颇为兴盛，中国市场由此被纳入世界性贸易网络。随着西方商船的纷至沓来，外贸航线逐渐被其垄断，而西方传教士的来华，则对中外文化交流起了重要的促进作用。

一、郑和下西洋

　　明成祖朱棣通过"靖难之役"夺得帝位后，为在海外扩大政治影响，宣扬天朝大国的富庶强盛，维持明朝与诸国的友好关系，显示其统治的合法与稳固，积极开展大规模的外交活动。在这一背景下，遂有郑和下西洋这一中国航海史和外交史上的壮举。

　　▽　元明时期，以今南海中约东经110度处为界，划分东洋和西洋。南海东部及其附近岛屿，包括今加里曼丹岛、菲律宾群岛等，称为东洋。南海以西的海洋及沿海各地，乃至印度和非洲东部地区，通称西洋。《明史·婆罗传》即称："婆罗又名文莱，东洋尽处，西洋所自起也。"

　　郑和，本姓马，原名文和，小字三保，回族，云南昆阳（今云南昆明市晋宁区）人。近年有学者认为，他是回回人赛典赤赡思丁的后裔。赛典赤赡思丁为中亚布哈拉贵族，成吉思汗西征时归降，元世祖

❶　张廷玉等：《明史》卷二四《庄烈帝纪二》，中华书局1974年版，第335页。

时出任云南行省平章政事，颇有政绩，后死于任。明朝太祖时，遣军平定云南，郑和被俘，进宫为宦官，称三保（三宝）太监。后至北平，入燕王朱棣藩邸。因参与靖难之役有功，朱棣擢他为内官监太监，赐姓郑，遂名郑和。

1405年至1433年的28年间，郑和奉朝廷之命，率领船队七次出使西洋诸国。首次下西洋于永乐三年六月十五日（1405年7月11日），从江苏太仓刘家港（今江苏太仓东浏河镇）出发，使团共有27800多人。第七次下西洋有27550人，于宣宗宣德五年闰十二月初六日（1431年1月19日），从南京起航，经刘家港、福建长乐出发，宣德八年返回。郑和因积劳成疾，返航途中病逝于古里（今印度南部西海岸的科泽科德），归葬南京牛首山麓（一说病逝于南京）。

郑和使团的一些重要成员对下西洋的所见所闻做了翔实而生动的描述，如马欢著《瀛涯胜览》、费信著《星槎胜览》、巩珍著《西洋番国志》。据诸书记载，郑和曾到达的亚非国家和地区有30多个，如占城（今越南南部）、真腊（今柬埔寨）、暹罗（今泰国）、渤泥（加里曼丹岛北部文莱一带古国）、爪哇、旧港、苏门答剌、阿鲁、南渤里（以上五处属今印度尼西亚）、苏禄（菲律宾苏禄群岛）、满剌加（今马来西亚马六甲）、锡兰山（今斯里兰卡）、溜山（今马尔代夫）、榜葛剌（今孟加拉国和印度西孟加拉邦一带）、琐里、加异勒、柯枝、古里（以上四处属今印度）、忽鲁谟斯（今伊朗东南部）、阿丹（今亚丁湾西北岸之亚丁）、祖法儿（今阿拉伯半岛东南岸阿曼的佐法尔一带）、天方（今沙特阿拉伯麦加）、卜剌哇、竹步、木骨都束（以上三处属今索马里）、麻林（今肯尼亚马林迪）等。

▷ 控扼马六甲海峡的满剌加，为太平洋与印度洋的交通咽喉，郑和每次远航皆停泊该地，以此作为屯储物资、维修船只、候风待航的基地。据记载，明朝曾将公主嫁于满剌加苏丹。直至今日，当地仍有三保山、三保井、三保祠、三保亭等与郑和有关的古迹。古里作为当时印度洋上的繁荣商港，也是郑和船队的重要中转站。郑和曾在当地刻石立碑，纪念远航之举。费信《星槎胜览》有诗描述古里："古里通西域，山青景色奇。路遗人不拾，家富自无欺。酋长施仁恕，人民重礼仪。将书夷俗事，风化得相宜。"

郑和的远航得以顺利进行，离不开当时高度发达的造船、航海技术所提供的坚实基础和可靠保证。据文献记载，郑和每次下西洋，随员均多达两万七八千人，包括文武官员、军士、火长、舵工、班碇

图9-9
郑和下西洋的宝船
模型

手、通事（翻译）、办事、书算手、医士以及铁锚匠、木舱匠、搭材匠、水手、民稍人等。其船队主体由60余艘名为"宝船"（图9-9）的巨舶组成，大型宝船长四十四丈四尺（约138米），阔十八丈（约56米），有九桅、十二帆，可容1000余人，时人称其"体势巍然，巨无与敌，篷帆锚舵，非二三百人莫能举动"。中型宝船也有三十七丈长，十五丈阔。此外，还有其他类型的船只，如座船、战船、粮船、水船等。每次远航，整支船队至少有海船100余艘，其中，首次出航动用船只最多，达208艘。"宝船"由南京龙湾的龙江船厂建造，龙江船厂始建于明初，永乐时因建造下西洋的宝船，故又称宝船厂。当代学者通过对船厂遗址的考察，已发现建造大型海船的船坞遗迹。

　　长期以来，关于郑和下西洋的宝船究竟有多大，明代一些文献记载是否有误，中外学者颇有争论。不少学者质疑，建造一艘面积超过现代足球场，排水量约为14000吨，载重量约为7000余吨的大木船，在600多年前的明代永乐年间，技术上是否可能？而且，体积如此庞大，长阔比例颇不合理，近乎长方体的巨舶，在实际航海中是否可行？1957年，南京宝船厂遗址曾出土一支长11.07米的舵杆，为目前所知最重要的实物证据。近年有学者结合各类考古发现和文献记载，依据明代适于航海的"福船"型尖底海船的船、舵比例推算，认为宝船的合理尺寸为长70余米，阔约16米，排水量约2000吨，载重量约1000吨。当时，欧洲建造的最大木帆船，载重量近千吨，而哥伦布首航美洲的船队中，最大的"圣玛利号"，载重量仅200余吨。可见，即便按照最保守的估计，中国的宝船也是当时世界上最大的远洋航船。

郑和船队在太平洋、印度洋上纵横驰骋近30年，开辟出多条新航线，与他们所掌握的先进航海技术与海洋科学知识密切相关。当时，航海技术已由原先对星象的占验，发展到牵星过洋，并配合罗盘定向，以测定针路。船队常通过观测北辰星的海平高度，以确定南北方向上的相对船位，探知船舶所在位置、地点、所经岛屿名称，以及礁险等情况。同时，船队记下所经地点测定的罗盘所定方位及所取针路，形成比较可靠的航海地图。由于将航海天文学与地文航海术相结合，郑和船队大大提高了航行方位的精确度。经观察研究，他们还掌握了印度洋上的季节风和季节性海流流向的变化规律。船队一般在十月至次年正月东北季风时节从国内启程；在西南海洋季风到来的四月至六月从印度洋、南洋动身归国。在顺风条件下，船队可以较短时间完成预定航程。

郑和下西洋为世界航海史上的辉煌创举。他的首次远航，较哥伦布首航美洲早87年，较达·伽马开辟东方新航路早93年，较麦哲伦航行菲律宾早116年。郑和船队的远航，规模之大，航程之远，范围之广，航次之多，都是世界上空前的。而且，郑和的外交活动也对促进中国与亚非国家的政治、经济、文化交流，维持相互间的友好关系，作出了重大贡献。

▽　当代英国史学家汤因比在《人类与大地母亲》一书中论及郑和下西洋："在15世纪后期葡萄牙航海设计家的发明之前，这些中国船在世界上是无与伦比的，所到之地的统治者都对之肃然起敬。如果坚持下去的话，中国人的力量能使中国成为名副其实的全球文明世界的'中央王国'。他们本应在葡萄牙人之前就占有霍尔木兹海峡，并绕过好望角；他们本应在西班牙人之前就发现并且征服美洲的。"然而，明朝皇帝并未利用郑和的远航去开拓海外市场，发展商品贸易，以获取经济利益，反而为此耗费巨额资财。如此庞大的船队，开销自然惊人，而且每次出使皆满载金银财物，除换回一些药材、香料、珠宝、奇珍异品外，多用于对"诸番"的赏赐，以显示"天朝大国"的富有强盛。第七次下西洋后，终因国家财政难以承受而作罢。故"壮举"的背后，仍有不少问题值得深思。

二、海禁与“倭患”

朱元璋建立明朝后，从稳固国内统治考虑，实行严厉的“海禁”政策，除政府控制并垄断的“朝贡贸易”外，其他私人海外贸易一律禁止。他屡申禁令：“禁濒海民不得私出海”；“申禁人民无得擅出海与外国互市”；并在山东至广东的沿海地区修筑海防工事，建立严密的“巡检”制度。从永乐至嘉靖，虽时或稍有松动，但总体而言，“海禁”被视为祖训，一直遵行不悖。

　　▽　厉行海禁之际，中外贸易的唯一合法途径为“朝贡贸易”。明朝规定，外国贡使来中国，除携带贡品外，准许附带商品货物进行贸易，但诸国来华朝贡的贡期、贡道、船舶数和朝贡人数都有具体限制。贡舶抵港后，经检验符合规定者，可由贡使将货物带入京师，在会同馆开市三日或五日，与中国的商贾军民等进行货物交易。永乐时，为加强对贡舶的管理，在广州、泉州、宁波设立市舶司，朝贡贸易也可在市舶司所在地进行。

元明之际，随着商品经济的发展，海外贸易日趋活跃，经营海上贸易或移民开发海岛，逐渐成为东南沿海居民的重要谋生手段，而明朝的海禁政策与之形成尖锐矛盾。嘉靖二年（1523），日本大内氏贡使与细川氏贡使为争夺朝贡贸易特权，在宁波港发生械斗，即所谓的“争贡”事件。明朝政府以此为借口，关闭市舶司，断绝中日间的朝贡贸易。合法途径被切断，民间贸易无路可走，只能采取走私的方式。当时，走私贸易的对象主要是日本，输出的商品有棉布、生丝、丝织物、陶瓷器、铁锅、水银、药材、书籍等。由于走私贸易获利丰厚，大批沿海商人和居民违禁下海，与外商在海上进行秘密交易。嘉靖以来，走私的规模不断扩大，走私者的成分也更为复杂。一些浙江、福建、广东以及徽州的豪强大姓组织、操纵走私集团，大张旗鼓地进行走私活动；而沿海贫民则往往与海盗相结合，频繁地出海交易，与上层走私集团遥相呼应。于是，商民与盗寇混杂，走私与劫掠合一，严重危及东南沿海地区的社会安定。嘉靖中期，政府实施更为严厉的海禁政策，走私集团遂与日本海盗相联结，公然以武装相对抗，终于酿成为害甚烈的“倭患”。

　　▽　活动于中国大陆沿海一带包括日本人在内的海盗集团，明朝习称为“倭寇”。倭寇对中国沿海的骚扰始于元朝中叶以后，明朝永乐年间，明军

曾在望海埚（在今辽宁大连市金州区东）全歼倭寇千人。不过，所谓"倭寇"，在不同时期，成分并不相同。嘉靖年间造成东南沿海严重祸患的"倭寇"，虽有日本海盗间杂其中，但数量不多，大部分为中国的走私贸易者，其首领也多为中国人。先后称雄的有金子老、李光头、许栋、王直、林碧川、萧显、徐海、陈东等。早在嘉靖时，了解实情者已指出这一点。曾主持平倭的兵部侍郎胡宗宪说："今之海寇，动计数万，皆托言倭奴，而其实出于日本者不下数千，其余则皆中国之赤子无赖者入而附之耳。"❶平倭时总督漕运的兵部侍郎郑晓也说："自壬子（嘉靖三十一年，1552）倭奴入黄岩，迄今十年，闽、浙、江南北、广东人皆从倭奴，大抵贼中皆华人，倭奴直十之一二。"❷当时东南沿海的动乱被称为"倭患"有多种原因。其一，武装走私集团中确有一部分日本人，即所谓的"真倭"，他们与中国走私者相联结，或受雇佣，参与了走私、劫掠活动。其二，走私集团为虚张声势，以假乱真，故意放风，诡称"岛夷"，所谓"诸寇特挟倭以为号而已"。其三，平倭的明军将领为立功受赏，将本土的走私者和海盗谎报为倭寇，当时人即指出："官兵利于斩倭而得重赏，明知中国人而称倭夷，以讹传讹，皆曰倭夷。"

图9-10
戚继光画像

鉴于"倭患"愈演愈烈，明朝政府调兵遣将，全力平定。在"平倭"战争中，名将戚继光、俞大猷功勋卓绝，给武装走私和海盗集团以致命打击。戚继光（图9-10）字元敬，号南塘，山东登州（治今山东烟台市蓬莱区）人，出身将门世家。初嗣职登州卫指挥佥事，嘉靖三十四年（1555）被调往浙江都司任参将，分管宁、绍、台三府，后改台、金、严三府。他招募金华、义乌壮丁，编练新军，教习击刺法，更新火器兵械，人称"戚家军"。他率军与"倭寇"作战，连连告捷，平定浙东倭患后，又进援福建，与总兵俞大猷经多年奋战，先后平定福建倭患和广东倭患。嘉靖四十三年，平倭战争终告结束。

东南沿海的"倭患"虽暂时平息，但造成动乱的根本问题并未解决。朝廷上下越来越多的人士认识到，嘉靖年间的严厉海禁不仅阻碍了中外贸易和国内工商业的发展，而且还导致严重的社会问题，直接引发官民冲突。以横行一时的走私集团首领王直为例，他原为徽州海商，多次要求开放海禁被官方拒绝后，长叹道："直非为盗，为国家驱盗者。"于是铤而走险，从事走私贸易。后遭官军围剿，逃往日本，组织武装集团，以宁波、泉州港外的双屿、浯屿为据点，进行大规模的武装走私和盗抢劫掠，被视为"倭寇王"。即便如此，他仍向官府表示，若允许通商，愿意投诚，并协助官方剿灭海盗。王直遭官府诱捕处死后，余众走投无路，遂变本加厉地侵扰淮扬、浙江、福建等地，前后七八年，"所破城十余，掠子女财物数百万，官军吏民战及俘死者不下十余万"①。当时已有不少官员明智地指出："以海禁太严，生理日促，转而从盗"；"滨海细民，本藉采捕为生，后缘海禁过严，以致资生无策，相煽以盗"；"寇与商同是人也，市通则寇转而为商，市禁则商转而为寇"②。

　　继续实行严厉的海禁政策，难免引发新的动乱，而且派遣大量军队驻守看防，巨额军费也令政府财政难以承受。为此，内外官员纷纷吁请开放海禁。穆宗继位后，受舆论的影响，于隆庆元年（1567）颁令部分开放海禁，准许民间商船经福建漳州海澄县（治今福建漳州市龙海区海澄镇）的月港出洋从事海外贸易，并允许外商经广州、宁波两地市舶司输入商品。海禁开放后，参与海外贸易的商人数量大增。他们凑集资金，建造海船（图9-11），装载土产，前往东、西洋，与海外诸国贸易。民间海外贸易由此进入一个新的阶段，呈现出一片繁荣景象，所谓的"倭患"也从此消失，未再出现。

　　▽　明朝政府规定，华船下海通番，须在出口前领取"引票"，缴纳引税，并征收名为水饷、陆饷、加增饷的关税。据当代学者全汉昇《明季中国与菲律宾间的贸易》所述，弛禁后漳州府海澄县每年的外贸税收迅猛增长。隆庆年间（1567—1572）银3000两，万历初（1573）银6000两，万历四年（1576）银10000两，万历十一年银20000两，万历二十二年银29000

❶　胡宗宪：《筹海图编》卷一一《经略一·叙寇原》，《景印文渊阁四库全书》第584册，台北商务印书馆1986年影印本，第276页。

❷　郑晓：《吾学编》卷六七《四夷考》上卷《日本》，《续修四库全书》第425册，上海古籍出版社2002年影印本，第182页。

明

图 9-11
日本画家所绘《唐船之图》描绘了晚明前往日本进行贸易的中国私人商船，这艘"宁波船"属当时浙江、福建沿海常见的尖底海船

两。与海禁时相比，其利弊得失显而易见。不过，当时的开放仍有种种限制，弛禁初期每年颁发的"引票"仅50张，万历中增至80张，东、西洋各40张。出海贸易者，均须经官府批准，到指定地区贸易，并在规定的期限回港。对前往贸易的国家和地区以及出口货物的品种皆有所限定，日本即在禁止通商之列，但民间商船多采取绕道前往的办法，仍与日本保持频繁的商品交易。

三、海外贸易与"白银资本"

自15世纪末开始，随着新航路的开辟，欧洲商船纷至沓来，中国传统的朝贡贸易体制逐渐被打破，晚明中国由此被纳入世界性贸易的网络之中。

15世纪末，葡萄牙人绕过非洲南端的好望角进入印度洋；16世纪初，先后以武力占据印度西海岸的贸易重镇果阿、东西洋交通的咽喉马六甲，以及马鲁古群岛。此后，葡萄牙人又进入中国东南沿海进行走私贸易，并将澳门作为贸易中转的据点，于是，澳门逐渐发展成为沟通东西方经济的重要商埠。以澳门为中心的多条国际贸易航线渐次形成。其一，由澳门经暹罗（泰国）、马六甲、果阿，至葡萄牙的里斯本。其二，由澳门至日本长崎。其三，由澳门至菲律宾的马尼拉，再通过太平洋至墨西哥的阿卡普尔科。其四，由澳门至东南亚地区。显然，澳门已成为中国通向世界各国的枢纽。

▽　澳门在《明史》等古籍中被称为壕镜澳，意指澳门整个港湾，包括浪白滘（今广东珠海市金湾区一带）在内，因当地有山对峙如门，故又名澳门。澳门位于珠江口，总面积共16平方千米，明代隶属香山县（治今广东中山），为番船停泊的海澳，明朝政府在当地设有守澳官。凡番舶抵达，皆由守澳官验实后，代为通报上司。嘉靖年间，活动于中国沿海的葡萄牙人最初在上川岛（今属广东台山）和浪白滘南水村等处经商，后又请求以澳门为其泊船之处。约于1557年，葡萄牙人托言舟船触礁出现裂缝，海水浸湿贡物，请求上岸晾晒，并以重金贿赂明朝地方官，获得暗中许可。自此，前往澳门停息或定居的葡萄牙人"负老携幼，更相接踵"，他们营建村落，修造住宅，至万历时，"夷众殆万人矣"。澳门遂成为葡萄牙人进行贸易中转的据点。贿赂之事暴露后，此项钱款转为地租，由明朝政府收取，这意味着葡萄牙人在澳门的借地居住获得明廷的默认。然而，明朝政府从未正式将澳门租借给葡萄牙人，故中国一直对澳门行使着主权与治权。

以澳门为据点的葡萄牙商人主要通过澳门—果阿—里斯本和澳门—长崎这两条航线，来回贩运，进行转口贸易。他们将日本白银和果阿的墨西哥、秘鲁白银（由欧洲商船越大西洋，经欧洲，再运至果阿），以及香料、象牙等商品，运入澳门，用以交换中国的商品，其中生丝的数量最大，还有丝织品、棉布、黄金、水银、麝香、朱砂、瓷器等。然后，再将中国商品贩运海外，所获利润极为丰厚。

16世纪后期，西班牙人在马尼拉建立殖民地，他们努力探寻美洲与亚洲之间的贸易通道。1580年以后，西班牙殖民当局开辟了一条横渡太平洋的新航路，从而可将运至马尼拉的生丝、丝绸等中国商品以大帆船装载，直接输往墨西哥。在此后的200多年间，著名的"马尼拉大帆船"往返于马尼拉与墨西哥的阿卡普尔科，在新兴的"太平洋丝绸之路"上，从事大规模的远程贸易。船队抵达阿卡普尔科以后，即在当地举办盛大的集市。中国的生丝与丝绸不仅在墨西哥有现成的市场，而且还远销巴拿马、秘鲁直到智利一带。

▽　随着"太平洋丝绸之路"的开辟与发展，马尼拉的生丝价格迅速上涨。当时，一担湖州生丝在国内的价格为白银100两，运至马尼拉后至少可卖200两，甚至高达500两。因此，东南沿海的中国商人纷纷移民马尼拉，聚居从商，形成著名的"生丝市场"。市场上的中国生丝绝大部分由大帆船运往美洲，所以马尼拉实际上已成为中国与美洲之间远程贸易的中转站，而"马尼拉大帆船"也往往被视为装载中国货物的商船。

17世纪初，继葡萄牙、西班牙之后，荷兰人也来到东方，介入与中国的贸易。他们试图侵占澎湖列岛，但遭中国军民抵抗而未能得逞，遂于天启四年（1624）侵入台湾南部，相继建立台湾城（荷人称热兰遮城，在今台湾省台南市安平区）和赤嵌城（荷人称普罗文查城，在今台湾省台南市）。其后，又击败占据台湾北部的西班牙人，独占了台湾。荷兰人在安平设立商馆，在淡水（在今台湾省淡水河口北岸）和鸡笼（今台湾省基隆市）设立货栈，将台湾作为荷兰进口中国商品的贸易基地，以及沟通日本与中国沿海地区贸易的中转港。

然而，相继前来的葡萄牙、西班牙和荷兰，在与中国的贸易中始终处于结构性的贸易逆差地位，为弥补这种贸易逆差，西方商人不得不支付作为硬通货的白银。因此，在持续两个半世纪之中，美洲和日本的白银源源不断输入中国，形成独特的丝、银对流格局。

▽　明清之际，白银大量流入中国的现象引起众多的学者的关注。美国学者艾维四（William S. Atwell）认为，1530年至1570年，输入中国的白银主要来源于日本，1570年以后，美洲白银也大量输入中国。据估计，16世纪末至17世纪初，经菲律宾流入中国的美洲白银在57500公斤至86250公斤之间。中国学者全汉昇在《明清间美洲白银的输入中国》一文中提出，从1565年至1815年，往返于阿卡普尔科与马尼拉之间的西班牙大帆船，每年运往马尼拉的美洲白银少至100万比索，多至400万比索。由此估计，这一时期美洲所产白银的1/2流入了中国。美国学者弗兰克（Andre Gunder Frank）所著《白银资本：重视经济全球化中的东方》在综合各家之说的基础上提出，16世纪中期至17世纪中期，全世界白银产量的1/4至1/3流入了中国。

大量白银的流入，必然对中国的社会经济产生重要影响。就出口的大宗商品生丝和丝绸而言，其产地主要为太湖周边的江南地区。因海外市场的刺激而迅速崛起的"外向型"经济，促进了这一地区农业、手工业和商业的全面发展，从而将商品经济的发展水平推向一个前所未有的高峰。

四、耶稣会士与早期西学东渐

自16世纪中叶开始，欧洲耶稣会士远涉重洋，相继来华，一种新颖的异质文化由此导入中国传统的文化系统，中西文化的交流与融合揭开新的一幕。

耶稣会是以绝对效忠教皇为宗旨的天主教修行团体，1534年创立于法国巴黎。耶稣会士极为虔诚，富于献身宗教的精神，他们力图以更为世俗的方式扩展影响，热衷于将信仰传播到世界各地，包括遥远的中国。耶稣会士来到远东后，在澳门建立基地，传教士先在此接受中国传统文化的培训，然后进入中国。据统计，明清之际来华的耶稣会士可考者近500人。

最早进入中国的西方传教士为耶稣会创始人之一的方济各·沙勿略，他于嘉靖三十年（1551）到达广东沿海的上川岛，后病逝于该岛。万历十一年（1583），耶稣会士利玛窦（图9-12）和罗明坚由澳门进入中国内地，来到广东肇庆，在当地建立天主教堂，以此为据点进行传教。此后，西方教士接踵而来，传教范围逐渐扩大。利玛窦在广东一带活动十余年后，经江西、南京抵达北京，并通过进献圣经、圣像、十字架、自鸣钟、《万国图志》等"方物"，受到神宗信任，获准在北京传教布道。

图9-12
利玛窦的中国学生游文辉于1610年创作的利玛窦油画像

　　罗明坚是首位进入中国内地传教的耶稣会士，他曾于1581年和1582年到过广州和肇庆，后与利玛窦一同到肇庆建堂传教，1588年返回欧洲。为耶稣会来华传教奠定基业，在中国影响最大的是利玛窦。他出生于意大利贵族家庭，在罗马学习神学、哲学时，还师从著名数学家克拉维斯，广泛涉猎自然科学各领域，所以在他身上兼有教士的虔诚和学者的渊博。随后来华的传教士，著名的还有龙华民、熊三拔、艾儒略、罗雅谷、庞迪我、阳玛诺、汤若望、邓玉涵等。

利玛窦来华前，曾在澳门学习中国传统文化，在广东传教期间更悉心钻研儒家经典，还将《论语》《孟子》《大学》《中庸》译成拉丁文。洞悉中西差异的利玛窦深知要在中国立足，必须适应中国国情。为此，入华之初，他即改变固有的传教方式，实行入乡随俗的调和策略。他取汉名，习汉语，穿汉服，钻研中国典籍，遵行中国礼仪，允许中国信徒祭祖尊孔，尽力迎合中国的思想文化和风俗习惯。他还注意打通官场关节，争取地方官员乃至朝廷的支持，并以介绍西学，切磋学问的方法结交士大夫。

> 利玛窦深知士大夫在中国社会的地位与影响，因此广泛结交文人学士，酬唱应和，谈文论学，以此赢得他们的敬重。据载，利玛窦在南京时，他的住所成为士大夫的聚谈之处，士人视与利玛窦订交为荣，常与他讨论天文、历算、地理等问题。徐光启与他见面后，深为他的博学多才所折服，称赞他为"海内博物通达君子"。在中国度过其后半生的利玛窦，既传入了西学，又将中国文化介绍到欧洲，为中西文化交流作出了重要贡献。近代学者方豪赞扬道："利玛窦实为明季沟通中西文化之第一人。自利氏入华，迄于乾、嘉厉行禁教之时为止，中西文化之交流蔚为巨观。西洋近代天文、历法、数学、物理、医学、哲学、地理、水利诸学，建筑、音乐、绘画等艺术，无不在此时期传入；而欧洲人开始迻译中国经籍，研究中国儒学及一般文化之体系与演进，以及政治、生活、文学、教会各方面受中国之影响，亦无不出现于此时。"❶

利玛窦的传教策略为大多数来华教士所遵循，因而成效显著。中国信徒人数从最初的数人，至明亡前夕已迅速增至近四万人，其中包括著名士人徐光启、李之藻、杨廷筠、瞿太素等。

耶稣会士在传播基督教神学的同时，也带来西方的自然科学和人文学术，内容泛及数学、物理、地理、天文历算、水利技术、机械工程、火炮制造以及欧洲的古典哲学、逻辑学、艺术等。

利玛窦与徐光启合译的欧几里得《几何原本》（前六卷）成为第一部译成中文的西方科学著作。他与李之藻合作编译的《同文算指》，系统介绍了西方算术的笔算法，在中国影响深远。西方地理学的传入也使中国人耳目一新，利玛窦在华期间曾绘制多种世界地图，其中最著名的是《坤舆万国全图》。由传教士引入并编译成中文的西方自然科学著作还有水利技术专著《泰西水法》、机械工程专著《远西奇器图说》等。

> 古希腊数学家欧几里得的《几何原本》为希腊古典时期数学成就的总结性著作，其具有严密逻辑结构的公理体系，是中国传统几何学所欠缺的，由译文确定的许多几何学名词，如点、线、直线、曲线、平行线、角、直角、锐角、钝角、三角形、四边形等，也沿用至今。《同文算指》介绍的西方笔算法较中国传统的筹算、珠算更为简捷，实用价值很高，因而在后世被广泛运用。《坤舆万国全图》等世界地图引进明确的地圆概念，并以经

纬度划分球面，这对破除中国旧有的天圆地方或地平观念具有重要意义，也比传统"浑天说"以"鸡中黄"比附地球更为科学。地图中对五大洲、三大洋地理位置的介绍，则是大航海时代所取得的成就。不少地理学名词的译名，如赤道、北极、南极、地中海等，为后世长期沿用。中国人对世界地理的了解由此开始。徐光启与传教士熊三拔合作编译的《泰西水法》介绍了西方的水利设施

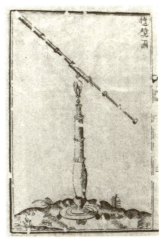

图9-13
《崇祯历书》插图，描绘了从西方引进的天文望远镜

和技术，徐光启编《农政全书》时，水利部分全录此书。传教士邓玉涵口授、王徵译绘的《远西奇器图说》是首部介绍欧洲近代机械工程学的中文图书，其中涉及比重、杠杆、滑车、轮轴、斜面等力学原理及其应用方法。

　　明朝历法沿用元历，年复一年，节令误差越来越大，推算天象多不准确。崇祯时，徐光启、李之藻受命修改历法。他们以西方历法为基础，聘请龙华民、邓玉涵、罗雅谷、汤若望等多位传教士参与，引进西方天文仪器进行测量，历时五年，编成篇幅浩大的《崇祯历书》（图9-13）。该书收录前人著作46种，共137卷，其中介绍了许多欧洲的天文学著作，如第谷的《论新天象》，托勒密的《至大论》，哥白尼的《天体运行论》，开普勒的《论火星的运动》。清初，汤若望加以删改，连同所编的新历本一起进呈，得到颁行。新历定名为《时宪历》，删改的《崇祯历书》改称为《西洋新法历书》传世。

　　当时，一些西方的哲学、逻辑学名著也被翻译介绍到中国，西方的美术、音乐、建筑等开始对中国产生影响。如李之藻与传教士傅汎际曾合译古希腊哲学家亚里士多德的《论天》，中译本名为《寰有诠》。传教士安文思翻译了中世纪经院哲学家托马斯·阿奎那的《超性学要》。李之藻与傅汎际还合译《名理探》，该书介绍了亚里士多德的《逻辑学》，其中的逻辑学术语在中国影响深远。传教士还引进一些西方的乐器和乐曲，汤若望曾为崇祯帝及其后妃演奏西乐，入清后，西乐更为流行。西方的绘画作品与技法传入中国后，清初的一些

❶　方豪：《中西交通史》，岳麓书社1987年版，第692页。

著名画家，如焦秉贞、吴历等，皆受其影响。随着传教士来华修造教堂和住宅，西方的建筑艺术也引起国人的兴趣，清代乾隆时在圆明园中增建的西洋建筑与景观，即由意大利画家郎世宁设计。

早期的"西学东渐"，尤其是引入西方文艺复兴以后的科学技术，在中西文化交流史上具有积极意义。不少中国人借此开阔了眼界，窥见一个原先全然无知的西方世界。一些明智之士认识到中国与西方的差距，开始对中国的传统和现状进行反思。

▷ 　明末士人朱宗元曾说："太西诸国原不同于诸蛮貊之固陋，而更有中邦所不如者"。"天载之义，格物之书，象数之用，律历之解，莫不穷源探委，我中土之学问不如也"；"自鸣之钟，照远之镜，举重之器，不鼓之乐，莫不精工绝伦，我中土之技巧不如也"；"土地肥沃，百物繁衍，又遍贾万国，五金山积，我中土之富饶不如也。"三百多年前能有这样的认识，实属不易。

◯ 阅读书目

1. 南炳文、汤纲：《明史》，上海人民出版社2003年版。

2. [美]牟复礼、[英]崔瑞德：《剑桥中国明代史》（上下卷），中国社会科学出版社1992、2006年版。

3. 方豪：《中西交通史》，岳麓书社1987年版。

4. 吴晗：《朱元璋传》，生活·读书·新知三联书店1965年版。

5. [意]利玛窦、[比]金尼阁：《利玛窦中国札记》，中华书局1983年版。

夕阳西下的帝国统治：
清（至 1840 年）

清朝为中国历史上最后一个帝制王朝。努尔哈赤于1616年建立后金，皇太极改国号为清，至1912年宣统逊位，帝制结束，历时297年。学术界习惯上将19世纪40年代以后的清朝历史归入中国近代史的范围。

清朝在错综复杂的情况下取代明朝，其间不无侥幸的成分。入关后，清朝统治者凭借军事征服与政治高压的手段，逐渐掌控全国政局，为维护其统治地位和满族贵族的特权，曾对广大汉族民众实行经济剥夺和民族压迫的政策。后虽有所调整，但满汉之别始终存在。

清朝的政治体制基本承袭明朝，君主的集权程度较明朝有过之而无不及。不过，清初统治者尚能革除明末弊政，且勤于政事，有所作为，故至康熙、雍正、乾隆时期，政治稳定，经济繁荣，颇有"盛世"的气象。然而，表面的平静，只是转瞬即逝的一抹晚霞，帝制内里的衰朽已无可救药。国内的社会矛盾日渐显露，东西方的差距更加扩大。而清朝统治者，却与前朝一脉相承，对内肆意搜刮，对外闭关自守。夜郎自大的心态，使之完全丧失追随世界潮流的机会。落后迟早会挨打，此后的一系列屈辱，其根本实深植于国初的体制。

清朝前期对巩固和发展中国统一的多民族国家卓有贡献。康、雍、乾三朝，中央政府对边疆地区的管理进一步加强，边疆地区社会经济的发展，也取得前所未有的成就。

第一节
从入居中原到平定天下

清朝与吴三桂联手击败大顺军后，轻而易举地进入北京，改朝换代。但在南下过程中，却遭到阻碍。明朝宗室建立的南明政权仍辗转抵御，持续多年；各地民众也因清朝入关之初的野蛮政策而奋起反抗。清朝在武力镇压的同时，逐渐调整原先的政策，经过20年的努力，终于一统天下，确立全国范围的稳固统治。

一、清军入关与南方的抵抗

清朝入关之前，皇太极于崇德八年（1643）突然病逝，皇室内部因继承问题出现纠纷。皇太极长子豪格与努尔哈赤第十四子多尔衮争立，经调解协商，由皇太极第九子年仅6岁的福临继位，是为清世祖，改元顺治。顺治帝即位之初，由两位叔父多尔衮和济尔哈朗辅政，其后，多尔衮权势日盛，遂称皇父摄政王。

顺治元年（1644）四月，多尔衮率军入关，与吴三桂联手击败李自成后，长驱直入，于五月三日占领北京，取代了明王朝。当年九月，顺治帝从盛京迁至北京，定北京为清朝首都。

清朝定鼎北京后，一面倾力进剿李自成的大顺军和张献忠的大西军，一面竭力笼络前明的汉族士大夫，以高官厚禄招降纳叛，并为崇祯帝发丧，声称替明朝"雪君父之仇"，还宣布废除"三饷"加派。于是，北方的官僚士绅纷纷迎降，转与清朝合作。然而，清朝入关之初，为巩固其在汉地的统治，满足八旗贵族的利益需求，对广大汉族民众实行野蛮的掠夺、镇压政策，由此激化了民族矛盾，各地民众的抗清斗争如火如荼地展开。北京近郊的昌平、三河，以及冀中、苏北、山东、山西、河南等地的反清抗争，风起云涌，而江南地区的抗清斗争更是惊心动魄，可歌可泣。

▽　顺治二年（1645）五月，清军占领南京及苏州、常州、松江一带，随

即，强迫当地民众按照满族习俗剃发，遭到江南各地群起反抗。清朝任命的常州府江阴知县方亨走马上任，即开读清廷诏令："留头不留发，留发不留头。"江阴城乡居民群情激奋，同仇敌忾，立誓"头可断，发不可剃"。他们拘杀方亨，公推阎应元、陈明遇为首领，据城抵抗。市民纷纷捐银助饷，赶造武器。阎应元昼夜不寝，加强守备，陈明遇身先士卒，燃炮轰敌。在20余万清军的围攻下，坚守了81天。城破之日，阎应元等率众巷战，搏斗至死。全城惨遭清军整整三天的血洗和破坏。与此同时，苏州府嘉定县（今上海市嘉定区）的民众也因清朝知县张维熙迫令剃发而奋起反抗。他们在当地缙绅黄淳耀、侯峒曾的率领下，组织乡兵，坚守孤城，顽强抵抗了半个月。清军以重炮轰毁城墙，攻入城内后，纵兵抢劫，大肆屠杀。苏州府吴江县进士吴易聚众数千，以白罗裹头，驾船出没于太湖长白荡，采用游击方式打击清军。吴易兵败被俘遇害后，太湖地区又有赤脚张三等渔民武装继续抗清，一直坚持到康熙初年。

明朝覆灭后，南方地区仍保存一定的残余力量。南方的明朝宗室先后建立五个地区性的政权，希望延续明朝国祚，历史上统称为"南明"。南明政权的存在阻碍了清军的迅速南下，其间，又有农民军的余部转战各地，南方局势颇为纷乱复杂。

由于明朝的两都格局，南京始终保留一个形式上的中央政府。如何应对变乱，守住半壁江山，南京的所作所为至关重要。顺治元年四月，北京陷落，崇祯死难的消息传到南京。五月，南京兵部尚书史可法、凤阳总督马士英等在南京拥立福王朱由崧为帝，年号弘光，建立南明首个政权。当时，弘光政权布防于江淮一带的军队，名义上有上百万人，真实兵力应不下于三四十万人，与清军相较，数量上占绝对优势。然而，其内部却内讧不已，党争不断，弘光帝昏庸荒淫，把持朝政的马士英、阮大铖等阉党余孽，排斥异己，卖官鬻爵，一味向清廷乞和，全不以国事为念。镇守江北四镇的几名总兵，彼此仇怨极深，大敌当前，仍争权夺利，皆无坚守抵抗之心。唯有史可法督师江北，坚持抗战。但他既受朝廷牵制，诸将又不听指挥，处境极为困难。

顺治二年春，多尔衮同母弟豫亲王多铎率清军南下，对南京展开攻势。四月，清军渡过淮河，进围扬州。史可法困守孤城，誓死抵抗，对多铎的多封劝降信，概不启封。四月二十五日，清兵攻破扬州，大肆屠杀，死者不可胜数，史可法兵败被俘，不屈就义。清军渡过长江，南明的文官武将纷纷迎降。五月十五日，清军进入南京（图10-1），弘光帝出逃，后被俘处死。

图 10-1
清代《得胜图》描绘了清军大将多铎率部进入南京的情景

　　弘光政权覆灭后，顺治二年六月，前明官员钱肃乐、张国维等迎鲁王朱以海至绍兴，拥立为监国。闰六月，前明礼部尚书黄道周、总兵郑芝龙等又在福州拥立唐王朱聿键为帝，建元隆武。但鲁王与唐王两个政权为争"正统"，势如水火，各自内部也矛盾重重，故不能配合作战。清军运用分化离间的策略，各个击破。顺治三年（1646）六月，清军攻占绍兴，两浙失守，鲁王浮海逃往舟山。当年八月，清军越过仙霞岭进入福建，连下多座城市，唐王政权倾覆，隆武帝逃至汀州（今福建长汀），被俘遇害。

　　▽　唐王政权的大权完全掌握在拥有重兵的郑芝龙手中。郑芝龙字飞皇，福建南安人。晚明时充当海盗首领，出没于台湾、厦门一带，后受招安，

官至都督总兵官，封侯。他本无意抗清，拥立唐王，只是为了借其旗号牟取私利，故卖官鬻爵，大肆搜括。黄道周挺身而出，请求督师北伐，却遭郑芝龙百般刁难，不给粮饷装备。黄道周赴江西招募门生子弟数千，组成"义兵"，毅然北上，进至婺源，兵败被俘，不屈就义。清军击溃鲁王后，进逼福建。郑芝龙与清军暗中勾结，尽撤要塞仙霞关守军，放清军长驱直入，致使唐王政权迅速崩溃。随后，不听长子郑成功苦心劝阻，正式剃发降清。后因招降郑成功不果，终被清廷处死。

顺治三年十一月，驻守两广的前明官员瞿式耜、丁魁楚等在广东肇庆拥立桂王朱由榔为帝，年号永历。与此同时，唐王朱聿键之弟朱聿鐭也在广州称帝，改元绍武。不料，清军迅速挺进广东，十二月攻陷广州，绍武政权刚刚建立即遭覆灭，绍武帝自杀。随后，清军又转而进攻肇庆。桂王得知清军来袭，赶紧出逃，辗转躲避于两广之间，处境极为险恶。迫于形势，永历政权与李过、郝摇旗等人率领的大顺军余部合作，得以在西南立足。后因主力部队遭清军重创，局势再度恶化。于是，永历政权又与李定国、孙可望率领的大西军余部联合抗清。顺治九年（1652），李定国对清军发动大规模反攻，先后败敌数十万，一度声威大振。就在这时，大西军发生内讧，孙可望妒忌李定国功高势大，率部攻李，兵败后降清。清军乘大西军同室操戈之机，挥师西进，占领贵州，攻入云南。李定国迎战失利，退往云南边境，永历帝逃入缅甸。顺治十八年十二月（1662年1月），吴三桂在缅甸俘虏永历帝。次年（康熙元年，1662年）四月，永历帝父子在昆明被杀，同年，李定国忧愤病逝。自1644年至1662年，南明政权在历史上共持续18年。

此时，仍有一些反清武装继续战斗。李来亨、郝摇旗等人率领的大顺军余部在川东与当地民众结合，组成夔东十三家，坚持到康熙三年（1664）。东南沿海则有郑成功的部队。郑成功本名森，字明俨，别字大木，郑芝龙的长子，出生于日本，7岁时回国，曾入南京国子监就读。唐王政权建立后，他颇受隆武帝器重，赐姓朱，改名成功。对父亲郑芝龙的降清，郑成功深感失望和气愤，决心"以死报国"，坚持抗战。他出走南澳（在广东汕头东部），组织抗清武装，进据金门、厦门，作为根据地。十余年间，他奉永历为正朔，多次北伐南征，打击清军。顺治十六年（1659），他与浙江的张煌言配合，率军大举北上，由崇明入长江，破瓜州，下镇江，直逼南京，清廷为之震动。后因轻敌战败，退回金、厦。面对严峻的局势，郑成功决定渡海收复被荷兰殖民者侵占的台湾，以此作为抗清基地。顺治十八年（1661）三月，郑成功亲率将士25000人，分乘数百艘战船，从金门出发，向台湾进军。抵达台湾后，自禾寮港登陆，占领赤嵌城，进围台湾城，重创前来增援的荷兰舰队。当年十二月，荷兰总督揆一签字投降，随即率残部撤离，台湾收复。

> ▽　郑成功收复台湾后，改赤嵌地区为东都，改台湾城为安平镇，设置府县，组织士兵屯田，鼓励民众垦荒，向高山族传授生产技术，资助耕牛农具，并奖励东南沿海人民迁台定居，注意发展贸易和文化。这些举措皆加速了台湾的开发。康熙元年（1662）五月，郑成功病逝，年仅39岁。去世前，他每天都强撑着登上海边的高台，向金门、厦门方向遥望。此后，郑氏政权相继由郑成功的儿子郑经、孙子郑克塽执掌。

二、统治初期的民族矛盾与政策调整

满族为东北地区的少数民族，建立国家后，其经济、文化虽有较快发展，但生产方式和生活习俗仍与汉地颇有差异。清朝入关之初，为维护满族贵族的政治特权和经济利益，加强对广大汉族民众的控制，曾实行一些野蛮的掠夺、镇压政策，如"剃发""圈地"，以及强迫汉人"投充"，严行"逃人法"等，致使民族矛盾激化，遭到普遍抵制。

满族贵族认为，汉人唯有依从满俗，方为真心归附，因此，刚一入关，即连下"剃发令"，强迫汉族民众剃发易服，以示忠顺，违者处死。清军占领南京后，清廷更严令各地，限于旬日之内，尽行剃发，"遵依者为我国之民，迟疑者同逆命之寇，必置重罪。若规避惜发，巧辞争辩，决不轻贷"。若地方官员执行不力，欲使当地"仍存明制"，也"杀无赦"[1]。尽管这一民族高压政策激起的反抗尤为激烈，但清廷毫不退让。

清朝入关后还大肆"圈地"，在京畿一带野蛮掠夺汉民的住宅和土地，北京东、中、西城的房基皆被圈占。其后，随着满族入关人

---

[1] 《清世祖实录》卷一七，顺治二年六月丙寅，中华书局1985年影印本，第151页。

数逐渐增加，又不断扩大圈地范围，遍及直隶70余府县。一旦圈定，原田主即刻遭驱逐，田地、庐舍、场圃，以及居室中的物品，全归圈占者所有。被圈者"离其田园，别其坟墓"，倾家荡产，无以为生，境况十分悲惨。圈占的土地通称"旗地"，皆分配给满族的王公、官僚和将士。虽大规模圈地主要在顺治四年之前，但零星圈占和以薄易肥，一直持续至康熙初年，前后20余年。圈占的土地共达16.3万余顷，约占当时全国耕地总数500余万顷的1/30。

满族的王公、官僚通过圈地拥有大量庄田，需要劳动人手，于是，又以威逼、恐吓等手段，强迫各府县的大批汉民"投充"，充当旗地庄丁，为他们从事生产。这些沦为农奴的庄丁没有人身自由，遭受苛重的剥削和非人的待遇，逃亡者甚多。为此，清廷实行严酷的"逃人法"，对逃亡的庄丁以及隐匿者、知情者，皆严加处罚，"有隐匿逃人者斩，其邻右及十家长、百家长不行举首，地方官不能觉察者，俱为连坐"。

▽   在全国人口中，满族所占比例很小，为防止被汉化，清廷严立满汉界限，不准满汉通婚，并竭力使满族保持其原有的各种习俗。满族的王公亲贵享有特权，按爵位官职领取银米，待遇优厚，一般正身旗人也有一定俸饷。审案断罪，清廷对满汉也有不同的量刑标准。许多汉人虽在清朝政府中担任官职，但实权掌握在满族官员手中。清廷对汉族文人士绅尤存戒心，故严加控制与防范，往往利用各种机会予以打击。吕思勉指出：清朝"对待汉人，为前代异族所不敢行的，则为明目张胆，摧折汉人的民族性" ❶。就清朝入关之初的民族歧视、民族压迫而言，确实较北朝及辽、金、元有过之而无不及。

为防止郑成功的抗清武装从海上进攻，清廷于顺治十八年（1661）颁布"迁海令"，江南、浙江、福建、广东漫长的海岸线上，凡沿海50里之内的居民，均被迫令向内迁移，商船渔船一律不准出海。沿海的船只、房屋等全部焚毁，进入沿海禁区的立斩不赦。迁海令的实施，不仅严重摧残了东南沿海地区的农业、渔业、手工业和海外贸易，而且使不计其数的民众家破人亡，流离失所。

清朝入关之初的这些政策，激起广大汉族民众的强烈不满，因此，各地的抗清斗争此起彼伏，持续多年。

不过，清朝入关后，除以武力进剿南明政权和农民军余部，镇压各地汉族民众反抗外，也采取一些颇有成效的明智策略。如取消明末苛重的辽饷、剿饷、练饷，礼葬崇祯帝，以收罗人心等。随着清朝控制区域的不断扩大，清朝统治者逐渐认识到原先的野蛮政策所引发的民族矛盾，于是，在确保满族特权的前提下，又从适应新占领区的特点考虑，对一些政策和措施逐步加以调整。例如，以优厚的待遇竭力招降明朝的文官武将，委以官职，给予一定实权，利用他们去对付南明政权和农民军余部。由降清汉人组建的汉军八旗，了解汉地的民族心理和风俗习惯，故在清朝建立全国统治的过程中，起了重要作用。清朝对各地的征服，后来的进展比较顺利，很大程度上依靠了汉军八旗。为此，清初的地方督抚中汉军占十分之七，满族占十分之三。为笼络文人学士，清廷又于顺治二年（1645）开科取士，为汉族士人提供入仕途径。除男子的剃发易服始终坚持之外，清廷对汉族大部分原有的社会制度和生活习俗也予以尊重，允许保留，并且崇奉孔子，提倡儒家文化。就清朝政权而言，虽由满族当权，但各级政府机构也逐渐形成满、汉兼用的格局。由于圈地激起汉族民众的激烈反抗，造成社会动荡不安，清廷于顺治四年（1647）以后停止了大规模的圈地行动，其后，小规模的圈地时停时行，至康熙二十四年（1685），终于废止圈地令，永不许圈。与圈地相关的"逃人法"，因其对隐匿者的处罚极重，且株连太广，实施之初即在满、汉官僚之间产生很大争论，不少汉族官员要求修改。康熙年间，清廷鉴于全国形势的变化，多次对该法进行更定，逐步减轻处罚，从而减少了社会的不安定因素。

随着清朝政策的逐步调整，及其在军事上的胜利，至康熙初年，各地的抗清活动逐渐平息，民族矛盾也渐趋缓和，清朝终于确立对全国的统治。清康熙帝（图10-2）在位时，解决了"三藩"割据问题，随后，又灭亡台湾的郑氏政权，将台湾统一于清朝中央政府的管辖之下。清朝的统治更加稳定。

图10-2
康熙帝画像

---

❶　吕思勉：《吕著中国通史》，华东师范大学出版社2005年版，第474页。

▽　明朝将领吴三桂、尚可喜、耿仲明在清军入关之前先后降清。清军南下进攻南明政权和农民军余部时，三将率部为清军冲锋陷阵，出力甚多，先后进占云南、贵州、广东、广西、福建等地。清廷封吴三桂为平西王，留镇云南；封尚可喜为平南王，留镇广东；封耿仲明为靖南王，其子耿继茂袭封，留镇福建。合称"三藩"。三藩拥有重兵，久据数省，且私纳赋税，朝廷号令不行，渐成割据之势。康熙十二年（1673），康熙帝毅然下达撤藩之令，削去三藩兵权，收回其盘踞之地。吴三桂与耿继茂之子耿精忠、尚可喜之子尚之信悍然发动叛乱。经过8年战争，清廷终于平定三藩之乱。

▽　台湾的郑氏政权至郑克塽时，内部出现诸多矛盾。清廷乘机于康熙二十二年（1683）出兵攻台，郑克塽兵败投降，台湾被纳入清朝版图。顺治十八年（1661）开始实施的迁海苛政，在郑成功病逝后稍有松动，此时终告结束。

第二节
"康乾盛世"的治道

康熙、雍正、乾隆时期，清朝的统治臻于全盛。三朝清帝仿效汉制，改革旧俗，将专制君主的威权提升至无以复加的高度。中央政府对边疆地区的控制更加稳固，安定的政治局面使社会经济日趋繁荣。与此同时，文化专制也达到空前的程度，图书的整理与禁毁同步，思想的禁锢堪称前所未有。

一、专制皇权的确立与巩固

满族建国之初，仍保留颇多氏族部落制残余和原始民主遗风，其专制皇权和中央集权体制的确立与巩固，经历了一个渐进的过程。

皇太极即位后，曾对满族旧制加以改革，仿效汉族王朝的中央集权体制，建立和完善国家行政机构。顺治帝在位时，因日常政务大增，遂仿明制，正式设立内阁，作为协助皇帝办理政务的中枢机构。清初内阁的职责与明朝大致相同，内阁学士与皇帝共商朝政，为皇帝草拟诏敕，群臣的奏疏也经内阁审阅、票拟，再呈皇帝定夺。此外，又有源于满族旧俗的议政王大臣会议，其成员大多为手握兵权的满族王公贵族。顺、康之际，议政王大臣会议权势尤盛，军国大事往往不经内阁而由议政王大臣会议商定。议政王大臣一旦作出决议，皇帝也无法轻易改变，皇权因此受到一定制约。

> ▽ 皇太极时设立内国史院、内秘书院、内弘文院，合称"内三院"，由其承担草诏之职。清朝入关后，于顺治十五年（1658）正式改内三院为内阁。内阁大学士地位荣宠，时人尊称为"相国""宰执""中堂"等。其实，内阁完全秉承皇帝旨意行事，诚如乾隆帝所言："夫宰相之名，自明洪武时已废而不设，其后置大学士，我朝亦相沿不改，然其职仅票拟承旨，非如古所谓秉钧执政之宰相也。"[1] 内阁在清朝虽始终存在，但大部分时间并无实权。清初，军国大事多由议政王大臣会议决定。军机处设立后，内阁"秉成例而行，如邮传耳"，不再参与机要事务。晚清，群臣进言皆用奏折，内阁失去票拟权，更属名存实亡。议政王大臣会议为满族氏族制遗风的产物。最初，满族内部遇有大事，习以共同商议的方式处理。努尔哈赤将其发展为共同商讨军国重务的议政制度，参预者始有议政大臣的头衔。清朝入关后，为协调满族上层贵族共同应对新占领区的繁重事务和复杂矛盾，扩展并加强了议政王大臣会议的权力，与会成员也有所扩大，除满族王公贵族外，还有少数蒙、汉重臣。于是，议政王大臣会议定期商议军政大事，协同皇帝作出决策，成为当时一项重要制度。

康熙帝在位的中期，着手加强皇权。他以减少议政王大臣会议人数，收缩议事范围等方法抑制议政王大臣的权力。康熙十六年（1677），又在宫中设立南书房，召亲信翰林学士入值，侍从左右，以

---

[1] 《清高宗实录》卷一一二九，乾隆四十六年四月辛酉，中华书局1986年影印本，第85—86页。

图10-3

位于紫禁城乾清门外西侧的军机处值房

　　备顾问，进而参预机务，草拟诏令谕旨，希望通过这一内廷决策机制对权势过重的议政王大臣会议加以钳制，并将内阁的部分职权归于内廷。然而，长期形成的惯例实难骤然改变，故实际作用有限。

　　雍正帝即位后，以应对西北战事为由，在宫内创设军机房，后将这一临时性机构固定为常设的军机处（图10-3）。军机处完全秉承皇帝旨意办事，职掌参赞机务、批答奏章、草拟诏旨等，是为皇帝出谋划策、辅佐皇帝总揽全国军政事务的中枢机构。军机处主要成员由皇帝挑选亲信满汉大臣充任，拟就的诏令，不经内阁直接发往各地，称"廷寄"，直接下达中央各职能部门，称"交片"。百官奏折也直接送军机处议复。当时，议政王大臣会议已被逐渐架空，所谓"议政王大臣"演变成一种奖赏满族勋臣贵胄的虚衔。乾隆帝时进一步强化军机处职能，下令取消议政王大臣会议，内阁也形同虚设，至此，专制皇权得以空前加强。

　　▽　军机处是清朝独创的中央机构，全称为"办理军机事务处"，作为朝廷中枢的军机处可谓清朝中央影响最广、作用最大的机构。军机处创立的确切时间，目前学术界有雍正四年、七年、八年、十年等多种说法。据清人王昶所著《军机处题名记》记载："雍正七年，青海军兴，始设军机房，领以亲王大臣。"清人弘旺（康熙帝孙）《松月堂目下旧见》更明确记载，雍正七年六月十日（1729年7月5日）始设军机房，命怡亲王、蒋廷锡、张廷玉办理军机事务。故一般认为雍正七年因西北两路用兵而设"军机房"，雍正十年改为"军机处"。乾隆帝时，军机处成为定制，直至宣统三年（1911年）四月清廷宣布成立"责任内阁"时废止。军机处机构简单，人员精干，仅设军机大臣与军机章京二职，且无正式衙署，办公处所设于内廷隆宗门内（乾清门外西侧），称为值房。军机大臣俗称"大军机"，由皇

帝在满汉大学士、各部尚书、侍郎、总督等官员中选任，员额一般为三四人至七八人。其职权范围十分广泛，除草拟诏旨、批答奏折外，凡国家的施政方案和军事谋略、官员的弹劾惩处、重大案件的审理、重要官职的任免、科举考试的一应事宜等，例由军机大臣先提出初步意见，供皇帝最后裁定。军机章京俗称"小军机"，为军机大臣的僚属，由军机大臣在内阁和各部一般官员中调选，员额为二三十人，负责军机处的日常工作，后也承担草诏之职。军机处具有办事效率高、决策程序慎密的特点，但"其权属于君"，所以说，军机处的设立，标志着君主专制的集权程度上升到一个新的高度。近代史家钱穆《国史大纲》对军机处性质的剖析颇为精辟："军机处并无特出之首长，亦无权向各部及各督、抚直接发布命令。盖军机处仍不过为清王室一御用机关，不得目之为政府中之最高枢机。"

清朝中央的其他机构，如吏、户、礼、兵、刑、工六部，以及都察院、大理寺、通政司、翰林院、国子监等，大都沿袭明制，唯据清朝的具体情况略加损益。不过，清朝也根据需要创设了一些机构。如皇太极崇德年间创设的理藩院，为专门管理边疆少数民族地区事务的中央机构。最初，主要管理漠南蒙古事务，其后，随着清朝对全国统治的确立，管理范围不断扩大，蒙古、青海、西藏、新疆、四川等少数民族地区的封爵、会盟、宗教、刑法、土田、游牧、射猎、征发、贡纳、邮驿、翻译等事项，均由其管理。清朝特设的内务府为专管宫廷皇室事务的机构。康熙时将宫内的宦官衙门悉数裁撤，其事务全部隶属内务府，群臣所上奏章不再委任宦官审阅，前代宦官专权干政之弊，至此革除。

清朝的地方行政区划和机构为省、府（直隶州、厅）、县（散州、散厅）三级，地方官制大体沿袭明制，略有调整和变化。其中，省级官吏除布政使、按察使、提督学政外，还设总督和巡抚。与明朝督抚主要负责军政，且大多因事而设，事毕调任他处不同，清朝各省均设一巡抚，又于一省或二三省设一总督。巡抚为总揽一省军政、民政的长官，总督较巡抚事权更重，主要负责军政，也兼管民政。督抚皆为皇帝心腹，一切秉承皇帝旨意行事。

清朝在地方基层社会实行保甲制，对全国民众进行严密的监视和控制。制度规定：无论城乡，每十户立一牌长，十牌立一甲长，十甲立一保长。每户门上挂一牌，写明户主姓名和丁口数目，同时登入官府簿册，以便稽查。同时，下令全国客店、寺院，记录往来旅客的情况。又责成地主、窑主、厂主，对所属佃农、雇工严加管束，若有危及清朝统治的举动，一并连坐治罪。

清朝的军队有八旗军和入关后改编明朝军队组成的绿营。八旗分为满洲八旗、蒙古八旗和汉军八旗，总兵力20余万人，其中一半守卫北京和近畿，一半驻防全国各地。绿营则配合八旗驻防，二者互相穿插。这一布局既构成对全国民众的监视、控制网络，也便于八旗对绿营的监控。

清朝顺治时，在承袭明律的基础上，制定并颁行《大清律》，后经康熙、雍正两朝增删，渐成定本。清朝法律对有可能损及皇帝威权和满族统治的言行皆严加防范，民间的集会结社、聚众罢市、喧闹公堂、编写或歌唱违禁词曲等，均明令禁止。满汉的法律地位也不平等，旗人犯罪都作特殊处理，且享有"减等""换刑"的特权。如徒刑一年，可换成枷号二十日；流刑二千里，可换成枷号五十日。

二、卓杰的"盛世"武功

清朝全盛时期的疆域，北界西伯利亚，东北至黑龙江以北的外兴安岭和库页岛，东临太平洋，东南到台湾及其附属岛屿钓鱼岛、赤尾屿，南及南海诸岛，西南抵喜马拉雅山脉，西越葱岭，西北达喀尔巴什湖北岸。康、雍、乾三朝，非常注重对周边地区的防卫与管辖，经过多年努力，使统一的多民族国家得以进一步巩固与发展。

当时，最大的外部威胁来自沙皇俄国。沙俄在向西伯利亚的扩张中，于17世纪中叶侵入中国的黑龙江流域。侵略者肆意烧杀抢掠，无恶不作，并在雅克萨、尼布楚等地筑城设防，企图永久占领这一地区。清朝军队与当地居民奋起抗击，与入侵者展开多次争夺。康熙二十四年（1685）、二十五年，清朝两次遣军围攻雅克萨的俄军城堡，给俄军以沉重打击，迫使沙俄同意和谈。中俄双方经反复谈判，于康熙二十八年（1689）签订《尼布楚条约》。规定外兴安岭以南、格尔必齐河和额尔古纳河以东至海的整个黑龙江、乌苏里江流域土地，全部属于中国；外兴安岭与乌第河之间的地区，待后再议。《尼布楚条约》为中俄两国政府都承认的平等条约，条约签订后，中俄东段边境保持了较长时间的和平。

▽　《尼布楚条约》从法律上肯定了黑龙江和乌苏里江流域，包括库页岛在内的广大地区都是中国的领土。清政府也作出重大让步，将贝加尔湖以东

到尼布楚一带原属中国的土地让给了俄国。条约曾用满、汉、蒙古、俄和拉丁五种文字刻于界碑以及额尔古纳河岸的石壁上。条约还规定："自和约已定之日起，凡两国人民持有护照者，俱得过界往来，并许其贸易互市。"此后，俄方大力发展对华贸易，常有俄国商队携带毛皮之类，到中国换取金银、锦缎、棉布等，获利颇丰。

西北地区的蒙古在明末时分为漠南蒙古、漠北喀尔喀蒙古、漠西厄鲁特蒙古三大部。清初，漠南蒙古、漠北喀尔喀蒙古皆归顺清朝。漠西厄鲁特蒙古中的一部准噶尔部，原居今新疆伊犁一带，此时势力逐渐强盛。准噶尔汗噶尔丹兼并厄鲁特诸部，率众越过天山，控制了天山南北。他为进一步扩张势力，发动叛乱，不断向东、向南进兵，严重威胁边疆地区的安全。康熙二十九年（1690），噶尔丹在沙俄支持下，率部众2万余人攻入漠南蒙古乌珠穆沁一带，并乘势渡过西拉木伦河，兵锋直指乌兰布通（在今内蒙古赤峰市克什克腾旗境内）。康熙帝为维护国家统一和边地安定，于康熙二十九年、三十五年、三十六年三次亲征，率军平叛。噶尔丹连遭惨败，众叛亲离，走投无路，于康熙三十六年服毒自杀。此后，清朝将蒙古各部分编为旗，并派军驻守，加强对整个蒙古地区的控制。

   ▽ 噶尔丹死后，其侄策妄阿拉布坦继承准噶尔汗位。他纠集旧部，扩展势力，继续与清朝为敌，不仅占据天山南北，还侵入喀尔喀蒙古以及西藏、青海等地，造成这些地区的动荡和混乱。经康熙末年和雍正、乾隆时的多次征讨，策妄阿拉布坦及其后继者在喀尔喀、西藏、青海等地的势力被陆续肃清，准噶尔内部也出现纷争，势力削弱。乾隆二十二年（1757），准噶尔部的长期叛乱终被平定。

明代以来，聚居于天山南路的主要民族为信奉伊斯兰教的维吾尔族，当时称为"回部"。清朝康熙时，回部受蒙古准噶尔部统治，其首领也被俘虏，迁往准部原居地伊犁。被囚禁的回部首领阿哈玛特在伊犁生下二子，即大、小和卓木兄弟。乾隆时平定准部，和卓木兄弟被释放，清政府派遣大和卓木回天山南路统领部众，留小和卓木在伊犁掌管伊斯兰教事务。其后，小和卓木逃归天山南路，与大和卓木一同发动武装叛乱，企图建立割据政权。清朝出兵征讨，于乾隆二十四年（1759）平定叛乱，此后，天山南北合称"新疆"。乾隆二十七年，清朝设立伊犁将军，驻守惠远城（在今新疆霍城东南惠远镇），为管

清

辖新疆的最高军政长官，其下又设参赞大臣、都统、办事大臣、领队大臣，分统新疆各地。

元明以来，中央政府与西藏地区的关系日益密切。明朝在西藏设有法王、大国师、国师、禅师等不同等级的僧官，各级僧官均由朝廷直接任命；又设置乌斯藏行都指挥使司，管辖西藏的地方行政事务。藏传佛教在流传的过程中形成宁玛、噶当、噶举、萨迦等宗派，明初，从青海入藏的宗喀巴改革教义，新创"格鲁派"。格鲁派严守戒律，强调苦修，颇受藏民尊信，故日益兴盛。宗喀巴圆寂后，遵其遗嘱，由他的两大弟子世世转生，传其衣钵，数传之后始有"达赖"和"班禅"的称号。清朝崇德七年（1642），达赖五世和班禅四世联名派遣使者到沈阳拜见皇太极。顺治九年（1652），达赖五世亲赴北京觐见顺治帝，被册封为"西天大善自在佛所领天下释教普通瓦赤喇怛喇达赖喇嘛"。康熙五十二年（1713），清朝派员进藏，册封班禅五世为"班禅额尔德尼"。

五世达赖圆寂后，西藏的权贵为其转世问题发生内乱。准噶尔汗策妄阿拉布坦乘机遣军攻入西藏，恣意烧杀抢掠，引发严重骚乱。康熙五十九年（1720），清军入藏击溃准噶尔军，稳定了西藏的局势。下一世的达赖喇嘛几经更迭，最终也由清廷册封确定。雍正即位之初，西藏再度发生内乱，清军迅速入藏平定。雍正五年（1727），清廷始于拉萨设置驻藏大臣二员，作为中央政府派驻西藏的全权代表。乾隆时，清朝改革西藏的政治、宗教制度，提高驻藏大臣地位，并由中央正式授权达赖喇嘛参预管理西藏行政事务，使之具有宗教领袖与政治首脑的双重身份。至此，藏传佛教格鲁派掌权的政教合一制度为

图10-4
金瓶掣签所用的金瓶

清廷正式确定。日常政务，由驻藏大臣会同达赖、班禅相商处理。乾隆五十八年（1793），清廷颁布《钦定西藏章程》，进一步加强驻藏大臣权力，明确规定西藏政治、财政、军事、外交等事务，均由驻藏大臣统筹办理，其地位与达赖、班禅相等；达赖、班禅及其他格鲁派活佛的转世，必须在驻藏大臣监督下，以"金瓶掣签"方式确定（图10-4）。

▽　瓶，藏语为"奔巴"，"金瓶掣签"即"金奔巴掣签"。格鲁派认为，达赖、班禅以及其他活佛，皆为佛的化身，圆寂后的一年内，灵魂会在某地"转世化生"。因此，须找到这一"转世灵

童",作为达赖、班禅或其他活佛的继承者。原先,人们皆按巫师指示的方向寻找,容易为西藏的权贵所操纵,形成"几与封爵世袭无异"的局面。为防止这一弊端,清廷改革旧制,明确规定,遇有达赖、班禅等活佛圆寂转世,须将各个方向找到的多名"灵童"的姓名、出生日期等,呈报上来,由驻藏大臣以满、汉、藏三种文字书写在牙制签牌上,置于清廷颁给的金瓶中。众喇嘛群集大昭寺,诵经七日后,在驻藏大臣监督下,于瓶中掣签,掣中者,即被确认为转世活佛。然后呈请中央政府册封,方为有效。转世活佛成年后,须在驻藏大臣主持下,举行"坐床"典礼,才正式执掌宗教之职。

贵州、云南、广西等西南少数民族聚居地区,自元朝以来长期实行土司制度,即由中央政府任命当地首领充当土府、土州等地方行政机构的长官,并承认这些土官世守其土,世长其民,世袭其职。然而,土司制度在沿袭中产生诸多流弊,不少土官恃仗其势力,时或发动叛乱,形成武装割据局面。雍正帝即位后,为加强对少数民族地区的控制,从雍正四年(1726)至九年,推行大规模的"改土归流",废除土司世袭制度,改设府、厅、州、县,派遣有一定任期的流官进行管辖。五年中成效显著,改为流官的有300余处。尽管未改流的地方仍不少,改流之处也多留有土司的残余势力,但确实消减了谋叛、割据的因素,有利于中央对边地的统治。

三、空前繁荣的社会经济

明末农民起义爆发后,内地经历了长期战乱;清军入关前后,又对汉地大肆烧杀劫掠,并持续多年对各地的反抗进行军事镇压。因此,社会经济遭到严重破坏,清朝初年,各地呈现衰落凋敝的景象。文献记载,直隶一带"极目荒凉","百姓流亡十之六七";山东地区"一户之中止存一二人,十亩之田止种一二亩";东南诸省所遭兵火洗劫尤为严重,湖广也是"城无完堞,市遍蓬蒿"。康熙以来,清朝的统治趋于稳固,社会环境日益安定,为经济的恢复与发展奠定了必要的基础,与此同时,清政府逐步推行赋役制度的改革,也对社会经济具有一定的促进作用。

清初赋役制度大体沿袭明朝一条鞭法,征收地银、丁银两项。丁银的征收,不分等差,一律按人丁摊派,有地无丁的被编为下户,仍须缴纳丁银。由于丁银负担非常繁重,诸多编户农民被迫亡命他乡,以逃避丁银。为解决丁额无定，丁银难征的问题，清廷于康熙五十一年（1712）宣布，以康熙五十年全国丁银额为准，以后额外增丁，不再多征，所谓"盛世滋生人丁永不加赋"❶。此举虽未取消丁银，但丁银总额的固定，则为日后的"摊丁入亩"提供了前提，因而是赋役制度改革的重要步骤。康熙晚期，广东、四川等地率先试行"统计丁粮，按亩均派"的征税方式。广东将全省丁银按各州县田亩总数分摊，每一两地银，均摊丁银一钱六厘四毫。雍正帝即位后，直隶也试行此法，并产生重大影响。自雍正二年（1724）开始，清廷将"摊丁入亩"（也称"地丁合一"）的税收方法陆续推广于全国，即将康熙五十年固定的丁银（人丁2462万人，丁银335万余两）平均摊入各地地银之中，一体征收。至雍正七年，大体完成此项改革，最迟的山西、台湾、贵州，至乾隆时也实行摊丁入亩。此后，丁银完全随田赋起征，成为清朝划一的赋役制度。

　　▽　"永不加赋"和"摊丁入亩"是明朝一条鞭法的继续和发展。取消人丁、地亩的双重征税标准，将税收合并为单一的土地税，标志着中国赋役史上人丁负担逐渐向土地转移的演变过程终告完成。摊丁入亩简化了税收的原则和手续，也使政府的赋税收入比较稳定而有保证。时人称此法实施后"保甲无减匿，里户不逃亡，贫穷免敲扑，一举而数善备焉"❷，虽有溢美的一面，但也可看出，摊丁入亩确有稳定社会秩序的作用，无地少地农民或市民的赋役负担有所减轻，缴纳地丁银者不再服徭役，官府遇有兴作，皆出钱雇募，人们对专制国家的人身依附关系更趋松弛，生产积极性也有所提高。

　　由于多种因素的推动，康、雍、乾时期，农业、手工业、商业皆出现令人瞩目的迅速发展，社会经济臻于空前繁荣。在粮食生产方面，南方地区多种双季稻，且注意精耕细作，单位面积产量大为提高。江南、湖广、四川的膏腴之区，一般可达二三石，某些地区的上田，更高达五六石。高产作物番薯、玉米引入后，此时迅速推广，对解决一些地区的缺粮问题，意义重大。经济作物种植面积显著增加，桑、茶、棉、甘蔗、蓝靛、烟草等都成为重要的商品化农产品。松江府及苏州府的嘉定县，"种稻者不过十分之二三，图利种棉者，则有十分之七八"。烟草在康熙时已传布至湖南、广东、直隶、河南、陕西等地。福建半数以上的土地用于种植茶、苎麻、蓝靛、烟草等经济作物。

▽　粮食作物单位面积产量的提高和经济作物种植面积的增加，都促进了商品经济在农业中的发展。以粮食的商品化为例，当时湖南、湖北、江西等地已成为重要产粮区，而江浙一带多以植桑、养蚕为主，粮食需从外地输入。于是，湖南湘潭和湖北汉口，形成兴旺的米市，成为商品粮的集散中心。大量稻米沿江而下，折入运河，经苏州米市输往江浙及其他地区。据统计，雍正十二年（1734）一年中，自湖广运往江浙的稻米达1000万石。这一粮食贸易的盛况前所未有。

农村的家庭手工业绩麻、纺纱、织布、养蚕、缫丝等不断推广，其中，江南、四川、福建、山东、湖广等地尤为发达，著名的湖州丝、松江布，不仅输往各地，还行销国外。雍正、乾隆年间，陕西、江西、贵州等地的缫丝、织布也日益兴旺，柞丝织绸技术由山东传入贵州后，当地织成的"茧绸"，闻名全国。此外，作为农村副业的陶器、藤器、竹器、柳条器、造纸、制糖、制茶等家庭手工业，都有迅速发展。当时，全国大小城市及市镇中，普遍开设大小手工业作坊，所制作的各类生产工具和生活用品，较前代更为丰富。如北京的景泰蓝、雕漆、骨雕、牙雕，南京的刻书、药材、毡货、库缎，苏州的刺绣、纱绸、细木器，杭州的杭扇、杭剪、杭烟，安徽的墨，福建的茶，四川的锦缎，贵阳的皮制品，昆明的铜制品，均为闻名遐迩的特色产品。

▽　康、雍、乾时期，不仅传统的手工业地区，如苏杭的丝织业、松江的棉纺业、江西景德镇的制瓷业、广东佛山的铸铁业、四川的煮盐业，都有程度不等的新发展，而且出现许多新的手工业地区和部门。南京、广州、佛山的丝织业呈后来居上的发展势头，苏州、佛山的棉染织业，盛况不亚于松江。制糖、制茶、制烟，在台湾、福建、云南等地都十分发达。云南的铜矿开采新兴于雍正、乾隆年间，乾隆时发现矿苗82处，开办铜厂300余家，其中有官督商办的大厂，也有民间私营的小厂，"大者其人以数万计，小者以数千计"。

❶　《清朝文献通考》卷一九《户口考一》，《景印文渊阁四库全书》第632册，台北商务印书馆1986年影印本，第403页。

❷　王庆云：《石渠余纪》卷三《纪丁随地起》，《续修四库全书》第815册，上海古籍出版社2002年影印本，第321页。

清

图 10-5

清代画家徐扬所绘
《盛世滋生图》，描
绘了苏州万商云集、
运输繁忙的景象。

　　商品生产的发展促使各地商业日臻繁荣。许多城市渡过鼎革之际的萧条，恢复往日的繁盛，南京、广州、佛山、厦门等地更有新的发展。长江沿岸出现不少著名的商品集散地，如汉口为"船码头"，镇江为"银码头"，无锡为"布码头"。首都北京成为全国贸易中心，在市场上零售和批发的有各地区、各民族的工艺品与土特产。广东佛山原本是个小镇，随着工商业的迅速发展，至乾隆末年，全镇竟辟出622条大小街巷，不计其数的商铺、市集和作坊分布其间。当时，边远的西北地区也出现众多商业城市，如张家口、呼和浩特、西宁、打箭炉（今四川康定）、乌鲁木齐、伊犁、哈密、阿克苏。乌鲁木齐城内"字号、店铺，鳞次栉比"；打箭炉"商旅满关，茶船遍河"。宋元以来就以繁华、热闹闻名的通商口岸和商业都市，商品贸易的兴盛发达更是令人惊叹。如乾隆年间的苏州，"洋货、皮货、绸缎、衣饰、金玉、珠宝、参药诸铺，戏园、游船、酒肆、茶店，如山如林，不知几千万人"（图10-5）。

　　▽　康、雍、乾三朝为清朝的全盛时期，但犹如一抹余晖，转瞬即逝。乾隆晚期已出现由盛转衰的迹象，财政的巨额消耗，政治的日益败坏，皆使中国历史上的末代王朝走向下坡路。对此，吕思勉有一段评论："清圣祖的为人，颇为聪明，也颇能勤于政治；就世宗也还精明。他们是一个新兴的野蛮民族，其骄奢淫佚，比之历年已久的皇室，自然要好些。一切弊政，以明末为鉴，自然也有相当的改良。所以康、雍之世，政治还算清明，财政亦颇有余蓄。到乾隆时，虽然政治业已腐败，社会的元气，亦已暗中凋

耗了，然表面上却还维持着一个盛况。""清朝的衰机，可说是起于乾隆之世的。高宗性本奢侈，在位时六次南巡，耗费无艺。中岁后又任用和珅，贪渎为古今所无。官吏都不得不剥民以奉之，上司诛求于下属，下属虐取于人民，于是吏治大坏。……所以到乾、嘉之间，而局面遂一变"❶。

四、学术的兴盛与思想的禁锢

明清之际的社会动荡，促使许多正直的文人学者对国家前途和民族命运进行沉痛反思。他们回顾历史，分析现实，认识到问题的根源在于长期的君主专制，为此提出一系列改革政治的主张。在这些有识之士中，被称为"清初三先生"的黄宗羲、顾炎武、王夫之为杰出代表。

黄宗羲字太冲，号南雷，人称梨洲先生，浙江余姚人，治学范围极广，尤精于史学，有著作50余种。他认为"天下之治乱，不在一姓之兴亡，而在万民之忧乐"，故将专制君主称为"独夫"，抨击君主专制为"天下之大害"，认为去除独裁君主，百姓就可安居乐业，各得其所。为抑制绝对君权，他在《明夷待访录》中提出颇为详备的改革方案，主张以"天下之法"取代"一家之法"，用公正的法制和平等的君臣关系限制君主专制，士人为官应当"为天下，非为君也；为万民，非为一姓也"。黄宗羲的政治思想对近代民主思想的兴起，曾起过很大激励作用。

顾炎武字宁人，人称亭林先生，江苏昆山人，学识渊博，在经学、史学、音韵学等诸多领域均有卓越贡献，一生著作近50种。他主张"治天下必自人道始"，故对君主的个人专断提出尖锐批评，认为"尽天下一切之权而收之在上"是天下破败，民生疾苦的根本原因。为此，他反对专制君主的"独治"，提倡"以天下之权，寄之天下之人"的"众治"。顾炎武治学主张实事求是，经世致用，对有关国计民生的事务尤为关注。其代表作《天下郡国利病书》即在长期实地考察的基础上完成。其学术名著《日知录》对清代的学风产生极大影响，书中的一句话"保天下者，匹夫之贱与有责焉耳矣"，经近代学者梁启超概括

❶ 吕思勉：《吕著中国通史》，华东师范大学出版社2005年版，第475、478页。

清

为"天下兴亡，匹夫有责"后，已成为家喻户晓的名言。

王夫之字而农，号薑斋，人称船山先生，湖南衡阳人。自幼遍读群书，精于经学、史学、文学，生平著作多达100余种。他认为"一姓之兴亡，私也；而生民之生死，公也"；"以天下论者，必循天下之公，天下非一姓之私也"。他揭露君主专制的实质是"以天下私一人"，强烈主张"公天下"，声称君主若为一己之私，危害百姓利益，即可被革除。王夫之善于通过历史评论来阐发自己的史学观点和政治主张，其名著《读通鉴论》和《宋论》，寓意深刻，见解精辟，对后人极富启示。

"清初三先生"的政治主张将孟子"民贵君轻"的思想提升至一个前所未有的高度，在中国思想史上留下辉煌的一页。然而，他们的真知灼见在清初却如昙花一现，随着清朝统治的逐渐稳固和文化专制政策的严厉推行，思想界迅速归于一片沉寂。

清朝统治者以少数民族入主中原，对汉族士人的猜忌和疑虑始终挥之不去，故而严加防范，残酷打压，思想上的钳制与禁锢可谓登峰造极。清廷以程朱理学作为官方意识形态，学校教育和科举考试皆以二程、朱熹的学说为准则，以此规范士人的思想。异于程朱的学说被视为"离经叛道"，皆为官方所排斥。与此同时，凡被认为有可能损及满族统治的言行，一概取缔，清廷多次下令，严厉禁止言论与出版的自由，不准私人创设书院，集会结社。

明朝在野士人有私设书院，聚徒讲学，议论朝政的先例，清廷对此高度警惕，严加防范。顺治九年（1652）下令："各提学官督率教官，令诸生将所习经书义理，讲求实践，不许别创书院，及号召游食之徒，空谈废业。"❶同时，禁止言论、出版自由："嗣后直省学政，将四子书、五经、《性理大全》《资治通鉴纲目》《大学衍义》《历代名臣奏议》《文章正宗》等书，责成提调教官，课令生儒诵习讲解，务俾淹贯三场，通晓古今，适于世用。坊间书贾止许刊行理学、政治有益文业诸书，其他琐语淫辞，通行严禁。"❷康熙时重申了相关禁令："小说淫辞，鄙亵荒唐，渎乱伦理，不但诱惑愚民，即搢绅子弟，未免游目而蛊心，伤风败俗，所关非细，著该部通行中外严禁。所在书坊仍卖小说淫辞者，从重治罪。"❸雍正时也下令严禁文人结社，违禁者，"照奸徒结盟律，分首从定罪"。

当时还大兴文字狱，因触犯清廷忌讳而惨遭诛杀者不计其数，从而造成一种以文招祸的恐怖气氛。

　　▽　中国历史上，对片言只字捕风捉影，大兴文字狱的始于明太祖朱元璋。康、雍、乾三朝与之相比，有过之而无不及。康熙时的"《明史》案"即为著名的一例。双目失明的湖州富商庄廷鑨想仿效左丘明，通过修史扬名，以重金购得前人所著明史稿本，召学者修订成书。后被人告发，说书中有指斥满人的文句。案发后，遭株连的多达数百人，处死70余人，早死的庄廷鑨被开棺戮尸。乾隆时的"《字贯》案"更为荒唐。江西举人王锡侯对《康熙字典》删繁就简，编成《字贯》，只因未避清帝名讳，即惨遭斩决，一些地方高官也受到牵连，以"失察"之罪遭到严惩。康、雍、乾时期，见于记载的文字狱就有百余起，淫威之下，文人墨客即便吟风弄月，也时时提心吊胆。❹

　　清朝实行文化专制政策，目的是加强政治控制，就康熙、雍正、乾隆本人而言，其实都精通汉文化，只要不影响清朝的统治，他们皆热衷于文化事业的建设。秉承盛世修书的传统，凭借强盛的国力，大型图书的修订编纂在康、雍、乾时期取得令人瞩目的巨大成就。康熙、雍正年间，官方组织学者编成《古今图书集成》一万卷，分门别类汇集相关资料，搜罗翔实而宏富，为我国现存最大的一部类书。乾隆时，清政府又选派众多著名学者编成浩瀚的《四库全书》，分为经、史、子、集四部，收录历代图书3000多种，保存了许多珍贵文献，为我国最大的一部丛书。（图10-6）

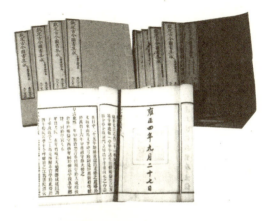

图10-6
《古今图书集成》和
《四库全书》书影

❶　《清朝通志》卷七四《选举略三》，《景印文渊阁四库全书》第645册，台北商务印书馆1986年影印本，第120页。

❷　《清朝文献通考》卷六九《学校考七》，《景印文渊阁四库全书》第633册，台北商务印书馆1986年影印本，第646页。

❸　《大清会典则例》卷六九《礼部·学校二》，《景印文渊阁四库全书》第622册，台北商务印书馆1986年影印本，第302页。

❹　清代文字狱的情况，可详见原北平故宫博物院文献馆编：《清代文字狱档》，上海书店1986年影印本。

▽ 《古今图书集成》由陈梦雷等人于康熙年间开始编纂，雍正时又命蒋廷锡等人最终编定，并用铜活字排印64部。全书分为历象、方舆、明伦、博物、理学、经济六编，其下再细分为32典、6109部，总字数达1.6亿字。这是继明代《永乐大典》之后又一部大型类书，《永乐大典》遭焚毁劫掠后，《古今图书集成》已成为我国现存篇幅最大的类书。《四库全书》的编纂，更是一项宏伟浩大的工程，自开馆始修，至抄录完成，历时17年，共收录图书3503种，79337卷，总字数达9.97亿字（文津阁本）。在此期间，先后任职于四库馆的学者共有360人，学界翘楚纪昀、戴震、邵晋涵、周永年等都参预其事，若加上缮写、装订的人员，最多时达到3800人。就其费时之久，动员人力物力之巨而言，若非强盛、安定的王朝是无法想象的。《四库全书》当时共抄录7部，现在完整保留的尚有4部。然而，乾隆帝乘编修《四库全书》之机，又对全国图书作了一次清查，凡被认为不利于清朝统治的一概禁毁，据统计，遭查禁焚毁的书籍、石刻等近3000种，数量几与《四库全书》中保存的相当。

在上述政治环境和文化氛围中，学风也为之一变，即由先前的注重思想阐发转入对名物、文字的考证与诠释，于乾隆、嘉庆年间形成盛行一时的考据学派。乾嘉考据学者的学术精神和技术手段虽多得益于清初的顾炎武，但此时已避开时政，远离现实，"沉潜诸经"，致全力于古代文献的整理性研究。以其师承关系和治学风格而言，则分吴、皖两大派。吴派创始人为苏州吴县人惠栋，主要学者有沈彤、江声、王鸣盛、钱大昕等。皖派创始人为安徽休宁人戴震，主要学者有段玉裁、王念孙、王引之等。吴派治经宗尚汉人之说，力求恢复汉儒经解古义；皖派擅长"三礼"（《周礼》《仪礼》《礼记》），尤精小学，实事求是，不偏一家。故时人评述两家特点称："惠君之治经求其古，戴君求其是。"两派治学路数虽略有不同，但大体从文字、音韵入手，由训诂以求义理，倾力于典籍的整理与考证，则如出一辙。乾嘉时期，著名的考据学者有60余位，他们于文字、音韵、训诂、目录、版本、校勘、辨伪、辑佚等方面皆颇有发明，成就斐然，其实质是对中国古代文献作了空前规模的总结。今人大致能读懂先秦、秦汉的古籍，很大程度上有赖于考据学者的贡献。

▽ 梁启超对乾嘉考据学派的贡献有一段中肯的评论："其直接之效果：一，吾辈向觉难读难解之古书，自此可以读可以解。二，许多伪书及书中窜乱芜秽者，吾辈可以知所别择，不复虚糜精力。三，有久坠之绝学，或前人向不

注意之学，自此皆卓然成一专门学科；使吾辈学问之内容，日益丰富。"❶

至道光、咸丰年间，随着清朝国势的日益衰颓，内忧外患的渐次显现，学风又从"训诂考据"转向"通经致用"。章学诚、龚自珍、魏源等诸多学者在提出种种"补偏救弊"方案的同时，致力于漕运、盐法、河工、农事等经世实学的研讨，并探究边疆史地和异域情事，以谋巩固边防，抵御外来威胁。经世学者的研究不仅为时政提供了某些参考，而且成为通往近代新学的津梁。

然而，从康、雍至嘉、道，欲寻觅"清初三先生"那样的思想光芒，却无从得见。这一学术兴盛而思想沉闷的局面，直至晚清始有改观。

第三节
末代王朝的由盛转衰

乾隆帝在位的后期，虽表面仍维持盛世景象，但政治的日趋败坏，财力的巨大消耗，各类社会矛盾的渐次显现，已预兆了清朝的衰落。西方势力的相继东来，使清朝统治者深怀戒心，导致国门的最终关闭。自此，封闭、保守的末代王朝与日新月异的世界形势，拉开愈来愈大的差距，挨打的命运遂不可避免。

---

❶　梁启超：《清代学术概论》，朱维铮校注：《梁启超论清学史二种》，复旦大学出版社1985年版，第39—40页。

图10-7

清朝宫廷画家意大利人郎世宁所绘乾隆帝戎装像

一、光环背后的危机

清朝的富庶和强盛至乾隆时达到顶点，然而，日中则昃，月盈则亏，当朝廷上下皆陶醉于盛世美景时，深刻的危机已悄然来临。

乾隆帝弘历（图10-7）在位的前期，政治上尚称明智，文化上也有所建树。但他生性奢华，好大喜功，造成国家财政的巨大消耗。他多次巡游江南，沿途修造行宫30座，所到之处的供奉银动辄二三十万两，又大兴土木，建宫造园，为扩建避暑山庄（图10-8）和圆明园，各费白银上亿两。他自诩"十全武功""十全老人"，在位期间频繁用兵，军费开支惊人。在四川西北部推行"改土归流"时，为镇压当地反抗而进行的大小金川之役，即耗银7000万两。因此，财政的支绌日益明显。康熙时，府库存银5000余万两，雍正时6000余万两，乾隆五十五年（1790）之前达8000万两。然而因各类靡费和消耗，至乾隆晚年，库存已告匮乏，赋税所得，每年仅余200万两，若遇灾荒，就会捉襟见肘。

乾隆中期，极受重用的军机大臣于敏中，交通内侍，联络外吏，广受贿赂，官吏贪鄙之风渐炽。晚期，旗人和珅以阿谀逢迎深获宠信，任军机大臣24年，并兼任诸多要职。他权势熏灼，贪渎无厌，卖官鬻爵，大肆聚敛，内外官吏畏其气焰，争相献媚拍马，于是群起仿效，贪污成风，官场上下糜烂不堪，政治日趋腐朽败坏。

▽　和珅的贪赃枉法、挥霍无度可谓清朝官员之最。他兴建豪华的园亭，并在蓟州（今天津蓟州区）为自己建造陵墓，规格可与皇陵相比，号为"和陵"。嘉庆四年（1799），太上皇弘历死后，和珅被嘉庆帝治罪赐死。据清代薛福成《庸庵笔记》著录的两份清单，和珅被查抄的家产包括金银珠宝、古玩、衣物及当铺、银号、房屋、田地等不动产，共计109宗，总数约为11亿两白银。也有学者依据清朝档案、正史等史料估算，其家产约为2000余万两白银。尽管出入较大，目前尚无定论，但和珅贪污聚敛所得数额巨大则是无疑的。其实，乾隆年间的吏治败坏已相当严重，巨贪之案层出不穷，屡诛不止。如山东巡抚国泰、布政使于易简等人的集团贪污案，造成山东各府县财政亏空达200余万两白银。甘肃布政使王亶望与总督及各级官吏合伙贪污，年年谎报旱灾，将赈济的粮食折银私分。案发后，查

抄王亶望家，得金银逾百万两，牵连官员多达70余人，贪赃银二万两以上被处斩的有22人。

与此同时，明朝以来人口的持续增长也对社会造成越来越大的压力。就清朝前期的200多年而言，人口增长的速度尤为迅猛，其总数增加约一倍，乾隆年间全国总人口已突破3亿人，原因大致有以下几项：其一，康熙五十一年宣布"盛世滋生人丁永不加赋"，雍正二年全面推行"摊丁入亩"，此后，家庭人口的增加与纳税数额无关，于是，既无须再隐匿丁口，也刺激了生育。其二，在传统生产工具、生产技术的潜力发挥殆尽，土地关系也无重大变化的条件下，提高土地单位面积产量的途径，唯有投入更多劳力，精耕细作。农业由粗放向集约化经营演进的过程，人口的增长是最重要的推动力。其三，清朝政府奖励垦荒的政策也对人口的增长具有一定促进作用。统计数据表明，农村的人口增长尤为明显，耕地扩大与人口增长之间具有显著的关联性。

图10-8

清代画家冷枚所绘《避暑山庄图》

　　中国古代的人口数在宋代呈现高峰后，元代有所下降，明清时期又出现持续增长。当代学者何炳棣在《明初以降人口及其相关问题（1368—1953）》一书中对明清的人口数作了探讨。美国学者珀金斯（Dwight H. Perkins）所著《中国农业的发展（1368—1968年）》一书在何炳棣研究的基础上，对明清时期的人口数做了以下估计：明洪武二十六年（1393），0.65亿至0.8亿人；明万历二十八年（1600），1.2亿至2亿人；清顺治七年（1650），1亿至1.5亿人；清乾隆十五年（1750），2亿至2.5亿人；清道光三十年（1850），3.85亿至4.35亿人。葛剑雄主编的《中国人口史》则认为，明末全国总人口达1.525亿人，清乾隆时全国总人口已超过3亿人。

　　尽管人口增长和劳力增加对农业生产具有促进作用，但人口的剧增毕竟对社会带来巨大压力。乾隆帝晚年已感受到这一压力，忧心忡忡地对臣下说："朕查上年各省奏报民数，较之康熙年间，计增十余倍。承平日久，生齿日繁，盖藏自不能如前充裕。……生之者寡，食之者众，朕甚忧之。""生之者寡，食之者众"确实是个严重的问题。当人口增长的速度超过耕地增长的速度时，人均耕地面积便日趋减少。据统计，顺治七年，全国耕地6亿亩，人均耕地4～6亩；乾隆十五年，全国耕地9亿亩，人均耕地3.6～4.5亩；道光三十年，全国耕地12亿亩，人均耕地2.95亩。200年间，人均耕地面积减少了一半，与之相应，人均所获粮食数量也同步减少。粮食的匮乏导致粮价上升，道光、咸丰时的粮价较顺治、康熙时上涨5倍。故自乾隆后期以来，平民百姓的生存状态日益恶化，遇有天灾人祸，便出现大规模的饥荒，引发严重的社会动乱。

　　英国经济学家马尔萨斯（T. R. Malthus）于1798年发表著名的《人口论》，认为在正常情况下，人口按几何级数增长，而生活资料即便在最有利的生产条件下，也只能按算术级数增长，所以人口的增长快于生活资料的增长。减少人口使之与生活资料相适应的决定性因素是贫困、饥馑、瘟疫、繁重劳动、战争等。为此，他主张采取各种措施限制人口繁殖。其实，在此之前，乾隆年间的著名学者洪亮吉已在《意言》中论及人口压力问题，提出与马尔萨斯相似的观点。他在《治平篇》中说："治平至百余年，可谓久矣，然言其户口，则视三十年以前增五倍焉，视六十年以前增十倍焉，视百年百数十年以前不啻增二十倍焉。试以一家计之，高、曾之时有屋十间，有田一顷，身一人，娶妇后不过二人。以二人居屋十间，食田十顷，宽然有余矣。以一人生三计之，至子之世而父子四人，各娶妇即有八人，八人即不能无佣作之助，是不下十人矣。以十人而居屋十间，食田一顷，吾知其居仅仅足，食亦仅仅足也。子又生孙，孙又娶妇，其间衰老者或有代谢，然已不下二十余人。以二十余人而居屋十间，食田一顷，即量腹而食，度足而居，吾以知其必不敷矣。又自此而曾焉，自此而玄焉，视高、曾时口已不下五六十倍。……一人之居，以供十人已不足，何况供百人乎？一人之食，以供十人已不足，何况供百人乎？此吾所以为治平之民虑也。"《生计篇》又说："为农者十倍于前，而田不加增；为商贾者十倍于前，而货不加增；为士者十倍于前，而佣书授徒之馆不加增。……户口既十倍于前，则游手好闲者更数十倍于前。此数十倍之游手好闲者，遇有水旱疾疫，其不能束手以待毙也明矣。是又甚可虑者也。"[1] 不肯束手待毙，势必铤而走险。可见，人口与生活资料的失衡达到一定程度，社会动乱便难以避免。

由人口压力导致的社会贫困化，又因社会财富分配的严重不均而出现"富者愈富，贫者愈贫"的现象，两极分化日益加剧，社会危机进一步激化。清政府解决财政拮据的对策，一是变相加赋，二是大开捐纳。出钱捐得实官的财主，上任后无不竭泽而渔，从百姓身上加倍收回。官府的所作所为无异于干柴上点火，社会动荡遂不可逆转。自乾隆后期开始，各地相继爆发各族民众的暴动和起义。乾隆三十九年（1774），山东爆发王伦领导的清水教起义。乾隆五十一年，台湾爆发林爽文领导的天地会起义。乾隆六十年，湖南、贵州爆发石柳邓等人领导的苗、汉、土家等族民众起义。嘉庆元年（1796），湖北、四川等地爆发王聪儿、姚之富等人领导的白莲教起义。嘉庆十八年，河南、北京等地爆发林清等人领导的天理教起义。从嘉庆元年至道光二十年（1840），仅《东华录》中记载的各类民众起义和暴动，即有93起。其后，更是此起彼伏，连绵不断，清朝的统治开始出现动摇。

二、国门的最终关闭

清朝初年，为封锁、隔离东南沿海的反清武装，清廷实行较明朝

---

[1]　洪亮吉：《卷施阁集·文甲集》卷一《意言二十篇》，《续修四库全书》第1467册，上海古籍出版社2002年影印本，第234—235页。

更为严厉的海禁政策。顺治帝多次下令，严禁商民船只私自出海，违禁者不论官民，一律处死，货物没入官府，本犯家产全部奖赏告发之人。地方文武官员失察或未追缉，从重治罪；保甲知情不告，论死。沿海可泊舟船之处，皆筑坝树栅拦阻，严加看防，不许片帆入口；若有一人登岸，追究防守官吏之责，以军法惩治。为保证"禁海令"切实施行，顺治十八年又颁行"迁海令"，强迫沿海居民内迁。康熙初期，仍严行海禁政策，多次重申禁令。

康熙二十二年，郑氏政权投降，清朝统一台湾。原先最为担心的海上威胁虽已消除，但群臣对是否开放海禁意见不一，争论激烈。一些官员从稳定国内统治考虑，反对与海外各国进行商品贸易，主张继续实行海禁。广东、福建、浙江等沿海各省的地方官则认为海外贸易有利于国计民生，要求开放海禁。康熙帝赞同开禁的主张，对臣下说："百姓乐于沿海居住，原因海上可以贸易、捕鱼。先因海寇（指郑氏武装），故海禁不开，今海氛廓清，更何所待？"康熙二十三年（1684），清廷下令取消海禁，开放海外贸易，除硫黄、军器之类不得出口外，"满、汉人民，俱同一体，应令出洋贸易"❶。

当时，清朝正式指定广东广州、福建漳州、浙江宁波、江南云台山（在今江苏连云港，后移至松江）为外贸通商口岸，分别设立粤、闽、浙、江四海关，并委任海关监督，粤海关由内务府派任，闽海关由福州将军兼任，浙海关、江海关由两省巡抚兼任。上述口岸沿线及邻近地区的港口，如广东的潮州、雷州、琼州等40余处，福建的厦门、汀州、台北等30余处，以及浙江、江苏沿海的多处港口，皆允许商民出海贸易。海禁的开放不仅吸引诸多外国商船来华贸易，也使中国商船的海外贸易形成一波高潮，每年造船出洋的有千余。大致江、浙一带商船多前往日本，闽、粤一带商船多前往南洋（东南亚）各地，当时，赴南洋的占绝大多数。海外贸易不仅活跃了地区经济，也使清政府获得丰厚税利，康熙时海关税银每年有四五十万两。然而，清廷对"外夷"来华始终存有戒心，对国内民众大批外出，或留居南洋，或聚集海上，也深感忧虑，怕对海防构成威胁。故自康熙后期开始，清廷对通商口岸、外贸路线、出海时间等，不断加以收缩和限制。

▽　包括康熙帝在内的清朝统治者对当时的世界大势和国际通商的意义，并无正确认识，他们以"天朝大国"自居，视外国为蛮夷，处处严加防范。清廷在通商口岸规定：外国商船到港，必须卸除武器；外商不得在口岸过

冬；不准外商购买中国书籍和学习中国语言文字，务必防止外商了解中国的情况。原先对外国商船开放的宁波、厦门、广州、澳门等地，自康熙晚期以后，实际上已逐渐向广州一口收缩。当时，中国沿海商民大批出海后，有不少移民南洋，并将船只出售给海外各国。南洋一直被视为"海贼之渊薮"，为此，清廷颇为担忧。康熙帝认为，"数千人聚集海上，不可不加意防范"，故"海防乃今日之要务"。他于康熙五十五年（1716）下令："东洋可使贸易，若南洋商船，不可令往。"❷次年，清廷严申不准前往南洋的禁令："凡客商船只，仍令照旧在沿海五省及东洋贸易外，其南洋吕宋、噶喇吧等处，一概不许内地商船前去贸易，俱令在南澳、海坛等要紧地方严行截住，并令沿海出口之处及浙江之定、黄、温三镇，并南澳、澎湖、台湾并广东沿海一带水师各营，严行查拿，从重治罪。"❸并规定：出海商船必须详报船只大小、客商姓名以及货物与去向；不准多带口粮；卖船给外国者，本人及造船之人皆处斩。南洋海禁之后，一度繁荣的对外贸易，又复萎顿，沿海经济日趋萧条，以四五千金建造的大船，只得任其朽蠹于断港荒岸之间。贫困船民被迫逃亡海上，或铤而走险。于是，又有不少人奏请开禁。雍正五年（1727），清廷复开南洋海禁，但限令出洋者必须三年内回国，否则不许回籍。

乾隆帝在位时，更趋封闭、保守，再次对海外贸易严加限制，厉行闭关政策。乾隆二十二年（1757），清廷下令关闭江、浙、闽三海关，仅留粤海关所在的广州一口，准许外国商船前来贸易。外商抵达广州后必须入居城外特许的商馆区内（图10-9），并通过所谓的"广东十三行"进行商品交易。"广东十三行"又称"洋货十三行"，为清朝官府特许经营对外贸易的商行。名为"十三行"，其实是个俗称，具体行数并不固定。十三行对官府负有的义务和责任是，承保并缴纳外国商船货物的税饷、规礼，向外商传达官府的政令、规定，管束和照料外国商船人员。十三行享有对外贸易的特权，所有进出口商货的

❶ 《清朝文献通考》卷三三《市籴考二·市舶互市》，《景印文渊阁四库全书》第632册，台北商务印书馆1986年影印本，第693页。
❷ 《清朝文献通考》卷三三《市籴考二·市舶互市》，《景印文渊阁四库全书》第632册，台北商务印书馆1986年影印本，第699页。
❸ 《康熙五十六年兵部禁止南洋原案》，中国科学院编：《明清史料》丁编下册（原第8册），国家图书馆出版社2008年版，第353—354页。

清

图10-9

描绘清代广州城外
商馆区情景的油画

买卖皆由十三行垄断。清朝还对外商的活动做了许多严格限制：外国商船进出港必须遵守规定时间，通商季节结束（一般五、六月进口，九、十月出口），即行离港，不准在广州过冬；外商入居城外商馆区后，不得随意出外，更不准入城；外国妇女不得进入商馆，也不许自行雇用翻译、仆役等；若与中国官方交涉，皆由十三行转达。这些做法显然不符合西方国家自由贸易的原则。为此，英国政府曾于乾隆、嘉庆年间两次派遣特使来华，要求扩大通商，消除限制，建立邦交，通过条约的方式结成近代意义的国际关系，结果均遭清朝拒绝。

　　乾隆五十八年（1793），英国特使马戛尔尼赴热河觐见乾隆帝，然而，双方一开始便发生礼仪之争。清朝要求英使行三跪九叩的跪拜礼，英使则坚持行免冠屈一膝的英国觐礼。最终，乾隆帝虽作了让步，但对马戛尔尼提出的扩大通商口岸、减少商货税收、设货栈于北京等要求，一概拒绝，并以"敕谕"的方式告知英王，"天朝物产丰盈，无所不有，原不藉外夷货物以通有无"。马戛尔尼只得空手而回。嘉庆二十一年（1816），英国再次派遣阿美士德率使团来华觐见嘉庆帝。双方又因觐见礼仪发生纠纷，僵持不下，嘉庆帝发怒，下令驱逐英使。阿美士德未能见上中国皇帝一面，即被迫离境，原先准备提出的要求，如开放通商、设立商馆等，自然无从谈起。嘉庆帝还通告英王："嗣后无庸遣使远来，徒烦跋涉。"明确表示，不愿再接待英国使者。

此后，清朝将国门关得更加紧密。道光年间，清廷颁行一系列章程，对外商的活动做了更为严格的限制。英国政府则因正常外交方式无法达到目的，而深感失望，遂向诉诸武力转变。英国商人为扭转贸易逆差，进行卑鄙的鸦片走私贸易。中英之间因鸦片问题，矛盾不断激化，终于导致鸦片战争的爆发，中国的大门被炮火打开。

▽　当世界潮流浩浩荡荡，澎湃向前时，清王朝却依靠闭关自守维持日趋腐朽的统治。当国门被迫打开后，其走向衰亡崩溃是无可避免的。诚如马克思所说："英国的大炮破坏了皇帝的权威，迫使天朝帝国与地上的世界接触。与外界完全隔绝曾是保存旧中国的首要条件，而当这种隔绝状态在通过英国而为暴力所打破的时候，接踵而来的必然是解体的过程，正如小心保存在密闭棺材里的木乃伊一接触新鲜空气便必然要解体一样。"❶

阅读书目

1. 孟森：《明清史讲义》，中华书局1981年版。

2. 萧一山：《清代通史》，华东师范大学出版社2006年版。

3. [美]魏斐德：《洪业——清朝开国史》，江苏人民出版社1998年版。

4. 顾诚：《南明史》，中国青年出版社1997年版。

5. 冯尔康、常建华：《清人社会生活》，沈阳出版社2002年版。

❶　马克思：《中国革命和欧洲革命》，《马克思恩格斯选集》第一卷，人民出版社2012年版，第780—781页。

大事年表

距今约 170 万年	元谋人，发现于云南省元谋县上那蚌村
距今约 70 万—23 万年	北京人，发现于北京市西南周口店龙骨山
距今约 10 万年	丁村人，发现于山西省襄汾丁村一带
距今约 18000 年 ❶	山顶洞人，发现于北京市西南周口店龙骨山山顶洞穴
距今约 10000 年	玉蟾岩稻作遗址，发现于湖南省道县西北寿雁镇玉蟾岩
距今约 8500—7800 年	澧县彭头山稻作遗址，发现于湖南省澧县彭头山
距今约 8000—7000 年	裴李岗遗址，发现于河南省新郑市裴李岗
距今约 7000—5000 年	半坡遗址，发现于陕西省西安市东郊半坡村
距今约 7000—4800 年	河姆渡遗址，发现于浙江省余姚市河姆渡村
距今约 6600—6400 年	姜寨聚落遗址，发现于在陕西省西安市临潼区姜寨
距今约 6300 年	大汶口遗址，发现于山东省泰安市大汶口一带
距今约 5300—4200 年	良渚文化遗址，发现于浙江省杭州市余杭区良渚街道
距今约 4500—3900 年	陶寺遗址，发现于山西省襄汾县陶寺村南
约前 2070 年	禹传位于子启，夏朝建立
约前 1600 年	汤伐桀灭夏，建立商朝
约前 1300 年	盘庚迁殷，此后不再徙都
约前 1046 年	武王伐纣灭商，建立西周
前 841 年	"共和"行政。自此，中国历史始有准确纪年
前 771 年	申侯、犬戎攻入镐京，杀幽王，西周灭亡
前 770 年	周平王东迁雒邑，史称"东周"
前 685 年	齐桓公即位，任管仲为相，进行改革
前 638 年	宋楚泓之战，宋师大败，宋襄公图霸业未成
前 623 年	秦伐西戎大胜，兼国十二，遂霸西戎
前 606 年	楚伐陆浑之戎，陈兵周境，问鼎轻重
前 482 年	吴王夫差北上与中原诸国在黄池会盟，争得霸主
前 479 年	孔子卒（前 551—前 479）
前 473 年	越王勾践与齐、晋等诸侯会盟，越王勾践称霸
前 406	魏文侯起用李悝为相，主持变法
前 403 年	周威烈王命韩、赵、魏为诸侯
约前 389 年	楚悼王任命吴起为令尹，开始变法
前 356 年	秦用卫鞅为左庶长，开始变法

❶ 关于山顶洞人的时代，近年有专家测定为距今2.7万年左右，时代最早的为遗址中下窨底部，为3.4万年。

前 355 年	齐任用邹忌进行改革，韩以申不害为相进行改革
前 262—前 260 年	赵秦长平之战
前 249 年	秦灭东周国，东周亡
前 221 年	秦统一中国
前 219 年	秦始皇东巡，封禅泰山，立石刻颂秦功德
前 213 年	秦始皇下令"焚书"
前 212 年	秦始皇下令"坑儒"；修"直道"，修"阿房宫"
前 210 年	秦始皇东巡，死于沙丘。李斯、赵高立胡亥为二世皇帝
前 209 年	陈胜、吴广于大泽乡起义
前 206 年	刘邦军入关，秦王婴投降，秦亡
前 206—前 202 年	楚汉战争
前 202 年	刘邦称帝，建立汉朝，都长安
前 157 年	文帝卒，刘启继位，是为汉景帝。文帝、景帝统治时期，轻徭薄赋，与民休息，社会经济得以恢复发展，史称"文景之治"
前 154 年	吴楚七国之乱
前 141 年	景帝卒，子刘彻继位，是为汉武帝。西汉王朝进入鼎盛时期
前 127 年	武帝采主父偃策，行推恩令
前 115 年	桑弘羊为大农丞，推行一系列财政改革
前 114 年	行告缗令，杨可主其事，史称"杨可告缗"
前 106 年	设十三部刺史，以六条察问郡县
前 92 年	巫蛊事起
前 89 年	武帝下"轮台罪己诏"
前 81 年	盐铁会议
前 49 年	宣帝卒，子刘奭继位，是为汉元帝，在位期间，西汉由盛转衰
9 年	王莽登基，建立新朝，国号新
9—10 年	王莽推行改制
17—18 年	绿林、赤眉起义
23 年	昆阳大战，刘秀大败新莽。绿林军攻入长安，新朝覆灭
25 年	刘秀即皇帝位，重建汉朝，都洛阳，史称东汉
73 年	班超出使西域，丝绸之路复通
79 年	白虎观会议
97 年	班超遣甘英使大秦，至安息而返
166 年	党锢事件发生
184 年	黄巾起义爆发
189 年	董卓入洛阳，揽朝政

196 年	曹操迎献帝于许，采枣祗等建议，始兴屯田
200 年	官渡之战，曹操大败袁绍
208 年	赤壁之战，孙权、刘备联军大败曹军，初显三分天下之势
220 年	曹丕废献帝，自称帝，国号魏，都洛阳。东汉遂亡
221 年	刘备称帝，国号汉，都成都
229 年	孙权称帝，国号吴，都建业。三国鼎立格局最终形成
230 年	吴派卫温、诸葛直率船队抵夷洲
263 年	司马昭攻蜀汉，后主降，蜀汉亡
265 年	司马炎废魏主，称帝，国号晋，都洛阳，史称西晋
280 年	晋灭吴，统一全国
291—306 年	八王之乱
311 年	刘曜攻入洛阳，史称"永嘉之乱"
316 年	刘曜攻陷长安，晋帝降，西晋亡
317 年	司马睿在建康即晋王位，都建康，史称东晋
322—324 年	王敦之乱
383 年	东晋前秦淝水之战，前秦大败，北方再陷分裂
420—589 年	南北朝时期。始于 420 年东晋灭亡，至 589 年隋统一止。其中，南朝自 420 年至 589 年，历宋、齐、梁、陈四代；北朝始于 439 年北魏统一北方，历北魏、东魏、西魏、北齐、北周五朝，至 589 年隋统一。期间，南北分裂对峙，史称南北朝
581 年	杨坚称帝，国号隋，是为隋文帝
589 年	隋灭陈，统一全国
604 年	杨广继位，是为隋炀帝
613 年	杨玄感起兵反炀帝，兵败被杀
617 年	李渊、李世民太原起兵，各地起兵反隋甚众
618 年	江都兵变，宇文化及杀炀帝，隋亡
618 年	李渊在长安称帝，国号唐，是为唐高祖
626 年	玄武门之变，李世民即位，是为唐太宗
627—649 年	太宗贞观年间，减轻赋役，与民休息，经济复苏，史称"贞观之治"
690 年	武则天废睿宗，称帝，改国号周，史称"武周"
713—741 年	玄宗开元年间，经济发展，社会繁荣，国力达到极盛，史称"开元盛世"
755 年	安禄山于范阳起兵反唐，安史之乱爆发
780 年	推行宰相杨炎制定的两税法
805 年	王叔文、王伾改革，旋败

823 年	牛（僧孺）李（德裕）党争日趋激烈
875 年	唐末农民大起义爆发
907 年	朱温逼哀帝退位，唐亡
907—979 年	五代十国时期，始于 907 年朱温称帝建梁，至 979 年宋灭北汉为止，中原地区前后有后梁、后唐、后晋、后汉、后周（五个朝代），合称"五代"；此外还相继出现吴、前蜀、楚、吴越、闽、南汉、荆南、后蜀、南唐、北汉等十个割据政权，合称"十国"
916 年	耶律阿保机称帝，建立契丹国。至 947 年，契丹改国号为辽
960 年	陈桥驿兵变，赵匡胤建立宋朝，都开封
961 年	宋太祖罢宿将典领禁军，史称"杯酒释兵权"
1005 年	宋辽订立澶渊之盟
1038 年	党项族首领元昊称帝，建国号大夏，史称"西夏"
1043 年	范仲淹任参知政事，上十事疏，实行变法，史称"庆历新政"
1069 年	王安石任参知政事，实行变法，史称"熙宁新法"
1115 年	阿骨打称帝，国号大金，建都会宁
1120 年	宋金订立"海上之盟"，议定联合攻辽
1125 年	金军俘辽天祚帝，辽亡
1127 年	金兵渡河，再围汴京，京师陷，北宋亡
1127 年	赵构于应天府继位，是为宋高宗，延续宋朝政权，史称南宋
1141 年	宋金议和，史称"绍兴和议"
1206 年	铁木真统一蒙古草原诸部，建立蒙古国，称成吉思汗
1227 年	蒙古灭西夏，成吉思汗死，子拖雷监国
1234 年	宋蒙联合攻金，金亡
1260 年	忽必烈即大汗位
1271 年	忽必烈定国号大元，次年定都大都
1275 年	马可·波罗到达上都
1276 年	元军攻占临安，宋恭帝降元，南宋亡
1279 年	元军攻入厓山，南宋流亡政权亡，元统一全国
1291 年	郭守敬主持开凿通惠河（通州至大都）
1313 年	王祯撰成《农书》
1368 年	朱元璋即帝位，国号明，是为明太祖
1380 年	胡惟庸案发，废丞相
1381 年	定赋役籍，编里甲，确立黄册制度。后又绘制鱼鳞图册
1393 年	蓝玉案发
1399 年	燕王朱棣起兵北平，史称"靖难之役"

1405 年	郑和等率船队自苏州刘家港出发，第一次远航西洋。至 1433 年，历时 28 年，前后 7 次下西洋，经三十余国
1449 年	瓦剌也先犯边，于土木堡大败明军，英宗被俘，史称"土木之变"
1457 年	宦官曹吉祥等乘代宗病危，迎英宗复位，史称"夺门之变"
1581 年	张居正改革赋役制度，推行一条鞭法
1615 年	努尔哈赤正式建立八旗制度，次年称汗，国号大金，史称后金
1636 年	皇太极在盛京即帝位，改国号为清
1644 年	李自成率军攻入北京，明思宗自缢死，明亡
1644 年	清朝入关，定都北京
1644—1662 年	南方的明朝宗室先后建立五个地区性的政权，历史上统称为"南明"
1661 年	郑成功收复台湾
1673 年	吴三桂、耿精忠、尚之信举兵叛清，史称"三藩之乱"，至 1681 年平定
1683 年	清军入台湾，郑克塽降，统一台湾
1689 年	中俄签订《尼布楚条约》
1712 年	清朝宣布以康熙五十年全国丁银额为准，以后额外增丁，不再多征丁银
1724 年	清朝始将"地丁合一"的税收方法陆续推广于全国
1793 年	清朝颁布《钦定西藏章程》，进一步加强驻藏大臣权力
1793 年	英国马戛尔尼使团来华
1838 年	清命林则徐为钦差大臣，赴广东办理禁烟事宜
1839 年	林则徐在虎门销烟

后记：编著者的几点交代

本书没有采用习惯的做法，不设单一主编。凡事都要讲究名实相符。这本书确确实实是我们三个人各施所长、通力合作的结果。尽管此前我写过《中国古代史读本》，也通过了相关审查，连自己都不满意，怎么可能拿出来见人？2010年是我本命多事的一年，老伴病重住院，糖尿病两度并发肺炎，得静安区中心医院的医生、专家全力悉心医治，起死回生，算是不幸中的大幸。半年多来，两点一线，天天在医院当"护工"，书前的序论时断时续写了有半年多，中间还推倒重写一次，回想起来自己也觉得不可思议。没有张耕华、陈江两位全心全意写作，不会有今天这样的教材献给读者。而且特别难为他们，时时还得照顾到我一些顽固的"主见"，所以在这里必须声明：本书史学观点方面如有重大失误，应由我来负责。我是一个想入非非、经常说错话的人。但也请读者放心：我又是一个喜欢改变自己、纠正自己错误的人。或许因为属虎，生性好动，固执不变，我做不到；没有想通之前，强制着改变，我也做不到。

下面的说法不算耸人听闻：世上没有提不出批评意见的"中国史"大学教材。大学教材的编写比中学课本自由度大些，可以各显神通。但也带来另一种麻烦，即教材范围内所涉的内容相当广博，难于齐备周全，通识教材则更要适应课时有限的现实，务求精要，敢于取舍。不用说如何取舍求精，见仁见智，即便被我们选择的那些专题，换一种视角，都可能产生不同的观感；视角虽然一样，每个人的体验也不会尽数相同。为什么写这个，不写那个，为什么这样写，不那样写，意见五花八门，遑论牵涉价值观、历史评价等更为复杂的分歧。如若过分顾虑这些因素，不如及早鸣锣收兵。上了马，也就必须具备足够的心理承受能力，因为教材编成往往享受不到如释重负的轻松和愉悦。专家、读者的挑刺陆续传递过来，疏漏相继暴露，不免感到"英雄气短"。在我们的记忆中，20世纪80年代后，各大学历史系自编中国史教材一时风气很盛，争相发行，品种可观，然遭受冷遇，自生自灭者不少。所以，编写的教材若能获得专家、读者的批评，是一种难求的福分。同时还会有另一番苦衷：受益于批评者匪浅，但能够用实际行动修正错误的报答机会却甚少。试问一个世纪里有几部教材幸运再版修订？编写教材往往像电影拍完即"完了"那样永留遗憾。因为有上述种种难处，将近一百年前，张荫麟说出了这样貌似夸张而其实是经验之谈的话："编写中国通史永远是一件冒险的事情"。

这番自我解嘲说完，我们可以对教材问题作几点交代了。目的是让使用者了解我们编写背后的心境，能更独立自主地使用教材。

在多年的教学实践中，我们一直感到，进入大学之初，大约80%的学生对大学历史教学有别于中学缺乏思想准备。久受中学课程考试乃至高考的影响，许多同学以为教材上写的都是"标准答案"，只需照着背熟就是。当发觉大学老师讲的多与中学不一样，甚至与正在用的课本也有差异时，就感到迷惑不解。我们在这里把大学中国史教学的"底"透给读者：（1）教材以叙述为主，绝不代表"纯客观"态度，里面肯定有编者"主观"明显或是隐性的介入，包括事实的选择以及对它的解释，都可以重加思考，予以批评。这就是纸质教本与课堂教学的区别。两者应该也必须有合理的分工。（2）即便是最好的教材，所提供的也只是经过主观选择的一种样式，并非独一无二，更不可能绝对标准。"标准化教材"是外界强加的幻影，多半是人为"吹"出来的。（3）面对教材提供或不提供的历史事实，不仅是教师，包括学生和读者，只要主观能动地进入"情境"体验，其理解必然与教材有所不同。大学的历史教学应该积极倡导课内外阅读并重，独立阅读，独立思考，努力营造课堂上师生互动的气氛，共同参与对历史事实的反复体验，消化教材，超越教材，用集体的心灵去重新"发现历史"，尽可能获取智力开发方面更多的收益。

经历过种种挫折之后，痛定思痛，研究者对于用西化理论释读中国历史的局限性有了比较清醒的认识。理论先行，以论代史，误读乃至歪曲在所难免，于是不少人就留恋起中国史学原有的编纂传统，发出了回归的声音："让历史事实自己说话"。是的，在早先中国，从孔子作《春秋》到"二十四史"、《资治通鉴》编撰，都奉行寓义理于叙事的"春秋笔法"，述而不作，没有长篇大论的说教。在明清，"正史"是备帝王研习政治用的"规范"教本。它提供基本的历史知识，以供帝王"古为今用"。只有到了"经筵"上，负责讲授的学士需要逐节讲读，才有机会根据自己的理解，透析并解释其中的义理，这就叫做"讲史"。

我们并不主张史学的编纂方式完全复旧到"春秋笔法"。采用单一的形式，不管是旧的、新的，总是不利于从多种视角、以多种形式展示中国历史的复杂面。古代历史编纂的形式原也是多样的，其中有专门史论的样式，著名者数王夫之《读通鉴论》。有谓"史料即史学"，但"史料"能否完全自动说出史学的现代意义，要不要借助于理论演绎和理论归纳，都是需要认真思考、反复斟酌的。然而，作为这部大学通识教本，我们却想尝试着大体沿袭"寓理于事"的路子，交代基本史事为重，把义理的发挥大多留给了讲授本课的老师以及听讲的学生自己去体验。在章节导言、征引文献材料及参考书目里略有相关史论的提示或介绍，供大家参考。理由是：教材是"脚本"，教师是"导演"。我们有自知之明，因此只是提供"脚本"，没有能力也不需要包办太多。授课者完全可以根据自己的理解，参阅其他著作，对"脚本"进行重新演绎和补充。照本宣科的教师，在大学里大概是不会有的。

这本中国史通识教材只写到鸦片战争前，似有头无尾，意犹未尽。除了能力不足的原因之外，从客观上说，是因为"中国近代史"已经有了规范的通识教材，而且还是必修的公共政治理论课一部分。但我们还是想提出一条建议：希望读者在学习中国近代史的过程中，能够主动回首"顾盼"中国古代史，设法在两者之间时不时地引发一些沟通或对话。一位在中国近代史研究方面有独特造诣的学者经常说：搞近代史的，不往前回溯明清史，是"无头"；搞明清史的，不紧追近代史足迹，是"无尾"。眼界太窄，会像是关进房间里的小鸟，缺乏飞向广阔天空的灵气。诚哉斯言，特转赠同行与读者，以期共勉。

本书作为大学人文通识课程教材，得到华东师范大学"211"三期建设"全球化背景下的国民意识与人文教育"项目支持，特致谢意。

2011 年 3 月 20 日下午

再版后记

　　《大学中国史》作为高校人文社会学科的通识教材，初版至今已有十三年，王家范老师离我们而去，转瞬也已四年了。年前，高等教育出版社决定对这部教材予以修订、再版，并嘱我们写几句话，作为再版后记附于书末。抚卷歔欷，感慨万千！重温王老师写的初版序论和后记，追念与老师合作编书的时光，其情其景，历历在目！王老师以专精明清经济史和江南区域史蜚声学林，却又始终心系中国历史的通论、通史，曾长期为历史系本科生开设中国古代史课程，为研究生讲授中国历史通论。受出版社委托编著《大学中国史》的数年中，无论是总体构思，还是具体指点，王老师都付出了极大心血。所以说，教材的再版，也可视为对老师的一种纪念和告慰！

　　这次修订的分工与编著一致，即史前至南北朝由张耕华负责，隋唐至明清由陈江负责。我们所做的工作主要涉及以下三个方面：

　　其一，对行文中已发现的错讹衍脱，予以订补改正。

　　其二，依据历史学、考古学等相关学科近年来的研究进展，对教材中某些叙述和议论予以改写，尽可能体现最新的学术成果。

　　其三，对页下注的引文信息依据出版社的相关规定，作了完善化处理。编著者最初的考虑是，作为教材，似应将便于阅读置于首位，因而在行文中对古代文献引文的标注方式作了简化处理，一般采用文中夹注的形式，一部分比较重要的引文采用页下注的形式，其中有些页下注的信息不是很完备。现在考虑到，可能有读者希望深究某些史实而需要查考原始资料，所以将所有页下注的出处信息都标注完整。

　　再版之际，其实颇感压力，诚如王老师说的，世上没有提不出批评意见的"中国史"大学教材。尽管我们作了认真仔细的修改订补，但依然会存在种种问题，留下诸多缺憾。故祈请读者给予谅解，并赐以批评和教正！

编著者

2024 年 5 月

读者意见反馈

为收集对教材的意见建议，进一步完善教材编写并
做好服务工作，读者可将对本教材的意见建议通过
如下渠道反馈至我社。

咨询电话　400-810-0598

反馈邮箱　gjdzfwb@pub.hep.cn

通信地址　北京市朝阳区惠新东街4号富盛大厦1座
　　　　　高等教育出版社总编辑办公室

邮政编码　100029

图书在版编目（CIP）数据

大学中国史 / 王家范, 张耕华, 陈江编著. -- 2版.
北京：高等教育出版社, 2025.3. -- ISBN 978-7-04
-064367-1

Ⅰ.K20

中国国家版本馆CIP数据核字第2025E8R204号

内容简介

本书为普通高等教育"十一五"国家级规划教材，
对中国古代历史发展脉络和一些重大事件作了较为清
晰的交待，兼及义理阐发和史学方法，能使读者对中
国古代史有基本且比较系统的认识和理解。本教材采
用正文与拓展阅读相结合的方式，正文大字印刷，构
成重点突出且比较清晰的线索，概括了史学界形成的
一般通识，用以满足学习基本知识的教学需要；拓展
阅读部分则用小字排印，包括某些细节描述，并有争
论要点、史实辨析、借事说理、名家史论、文献摘要
以及历史人物或事件的评述等，有基础和兴趣的学生
可在课外阅读，授课教师也可加以引导。

全书章节安排合理、篇幅适中，可读性强，便于
教学。不仅可以作为通识教育的教材，也适于对历史
有兴趣的社会读者阅读。

大学中国史

（第二版）

DAXUE ZHONGGUOSHI

策划编辑	张　林	出版发行	高等教育出版社
责任编辑	张　林	社　　址	北京市西城区德外大街4号
书籍设计	姜　磊	邮政编码	100120
责任校对	王　雨	印　　刷	北京盛通印刷股份有限公司
责任印制	赵义民	开　　本	787mm×1092mm 1/16
		印　　张	28.25
		字　　数	480千字
		购书热线	010-58581118
		咨询电话	400-810-0598
		网　　址	http://www.hep.edu.cn
			http://www.hep.com.cn
		网上订购	http://www.hepmall.com.cn
			http://www.hepmall.com
			http://www.hepmall.cn
		版　　次	2011年6月第1版
			2025年3月第2版
		印　　次	2025年3月第1次印刷
		定　　价	58.00元